新编21世纪政治学系列教材

政治学导论

第五版

Political Science: Introduction

杨光斌 著

中国人民大学出版社
· 北京 ·

图书在版编目（CIP）数据

政治学导论/杨光斌著．—5版．—北京：中国人民大学出版社，2019.6
新编21世纪政治学系列教材
ISBN 978-7-300-27024-1

Ⅰ．①政…　Ⅱ．①杨…　Ⅲ．①政治学-高等学校-教材　Ⅳ．①D0

中国版本图书馆CIP数据核字（2019）第110402号

新编21世纪政治学系列教材
政治学导论（第五版）
杨光斌　著
Zhengzhixue Daolun

出版发行	中国人民大学出版社		
社　　址	北京中关村大街31号	**邮政编码**	100080
电　　话	010－62511242（总编室）		010－62511770（质管部）
	010－82501766（自营网店）		010－62514148（明德书店）
	010－62511173（销售部）		010－62515275（盗版举报）
网　　址	http://www.crup.com.cn		
经　　销	新华书店		
印　　刷	天津鑫丰华印务有限公司	**版　　次**	2000年11月第1版
开　　本	787 mm×1092 mm　1/16		2019年6月第5版
印　　张	18.75	**印　　次**	2025年12月第11次印刷
字　　数	424 000	**定　　价**	52.00元

作 者 简 介

杨光斌，博士，中国人民大学国际关系学院院长、政治学特聘教授、博士生导师，教育部长江学者特聘教授。全国政协外事委员会委员，中央马克思主义理论研究与建设工程首席专家，中国政治学会副会长，入选全国哲学社会科学领军人才。研究领域包括政治学理论与方法、比较政治、世界政治、当代中国政府与政治、中国国内政治经济与对外关系。已出版学术专著及研究型教科书十余部，发表中英文学术论文逾百篇。

内 容 简 介

本教材是国内最早的政治学基础教材之一，第一版出版至今已 20 年，目前仍在继续完善中。全书分为五篇：政治的性质、政治意识、政治体系、政治行为、政治发展，从政治与政治学、政治学研究的基本问题、政治文化与政治社会化、意识形态、国家、政府、政党、政治社会、政治人、国家治理、政治参与、政治现代化、政治民主 13 个方面，全方位介绍现代政治学的研究对象、主要概念、基本问题，可帮助读者系统、动态地了解政治学学科。因此，本教材不仅是教科书，也是对政治感兴趣者的政治学理论入门之作。

本教材最大的特点是及时地吸纳政治学新知新论，为此，第五版进行了大幅度修订，吸收了近几年作者在政治理论研究、比较政治（世界政治）研究和当代中国政治研究领域的新成果，力求构建既能体现中国历史文化，又能书写当下中国政治实践的政治学原理体系，并建构中国政治学的自主性话语体系。

总　序

改革开放是新中国成立以来的又一次革命。过去40多年的改革开放已经给中国带来革命性变化。这种革命性变化不仅体现在经济、政治等层面的现实生活上，而且还体现在因现实的变迁而带来的理论上的创新和发展以及由此带来的政治学学科建设上的成就方面。

在我国，计划经济体制已经让位于社会主义市场经济体制，同时由经济变革带来的政治体制上的变化也是有目共睹的。首先，在民主法治建设上，政治的制度化正在加强，其中一个重要标志就是终身制的废除和退休制度的形成。其次，在国家结构上，过去在计划经济时期的简单的单一制已经转变为更加复杂的国家结构关系。中央与地方、地方政府与地方政府之间的关系有了更多的市场经济特征。再次，在国家与社会之间的关系上，过去是"大政府（国家），小社会"，现在正向"大政府（国家），大社会"的方向变化。最后，在意识形态上，过去那种对待马克思主义、毛泽东思想的封闭、激进而又教条的态度已经转变为开放、理性而又灵活的态度，因而形成了引导改革开放事业的中国特色社会主义理论体系。所有这些变革，都是我们在40多年前所无法想象的。当然，在政治进步的同时，存在的问题也不容回避。那就是迫切需要建立一套约束政府权力、使人民群众的真实意愿和利益诉求能够得到顺畅表达的机制，以便从根本上保证社会的稳定与和谐。这些问题的解决，不仅需要实际工作者在体制创新方面的实践，更需要政治学学科的发展和政治学专业人才的智慧与理论贡献。

我国的政治变革既是对政治学研究工作的挑战，又是促使政治学发展的良好机遇。我国的政治学在这种压力与机遇并存的环境中正在快步前进。首先，在学科分类上，政治学已经从法学中独立出来而成为一级学科。其次，在学科分支上，政治学从马克思主义政治理论、制度史、思想史发展成为学科门类更加丰富、更加有特色的一门学科，诸如新政治经济学、政治社会学、政治心理学、政治文化、政治学方法论等。再次，在研究方法上，从单一的阶级分析法发展成为以历史唯物主义为基础的多元化方法论，诸如行为主义、理性选择主义以及方兴未艾的新制度主义。最后，在问题研究上，无论是深度还是广度，我国政治学界都取得了可喜的成就，为中国的政治发展和政治变革做出了自己应有的贡献。当然，在看到成绩的同时，也不能无视发展中的不足。作为中国政治学学科建设和发展的见证人，我们不能不为政治学发展中的结构性缺失而忧心忡忡。比如，就专业刊物而言，不要说与经济学、法学和历史学比较，就是和政治学的二级学科国际关系比较，政治学专业刊物的数量也是少之又少。这种现象严重制约了我国政治学的发展，很多优秀的研究成果只能散见于综合性学术刊物和大学学报。

中国政治学学科发展的基础是高校政治学专业建设。自 1980 年恢复政治学专业以来，政治学系或政治与行政管理学系已经成为很多高校的普遍性建制。而且在各高校政治学专业竞相发展的过程中，我们很高兴地看到各个高校的政治学学科建设，无不生机勃勃，成就斐然。其中特别值得一提的是中国人民大学。人所共知，中国人民大学一直是中国近代政治制度的研究重镇。同时，中国人民大学在学科发展中非常注重教材建设，经过专业优化组合的“新编 21 世纪政治学系列教材”在全国享有很高的声誉，是我国很多高校政治学专业和行政管理学专业的必备教科书。从已经出版的教材来看，我认为，“新编 21 世纪政治学系列教材”具有如下特点：

第一，体系上的创新性与独特性。教科书固然应该有通用的内容，但是在教材林立的今天，千篇一律而毫无特色的教材是难以立足的，也难以为社会所认可和接受。“新编 21 世纪政治学系列教材”中的每一本教材在体系上的创新性与独特性都是很突出的。

第二，内容上的研究性与新颖性。体系上的独特性应该由内容上的研究性与新颖性构成。教科书不但要介绍一般性的概念和理论，还应该容纳最新的理论研究成果以及对有关理论成果的看法与评价。该系列教材的一个重要特征是，这些教材都是作者们基于自己多年的教学与研究心得而撰写的具有新意的研究性作品。一本好的教科书之所以享有盛名，就在于其因体系上的独特性和内容上的研究性而形成的权威性。

第三，观点上的全面性与选择性。教科书是一种通论性的著作，因而包容的学术观点、理论应该尽量全面。但是，在信息爆炸的时代，一本书企图容纳所有的观点是不可能，也是不必要的。因为有的观点不过是个别学者的偶发奇想而不具有普遍性。这就需要撰写者去伪存真，认真取舍。我很高兴地看到，本系列教材在追求观点的全面性时，也没有忘记选择性原则。

第四，方法论上的马克思主义原则性与包容性。我国的社会科学研究离不开马克思主义的基本方法论，尤其离不开历史唯物主义的指导，政治科学更是如此。但是马克思主义并不是凭空产生的，它是在吸纳人类精神文明优秀成果的基础上产生的，马克思主义的发展同样少不了与其他理论流派的碰撞以及对人类文明成果的借鉴与扬弃。封闭的马克思主义是没有生命力的，坚持马克思主义并不排除对其他理论流派的介绍与分析。正是基于这样的指导思想，本套教材在介绍马克思主义政治学的同时，能运用历史唯物主义的基本原理兼容并蓄地介绍和分析其他理论流派。

本套教材的上述特点决定了它们不但是有关专业的教师和学生必备的教学和学习用书，也是政治学研究者的重要参考书籍。虽然具有上述优点和特征，但是十全十美的社会科学著作是不存在的，因此，本套教材中的缺点与不足在所难免。衷心希望专家学者、广大读者积极批评、热情指正！

赵宝煦

第五版修订说明

2011年第四版面世至今已经8年了。这些年来，世界政治发生了结构性变化，“自由世界秩序”正处于危机中，解释现实政治的政治学理论也发生了重大变化，一些被奉为圭臬的理论被颠覆，比如“历史终结论”“普世价值论”“民主等于竞争性选举”等。同时，本书作者的政治理论研究、比较政治（世界政治）研究和当代中国政治研究也取得了一些新成果，自然应该在新版教材中体现出来，以增加政治学理论理解现实政治的能力。因此，本书不但是教科书，也是对政治感兴趣者的政治学理论入门之作。这些年来，中国政治学的自主性话语体系建设正在进行中，本版修订尽量使来自西方的“政治学”更具中国味和中国性，有更强的解释力。

首先，重新定义“政治”。“政治”是一个老生常谈的名词，但要给出恰当的定义并不容易。作者认为，要深刻地认识政治，必须把握时代性和语境性。所谓时代性，不同时代的政治问题是不一样的，人们对这个时代的“最高的善”的理解必然不同；所谓语境性，不同国家面对的难题是不一样的，不同国家要解决的政治问题也是不一样的。有了这两点，我们才能认识到，在西方乃至在中国影响很大的政治概念即戴维·伊斯顿关于政治是权威性资源分配的说法，完全是“美国方案”，很难用来解释很多非西方国家的政治问题。为此，作者努力给政治一个新说法。

其次，结构调整。第五版修订体现在结构调整上，与此相适应则对相应的内容做了大开大合式的删减和增补。具体而言：(1) 鉴于在第二章就谈到“权利”问题，本版取消了“人权”一章，把其中的个别条目调整至“权利”部分；再者，一本导论性的教科书很难面面俱到，人权更多的属于法学和哲学的范畴。(2) 把“政府体制理论”中的“君主制”“共和制”调整至“国家”部分，它们虽然是亚里士多德的政体概念，但是以统治人数划分，其实是理解国家的类型学问题。(3) 把“政治统治”和“公共治理”两章合并为“国家治理”一章并进行重写，原来的“公共治理”太技术化，少了些原理性；在新版“国家治理”一章中，突出了不同理论脉络下的治理理论，尤其是国家治理能力的一般理论。

再次，增加条目。本版增加了不少新写的条目，并进行了相应的删减，以求化繁就简。具体而言：(1) 在“权力与权利”一节中，重写了“合法性及相关概念”。(2) 在“法治与民主”部分，对法治部分做了大幅删减，并重新解释什么是“法治”和“法治主义”。(3) 在“政治文化”一节中，增加了“价值观表达”，并对“政治文化”和“政治社会化”两节中的有关内容做了大幅删减。(4) 在“意识形态的基本类型”一节中，增加了“民本主义”。意识形态是现代政治的概念，但民本主义是最古老而又不失生命力的政治意识形态。(5) 在“意识形态的地位与功能”一节中，增加了“作为国家权力之魂的意识形态”，并删去“意识形态变革与经济增长的关系”。(6) 在“国家起源与国家的目的”一节中，增加了“国家权力的基本结构”，这一内容突破了传统的韦伯式国家观即所谓国家必然垄断着强大权力。(7) 在“政府体制理论”一节中，增加了“当代政体主要类型：代议制民主与民主集中制”，中国人讲政体不能只讲西方的而不讲中国的，何况民主集中制就是中国模式的核心要素。(8) 在“政党理论”一节中，增加了“组织国家的政党及政党中心主义”，以体现中国政治学关于政党理论的最新成果。(9) 在“政治民主的制度化类型”一节中，增加了“党争民主的同质化条件”，以增加读者对当前世界范围内西式民主危机理论上的理解。

最后，作思想评论。政治学原理不但是一套知识体系，更是一套思想体系。为此，在本版的很多地方，都给出思想性评论。比如在讲到历史制度主义方法论时，这样评论：“‘历史制度主义’是一个好概念，因为既重视‘历史’又重视‘制度’，确实是抓住了理解制度变迁的根本。虽然在运用上很多学者更偏重‘制度’而非‘历史’，因为理解历史需要巨量的阅读，而量化模型的流行更加减少了学者在历史阅读上的动力。”又比如在“法治与民主”一节中，新版这样评论道：“中国古代的‘礼治’中的‘礼’，大多数时候就是今天所说的不成文法，但对人们的约束力则是巨大的。因此，如果把英国的习惯法说成是所谓的‘不成文法’，就不能把中国的‘礼治’视为一种非法治的。”再比如，在讲到国家起源时，增加了文明基因与“国家性”关系的评论，并认为中国先秦的世俗化政治具有现代性特征。还比如，在讲到西方政体理论的不足时，增加了中国相应的政治理论即“治体论”的替代性价值。凡此种种，本版的思想性评论不下20处。

第五版修订了5万～6万字，修改的幅度算是不小了。经过几次修订，《政治学导论》的著作方式也由“主编”演变成了“著”，主要体现作者本人这些年的研究成果以及对政治学理论进展的理解。个人认为，本教科书的最大特点就是及时地吸纳政治学新知新论。传统的教材观认为，教材主要是编写那些已经“定型”的概念和理论。这种观念肯定与政治学说史相悖，从政治学诞生以来，知识固然有其内在的延续性和传承性，但已经有若干轮次的“新政治学”了：霍布斯称其学说为“新政治学”，联邦党人称其分权学说为“新政治科学”，托克维尔称其学说为“新政治科学”，而马克思的学说无疑堪称影响最大的科学的政治学。作为社会科学最古老，也是最基础学科的政治学，最应该贴近现实，最应该有时代感，因为现实和时代总是在挑战着传统的秩序和知识，政治学必须直面时代和现实，新知新论是政治学理论的题中应有之义。

因学力所限，第五版也只能算作在建设中国政治学自主性话语体系的道路上迈出的一小步，离作者心目中的理想状态还很遥远。本人衷心期盼能和我国同道中人一起，努力建构出一个既能体现中国历史文化，又能书写当下中国政治实践的政治学原理体系。

杨光斌

2019年1月29日于中国人民大学明德国际楼

第四版前言

广大读者的厚爱让我有动力有责任放下手头的研究项目，利用暑期的难得清静去集中时间修订《政治学导论》。本次修订既体现了作者近几年的研究心得，也体现了国内政治学研究的最新成果。

在体系和内容上，修改如下：

第一，第一篇中的第二章即“政治权力”，改为“政治学研究的基本问题”以作为全书的主线。多年来的研究和思考使我认识到，无论是政治科学还是政治哲学，说到底都是围绕“国家权力”“公民权利”以及它们衍生出的“法治”与“民主”而展开的。这样，无论是科班学生还是其他读者，都可以通过本书对政治学有一目了然的理解。“权力-权利、法治-民主”这8个字，就是政治学的主题和基本线索。

第二，将“政治文化”和“政治社会化”合并为一章，因为二者事实上是一回事。讲政治文化必然离不开政治社会化，而政治社会化就是研究传递政治文化和意识形态的问题。

第三，重新处理“国家”和“政府”的关系。基于自己对国家理论和政体理论的研究，我自认为，这次修订比较清楚地处理了二者之间的关系。人们在日常生活中往往把“国家”和“政府”混同，这也没什么错。但是在政治学理论上，“国家”主要是围绕现代国家建构而讲的国家起源、国家类型与性质，尤其是现代国家建构中的问题等基础理论，而“政府”则是围绕政体要素而展开的。在国家建构中，民族问题是各方都承认的重大问题，但是同样重大的还有阶级关系问题，它直接关系到国家建设的成败。这次修订给予“民族”和“阶级”足够的重视。在政体意义上讲政府，不但包括行政、立法和司法，我们认为中央-地方关系也是政体理论的延伸，是政体的题中应有之义。我相信这样的安排有助于帮助读者厘清长期以来让人困惑的“国家”与“政府”的关系。

第四，对“政治现代化”和“政治民主”这两章进行了调整。在“政治现代化”一章，增加了对现代化理论的修正性研究成果以及现代化所带来的问题等方面的内容。过去我们习惯于讲现代化的好处，但是现代化也带来很多问题，比如政治腐败、民粹主义和风险社会等，这次修订设专门的一节给予关注。在“政治民主”部分，把“政治民主的基础”改写为“政治民主的相关变量”，介绍了经济发展与民主、政治文化与民主的最新研究成果。

在内容上还有其他一些简单但重要的增补。比如关于政治的定义，政治固然是关于利益分配的，但如何分配利益的背后还有价值观问题。

在格式上，本次的修订更适合教师教学和学生学习。每章都增加了简单的引言，以便读者对该章有一个整体性把握。更重要的是，每章后面都增加了"进一步阅读材料"。阅读材料的选取并不是件随随便便的事，编者尽量选取一些基础的、前沿的和有代表性的研究成果。当然，每一章都是一个大问题，相关的研究成果很多，只能择取有限的材料。每一章的阅读材料多少不一，比如关于国家、政府、政党和民主的研究最多，选取的材料也就多一些。考虑到实际需要，没有列举外文资料。

在本次修订的指导思想上，第一，我们更加认识到中国政治学理论应该做到坚持马克思主义指导、围绕中国政治发展实际需要以及扬弃国内外比较政治研究成果这三者有机统一的重要性。这一点在第三版前言中有系统阐述，不再赘述。第二，和前几版一样，我们依然本着既尊重"定见"又不拘泥于"定见"的传统。中国的社会科学起步很晚，受西方影响很大，很多所谓的"定见"具有很大的主观选择性，有的甚至是误导。涂尔干警告说，知识界总是被"虚假的知识和错误的真理所侵扰"。这种现象在中国尤其严重。因此，尽管是教科书，我们还是希望能够提供一些反思性观点，比如重视被西方政治学教科书有意无意地忽视的国家建设中的阶级关系问题以及对"国家"与"政府"关系的重新处理，等等。

经过此次修订，我们认为，在体系上尤其在内容上，本教科书已经形成自己的特色。多年的理论研究和多次的教材修订过程使我体会到，有特色的教科书一定是建立在撰写者研究成果的基础之上；有特色的教科书不但适宜入门型教学和学习，也应该具有相应的思想见解和理论引领作用。政治学鼻祖及其后大师们的教科书写法，非常值得吾辈去研磨和效仿，尽管我们很难企及。政治学的开山之作亚里士多德的《政治学》其实就是其学园讲义，萨拜因的《政治学说史》和列奥·施特劳斯等编的《政治哲学史》也都是教科书。为此，我们对教科书应该有一个新的认识，好的教科书绝不会限于罗列"定见"、提供"标准答案"的套路，而应该是基于作者深入研究而提炼或建构的思想性知识谱系。

一如既往，热情欢迎专家和广大读者的批评指正，让本书与中国政治学一道成长。

杨光斌

2011 年 8 月 10 日于中国人民大学明德国际楼 909 室

第三版前言

近年来我国的政治发展以及我国政治学成果的涌现，使我们感到有必要对《政治学导论》（第二版）进行修订。

政治学是干什么的？简单地说，就是研究国家治理问题，政治学的根本任务是实现国家的善治。这就需要对一个国家的阶段性和历史时期做出正确的判断和认识。就我党我国的阶段性而言，经历了三个大的历史时期，即以夺取政权和巩固政权为主要目标的革命时期、以“阶级斗争为纲”的斗争时期和改革开放以来的大发展时期，其中改革开放以来的30年又大致可以划分为以经济建设为中心的时期和在发展基础上建设社会主义和谐社会的时期。相应地，我国的政治学就应该从革命学说和斗争学说转向建设学说和发展学说。应该说，我国政治学发展的线路和我党我国所处的历史阶段基本上是一致的。

如何将作为革命学说和斗争学说的政治学转变为作为建设学说和发展学说的政治学？我们认为，一方面，邓小平理论、“三个代表”重要思想和建设和谐社会的有关论述就是关于当前中国的建设学说和发展学说。这些理论和思想已经内化为我们的思维方式，成为我们行动的自觉指南。这些理论和思想既是政治家对政治实践的总结和指导，也离不开社会科学界的基础理论研究工作。因此，作为建设学说的政治学的知识来源说到底是对于国家历史阶段的正确认识和研究。

另一方面，马克思主义政治学本身具有批判性和建设性双重属性。马克思主义政治学的核心是国家问题。在革命时期，马克思主义政治学的核心就是夺取政权问题；在建设时期，马克思主义政治学的核心就是国家治理问题。不管时代发生了什么样的变化，马克思主义的国家学说都是重要的理论资源。原因在于，马克思的国家理论是在批判或分析资本主义国家的过程中形成的，而资本主义国家的出现也是民族国家形成和成长的过程，因而马克思的国家理论对研究民族国家建设而言具有普适性。民族国家在成长过程中，发展道路多种多样，会出现这样或那样的问题，而马克思对早期资本主义国家或成长中的民族国家的分析和批判入木三分，比如国家的依附性所导致的治理问题。但是，批判的马克思主义既是经验分析又是理论总结，因而在一定意义上又具有建设性，那就是民族国家成长中的普适性经验，即减少国家对有产阶级的依附性而增加国家的自主性，以便国家在稳定与和谐的基础上持续发展。事实上，新马克思主义和西方社会科学的国家理论都直接或间接地从马克思的国家理论获得灵感，形成了丰富的国家理论和国家分析性概念，用于研究民族国家成长的问题，总结国家发展中的经验。因而，不能把马克思主义的国家理论简单化，它具有批判性和建设性双重属性。

正因为如此，要发展作为建设学说的政治学，必须弄清楚中国改革开放的政治实践和政治发展，读懂和正确理解马克思主义政治学。为此，不但要读经典作家的著作，还要了解和借鉴国际社会科学关于马克思主义政治学的研究成果；要读懂、理解并发展马克思主义政治学，如同马克思主义的知识来源和发展路径一样，必须借鉴人类文明的一切优秀成果。因此，我们既要了解和认识国际社会科学中发展政治学关于发展中国家的研究，也要了解和认识国际社会科学关于马克思主义政治学的研究，还要了解和认识国际社会科学有关其他理论流派和发达国家的研究。比如：关于比较政治研究，美国著名政治学家亨廷顿教授在《变革社会中的政治秩序》中提出的关于发展中国家政治发展的“权威—秩序—发展”理论是中国共产党一直高度重视的；关于马克思主义政治学的运用，美国著名历史学家巴林顿·摩尔在《民主和专制的社会起源》中的马克思主义阶级分析方法，根本性地改变了西方思想界对于现代化的理解；关于马克思主义政治学在西方的发展，西方马克思主义既是国际社会科学的知识来源，也是我们应该重视的。凡此种种，不一而足，我国政治学绝不能忽视这样的研究成果；相反，这些正是中国政治发展和马克思主义发展值得借鉴的智慧。我们知道，马克思、韦伯和涂尔干是现代西方社会科学的三位奠基人，很多有影响的西方学者直接或间接地受到马克思主义的影响，尽管他们并不声称自己是马克思主义者。所以，我们也不能将西方人的研究简单地归类为“西方学”，而应全面认识，合理借鉴。

这样，中国的改革开放和政治发展、马克思主义政治学理论以及国际社会科学有关比较政治研究的优秀成果，就构成了作为建设学说和发展学说的政治学的重要的理论和知识来源。基于这样的逻辑，结合我国政治学近年来的研究成果，在不改变原来的逻辑体系的情况下，我们对《政治学导论》（第二版）主要做了以下几项增补：（1）将“政治学方法论”作为专门的一节。没有方法论的引领，对政治学的认识就是零碎而不系统的。在这里，我们初步阐述了马克思主义政治学方法论以及它对其他方法论的影响。（2）在国家理论部分，增加了“国家与社会”和“国家形态”，用“国家内政府间关系”替换了“国家的结构形式”一节。通过总结中国和国外的研究成果，我们发现马克思的国家理论是一种“元国家理论”，对西方学者的有关研究产生了直接的影响。（3）将“政治管理”一章改为“公共治理”，这样的安排既是我国政治发展的现实需要，也是对我国政治学和国际社会科学关于“治理”研究成果的反映。（4）将“利益集团”一章改为“社会力量”，并增加了“新闻媒体”一节，因为我们实在无法忽视互联网对政治的影响。（5）在“政治现代化”一章，我们根据自己的研究重新写了“政治现代化的道路”这部分内容。（6）在“政治民主”一章，增加了“协商民主理论”和“转型中的民主政治”两部分内容。（7）其他部分的技术性修改。这次修改和增加的字数约为 8 万字。

并不客套地说，本书的不完善甚至失误之处难以避免，我们热忱欢迎专家和读者提出建设性批评。我国政治学依然处于学科发展的初期阶段，需要政治学同仁的共同努力，需要大家的建设性研究工作。

杨光斌

2007 年 3 月 3 日于中国人民大学明德国际楼 909 室

第二版前言

《政治学导论》（第一版出版时名为《政治学原理》，为了和“21世纪政治学系列教材”配套，2000年更名为《政治学导论》）自出版以来，已多次重印。读者的厚爱使我们深感责任重大，我们必须以更加负责任的态度向读者奉献更好的作品。同时，在执教于美国丹佛大学期间，平静的心情，充裕的时间，优美的环境，使我有心情对《政治学导论》进行从体系、内容到概念和话语上的全面梳理。

基于政治学理论的新发展和我们的教学与研究心得，本次较大幅度的修订体现在以下几个方面：

第一，在既有框架的基础上，使体系更加完善。例如，将“政府”从“国家”部分独立出来，因为政府毕竟与国家有着较大的区别，有关政府体制、政府职能和政府行为的理论和官员理论等是国家理论所不能包含的。

第二，内容更加与时俱进，充分展现了政治学理论的前沿研究成果。例如，政治文化的社会资本理论研究，国家理论中新制度主义的国家理论和以国家-社会关系为标准的国家类型的分类法。政府理论中的政府职能理论、公共选择理论和官僚政治理论，政党理论中的政党适应性研究，政治管理中的治道研究，等等，都得到了一定程度的补充。应当说，冷战以后各国政治的一个重大变化是政党的转型问题，对此，政治学教科书当然应该给予应有的地位。

第三，更加具有现实性。政治学理论是抽象的，但必须来自现实并能解释现实，否则就没有存在的价值。为此，本次修订立足于中国政治和比较政治制度而进行理论上的阐释，这样读者将能更好地运用所学理论理解和解释现实。如有可能，在每一个部分的论述中我们力争结合大家所关心的现实问题加以展开。例如，关于政府理论中的“议行合一”原则的新见解，关于中国的民族主义特征的诠释，关于议事制度中的如何建设人民代表大会制度问题，关于政治家中的技术专家型政治家问题，关于利益集团研究中我国的民间组织问题，等等。

第四，话语表述更加通俗易懂。我们认识到，读者不仅有专业人士，还有党政军干部。再者，本书是教科书，而不是专门研究某一问题的论著。因此，本次修订删掉了一些拗口的引文和段落。

第五，尽量体现作者自己的研究成果和政治观察心得。我们认为，教科书不但应该体现学科的前沿研究成果，还应该有作者自己的观察和评价。无论是马克思主义还是其他政治学流派，大概都不会否认制度对于政治变迁的重要性。因此，政治观察中的制度途径是本次修订的主线之一。

可以认为，此次修订基本上实现了体系上的独特性、内容上的前沿性与某些问题研究成果的专有性的建构，并力求论述的严肃性与话语的通俗性的统一。

"政党"中的"政党的适应性问题"是中国人民大学国际关系学院 2000 级硕士研究生郭敏女士的毕业论文《政党适应性问题研究》的一部分。新增加的第七章"政府"和其他各章新增内容均由杨光斌撰写。

一如既往，欢迎读者和专家对本书的不足和不当之处提出批评与教正，"Make it better"同样是我们的行动指南。

杨光斌

目录

第一篇　政治的性质

第二篇　政治意识

第三篇　政治体系

第四篇　政治行为

第五篇　政治发展

第一篇

政治的性质

第一章

面料的历史

第一章

政治与政治学

重点问题

- 如何认识政治观的“时代性”？
- 马克思主义的政治观是什么？
- 如何从系统论和博弈论的角度认识政治？
- 政治与经济的基本关系是什么样的？
- 什么是政治哲学和政治科学？
- 什么是新古典主义政治学？
- 如何认识马克思主义政治学中的制度主义方法论？
- 新制度主义政治学的主要流派及其内容是什么？
- 如何认识制度的作用？

人类自有政治生活开始，就有了关于政治生活的“道理”，即政治学，只不过政治学在有的文化系统中比较零散，在有的文化系统中相对系统。不管什么样的“政治学”，大致都有对“善”的追求，对“善”的不同理解、不同追求导致政治上的歧见，甚至兵戎相见。本书所讲的政治与政治学，固然也离不开关于“善”的观念之争，但重点是近代以来思想界关于政治与政治学的理解，尽管任何政治问题都是过去、现在与未来的连续谱系，尽管现代政治学在知识论上也离不开古典政治学。这样，“政治科学”的色彩就浓厚一些，政治科学的方法论自然也就是重点了。

第一节　政治的含义

一、什么是政治

要给“政治”一词做一个统一的界定似乎是不可能的。人类进入阶级社会以后，就出现了政治现象，因而就有了对“政治”的描述。在中国古籍中，“政治”一词散见于《尚书》《周礼》《论语》等著作中。历史上，人们对于政治的认识相去甚远，观点不胜枚举，只能择其要者进行考察。

在前资本主义社会，人们普遍接受“君权神授”思想，第一种观点认为政治是一种上帝安排人世的力量。这种说法是一种主观臆测，经不起推理和实证，并且往往是暴君借神权迫害人民的“护身符”。

第二种政治观认为政治是一种治国之道。孔子说，为政必先正名。“正名”是孔子提出的政治指导原则，是一种政治手段。除了“正名”，还要“为政以德”，即以统治者的道德规范和礼制对人民进行教化。孔子的政治教化说影响极为深远，在这里，政治不仅表现为治国之道，还体现了古代思想家的一种道德价值追求。这种价值追求在柏拉图那里就是实现“正义的理想国”，在亚里士多德那里就是要“全城邦可以得到自足而至善的生活”，即“人类真正的美满幸福”①，以达成人类共同体的最高的善。但这个“善”到底是什么，不同的时代有不同的主题。

第三种是一般民众和一些政治理论家的看法，他们认为政治就是争夺权力。马基雅维利认为，统治者应以夺取权力和保持权力为目的。因此，权力便是国家一切机构与法律的基础。马基雅维利是第一个使政治学获得独立、同伦理学彻底分家的人，是资产阶级政治学的奠基人。1850 年版的《牛津英语词典》对“政治”的解释可以说代表了普通民众的政治观：政治“是计算、谋略、诡计；精心计谋或被算计的外交”。虽然这种表述不甚精确，但也触及了政治的核心——权力。显然，这里的“权力”是指政治家或政治统治机构的权力。当代西方行为主义政治学奠基人哈罗德·D. 拉斯韦尔也认为，政治就是研究权力的形成和分享，研究谁得到什么、如何得到和何时得到。

第四种观点认为政治就是政府的活动。我国伟大的革命家孙中山说：“政就是众人之事，治就是管理，管理众人之事就是政治。”② 当代最有影响的学者之一马克斯·韦伯认为，“如果在一特定疆土内，命令得以持续实行是凭借行政人员运用武力和武力威胁，那么这个社团的活动就是政治性的”③。应该说，这类定义反映了工业社会组织结构的特点及当时的研究水平。20 世纪二三十年代，尤其是第二次世界大战以后，在政府之外产生了团体、公司、学校等各种大型社会组织，其规模、制度和行为越来越近似于政府组织，它们在国内政治生活和国际舞台上的作用引人注目。因此，这种现象迫使政治学家们去研究这些非政府组织的政治活动。此外，政府的职能也发生了很大变化，阶级统治逐渐为社会管理所掩饰，在很多方面已很难把政府的行为与公司、企业的行为截然分开。于是，出现了新的政治观，这就是下面将要讨论的资源分配的政治观。

第五种政治观来自马克思主义。马克思主义的政治观包罗万象，其基本内容是：

第一，“政治是经济的最集中的表现”，政治活动和政治现象是派生的事物，受到更深层次的经济结构的制约。这一论断分析了政治与经济的关系，即经济基础决定着政治上层建筑，政治上层建筑反作用于经济基础。

第二，“政治就是各阶级之间的斗争”④。毛泽东说：“政治，不论革命的和反革命的，

---

① 亚里士多德．政治学．北京：商务印书馆，2008：37.
② 孙中山．孙中山选集：下．北京：人民出版社，1956：661.
③ 达尔．现代政治分析．上海：上海译文出版社，1987：16.
④ 列宁．列宁选集：第 4 卷．3 版．北京：人民出版社，1995：308.

都是阶级对阶级的斗争，不是少数个人的行为。”① 应该说，这些论断反映了经典作家们所处时代的特征。但同时，列宁也告诫我们，政治的范围很广泛，不仅涉及敌对阶级间的关系，也涉及其他类型的阶级关系；不仅阶级之间，而且阶级内部也存在政治。另外，随着阶级对抗社会的消亡，政治不能简单地等同于阶级斗争，否则就会导致国家的巨大损失。当年中国之所以爆发“文化大革命”，没能正确地认识政治这一概念是一个重要原因。

第三，“政治就是参与**国家**事务，给国家定方向，确定国家活动的形式、任务和内容”②。这是马克思主义关于政治内容的规定。具体地说，政治就是要争取政权和保持政权，“至今的全部历史都是阶级斗争的历史……即旧的阶级要保持统治，新兴的阶级要争得统治”③，而政治统治的工具便是国家机器。因此，一切政治关系和政治活动都是围绕国家政权这一社会公共权力而展开的。马克思主义关于政治内容的规定既说明了政治的核心，又为后人认识政治的概念拓展了思路。

第四，“政治是一门科学，是一种艺术”④。政治现象、政治关系和政治规律似乎又是最复杂、最难以把握的，在实践中要不断地学习和掌握这门科学，因而它又是一门艺术。

由上述可以发现，马克思主义的政治观是认识世界和改造世界的重要理论，为人类认识政治现象做出了革命性贡献。马克思主义第一次把对政治的研究与人类的彻底解放结合起来，具有科学性、阶级性、革命性和实践性，同时，在实践中也需要不断发展。

第六种政治观，来自美国政治学家戴维·伊斯顿的界定，认为政治就是对权威性资源分配的过程。这个说法在西方影响深远，其实和拉斯韦尔的说法没有什么区别，都是讲谁得到什么的问题。这种说法的最大问题，就是把政治当作一种理所当然的制度性存在，是在既定制度下分配资源的过程。

我们认为，政治是一个时代性和语境性的概念。亚里士多德关于“共同体的最高的善”的说法永远正确，但是不同时代、不同国家，即不同语境的“善”是不一样的。即使在全球化时代，我们时代的重大问题依旧是如何维护“国家性”这个最根本的问题，这也是中国的根本政治。发达国家和发展中国家所面临的政治问题有着重大区别，不能简单地以拉斯韦尔和伊斯顿等人的说法去界定政治，因为他们都假设国家性是理所当然的存在，因此对其他国家进行政治设计时都是运用如何开展竞争性选举、如何分权、自治之类的“美国智慧”，结果使这些国家更加国之不国。对于发展中国家来说，前提是国家建设问题，即寻求一种稳定的根本秩序。因此，对于发展中国家的政治学来说，首先面临的是国家性问题。其次，分配正义是每个国家都要面临的难题，因此讲政治不能不讲如何分配权力、财富乃至权利等稀缺性资源。

据此，我们认为，政治就是关于维护国家性和分配正义的体系与能力。这个极为简单的界定至少包括以下几点：

第一，所谓国家性（the stateness），就是说国家之所以为国家，国家领土是统一的，国家是享有主权的，国家是享有普遍性权力的。国家性不是理所当然的存在，也不是一劳

① 毛泽东．毛泽东选集：第 3 卷．2 版．北京：人民出版社，1991：866.

② 列宁．列宁全集：第 31 卷．2 版．北京：人民出版社，1985：128.

③ 马克思，恩格斯．马克思恩格斯选集：第 3 卷．2 版．北京：人民出版社，1995：334.

④ 列宁．列宁选集：第 4 卷．3 版．北京：人民出版社，1995：189.

永逸的公共物品。也就是说，和平不是理所当然的，稳定也不是天赐的公共物品，和平与稳定是国家性建设的结果。

第二，与国家性密切相关的是“国民性”（the nationality），即一个国家应该保有独特的文明基因，应该有立国价值，并有民族融合和政治团结。国民性维系着国家性，国民性危机威胁着国家性，也就是国家的危机。

第三，国家性前提下的分配正义。分配正义主要是在制度设置、立法目的和公共政策等方面，一个阶层或集团之所得不以其他人之所失为代价。国家性是分配正义的保障，分配正义巩固着国家性。也就是说，不公正的分配制度必然会危害国家性、国民性。如果说经济学重在如何生产财富，政治学则重在如何分配财富；生产财富需要效率，而分配财富则讲公正；相应地，效率需要保障个人权利，而公正则趋向保护整体性权利。因此，政治学和经济学的思维方式是不一样的。

第四，国家性和分配正义不但是制度体系，更是制度能力或者治理能力。现代性意味着同一性，很多国家的制度形式越来越类似，但治理能力决定了国家的差别。

第五，政治的公正原则。政治价值很多，但是古今中外一个最大公约数的价值就是公正，公正是衡量国家性和资源分配的最基本标准，也是政治发展、政治改革乃至革命的一种价值追求。

我们所界定的政治概念也不是十全十美的，但肯定是具有时代性和中国语境性的一个解释。

至此，我们对政治的认识仍然是框架性的和比较抽象的，还不明白“谁得到什么”到底是如何进行的。为此，需要借助博弈理论来加深对政治的认识。

二、作为博弈的政治

政治是一门艺术，是一门调节利益冲突的艺术。利益冲突一直是历史与现实的主题，是政治产生的原因。社会生活中充满了矛盾与妥协、冲突与合作。博弈论正是分析利益冲突的工具。

“博弈”（game）一词指某些个人或组织做出相互有影响的决策。博弈的结局不仅取决于本人或本组织的行动，还取决于对方或其他方的相应行动。足球、篮球比赛是这样，解决冲突与合作的政治现实也是如此。例如，以色列和巴勒斯坦之间博弈的结局，不仅取决于以色列的军事与外交政策，而且取决于巴勒斯坦的相应对策。因此，博弈论（game theory）又叫作对策论。发生于个人、团体、政府或国家之间的政治事实上是对策学，因为行动者必须不断地考虑博弈中的其他方如何行动，没有意识到或忘记这一点的政治家很难达到他们的目标。一句话，他们必须设计出对策或行动计划以应付对手可能的对策。最好的策略家就是那些能预料到对手将如何作为的人。《孙子兵法》中的“知己知彼，百战不殆”等兵法和毛泽东的“政策和策略是党的生命”的思想都是对策学的经典代表。

特别值得指出的是，当前最有影响的“分析的马克思主义”学派就是以博弈论作为主要分析工具的。他们认为，马克思主要关心的是现代社会的矛盾及其解决，而博弈论着重研究社会生活中的矛盾及利益冲突与合作。那么，作为博弈的政治是什么意思呢？

1. 政治博弈的要素

所有的对策性博弈都有如下要素：局中人（参加者）、资源、对策、规则及目标，即局中人运用他们的资源，在一定规则范围内制定对策以达到他们的目标。

首先，博弈要有局中人。也就是说，要得到政治利益，必须首先成为局中人，不能出局。由于政治决定着“谁得到什么”，甚至生命，因此谁能成为局中人就是至关重要的问题。历史上很多的政治冲突都是围绕这个问题展开的，国家间的战争及国内的政治斗争都是如此，因为只有成为局中人，才有机会从博弈中获得好处。在政治博弈中，局中人包括个人、团体和国家。

其次，目标和结果。目标多种多样且很复杂，有些局中人追求个人利益，如财富、权力、社会地位和社会承认；有些追求团体的好处，如民族利益、经济利益和宗教利益；有些可能为社会目标而工作，如公正、自由、平等和秩序。一般说来，局中人在一段时间内所追求的目标可能不止一种，如你在追求更多安全时，同时也就在为其他人要求更有秩序的社会。

局中人在追求目标时要依赖其所掌握的资源。政治的资源多种多样，最明显的是财富、人数、威望、职位及说服技巧。在正常的社会秩序内，运用资源而追求目标时一般都要遵循既定的规则。在足球比赛中，进球多者获胜；在选举中，得票多者获胜。但是在很多政治情形中，决定胜负或结果的规则并不那么明确，可能是模糊的，因为局中人可能在追求不同的目标。

最后，博弈的策略。博弈的核心就是策略的运用。每一位局中人都要设计一套策略或行动计划以使赢得的机会最大化，损失的机会最小化。局中人制定策略时不但要考虑自己的目标和资源，还要考虑其他人会如何行动。

2. 政治博弈的规则

在政治博弈中，最为重要的因素是规则。每一场博弈都应遵守一定的规则。宪法、法律、行政机关的决定，习惯与传统就是政治博弈的规则渊源。宪法规定了政治体系的基本框架。政府应该如何行为、公民的权利与义务是什么等等，都在宪法中有原则性规定。但并不是所有的宪法都是成文法，如英国并没有一部成文的“英国宪法”，但是英国有很多的成文条例。所以，不论是成文宪法还是不成文宪法，都为政治体系提供了基本的框架。由于宪法的条文都是原则性的，它并不能解答所有的政治问题，因此需要专门的机构进行宪法解释，如中国的释宪权在全国人大常委会，美国的释宪权在最高法院。

宪法之下，就是立法机关和行政机关颁布的法律和决定。虽然各个国家的机制设置不一样，但所有的国家都有相应的政治机制，其决定构成了政治博弈的基本规则。

在有些政治体系中，不成文的传统与习惯是最重要的政治规则，如前面提及的英国。习惯和传统是指为社会或社会的特定阶层所广泛接受并实践着的行为过程与模型。习惯与文化有密切的关系。每一个社会都有一定的非正式的规则影响着政治体系，越是不发达的政治体系，习惯和传统越重要。但在有些现代政治体系中，如英国，仍然依靠不成文的传统。英国的法律原则就是捍卫古老的传统和人类常识。另外，美国的宪法也并未提及政党制度问题，美国异常发达的两党制度是在正式的规则之外成长起来的，当然，现在美国有法律规定着政党与利益集团的活动。

政治博弈就是在上述框架或规则之内进行的，它们规定了如何确定博弈的结果；局中人的角色及与角色相适应的权力、责任和限制；谁能够从事这种博弈；越轨者应受何种处罚及如何使规则更具有适应性。

政治博弈和其他体育项目一样，犯规者受罚，如美国前总统尼克松因“水门事件”而下台。政治博弈都有强制执行的规则，但可能没有体育规则那么明确，因为政治规则处于正式或非正式的不断变化之中。被认为最稳定的美国宪法，200 多年来已经过近 30 次的修正。新中国成立以来，已经有四部宪法相继颁布：1954 年宪法、1975 年宪法、1978 年宪法和 1982 年宪法，而 1982 年宪法在 1988 年、1993 年、1999 年、2004 年和 2018 年经过五次修订。每一部宪法和每一次修订都给中国政治带来重大影响，同时这种规则的变化也为局中人适用规则增加了难度。

与体育规则相比，政治博弈规则的变化更为频繁和复杂。况且，体育规则的变化通常是在一个赛季结束之后，而政治无季节，是一个持续不断的过程。因此，规则的变化总是在政治博弈中间发生的。即便我们把政治划分为一系列不同的阶段，如党的代表大会、全国人民代表大会，我们还会发现规则的变化经常发生于博弈进程之中。

3. 政治博弈的类型

我们说政治起源于利益冲突，但政治不只是处于总体冲突状态，政治现实更多的是呈现冲突与合作状态。追求的目标单一时，局中人处于总体冲突之中，如选举、战争；而通常的情况是双方追求的目标有几个，为了达到这些目标，双方处于冲突与合作的状态，如中美关系。这些现象也恰恰与博弈论的两大类型即零和博弈（zero-sum game）与非零和博弈（non-zero-sum game）相符，因此我们就把政治博弈分为零和博弈与非零和博弈两大类。

（1）零和博弈。它是一种参加者一方所得为另一方所失的博弈。设想双方处于总体冲突状态，每一方所追求的典型策略就是取得全面的胜利，结果是只有赢家和输家，即得失相加等于零。两位候选人之间的竞争就属于这种情形。

（2）非零和博弈。它是指一方参与者的所得不再恰好为另一方的所失，他们不再是完全敌对的，而且有可能一致认为博弈的某一结局比另一结局更佳。这种博弈的参与者等于或多于 2 人，说明了政治不再是简单的总体冲突，有可能赢家多于输家，也有可能输家多于赢家；前者被称为积极的非零和博弈，后者被称为消极的非零和博弈。

消极的非零和博弈很常见。比如在冷战时期，苏美两国若爆发核战争，就没有赢家，都是输家。当然，这是消极的非零和博弈的极端情形。比较普遍的一种现象是，通常有很多人争夺某一目标，比如选举中有 3 个以上的候选人竞选一个职位，结果只能有 1 个人获胜，其他人失败。这是典型的分配有限好处和资源的现象，输家总是多于赢家。因此，消极的非零和博弈适用的政治情形是，参与者处于总体冲突之中或没有意识到共同利益，每一方采取的策略是追求全面的胜利，结果是输家多于赢家，甚至都是输家。

然而，积极的非零和博弈有的时候更为典型。政治涉及冲突，这就要求合作，否则，很多的政治目标就难以达成。有时，参与者拥有相同的资源，在所有重要的问题上都达成一致。但在更多的时候，参与者的共同利益是混合性的，一方可能同意另一方的一些观点而反对另一些意见，这时双方就要妥协、讨价还价。如果参与者认识到为了达到自己的某些目标，必须支持对方的一些要求，便会放弃自己的一些目标以争得对方的支持。如果讨价还价成功，皆大欢喜；如果一方要价太高，谈判就会失败，没人能得到好处。因此，合作不是说在每件事上都达成一致，只是在某些问题上达成共识，在这个过程中每一方都认识到自己的成功要取决于对方的行动。总之，积极的非零和博弈适用的政治情形是参与者有分歧，但存在共同利益，为此，他们采用的典型策略是讨价还价，结果是赢家多于输家或者每一方都是赢家。20 世纪 90 年代以来的中美关系就是典型的非零和博弈。

通过以上的讨论，关于政治的定义，我们也可以这样说，政治就是运用权力的政府机构根据一套规则以决定谁得到好处及谁支付社会代价的系统化过程，其中团体与团体之间、团体与政府之间充满着合作与冲突。

需要指出的是，合作与冲突的背后不但有利益，还有价值观的共识与分歧。自民族国家形成以后，尤其是冷战以来，几乎所有的政治都有价值色彩，而且行动者都以理性主义①的热情去追求意识形态化的普遍原则。

三、政治的地位

在社会大系统中，最为重要和最为基本的要素是政治和经济。如前所述，社会的运转离不开政治的规范，由于政治主要是关于权力的关系，因而政治也直接影响着经济。因此，政治的地位可以通过其如下作用得到认识：

第一，政治权力的首要功能是维护社会秩序。政治是以权力为核心而展开的，而权力的产生本身是社会的需要。在阶级社会，政治权力就是用以维护在经济上占统治地位的阶级的利益。在资本主义社会，由于经济利益的冲突，统治阶级不能不借助政治强制力来对付被统治阶级。另外，“市民社会的一切要求（不管当时是哪一个阶级统治着），也一定要通过国家的意志，才能以法律形式取得普遍效力”，政治权力以公共利益代表的面目出现，“缓和冲突，把冲突保持在‘秩序’的范围以内”②。

不仅如此，统治阶级的思想、文化都是通过政治实现社会化、普遍化的。统治阶级为了让全社会认同其经济地位的合理性，必定要借助宣传、社会化过程及其他方法或明或暗地影响被统治者或民众的意识，使统治阶级或统治者的地位合法化，从而更经济、更有效地治理社会。因此，政治有稳定政治秩序及社会秩序的功能。

第二，作为政治上层建筑的政治对经济具有巨大的反作用，作为上层建筑核心的政治权力又决定着其他上层建筑。关于政治权力的这种能动性、自主性，恩格斯做过概括：“国家权力对于经济发展的反作用可以有三种：它可以沿着同一方向起作用，在这种情况下就会发展得比较快；它可以沿着相反方向起作用，在这种情况下，像现在每个大民族的情况那样，它经过一定的时期都要崩溃；或者是它可以阻止经济发展沿着既定的方向走，

---

① 近代理性主义指启蒙运动以来由于个人解放，而相信人类具有以推理行为实现有目的的结果的能力。理性主义推动了政治解放，同时信念与狂热也导致非理性政治。

② 马克思，恩格斯．马克思恩格斯选集：第 4 卷．2 版．北京：人民出版社，1995：251，170.

而给它规定另外的方向——这种情况归根到底还是归结为前两种情况中的一种。但是很明显，在第二和第三种情况下，政治权力会给经济发展带来巨大的损害，并造成人力和物力的大量浪费。”① 与此同时，民族精神、文化、艺术和法律，都有被破坏的可能。

在马克思主义产生之后的100多年时间里，无论是历史的研究、经济的研究还是比较政治经济学的研究，都取得了丰硕的成果，丰富了人类的思维。我们认为，纵观人类历史，只有政治与经济协调发展，一个国家的发展与演变才能正常化。资本主义建立以来的人类政治经济发展大致可以划分为以下模式：(1) 自由主义的英国模式。资本主义之所以最先在英国和荷兰产生，是因为那里首先有了利于资本主义经济发展的政治制度和产权制度。基本上，美国、澳大利亚、新西兰是英国制度和文化的延伸。用马克思和恩格斯在《共产党宣言》中的话说，资本主义在短短的时间里所创造的财富比过去的总和还要多。(2) 集权主义的德国模式。与英国相比较，德国、法国、日本、俄国在现代化和资本主义化的过程中，基本上都实行了集权主义。在一定时期内，集权主义有利于经济的发展，但是，集权主义使得政治经济关系变得扭曲，要么容易发生革命，要么走向战争而导致现代化的中断。无论是革命还是战争，最终都使这些国家走向政治上的自由主义模式。(3) 威权主义的韩国模式。由于处于更加不利的国际竞争环境中，与集权主义的德国模式相比，威权主义以政治上的严格控制来保证资本主义经济的高速发展。但是，韩国等威权主义国家适时地实行政治转型，保证了经济发展的连续性。(4) 传统的社会主义模式，即实行政治权力和经济关系双集中的制度。经济为政治服务，结果苏联、东欧社会主义国家在20世纪80年代末90年代初发生剧变，中国因为以社会主义市场经济为取向的成功的经济改革而保证了共产党的领导不被动摇。可见，只有采取一个好的政治形式，才能使经济得到长期而稳定的发展。

由上述线索我们可以总结出观察政治经济关系的新范式：由政治制度和经济制度构成的总体的制度环境决定了由政治体制、经济体制、文化体制和社会体制所构成的制度安排，而制度安排决定了制度绩效②。研究政治-经济关系的SSP范式如图1-1所示：

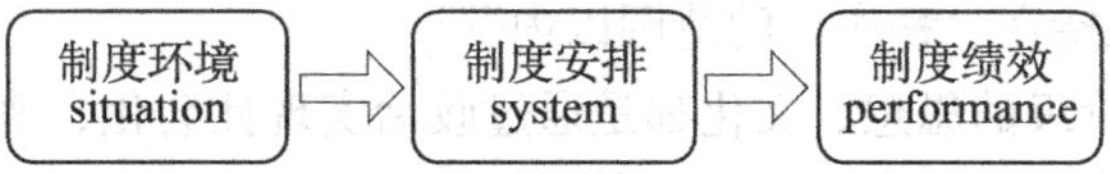

图1-1 研究政治-经济关系的SSP范式

比较政治研究的一些发现是，相似的或相同的政治制度具有不同的制度绩效，比如印度和英国一样都是内阁制，菲律宾和美国一样都是总统制，其中的重大差异来自作为中观变量的制度安排；而在制度安排中，即使是经济体制相似，也可能导致不同的制度绩效，比如中国和很多发展中国家一样都是市场经济体制，这说明经济体制受制于政治、文化或社会体制的约束。所以，制度分析事实上是极为复杂的分析方法，不可能有简单的“制度决定论”，也意味着不存在所谓“历史终结论”；如果真的存在“制度决定论”，人类的政

① 马克思，恩格斯．马克思恩格斯选集：第4卷．2版．北京：人民出版社，1995：701.

② 杨光斌．制度范式：一种研究中国政治变迁的途径．中国人民大学学报，2003 (3).

治发展就变得很简单了。

第三，政治可以提升被统治者或民众的地位。在阶级社会，政治权力是阶级解放的工具，即被统治阶级首先夺取政治权力，才能改变自己的经济地位。历史上，政治权力曾反复地起过类似的作用。在现代社会，民众的政治参与也是分配或享有政治权力的过程。民众的政治参与，可以保证本阶层或集团的利益不为决策者所忽视。如果一些人主动地不享用参政的权力，对政治的无知会更加严重，政治能力和政治警惕性会进一步下降，结果是自己的利益不被代表。

此外，政治对个人而言是一种工具性的价值，即政治是取得或达成其他价值的工具，如地位、名望、尊重、安全、金钱等，还可以用来满足动机、补偿缺陷。同时，除了上面所说的危害性外，政治还有一些副作用，如残酷、敌对、垄断、自私等。因此，人类的政治过程在总体上是竞争政治权力与优化政治而实现政治文明的过程。

第二节　政治学

一、什么是政治学

政治学是一门不断发展的学科，不同的时代人们对政治学的认识也不一样。根据政治的本质，我们认为，政治学是研究公共权力的形式及运作规律的科学。

谈到什么是政治学，不能不涉及政治学的规范性与科学性两个方面，即政治哲学与政治科学。

政治学的规范性是指回答政治对与错、好与坏的价值准则。规范性活动的核心是“应当是什么”（what should be），这也是我们通常所说的政治哲学。千百年来，政治哲学研究的主要对象事实上就是我们所关注的人类的基本的政治价值。

政治哲学的核心概念是法治、公平、平等、正义、自由、民主等政治价值。但是，政治哲学家们往往不是基于对现实政治的实际考察来论证他们的观念的合理性，而是依据哲学思辨，有时甚至借助于神学的权威。例如，洛克提出“人生而平等”的依据是大家都是上帝的儿女；后来不相信上帝的政治哲学家便以“人类的常识”和理性来取代上帝的权威。因此，政治哲学的贡献在于提出问题启发人们去思考，而不在于能解释或回答什么问题。政治哲学上的一系列规范性命题，是人们判断政治的好与坏、善与恶的标准。不论人们对“正义”“自由”概念的理解有何不同，它们确实是人们进行政治评价和政治分析的基本准则。

政治哲学的传统与当代政治学的关系一直是令人感兴趣的问题。有人认为，若过分强调道德和规范性价值原则，政治哲学会忽视作为当代政治学基础的经验因素。因此，在美国，很多政治学家缺少政治哲学方面的修养。在中国和欧洲，政治学的规范性方面一直占有相当的分量。

毫无疑问，对政治现象的研究应以经验的分析为基础，以便更有效地操作和解释政治。尽管如此，当我们判断诸如政府行为、集团政治、官僚程序、政治战略甚至个人态度之类的政治现象时，不得不运用政治哲学的基本价值。政治哲学为我们理解国家的正义和进步做出了巨大贡献。当代的政治学家不管其研究如何经验化，都不可能与政治哲学这一最古老的传统彻底脱钩。由于政治哲学不能回答问题，政治学家们便企图把政治学发展成能解释和回答政治现象的工具，于是就有了政治学的科学化问题。其实在政治哲学中就有了事实的分析，但是这不是政治哲学的主要任务。

简单地说，“政治科学”研究政治究竟是什么（what is）。“科学”泛指知识的集合与掌握知识的方法。18 世纪的哲学家大卫·休谟曾设想，一旦掌握了政治现象的“普遍真理”，政治纷争便可迎刃而解。但是政治学能成为“科学”吗？有人认为，政治现象的复杂性、人的非决定性及人的可变性、价值因素的影响，都使得“科学地”研究政治学成为不可能。这确实是一个很有争议的问题。如果按照任何研究必须遵循的科学的方法，任何社会科学都不像自然科学那样具有“科学性”。自然科学研究的一般程序是：（1）观察和收集资料；（2）把资料按意义和作用加以归类；（3）得出结论和预测性判断；（4）判断作为规律、趋势或倾向的结论的真实性。

显然，政治学家能够遵循前三个程序，他可以观察他期望检验的政治现象和收集相关资料，把他的资料按意义和作用加以归类并形成他的归纳和判断。但是当他达到第四个阶段时，即判断他的结论的真实性时，他会遇到麻烦。这主要是因为政治学家面对的对象是非决定性的、极具变化性的人类。再说，政治学家本身也可能带有偏见地去观察和研究政治现象。对科学地研究政治持最激烈的反对态度的罗塞尔·柯克曾指出，人的存在是最难以控制和证实的、最不遵循法则、最难以预测的主题。所以，政治学要成为自然科学那样的科学，还面临着难以逾越的障碍，政治学的结论比起实验室里得出的结论，其适用性要狭窄得多。但这绝不是说科学地研究政治学是不可能的。政治学家得出的一些结论具有跨时代的指导意义，比如，“权力导致腐败，绝对的权力导致绝对的腐败”。比起自然科学的定理，政治学的归纳与总结虽不那么精确，但其价值是不容否定的。运用自然科学方法研究政治现象的成果，如运用博弈论对团体行为的研究，更让人感到作为科学的政治学的希望。

总之，作为一门知识的政治学具有多方面的目标，它涉及政治制度的设计，它研究和分析政治过程的产品即公共政策，它分析国际社会中不同的政治组织的关系，还研究意识形态和政府的信仰，等等。

二、政治学的历史发展

1. 马克思主义政治学的产生与发展

马克思主义政治学是政治学说史上的一次革命性变革，其根本目的是通过揭示人类政治现象的本质特征，寻求解放全人类的政治途径。因此，马克思主义政治学的产生，使人们对政治现象的认识进入了一个新的时代。

马克思主义政治学产生的历史背景是什么呢？

第一，它是历史发展的必然产物。马克思主义政治学形成于 19 世纪 40 年代，是无产阶级认识世界和改造世界的理论武器。第二，马克思主义政治学是继承人类文明成果的产物，主要吸收了德国古典哲学、英国古典政治经济学、法国启蒙思想及空想社会主义思想，尤其是卢梭的“人民主权”思想是非常革命的，改变了当时的欧洲社会，是欧洲启蒙时期最基本的思想，为马克思主义政治学的形成提供了一个较高的理论起点。第三，马克思主义政治学建立在马克思的唯物史观和剩余价值理论基础上。唯物史观说明了政治发展的根本动因是阶级斗争。因此，马克思主义政治学鲜明的阶级性成了它区别于其他政治学体系的标准之一。

马克思主义政治学体系形成于经典作家的政治著作。《德意志意识形态》是马克思主义政治学走向成熟的一个重要标志，《共产党宣言》是马克思主义政治学的纲领性文献。列宁为丰富马克思主义政治学做出了宝贵贡献，列宁的《帝国主义是资本主义的最高阶段》《国家与革命》等著作，论述了社会主义国家的政治管理、无产阶级政党、群众参与管理等一系列具体的政治学问题。毛泽东思想以及其后的中国特色社会主义理论体系，则是中国化马克思主义政治学说的思想和理论。

马克思主义政治学体系的基本内容包括阶级问题、革命问题、国家问题、未来社会问题以及体现于各个问题中的政治关系。这些问题构成了马克思主义政治学的基本原理。

马克思主义政治学的原理为我们认识世界提供了全新的概念，为改造世界做出了革命性贡献。可以说，马克思主义政治学是历史上影响人类社会最为巨大和久远的政治学。

马克思主义政治学具有以下特点：

第一，科学性。以历史唯物主义方法为基础的马克思主义政治学揭示了人类社会政治活动的基本规律。

第二，阶级性。阶级分析方法是马克思主义政治学、经济学、社会学和法学的根本方法。马克思主义政治学首先是为无产阶级的利益服务的。

第三，革命性。在马克思看来，哲学家们只是用不同的方式解释世界，而问题在于改造世界。马克思主义政治学是在西欧革命运动中产生的，同时也在革命实践中得到发展。这样就必然有一个马克思主义与具体国家的国情相结合的问题。

第四，发展性。马克思主义政治学的实践性决定了它是一种发展的学说。事实上，马克思主义政治学在不同的时代、不同的社会背景下得到了丰富多彩的发展。

我们认为，西方国家的马克思主义者主要把马克思主义政治学当成解释世界的工具，并在此基础上发展了西方的马克思主义政治学，而东方国家的马克思主义者则在如何改造世界方面发展了马克思主义政治学。

在此，尤为值得一提的是中国的革命、建设、改革对马克思主义政治学的贡献。中国的革命道路本身大大发展了马克思主义政治学，同时也丰富了全人类的政治学研究。在社会主义建设、改革时期，关于如何正确处理人民内部矛盾的理论，关于建设中国特色社会主义的理论，国家统一上的“一国两制”的科学构想，政党理论上的“三个代表”重要思想，发展研究上的“科学发展观”，以及习近平新时代中国特色社会主义思想的丰富内容都是我国政治学的研究对象，并形成了具有相当规模的成果。

但是，我们不能不看到，中国政治学研究与经济学、社会学研究相比，研究方法相对滞后。同时，我们的政治学理论研究还落后于中国的政治与经济现实。比如，社会主义市场经济就是对中国政治学现状的挑战，在市场经济条件下创造中国的政治经济学是亟待解决的问题。

2. 中国政治学的发展历史

中国人对政治的研究源远流长，我们大致可以把中国政治学的发展分为古代、近代、现代和当代四个大的时期。

中国古代的治国实践，在先秦时期充分体现在管仲的《轻重篇》中，其相当于今天的政治经济学，具有政策决定论的意味。政治学思想则集中体现在春秋战国时的“百家争鸣”中。在诸子百家中，对中国政治影响最为深远的是儒家、道家和法家的政治思想。其中，以孔子、孟子为代表的儒家学派一直占统治地位，其主要典籍是《论语》和《孟子》。儒家的政治学说主要集中在“礼”与“仁政”两个方面。与儒家相对立的主要流派是法家。韩非是先秦法家思想的集大成者，他在《韩非子》中，把法（法律）、术（统治术）、势（统治权力）融为一体，形成了法家的治国之道。在儒法关系上，可以说法家的思想是根本，儒家的思想是表面。尽管千百年来统治阶级一直宣扬儒家的思想，其实对历代统治者而言，法家的思想是只能做不能说。这倒是统治阶级成熟的表现，如果统治阶级公然渲染暴力和重典，必然带来社会的混乱。

与儒家、法家的积极治国说相反，中国还有令外国学者很感兴趣的道家思想，其代表人物是老聃与庄周。老子提出，国君的统治应是“无为之治”。“无为而治”是缓和社会矛盾、统治者与被统治者之间矛盾的方法，在中国历史上发挥过实际功能，但是其实际地位在儒家和法家之下。

与西方政治学说相比，中国古代政治学有其鲜明的特点：第一，在维护政治统治秩序及治国理政实践方面，内容蔚为壮观；第二，特别重视人的问题，人本主义的色彩很浓；第三，中国古代政治思想往往把政治伦理化；第四，中国古代政治思想对社会演变特别感兴趣；第五，中国古代思想的体系或系统性较西方要弱，但治国理政的实践性最高，经验最为丰富。在中国长期的封建社会中，思想家们多把现实的社会视为理想社会，忙于说明现实社会的合理性与永恒性，而没有建构起更高层次的政治理想蓝图来。

到了近代，中国在很多方面落后于西方，落后的主要原因有制度和思想层面的，而不仅仅是技术和物质上的贫乏。到 19 世纪、20 世纪之交，康有为、梁启超的维新理论，孙中山的民有、民治、民享思想，都是吸收西方民主思想的产物。1919 年之后，中国的大学开始了政治学教学，西方的政治学著作也被大量地介绍进来。与此同时，政治学者也开始了中国政治问题的研究，主要集中在政治制度史方面，王亚南先生的《中国官僚政治研究》是那个时代，也是至今研究中国政治的经典之作。

马克思主义传入中国后，形成了阵容强大的马克思主义政治学队伍。这一队伍与实践相结合，开始了现当代中国的政治学研究。

3. 西方政治学的历史发展

从研究对象和方法论上看，从亚里士多德的《政治学》至今，西方政治学可以分为古典主义时期、旧制度主义时期、行为主义和理性选择主义时期以及今天的新制度主义时期。这种划分主要以某个时期的方法论特征为标准，它们之间也有相互交叉，比如在新制度主义盛行的今天，行为主义和理性选择主义都是重要的研究方法。这里仅就它们的流变做简单介绍，有关内容将在后面的方法论部分加以讨论。

（1）古典主义政治学与旧制度主义政治学。从古希腊时期到 19 世纪中叶的政治学都可以称为古典主义政治学。这个时期的政治学与哲学往往难以区分。其代表人物是古希腊的柏拉图、亚里士多德，中世纪的奥古斯丁和托马斯·阿奎那，以及近代的马基雅维利、布丹、霍布斯、洛克、格劳秀斯、孟德斯鸠和卢梭。可见，古典主义时期的政治学集中在欧洲，其典型特征是规范性活动，即强调道德、伦理和价值判断。不少政治哲学家花费很多心血去描述最好的国家状态，其中最著名的莫过于柏拉图的“理想国”和亚里士多德的政体论了。因此古典主义政治学可以称为“政体论”。另外，古典主义时期也有科学性活动与工具性分析，只不过不占重要位置。政治哲学家们在描述世界时，也企图解释世界，如在《政治学》第一章中，亚里士多德力图解释政治变革与革命；马基雅维利则因论述如何保持权力而闻名于世。工具性分析是指实现目标的最佳途径，如霍布斯认为实现和平的政治目标的手段是建立绝对的政治统治。古典主义时期政治理论的影响是巨大的，尤其是文艺复兴时期的政治理论直接改造了西方世界，而它的思想价值至今为世人所重视。

从哥伦比亚大学建立政治学系（1887 年）到 20 世纪中叶，是政治学的旧制度主义时期。直接传承古典主义政治学传统的旧制度主义政治学的主要特征是：第一，政治制度与政治价值的统一性以及由此带来的政治科学与政治哲学的合一性。亚里士多德在归纳事实基础上而提出的应该是什么样的、更高更好的价值目标，也就是今人所说的政治科学与政治哲学。因此，在亚里士多德那里，政治学天然地包含着政治科学与政治哲学。古典政治学其实是关于政治制度的价值性和规范性探索，基于事实即政治制度的类型而提出更好的价值目标，是亚里士多德留给后人的最宝贵的政治学传统。也就是说，在古典主义-旧制度主义政治学那里，作为今人所说的政治科学的政治制度和作为政治哲学的政治价值是合二为一的。这恰恰真实地反映了国家的本来面目，因为即使是人类最初的法律与政治，也总是与文明渊源紧密地交织在一起，国家总是将法律范畴与伦理价值观糅合在一起，使它们成为一个有机体，共同发挥作用。在国家的演进过程中，这种一体性未曾中断过，今天依然如此。近代政治学的研究基本上沿着制度与价值观合一的传统，尽管研究的重点是对政治制度和法律体系的静态性描述。

第二，整体主义的方法论和世界观。无论是古典政治学的政体论，还是旧制度主义政治学在既定政体下的制度主义和法律主义，说到底都是对政治制度的研究，因而是一种整体主义方法论。这种整体主义综合性地表现在历史主义、结构主义和法律主义的方法论中。因此，整体主义已经不是一种简单的方法论，更是一种思维方式和世界观。

第三，制度中心主义和制度决定论。在整体主义的思维中，人与制度是什么样的关系？制度决定人的行为。卢梭的观点很有代表性：我看出一切总是从根本上都取决于政治，而且无论人们采取什么方式，任何民族永远都不外是它的政府的性质所使它成为的那个样子①。近代政治学持同样的看法，认为优良的政治制度必然会塑造优良的公民美德，公民也必然认同和拥护既定的政治制度，公民在政治过程中是被动的，被教育的。

（2）行为主义政治学和理性选择主义政治学。行为主义政治学是政治学说史上的一种有趣现象。因为行为主义政治学是在制度危机下出现的，而它却倡导价值祛除，否定政治学的政治功能、不问制度和价值的合理性而一头扎进数量分析之中。行为主义政治学的先驱梅里亚姆、杜鲁门等人试图将政治学从对国家机构的静态描述转向对政治过程的研究，建立一种精准而普适的理论。而在发展过程中，行为主义政治学其实变成了一门行为科

① 卢梭．社会契约论．北京：商务印书馆，1996.

学，行为主义的着眼点是人及人的行为，远远背离了政治学的基本传统和价值。

行为主义强调对个人行为的研究，而不关心重大的社会问题和政治问题。但到 20 世纪 60 年代中期，西方社会出现了一系列的反社会思潮，像法国的“五月风暴”，美国的反文化革命以及反越战运动，再加上美国的民权运动，迫使当时的社会科学家尤其是政治学家认识到，所有的社会问题研究确实渗透着意识形态问题。在这种情况下，1969 年当选为美国政治学会会长的戴维·伊斯顿在就职演说中说：行为主义革命还没有完成，后行为主义革命就已发生了。在后行为主义时期，国家又重新成为政治学的一个中心概念。另外，当行为主义不能解释很多现实问题时，一些政治学者借用经济学的“经济人”假设发展政治学，从而形成了理性选择主义。

无论是行为主义还是理性选择主义，由于背离了政治学的最基本传统，不关心整体性的制度和价值观，存在前述的问题是必然的。但是，它们留给政治学的遗产也是不容忽视的。相对于传统政治学的宏观的整体主义思维和制度决定一切的假设，微观的个体主义思维方式和个人偏好选择集假设都是弥足珍贵的政治学财富。也正是由于继承了这些遗产并回归政治学的基本传统，新制度主义政治学才得以成为目前政治学的一种主流范式。

（3）新制度主义政治学和新古典主义政治学。在 20 世纪 70—80 年代，无论是政治哲学还是政治科学都不约而同地开始回归政治学最古老的传统，重新发现“制度”的价值。不同于极端自由主义者，罗尔斯从制度优先性入手而展开正义论论述。在罗尔斯看来：“社会基本结构之所以是正义的主要问题，是因为它的影响十分深刻并自始至终。在此直觉的概念是：这种基本结构包含着不同的社会地位，生于不同地位的人们有着不同的生活前景，这些前景部分是由政治体制和经济、社会条件决定的。”① 罗尔斯相信整体结构决定个体行为，或者说罗尔斯是一个结构/制度决定论者。罗尔斯事实上是回归到政治学或哲学最古老的传统，即关注、解释和设计政治现实。罗尔斯的研究直接影响了哲学、伦理学、经济学和政治学。政治学重新发现了制度，形成了由正式规则、非正式规则、个人偏好、路径依赖等变量所构成的新制度主义。尽管新制度主义政治学已经成为一种主流范式，在某些方面已经超越了古典主义政治学，但是相对于古典主义政治学，它的不足也是明显的，因为古典主义政治学是一种制度与价值合一的研究。只要是制度研究，就要追问制度的价值取向，离不开政治哲学的追问。这样，将思想观念嵌入新制度主义，就能够将新制度主义政治学发展为新古典主义政治学②。新古典主义政治学的基本特征是：

第一，制度中心论。这里的制度既包括古典主义所研究的政体、制度结构，也包括新制度主义政治学所指的中观和微观层面的规则，以及制度变迁理论和历史制度主义所指的作为非正式规则的遗传性文化。

第二，政治科学与政治哲学的统一性。20 世纪七八十年代开始兴起的新制度主义政治学，重新发现“制度”对于政治行为和政治发展的决定性意义，但依然是政治科学的范畴。这也就意味着，即使是很有解释力的新制度主义的有关流派，仅仅由于对政治生活的

---

① 罗尔斯．正义论．北京：中国社会科学出版社，1998：7.

② 杨光斌．从古典主义到新古典主义．教学与研究，2005（9）.

制度性解释所具有的单向性思维特点，就注定了其理论局限性。在政治科学一路前进的时候，以研究价值和规范为主的政治哲学从来没有停止过发展的脚步，并没有因为政治科学成为显学而黯然失色，如罗尔斯的正义论。政治哲学不但在纯粹的理论思辨和争论中发展，同时更在普通人能够感知到的政治思潮的竞争和碰撞中发展。从这个意义上说，政治哲学的政策性价值和现实意义并不亚于被称为科学的政治学。单纯的政治科学不能解释本质上复杂的政治过程，必须借助于政治哲学。要令人信服地解释制度变迁，既少不了政治科学关于制度作用的分析，也离不开政治哲学关于制度价值的关怀。

第三，研究方法上的整体主义与个体主义的统一性。因为研究的核心是制度，所以研究宏观的政体与制度结构要考虑到个人的偏好选择问题，研究特定的中观或微观组织与规则要有大历史观即整体主义的预设，任何偏废都可能带来解释上的缺陷，尽管研究不同类型制度时对于整体主义或个体主义的倚重程度不一样。

政治学说史似乎走了一个正、反、合的历史过程。以研究制度起家的政治学在经历了行为主义的背离以后，又重新回到了原点。当然，新古典主义政治学不是简单的回归，虽然都是以制度为中心，但是新古典主义的制度已经大大不同于古典主义的制度；更重要的是，整体主义与个体主义方法论上的统一性更是古典主义政治学所缺失的。

三、政治学的范围

在“什么是政治学”部分，已经涉及了政治学的研究范围。这里我们将比较详细地讨论政治学的分支学科及政治学与其他社会科学的关系。

1. 政治学的分支学科

(1) 政治理论与方法论。政治学的规范性方面就是政治理论或政治哲学。政治理论主要包括政府理论、国家理论、政治思想史，以及刺激和指导政治行为的各种意识形态，如社会主义理论、共产主义理论、个人主义理论、集体主义理论、民主主义理论、法西斯主义理论等。

需要指出的是，政治理论大多不是凭空产生的，是思想家基于其所处时代的实践总结而来，其中比较方法或者比较历史分析方法对于政治理论的诞生贡献最为巨大。因此，研究和发展政治理论，离不开历史社会学，即将思想和理论置于历史语境中去分析的一种社会科学路径。

(2) 本国政府与政治。应该说，这是政治学研究的主要目标与任务，政治学其他分支的研究都应该为这个目标服务。在中国，这门课至少要涉及中央政府（立法机关、行政机关、司法机关、军队等）、中央-地方关系、政党及政治社团等。

(3) 比较政府与政治。运用比较方法研究政治现象可以追溯至亚里士多德，他研究了那个时代的城邦国家，提出了至今仍有参考价值的政体分类学。当代比较政治学起源于欧美，主要是把不同国家的政治机制、政治发展、政治文化、公共政策加以比较研究。比较政治学是政治学各学科乃至整个社会科学的知识增长点，比如，亚里士多德的政体论就是诞生于对158个城邦国家的比较研究。也就是说，从一开始，作为政治哲学的政体论和比较政治研究就是不分家的，当今的政治哲学研究脱离了比较政治学，也就变成了没有生命力的死学问。

（4）行政管理。在过去的一个世纪里，政府责任已从对内满足最小需求和对外保障国家安全扩展到教育、卫生、福利、经济和其他社会需求，责任的扩大必然导致政府组织的膨胀，使政府成了社会中最庞大的机构。这种发展迫使人们去关注影响人们生活的方方面面的政府的结构和运转过程。与此同时，工业化也促使人们研究组织行为。行政管理学事实上是政策科学，政治理论的好坏需要在政策实践中得到检验。

（5）国际关系。国际关系研究主要包括推动国家关系的因素、引发民族国家利益冲突的问题、战争与和平的一般意义以及避免战争和促进和平的方法。国际关系研究必然侧重大国关系研究，而大国关系并不能涵盖世界上的诸多重大事项，比如恐怖主义问题、不平等导致的民粹主义问题，等等；同样，国际关系深受政治思潮和国内政治的影响。因此，已经成为大国的中国的国际关系学，应该转型升级为世界政治学科，即融政治思潮、比较政治和国际关系为一体的世界政治学。

2. 政治学与其他社会科学的关系

政治活动仅是社会活动的一种，受到历史的、经济的、社会的和心理的因素的影响，因而有必要研究政治学与历史学、经济学、社会学和心理学等学科的关系，并进而形成政治史学、政治经济学、政治社会学和政治心理学。政治学和经济学、社会学一道，构成了社会科学的基础性学科。

第三节　政治学方法论

在政治学的成长过程中，不同时期的学者和思想家都曾从不同的角度观察和理解政治生活。

我们认为，历史唯物主义是指导性的原理和方法，从这一方法论出发，研究政治就要从历史、文化、社会、经济、制度等角度出发。同时，当代西方政治学的发展也为政治学研究提供了一些可操作性的方法。

一、马克思主义政治学方法论

我们认为，马克思主义政治学不但是一种指导无产阶级革命的理论，也是关于资产阶级革命以后民族国家问题的学说，关系到民族国家成长和建设的问题，因此革命性和批判性的马克思主义政治学同时也具有建设性。因为民族国家的成长具有一定的共性，比如国家与社会关系，政治与经济关系，国家在民族国家成长过程中应该是什么样的角色等，都是民族国家在其成长过程中必须面对的问题，所以说马克思主义政治学具有批判性和建设性双重属性。正因为如此，马克思主义政治学并没有因为时代变迁而过时，在政治上依然具有强大的生命力（参见本书第五章中的“国家形态”部分）。我们还将看到，在政治学理论谱系上，马克思主义政治学不但是不可以被替代的，而且仍然在发挥着其他政治学理论流派知识源流的功能。从方法论上说，马克思主义政治学方法论主要包括历史唯物主义、阶级分析和制度主义。

1. 历史唯物主义

历史唯物主义不但是政治学的方法论，也是作为整体性社会科学的马克思主义的核心。因此，历史唯物主义是一种整体性的方法论，因而也是一种世界观。在社会科学中，能够被称为世界观的方法论少之又少，而历史唯物主义就是这样的一种方法论。

首先，人类历史的进步性。根据欧洲社会的历史经验，马克思主义提出了人类社会由低级到高级的历史进步路径：原始社会—奴隶社会—封建社会—资本主义社会—共产主义社会。人类历史进步的动因是技术革命和生产力发展。在欧洲发生科学革命，尤其是资本主义革命带来的工业革命以后，人类在不到100年的时间内所生产的物质财富比过去的总和还要多。很容易理解，这样一个社会变迁对社会科学和人类思想都产生了革命性和颠覆性的影响，置身其中的思想家不可能忽视技术进步的巨大作用。而技术进步是无止境的，按照以往的经验，技术进步必然带来社会变革和社会进步。因此，人类必然由低级阶段演化到高级阶段，最终实现社会和谐和人的全面解放与自由发展。在这个意义上，历史唯物主义是一种历史进步主义。

其次，经济的决定性作用。由于坚信技术进步所带来的人类历史的进步性，而人类历史的进步首先表现为经济上的生产方式的变革和物质财富的丰裕，因此经济因素在人类进步的诸因素中具有决定性作用。下面是马克思关于历史唯物主义最为经典的表述："人们在自己生活的社会生产中发生一定的、必然的、不以他们的意志为转移的关系，即同他们的物质生产力的一定发展阶段相适合的生产关系。这些生产关系的总和构成社会的经济结构，即有法律的和政治的上层建筑竖立其上并有一定的社会意识形式与之相适应的现实基础。物质生活的生产方式制约着整个社会生活、政治生活和精神生活的过程。不是人们的意识决定人们的存在，相反，是人们的社会存在决定人们的意识。社会的物质生产力发展到一定阶段，便同它们一直在其中运动的现存生产关系或财产关系（这只是生产关系的法律用语）发生矛盾。""随着经济基础的变更，全部庞大的上层建筑也或慢或快地发生变革。"①

上面的经典表述就是我们平常所说的两个决定论，即生产力决定生产关系，经济基础决定上层建筑。当然，作为辩证唯物主义者的马克思并不是机械地看待经济的决定性作用，他同时也历史地看到了政治、文化等上层建筑的反作用。马克思对政治的经济分析告诉我们，政治是一个社会系统过程，研究政治不能就政治论政治，更应该看到政治背后的因素，尤其是经济的影响，这样才能真正认识到政治的本质。

最后，社会力量的重要性。在经典作家那里，国家和社会处于对立状态，"现代的国家政权不过是管理整个资产阶级的共同事务的委员会罢了"②。这样，虽然技术和经济在不断地进步，并最终带来上层建筑的变革，但是统治者又在时刻阻挡着上层建筑的变革。在这种条件下，历史进步只能求助于社会力量。在资本主义社会中，以无产阶级为主体的社会力量就以革命的方式来推动上层建筑的变革和社会进步。革命是历史的火车头，革命在一个月内所带来的变化比常规时期几年的变化还要大。因此，社会力量，在资本主义社会中主要是无产阶级，是推动社会前进的根本力量。在这个意义上，历史唯物主义是一种

① 马克思，恩格斯．马克思恩格斯选集：第2卷．2版．北京：人民出版社，1995：32，33.

② 马克思，恩格斯．马克思恩格斯选集：第1卷．2版．北京：人民出版社，1995：274.

以社会为中心的理论。

总之，历史唯物主义是一种探究人类社会演变规律和演变动因的博大精深的思想体系。历史唯物主义坚信人类社会的进步性，而推动社会进步的根本动因是技术进步和经济基础。但是人类社会的进步轨迹并不是直线，有曲折和反复，其中的重要原因是政治、文化的作用以及因为各种条件的作用而导致的社会进步的中断。

2. 阶级分析

阶级分析是历史唯物主义世界观下的一个具体的政治分析路径。阶级分析虽然不是马克思的首创，但正是马克思的阶级斗争理论使得阶级分析成为一种最具影响力的思维方式，在实践中根本地改造着社会结构，影响着国际关系的基本格局。俄国、中国的社会主义革命以及很多国家的民族解放运动都是在马克思的阶级斗争理论指导下进行的。这种政治实践上的巨大成功势必强化和丰富马克思主义政治学的阶级理论，使之成为几代人的一种理论思维和思想传统。

根据马克思主义经典作家的表述，阶级分析的基本逻辑是：首先，生产力的发展必然导致阶级分化，由此导致国家的产生。也就是说，生产力和生产关系的矛盾、经济基础和上层建筑的矛盾，必然导致阶级分化和阶级斗争，并进而导致国家的产生和演变。因此，阶级和国家是政治学最基本的单元和范畴，阶级分析是历史唯物主义的一种可操作性路径。

其次，阶级划分是政治划分的基础。我们耳熟能详的毛泽东的经典表述是：谁是我们的敌人？谁是我们的朋友？这个问题是革命的首要问题；政治不是个人与个人之间的事，而是阶级与阶级之间的斗争。这就意味着，政治首先是阶级的政治，政治分析首先是阶级分析。但是，阶级只是政治的要素之一，政治远比阶级复杂，因而阶级划分不能简单地代替政治划分和政治分析。

再次，阶级斗争是社会发展的主要推动力。由于人类社会的两个基本矛盾即生产力和生产关系的矛盾、经济基础和上层建筑的矛盾的客观存在，阶级斗争也就是阶级社会中的政治斗争的基本形式。无论是被统治阶级以政治革命的方式实现自己的要求，还是统治阶级被迫地以改良的方式满足被统治阶级的要求，都直接或间接地推动了社会发展。因此，阶级斗争推动了人类进步。

最后，阶级斗争必然导致无产阶级专政，进而消灭剥削阶级和阶级社会。阶级是人类历史发展到一定阶段的产物，私有制的存在是阶级分化和阶级斗争的基础。因此，当人类实现了无产阶级专政时，也就消灭了私有制和剥削阶级，这也是人类进入无阶级社会的基础和保障。

在政治实践上，没有任何一种革命理论能和马克思的阶级斗争理论同日而语。但是当革命者执掌政权以后，如何将阶级分析这一革命性理论转变为建设性理论，是中国的马克思主义者必须面对的问题，处理不好就有可能导致灾难性的后果，比如“文化大革命”。

但是作为一种政治学方法论，阶级分析依然具有强大的生命力。因为在自 1500 年以来的现代化运动或制度变迁中，很多国家的政治-经济结构转型所带来的阶级划分和阶级斗争是一个基本的历史事实。离开了阶级分析，就很难解释很多国家的制度变迁。也正是运用马克思的阶级分析理论，美国学者关于现代化模式和现代化中的革命的研究，在西方社会科学中才产生了持久性影响①。

3. 制度主义

和阶级分析一样，制度主义也不是马克思的首创。但是，我们知道，马克思主义政治学产生于政治学发展的制度主义早期，马克思主义政治学包含着丰富的制度主义方法论。正如著名的经济学家科尔奈所说，第一部对制度进行思考并产生持久性影响的著作就是马克思的《资本论》②。马克思研究的主要对象是资本主义社会的政治-经济制度，其中所蕴含的制度主义方法论对后来的制度经济学产生了深远影响。

历史唯物主义其实就是关于制度变迁的理论。我们认为，马克思主义的制度分析主要包括：(1) 在制度的含义上，马克思主义研究政治-经济关系所构成的“硬约束机制”和宏观上的政体论，即政治制度的好、坏问题。(2) 在制度变迁方向上，经典的马克思主义强调线性变迁即人类社会由低级形态到高级形态的制度变迁。(3) 在制度变迁方式上，经典的马克思主义强调的是阶级斗争所导致的革命性突变；新马克思主义，如葛兰西的文化霸权理论，强调制度变迁的渐进性，这一点和历史制度主义的“路径依赖”理论有些相似。(4) 在制度变迁的诸社会关系中，经典的马克思主义认为最重要的是阶级关系以及由此而导致的权力结构，这一点直接影响着新制度主义的“制度（权力结构）的重要性”。(5) 在技术与观念的关系上，马克思强调的是生产力、经济基础的主导作用，其实就是技术的作用，技术的进步决定观念的进步。但是，和后来的制度经济学一样，马克思反对把技术与观念的关系简约为技术决定论或观念决定论，而把社会进步看成一套复杂的关系系统的互动。(6) 在制度变迁的个人作用问题上，马克思主义反对把个人偏好或信念看成既定的，而是把偏好和信念看成被解释的变量，而不是相反。

马克思主义制度分析的时代特征是，制度包含由一系列“关系”构成的宏观的整体性“硬约束机制”，因而是一种结构决定论分析路径。马克思主义的制度主义分析是一套因果关系密切的方法论体系，对后来的制度经济学和新制度主义政治学产生了直接或间接的影响。马克思的制度主义的一系列分析性概念，诸如作为技术的生产力、作为权力结构的经济基础和上层建筑、作为突变方式的阶级斗争和政治革命、作为最重要社会关系的阶级关系以及制度变迁中整体与个体的关系等，都是当代西方主流经济学和政治学不可忽视的概念。

二、当代政治学方法论

当代政治学的方法论有很多，比如政治系统理论、结构-功能理论、沟通理论、利益集团理论、行为主义、理性选择主义等，其中有些方法论与马克思主义政治学有着比较密切的关系，比如政治系统理论和目前正在流行的新制度主义中的历史制度主义。在严格的方法论意义上，目前西方政治学的三个主要流派是行为主义、理性选择主义和新制度主义。

---

① 摩尔．民主和专制的社会起源．北京：华夏出版社，1987；SKOCPOL T. States and social revolutions: a comparative analysis of France, Russia, and China. Cambridge: Cambridge University Press, 1979.

② 科尔奈．制度范式//吴敬琏．比较（01）．北京：中信出版社，2002：17.

1. 行为主义

政治学产生于欧洲，欧洲政治学关注的都是国家、政府、政党、阶级、民族等重大问题。第二次世界大战之后，美国政治学家自信地说，产生于欧洲经验的政治学该让位置、腾空间，应该建立基于美国经验的政治学。美国建国历程的重要方面就是个人主义世界观前提下的地方自治，这意味着，"美国政治学"的创新是将政治学的研究重点从宏观"下沉"到社会层面的微观个体。这是行为主义政治学诞生的基本背景，也可以认为行为主义政治学与其后的理性选择主义政治学以及在此基础上产生的博弈论政治学，都是典型的"美国学"，将其运用到其他国家的政治分析中需要慎重。

行为主义政治学的基本特征是：第一，行为主义关注的是政治活动者的行为，断然拒绝机构研究法。行为主义认为，机构是重要的，但只有机构之中的活动以及围绕政治机构的行为才是政治学家应该关心的主要问题。另外，行为主义者强调的"行为"主要是个体行为，并认为这是政治学的一个转折点，即去研究个体的态度、人格形成和投票、院外活动之类的有形活动。重视个体行为并不排除群体行为或民族国家，任何人都无法否认群体和国家的存在。第二，运用科学的方法研究政治现象。资料的量化是科学的重要目标。在20世纪50年代和60年代，西方政治学运用了大量的计量方法，诸如问卷、访谈、抽样、模型等。第三，行为主义强调"社会科学的统一"，即政治学要合法地利用社会学、经济学和心理学的资料来描述和解释政治现象①。在行为主义者看来，社会科学相互隔离的局面有一天会消失，因为社会科学家都在研究同样的事物，即个人的行为，政治学家研究的是政治的行为，经济学家研究的是经济的行为，因此对行为的共同兴趣会使社会科学统一起来。第四，行为主义研究主张"价值祛除"（value free）或"价值中立"（value neutral）。

行为主义方法论的背后是世界观上的个体主义观念，或者说，个体主义与其说是一种方法论，不如说是一种世界观，就像整体主义是古典主义的一种世界观一样。行为主义政治学的问题主要有两点。第一，当政治学不再关怀政治价值或主张价值中立的时候，当方法论上的数量统计代替一切的时候，政治学也就失去了其本来面目，尽管"价值祛除"的背后蕴含的是自由民主主义政治的正当性。不关怀政治价值的政治学终究是没有生命力的，因为"价值祛除"意味着理论发展的局限性，没有理论支撑的政治学是走不远的。充其量，行为主义所演绎出的政治学理论是为了论证既定的制度结构和价值体系，而很难解决理论的普适性问题。第二，无视整体性制度与规则的存在而一味地关注个体行为的量化分析，得出的理论可能存在根本性错误。

但是，行为主义并非未留下任何有用的成果。第一，行为主义给人们提供了观察政治的新角度，即个体主义的微观视野，使人们第一次系统地认识到，政治不但是国家、政府、阶级、政党和社会团体的事，还是个人的事，个人选择的偏好对政治过程的影响是不容忽视的。第二，行为主义的方法论主要是用于分析政党政治下的选举行为和投票行为，这也就决定了其在选举政治中依然是有生命力的。第三，行为主义强调社会科学的统一性，为政治学的发展提供了理论源泉。事实上，政治学的一些很有价值的理论与方法就来

---

① 艾萨克．政治学的视野与方法．南京：南京大学出版社，1988：60.

自经济学和社会学，政治学家借用经济学的“经济人”假设，形成了理性选择主义。

2. 理性选择主义

理性选择主义的核心要素都直接来自行为主义，方法论是个体主义，核心命题是“经济人”假设，即假设政策产品是政治人在利益驱使下经过理性的利益计算而形成的个体偏好选择集的互动结果。理性选择主义是一个家族概念，包括社会选择理论、集体行动理论以及公共选择理论。

(1) 社会选择理论。社会选择理论所探求的是如何将个人偏好加总为社会整体偏好，是集体理性（collective rationality）问题，就是社会作为一个整体是否有明确偏好（最喜欢什么，次喜欢什么……最不喜欢什么等等）的问题，也就是民意的问题。社会选择理论假定个人是理性的，亦即个人会有偏好（喜欢或不喜欢），会根据他的偏好来做选择。阿罗（Kenneth J. Arrow）是社会选择理论的始祖，他的“一般可能性定理”（general possibility theorem）试图证明，无论用什么加总方法将人们的偏好加在一起，矛盾总可能出现，因此难以形成稳定的多数和均衡政治态势①。因此阿罗的理论又被称为“阿罗不可能定理”。阿罗的贡献在于，他并未针对特定的加总方法（如投票或市场或任何其他机制）进行探讨，而是提出任何合理的加总方法（社会政策）所应当具备的一些条件，但事实上并没有能够同时满足所有条件的均衡性社会选择，也就是说，稳定的多数是不可能的。阿罗的一般可能性定理告诉我们，要找到一种完美的加总办法，以找出所谓民意或社会福利、人民福祉，是不可能的。当民众有众多选择的议题时，其稳定多数的可能性更低。社会选择理论试图打破许多有关民意或社会福利、人民福祉等的重大议题是人民意志这样的传统命题。

从社会选择理论的逻辑上说，一般性均衡（general equilibrium），即稳定的多数选择是不存在的。但问题是，人的活动和政策选择议题常会因制度等因素而受到限制，致使某些特定偏好顺序无法排列，因而导致某种均衡的出现，这是所谓部分均衡（partial equilibrium）。用谢普瑟（Kenneth A. Shepsle）的话来说，一个纯以偏好为导引的均衡（preference-induced equilibrium）难以寻得，但在某些制度限制下，我们可以发现由结构所导引的均衡（structure-induced equilibrium）②。这样一种反思促成了新制度主义的兴起，理性选择理论演变为理性选择制度主义。从社会选择理论到新制度主义，代表了一个从“破”到“立”的过程：社会选择理论破解了我们过往对一般性均衡的迷思，而新制度主义则让我们在限缩的范围内建立起一些部分均衡。

(2) 集体行动理论。奥尔森的一段话是集体行动理论的经典表述：“如果一个集团中的所有个人在实现了集团目标以后都能获利，由此也不能推出他们会采取行动以实现那一目标，即使他们都是有理性的、寻求自我利益的。实际上，除非一个集团中人数很少，或者除非存在强制或其他一些特殊手段以使个人按照他们的共同利益行事，有理性的、寻求自我利益的个人不会采取行动以实现他们共同的或集团的利益。换句话说，即使一个大集

① ARROW K J. Social choice and individual values. 2nd ed. New Haven: Yale University Press, 1968.

② SHEPSLE K A. Institutional arrangements and equilibrium in multidimensional voting models. American journal of political science, 1979, 23 (1): 27-59; RIKER W H. Implications from the disequilibrium of majority rule for the study of institutions. American political science review, 1980, 74 (2): 432-446.

团中的所有个人都是有理性的和寻求自我利益的，而且作为一个集团，他们采取行动实现共同的利益或目标后都能获益，他们仍然不会自愿地采取行动以实现共同的或集团的利益。认为个人组成的集团会采取行动以实现他们共同的或集团的利益，这一想法远非一个集团中的个人会有理性地增进他们的个人利益这一假设的逻辑推论。”①

奥尔森论证集体行动的基本逻辑是，在其他条件相同时，集团中个体数量越多，个体所得收益就越小，所以集团中个体数量越大，离最优水平越远。因此，成员数目多的集团的效率一般要低于成员数目少的集团。为了便于非经济学读者的理解，奥尔森进一步假设：某一组织所代表的工人或企业的收入占 GDP 的 1%，这一组织要使全社会经济活动效率提高，它必须负担为此而付出的全部费用；然而该组织大体上只能获得由此增加的社会总收益的 1%。因此，只有在社会总收益的提高比促成这一目标的代价高出 100 倍时，该组织才会得到净收益，否则该组织不会为集体产品而行动。个体组织与国家的关系是如此，个体成员与集团的关系也是如此。在这里我们不妨把奥尔森的“集体行动的逻辑”称为“集体行动的倒数规则”。

对于一次性博弈而言，奥尔森可能是正确的。但是，社会和经济发展是多次博弈的均衡，在多次博弈中，很难说就只有“搭便车”一种策略②。奥尔森的假设完全无视制度和道德之于人的行为的作用，好像“经济人”完全生活在霍布斯主义的“丛林规则”之中。此外，西方国家的政治现实是，专门利益集团即政治企业家在很大程度上代表着看上去没有被组织起来的个体，使得“搭便车”假设在实际政治活动中并没有多少意义③。

（3）公共选择理论。公共选择理论的代表人物是美国著名经济学家布坎南（James M. Buchanan，1919—2013）。公共选择理论可以定义为非市场决策的经济研究，是一种把经济学应用于政治学的研究。公共选择理论的主题与政治学是一样的：国家理论、投票规则、投票者行为、政党政治、官员政治等。公共选择理论的方法是经济学的方法，像经济学一样，公共选择理论的基本假设是，人是一个自利的、理性的、追求效用最大化的人④。

公共选择理论的研究范围。公共选择理论认为，人类社会由两个市场组成，一个是以消费者和供给者为主体的经济市场，一个是以选民、利益集团、政治家和官员为主体的政治市场，公共选择理论就是专门研究政治市场的理论。政治市场又分为三级：在初始的政治市场上，政治家把选票卖给选民，选民为政治家支付选票。这个市场的供求分析构成了公共选择理论的基本原理，主要是研究投票制度。第二级是政策供给市场，官员为了实现当选政府的目标而提供不同的行政手段，其中基本问题是官员经济理论、政府增长理论和政府失灵理论等。第三级是政策执行市场，分析政策执行过程中给一些人带来的影响。

公共选择理论的方法论。公共选择理论的核心是个人主义。一切社会现象都应该追溯

① 奥尔森．集体行动的逻辑．上海：上海三联书店，1995：2.

② 诺思．制度、制度变迁与经济绩效．上海：上海三联书店，1994：17.

③ 对集体行动理论的系统评论，参见：杨光斌．奥尔森集体行动理论的贡献与问题：一种新制度主义的解读．教学与研究，2006（1）.

④ 方福前．公共选择理论：政治的经济学．导论．北京：中国人民大学出版社，2000.

到它们的个人行为基础，个人的目的或偏好是经济学分析的出发点和基石，必须把个人的有目的性放在首位。因为，个人根据他们自己的利益采取行动，个人的有目的性乃是一切社会行为的充分的起因。把经济学运用于政治分析的公共选择理论家认为，个人是社会秩序的基本组成单位，而政府只是个人相互作用的制度复合体，个人通过制度复合体做出集体决策，去实现他们相互期望的集体目标，同时他们也通过制度复合体开展与私人活动相对立的集体活动。政治活动就是在这类制度范围内的个人活动。

公共选择理论的分析范式。在公共选择理论中，既然个人是方法论的核心，那么其分析范式就是“经济人”，即政治行为中的个人是有利己心的、以追求自身利益最大化为目标，个人参与政治活动是从自己的偏好和效用函数出发，从交易活动中寻求和创造使自己获利的机会。在公共选择理论看来，人就是人，人并不因占有一个总经理位置或拥有一个部长头衔就会改变其人性。普通选民在投票时的选择和在商场购物时的选择没有什么区别，投票是希望某个政治家能给他带来更多的东西，减少自己的生活成本。政治家的基本行为动机也是追求个人利益最大化，虽然推进公共利益是政治家目标函数中的一个重要变量，但是他的效用函数中的变量还包括权力、地位、名声、威望等。因此，政治家追求他的政治目标时未必符合公共利益和社会目标。

既然政治家也具有一般人的人性，那么就必须认定政治家和政府官员会用他们的权力最大限度地追求自己的利益，必须设计出能够制约他们的权力和他们在权力范围内行为的法律-制度规则。因此，个人对自身利益最大化的追求并不是没有限制的，这种限制就是宪法规则的约束。政治的基本任务就是提供宪法秩序，在宪法秩序范围内，给个人以充分的选择自由并保障他们捍卫这种自由。

布坎南等人认为，使用“经济人”范式，不但有助于解释市场失灵，也可以直接论证政府失灵或政治失败。公共选择理论与西方主流经济学不同，它以批判资本主义制度为其特色。公共选择理论根据自身的分析得出的结论是：现代西方资本主义社会的矛盾和困难，与其说是市场的失败，不如说是制度的失败。当然，公共选择理论批判西方制度的目的，是要发明一种新的政治技术和表现民主的新的方式，从而完善资本主义政治制度。但是，通过公共选择理论对西方制度的批判，我们能够更深入地理解当代资本主义国家的自由民主制度所存在的问题。同时，公共选择理论的分析方法和范式也有助于我们分析我国政府行为中的一些明显的问题。例如，不利用“经济人”范式，就难以解释权力寻租和权力腐败现象，就很难理解我国基层政治中那些明显违背社会利益的政治行为。

公共选择理论以其对人的私利性的简单论断冲击了西方国家的政府行为，认为是人的私利性导致政府行为的低效。但是，它忽视了在政治过程中公共精神对政府官员的激励作用，这正是公共选择理论的致命弱点。其实，政府行为的低效在有些时候并不是官员个人的原因，而是机构之间的问题。因此，要完满地解释政府行为，还必须借助其他理论。

理性选择主义对于政治学的最大贡献在于其开启了一扇新思维之门，让人理解了政治中的自利行为、官员的腐败和预算最大化倾向、个人选择偏好对于政治的影响。因此，基于个体行为基础之上的“经济人”假设的理性选择主义，确实比行为主义有更多的理论性。理性选择主义这种思维开启的作用，是对政治学的重大贡献。但是，理性选择主义是一种关注理论推敲而缺少经验性检验的理论范式①。基于“经济人”假设的理性选择主义的最大问题就是不能解释理想战胜利益的能力。而且，由于只关注理论演绎而缺少经验验证，理性选择主义中的一些流派存在着明显的违反常识的假设。

3. 新制度主义

新制度主义是在批判行为主义和理性选择主义的基础上产生的，其知识渊源主要是马克思主义和制度经济学。新制度主义的三大流派是历史制度主义、理性选择制度主义和社会学制度主义，而政治学上的新制度主义是指前两者。

历史制度主义。历史制度主义被认为产生于对行为主义政治学的直接批判，因而其核心是重新强调制度变迁中国家、政府和其他组织对人的行为的影响。“历史制度主义”是一个好概念，因为既重视“历史”又重视“制度”，确实是抓住了理解制度变迁的根本。虽然在运用上很多学者更偏重“制度”而非“历史”，因为理解历史需要巨量的阅读，而量化模型的流行更加减少了学者在历史阅读上的动力。历史制度学派接受制度经济学关于制度的规定，即将制度视为对行为起着建构作用的正式与非正式的程序和规则，而制度又分为三个层次：宏大的国家结构和民族国家的文化特质，以及具体的政府制度安排。关于制度本身的定义决定了历史制度主义的核心特点是强调制度的“关系特征”，关注既定的制度结构如何影响政治行为的互动，关注国家与社会的整体范围如何影响政治行动者决定其利益以及如何确定他们同其他政治行为者之间的关系。历史制度学派并不忽视个人的行为偏好问题，但是认为人的偏好的形成和偏好的选择是由人所处的制度环境决定和约束的，而不可能是一种外生的力量。这样，“路径依赖”也就成为历史制度主义的一个主导性范式和话语②。简单地说，“路径依赖”强调的是结构和传统对政治行为的影响；传统影响越深远，制度创新就越困难。在这个意义上，历史制度主义多少有些结构决定论的意味，尽管它并不忽视个人偏好问题。

历史制度学派的“关系特征”决定了它直接针对的是行为主义政治学，同时也不同于传统的制度政治学关于国家或社会制度本身的形式特征的描述。这种“关系特征”所体现的方法论特征主要是归纳方法。不同于以基于假设之上的演绎性分析为主要特征的理性选择学派，历史制度学派反对经济学的技术工具，在解释经验素材的时候，通常以归纳方式作为其主要的分析路径。理性选择学派批评这种路径既不科学也无理论性，但是历史制度学派则认为每一种路径均有自己的长处和短处，不必一劳永逸地选择一种方法和路径。

理性选择制度主义。和历史制度学派一样，既然作为新制度主义的一种而不同于传统的行为主义的理性计算，理性选择制度主义当然也是关注制度的。理性选择学派产生于对美国国会立法行为的研究。如果传统的理性选择的公式正确的话，国会的立法就很难保证稳定的多数，因为立法者们众多的偏好和问题本身的多维性都将导致这样的计算结果，即新的多数往往会倾向于推翻任何已经通过的议案，从而使得从一个议案到另一个议案都会出现循环现象。然而，在事实上，国会的投票结果又表现出相当大的稳定性。这种现象直

① 格林．理性选择理论的病变：政治学应用批判．桂林：广西师范大学出版社，2004：2.

② HALL P A, TAYLOR R C R. Political science and the three new institutionalism. Political science, 1996, 44 (5).

接否定了行为主义政治学的理性选择，导致人们转向制度的研究，是制度解决了立法者们经常会面对的集体行动的困境。

然而，虽然重视制度安排的作用，但是理性选择制度学派还是坚信行为者既有的偏好的力量，认为政治结果其实就是行为者策略性计算的结果。以分析行为为假设，理性选择制度学派建立了经典的计算途径来解释制度对行为的影响方式。为此，理性选择制度学派提出了著名的制度创新理论，即当人们认为创新在制度方面的收益大于因此而招致的成本时，新的制度就会出现；相反，人们就不会冒着风险去创新。应该说，理性选择制度学派的这一理论假设为制度变迁做出了新贡献，给予人们一个新的视野去认识一些成功的制度创设过程，比如我国的经济改革中的很多新举措。

如果说历史制度学派强调的是“路径依赖”，理性选择制度学派想解决的或回答的则是“路径替代”。但是，“路径替代”或制度创设难道都是预期的结果？苏联的解体绝非苏联共产党所能预期的，更不是他们所期待的。苏联的解体显然是一个“路径偶然”问题。历史上的国家失败或政权更迭很多时候都不是当事人能够计算出来的。在理论上，统治者或许知道这样的道理，即自己的利益最大化与其导致的社会产出最小化的内在冲突可能会导致国家的失败，但是，统治者是否能因此而减少自己的利益以增加社会产出从而稳定自己的政治统治？历史上的肯定性答案并不多。因此，我们认为，理性选择制度主义的最佳用途是解释国家内部一个具体组织的创设与运行问题，超出这个范畴，就力不从心。

进一步阅读材料：

1. 亚里士多德．政治学．北京：商务印书馆，2008.

2. 马克思，恩格斯．共产党宣言．北京：人民出版社，2014.

3. 拉斯韦尔．政治学：谁得到什么？何时和如何得到？．北京：商务印书馆，1992.

4. 阿尔蒙德．发展中地区的政治．导论．上海：上海人民出版社，2012.

5. 何俊志．结构、历史与行为：历史制度主义对政治科学的重构．上海：复旦大学出版社，2004.

6. 杨光斌．政治学的基础理论与重大问题．第1～2章，第6～7章．北京：中国人民大学出版社，2011.

政治学研究的基本问题

重点问题

- 政治权力的基本内涵是什么？
- 政治权力是如何实施的？
- 强制性权力、功利性权力、操纵性权力、人格型权力及合法性权力的基本概念是什么？
- 如何理解权力、权威和合法性之间的关系？
- 政治学研究的基本问题有哪些？
- 如何理解民主的含义与本质？
- 如何理解民主与法治的关系？

要用几句话或一个章节来回答一个学科要解决的基本问题并非易事。如果说经济学的基本问题是解决资源配置最大化的方式问题，那么政治学的基本问题就是如何实现国家的正义，以及为实现正义而如何治理国家的问题。这样，就产生了两个最基本的概念即“权力”和“权利”。就建设一个现代国家而言，首先要解决国家权力问题，即本书的国家理论部分将涉及的现代国家建设的基本方面。但是国家权力本身不是目的，国家权力的目的是实现其疆域内公民的福祉，即满足公民的基本权利。因此，“权力”和“权利”应该是政治学研究的最基本范畴，无论是政治科学上的问题还是政治哲学上的问题，都是围绕这一对根本范畴而展开的。由这一对范畴而衍生的概念就是不容回避的“法治”与“民主”概念，“法治”与“权力”相对应，“民主”与“权利”相对应。当然，“自由”与“平等”也是政治学最基本的问题，不过它们更多的是政治哲学话语。

第一节 权力与权利

一、政治权力的概念

不管如何定义政治，离开权力就无法认识和解释政治。这里的权力既指抽象意义上的国家权力，也包括政治过程中可以看得见的具体的权力形式。无论是什么样的权力，都是直接或间接地指国家权力。

现代政治学关于权力的形形色色的说法，都直接或间接地受到马克斯·韦伯的影响。韦伯虽然较少地论及一般意义上的权力，更多关注的是作为权力的特殊形态的合法性权力或权威，但他的分析仍然开辟了现实主义的新道路。韦伯同样以权力来定义国家："如果行政官员在一个特定领域内持续贯彻其命令的过程中，成功地支持了独掌合法使用权力的权力，那么这个带有连续组织的强制性政治社团就是国家。"而韦伯的权力概念到底是什么呢？他认为："'权力'是指处于社会关系之中的行动者排除抗拒其意志的可能性，而不论这种可能性的基础是什么。"①

在政治学理论中，权力到底是什么？在现代政治分析中，学者们对权力有很多不同的解释。有人认为权力就是影响力，影响力是行动者之间的这样一种关系：一个或更多行动者的需要、愿望、倾向或意图影响另一个或其他更多行动者的行动或行动倾向。有人认为权力是决定"谁得到什么"的力量，因而权力就是决策，或者说权力是决策过程的参与。可见，权力是影响他人政策的一种过程，这一过程使那些不服从政策的人受到损失。

不管如何解释权力，都离不开强制力、作用和结果三个方面。因此，政治权力就是在政治关系中，权力主体依靠一定的政治强制力，为实现某种利益而作用于权力客体的一种政治力量。对此概念应做如下理解：

首先，权力是政治关系的中介，即无权力便不能构成政治关系。政治关系的要素是权力主体、权力客体及政治作用。

权力主体是占有或行使权力的个人或团体。权力主体主要指国家，即作为统治阶级工具的政府。此外还包括政党、政治社团及政治个人。在现代社会，占有权力的主体可能并不行使权力，这主要是由于代表制的形成使权力的所有者与行使者分离开来。

权力客体是指接受权力作用的群体或个人。权力主体与权力客体的关系是相对的。个人或团体在某个范围或行动中表现得强有力，而在另一个范围或行动中就可能相对软弱。在现实政治关系中，无论是在国内政治中还是在国际政治中，这种现象是很常见的。即使在同一范围内，随着时间的推移，权力主体与权力客体的位置也可能会互换。

政治作用是权力主体所拥有的政治力量，主要是政治强制力，但这并不排除半强制力量和非强制力量的作用，因为政治权力的本质包含着生物的因素、经济的因素和心理的因素。生物方面（动物界）的因素决定了权力主要表现为暴力现象，人们追求权力的天性源于物质的需求；经济方面的因素决定了人们把追求政治权力作为获取更好的生活条件的重要手段，即政治权力是满足经济权力的最好工具；心理方面的因素决定人的服从与合群的天性，政治权力起源于人的这种社会心理和个人心理。政治权力的上述几个方面，决定了权力作用的过程绝不是简单的强制力形式。这也说明，政治权力与其他领域的权力复杂地交错在一起。

其次，在一般政治过程中，政治权力要实现的目的主要是利益。利益是多种多样的，既有物质上的，也有意识形态上的，或者兼有二者。比如美国的所谓"人权外交"所体现的意识形态原则，最终是为美国的全球战略服务的，说到底有物质利益的成分。为了保证

---

① 达尔．权力//国际社会科学百科全书．英文版．1976.

权力主体的利益不断得到实现，权力主体必然要使这种政治格局或权力关系长期地固定下来，使之合法化甚至神圣化。当然，静止不变的权力关系是不存在的，随着力量对比的变化，新的权力关系会取代旧的权力关系。

最后，权力主体能否达到目的取决于政治力量的对比。作为一种力量，政治权力是可以计量的。在政治关系中，谁的力量大，谁就能控制、统治、命令和影响权力客体。而权力客体会有反作用，这种反作用必然要影响和改变权力作用的方向和强度，形成复杂的政治格局。在现实政治中，权力的实现一般表现为权力客体的行为大体上符合权力主体的意志，完全符合的情况是极少见的①。另外，权力的力量还取决于权力主体内部的意志的统一程度，权力主体内部的向心力或离心力程度直接影响着政治权力的实现力。

综上所述，政治权力的主要因素有权力主体、权力客体、目的性、强制力、权力作用的方式等。

二、权力的类型

人们曾从不同的角度对政治权力进行分类研究，有的按照政治权力的主体划分，有的按照政治权力的性质与功能划分。在这里，我们试图根据政治权力运动的方式对权力加以分类，因为无论是政府的权力、政党的权力还是政治个人的权力，其核心都是围绕国家的权力而运动的。国家的权力到底如何体现出来？或者说国家的权力以什么方式作用于权力客体？为此，我们把政治权力主要分为五种：强制性权力、功利性权力、操纵性权力、人格型权力以及合法性权力。由于合法性问题在理论和实践中特别重要，后面将专门阐述。

1. 强制性权力

强制性权力是存在最为普遍的权力形式。强制性权力是指，甲要求乙做某事，乙因受到甲的威胁，虽然不愿做但不得不去做。乙是否满足甲的意志，取决于乙的决定：要么按照甲的希望去做，要么面对甲的威胁。如果乙按照甲的希望去做了，威胁就成功了；如果乙违背甲的意志，甲就必须决定是否实施所威胁的具体事项。

在中央集权制国家，中央政府首脑要求地方行政长官支持他的政策，否则将以降职相威胁；公民必须纳税，如果不纳税就会发生他不希望看到的结局；一个小国屈于大国的淫威而被迫妥协，这一切都是强制性权力。

为了更详细地说明强制性权力，让我们来设想一下政府首脑与地方行政长官的关系。政府首脑要求地方行政长官支持他的某项政策（如税收政策），如果地方行政长官拒绝这一要求，政府首脑就以撤职相威胁。在这种情况下，地方行政长官要考虑的问题是：第一，威胁措施会不会比政府首脑要我做的事损失更大？（如果赞成政府首脑的税收政策，本地区的收入就会减少许多。）第二，政府首脑有能力实施威胁吗？第三，政府首脑是否有实施威胁的愿望？（威胁是可信的吗？如果地方行政长官认定威胁只不过是在虚张声势，那么他就不会让步。）

我们发现，在强制性权力中，"可信性"是至关重要的。强制性的威胁一旦发出，一定要让受威胁方感到，这种威胁是可信的，是实际存在的。这样才能保持政治权力的

---

① 李景鹏．试论政治权力的特征和结构．政治学研究，1987（4）．

威力。

但是，如果经常使用威胁手段或总是把威胁付诸实施，权力主体就会自拆台脚。威胁只是使强制力成为一种有效的目标或对行动进行遏制，是权力得以生效的保障。这种保障机制只是不得已的最后手段。如核威慑政策并不要求真正付诸核打击，一旦付诸核打击就不会有幸存者。以强力的威胁为立足点的政策往往是失败的。专制君主或许会依靠强力与恐怖进行统治，但不会只依靠强力与恐怖。即使一个暴君，也需要忠心的卫士和军人。

在现代国际政治中，一种强制性权力往往表现为行动者之间的相互威胁。威胁的目的是改变对方的行为，因而使用威胁必须审慎、适度和可信。行使强制性权力的目标是通过威胁来达到预期的行为，而不仅仅是为了实行威胁，如派遣军队。然而，由于可信性对成功运用强制性权力极为重要，有时确实有必要实施强力的威胁。强力和权力不是同义词，但二者的关系极为密切。

2. 功利性权力

功利性权力基本上与强制性权力相反，如果权力客体服从权力主体的意志，权力主体就会承诺给权力客体某种好处。如政府首脑对地方行政长官许诺："如果你支持我的税收政策，我就会给你一个大型的工程或项目。"这种权力被称为功利性权力，是因为权力主体对客体提供的东西是实用的、有价值的。功利性的政治奖励，主要包括财富、职位、雇佣、荣誉及权力（权力既可以作为手段，也可以作为目的）。

功利性权力的客体会提出与强制性权力的客体相同的问题。让我们再设想一下地方行政长官的反应，这次他要考虑的是政府首脑给他大型项目的许诺。这些问题是：第一，这种许诺的好处能弥补因支持税收政策所受到的损失吗？第二，政府首脑有能力履行他的承诺吗？（或许他的承诺的兑现需要经历复杂的官僚程序，这样会使承诺的兑现比政府首脑本人想象的更为困难。）第三，政府首脑的承诺可信吗？

在现实政治世界，若干行动者都企图运用权力影响他方，能够完全控制对方的情况是很少的，经常是各方都取得部分成功，其中一些人的所得大于另一些人。权力运动的这种现象颇像非零和博弈。由此我们再次看到了政治的本质就是给予与索取的关系。这并不是说权力是平等地分配的，相反，政治权力从未被平等地分配过。权力存在的本身就说明一个集体组织中的不平等关系，把统治（管理）他人的权力赋予某些人，并强迫被统治（管理）者必须服从。

3. 操纵性权力

在前两种权力中，权力主体与权力客体之间存在着明显的沟通关系，即权力主体向权力客体明示或暗示了威胁或承诺，以便让权力客体衡量一下自己行为的后果。但是操纵性权力并不是建立在公开的沟通基础之上，而是以更巧妙的方式全部或部分地改变权力客体的价值观。这类权力假设，如果一个人的态度能够被重塑，他就会以别人所希望的方式去作为。如果你能够彻底地重塑一个人的态度以便让他按你的方式去思维，无须威胁或奖励，他也会按你的行为方式去作为，因为他的思维方式已完全被你同化了。这种彻底的心理重构是极少见的，但重新塑造人的特殊态度或信仰的现象并不少见。实行操纵性权力的技巧主要有"洗脑"、宣传和社会化。

"洗脑"是一种特殊情况下的操纵技巧，主要发生在战时对战俘的心理攻势。

宣传是指通过各种说服技巧来提高人们的思想与价值观。宣传家的基本目标是确定听众的心理与情感需要及感情。通过一些方法使听众的态度有利于自己的政策或意识形态，或者不利于自己的对手。这样就要求运用一些技巧，如选择对自己有利的事实说服听众。任何国家的政治都存在宣传，不过有的宣传成功，有的宣传失败。失败者是因为表现笨拙，让听众意识到宣传者的企图从而产生抵触情绪；成功者是因为手段巧妙，把宣传的内容与人的潜意识的需求联系在一起。在现代社会，政治宣传和商业广告颇为相像。

社会主义国家的专门宣传队伍最为庞大，有着成功的实践，也有过失败的教训。宣传是必要的，列宁曾多次指出：工人群众自己决不能创造独立的思想体系，阶级的政治意识只能从外面灌输给他们①。至于如何宣传，列宁的教导更是值得回味：任何一种理想都应与现实的任务目标联系起来；理想的价值在于被社会接受的程度；理想要成为现实的可能，应与参加者的利益结合起来。列宁的这些观点，对如何进行有效的共产主义理想和信念的宣传与教育，提供了重要的指导原则。

实现操纵性权力的另一个重要方法是借助社会化过程。我们将在后面专门讨论社会化问题，这里仅做些简单的介绍。简单地说，政治社会化是人们学习社会的政治价值观的过程。在这一过程中，家庭、朋友、学校、单位、所属团体、报纸、电视和政府都起着重要作用，以把社会的政治价值观一代代传下去。应该说，有些政治学习是有意识的，而不少政治学习是无意识或自动的。但不能不承认，无论从任何一个角度，在向下一代传播政治价值观时，都是有选择的，不管传播者是否意识到这一点。因此，我们说社会化也是一个操纵性权力实现的过程。

在罗伯特·达尔看来，操纵性权力主要表现为操纵性说服。“A不是向B传播真实信息而提供对选择的正确理解，而是企图操纵B的理解来说服B行动。当A在影响B时，在传播中故意歪曲、篡改或隐瞒A所知的事实的某些方面，而如果B知道了这些方面就会大大影响B的决定，这时就存在着操纵性的说服。”② 这种广告式的说服似乎丑化了政治的形象，但几乎所有的思想家都认为，操纵性说服是实现目的所必需的。不仅如此，无数个政治事件的发生与解释都存在操纵性说服。如美国前总统尼克松及其助手曾以此为理由来说明掩盖“水门事件”的做法是合理的。

4. 人格型权力

人格型权力也叫影响力。如果权威来自人们对制度与过程的尊敬，那么影响力则来自人们对特殊类型的人的尊敬，这种人具有超凡的品质、个人魅力、启示力。

在日常生活中，一位有影响力的人能够运用其人格的力量去控制他人。在政治学上，有一个专门的术语形容具有这种品格的人：克里斯马（charisma）。克里斯马原指古代的宗教先知、战争英雄，由马克斯·韦伯将它引入政治学。韦伯把现代政治运动和宗教活动中的“最伟大的”英雄、领袖、先知、救星、救世主都纳入克里斯马概念来考虑。

在现代政治学中，克里斯马的范围被大大拓宽了，具有人格魅力的政治家都被称为克里斯马型的政治家。20世纪的克里斯马型人物至少应包括列宁、毛泽东、邓小平、丘吉

① 列宁．列宁选集：第1卷．3版．北京：人民出版社，1995：317.

② 达尔．现代政治分析．上海：上海译文出版社，1987：58－59.

尔、罗斯福，还有给世界带来灾难的希特勒。

具有人格型权力的人并不一定拥有官职，人们对他们的服从主要是因为其人格因素。当然，在现代政治中，来自机构中的权威与来自个人的人格魅力往往是结合在一起的。比如，毛泽东和邓小平都是极具人格魅力的领袖人物，他们的影响力首先来自机构所赋予的权威，然而，他们获得这些权威又是因为他们具有人格上的影响力。因此，判明权威与影响力的先后或影响力从何处开始与权威从何处结束，并不是件容易的事。但有一点是值得注意的，有些政治领袖虽然不拥有官职却仍然享有极大的权力。

三、合法性及相关概念

合法性（legitimacy）是指某个政权、政权的代表为什么应该获得其成员的忠诚的问题。显然，合法性是一种特性，这种特性不是来自正式的法律或命令，而是来自被统治者的心理认同，合法性理论主要是回答被统治者为什么会有心理认同或自愿服从。合法性主要关心的问题是统治、政府或政权怎样及能否在社会成员的心理认同的基础上进行有效运行。

合法性这一概念在社会科学领域得到了普遍承认，并成了现代政治分析的一个关键术语，或者是理解政治和政治学的一个关键概念。合法性概念是 19 世纪末 20 世纪初德国思想家马克斯·韦伯提出来的命题，意指让被统治者信仰的政权必须具备程序上的合法律性和运转中的有效性，合法律性和有效性是合法性理论的关键词。半个世纪之后的冷战时期，在 20 世纪 50 年代，为呼应熊彼特对民主概念的大改造，即将民主的人民主权意义改造为选举式民主，美国政治学家李普塞特复活了合法性概念，将选举式民主纳入合法性理论，以选举民主置换掉合法律性，认为有选举授权的政府才有合法性。今天流行的合法性来自选举授权就源于此。

但是，选举授权不仅未能避免 20 世纪 60—70 年代西方的政治危机，第三世界国家更因此而发生政治衰败。在针对西方的这场政治危机的研究中，合法性终于成为一个流行词。亨廷顿响亮地提出不能进行有效治理（统治）的政府不但不具有合法性，还是不道德的，因为政府的天职就是统治。自由主义者罗尔斯和新马克思主义者哈贝马斯在 70 年代初相继出版了影响全世界的关于西方政治合法性的著作，如罗尔斯的《正义论》和哈贝马斯的《晚期资本主义的合法性问题》。今天流行的“合法性危机”之说，其实是哈贝马斯用于分析批判 20 世纪六七十年代西方政治制度的概念。他认为人们不再信任资本主义政治制度，出现了政治制度的信仰危机。

更有意思的是，罗尔斯这样的思想巨人认定不能以衡量西方国家政治的标准去衡量非西方国家政治的合法性，因为社会条件完全不一样。罗尔斯正义论的最核心标准就是看一个政治制度能否保护社会最不利者阶层，符合这个标准的就是“良序社会”。以此为标准，罗尔斯并不认为自由资本主义（美国）和福利资本主义（欧洲）是符合其正义原则的，程序性的选举式民主在立法和决策过程中表现出非正义性。不仅如此，提倡“反思平衡”（中国人说的换位思考）的罗尔斯认为，非西方社会的政体只要坚持协商程序的政治且爱好和平，法律保护人权，就属于“良序社会”中的“合宜政体”，即合法性政体——“良序合宜政体”。

可见，即使在西方思想语境中，合法性也是一个包含了合法律性（政权来源）、有效性（政府绩效）、人民性（政权主体）和正义性（道义）的概念体系，即拥有了这四种基础的政权，才值得人民信仰与支持。

第一，合法律性是大家都承认的现代政治原则。但因为法治是“西方性”的基因，非西方国家的法治必然不可能等同于西方，何况西方国家本身的法治化道路也是不一样的，有英美式的自发秩序，也有法国和德国式自上而下的强制性法治，还有新加坡式的“党主立宪”。今天，很多发展中国家也都实行竞争性选举，都有了宪法法院，但并没有因此使社会和国家更好。也就是说，法治必然是基于自己文化与历史的一种道路选择。

第二，有效性是最没有争议的合法性政治的基石。政府的天职就是治理，不能治理的政府就是有违职业道德，因此无效政府不但不具有合法性，更是不道德的。

第三，政治的“人民性”本身就是合法性，但却是争论最大的要素。同质化条件的人民，在法治确定的前提下，人民参与范围的扩大并不会动摇政治制度，反而会赋予政治制度更大的合法性。但是，即使是美国和英国这样的同质化国家之所以能实现有序政治参与，历史前提也是“大清洗政治”，即白人对印第安人的种族灭绝式屠杀。

在异质化社会，即在存在冲突性种族、宗教和社会阶级的国家，“人民”之间并不存在共识的基础，选举授权结果变成了对各自冲突性利益结构的确认，国家因此陷于或分裂、或动荡、或无效治理的境地。

以什么样的民主制度而实现、容纳“人民性”，就是政治家最艰难的抉择。

第四，正义性，即是否能保护社会最不利者阶层的利益。相对于合法律性、有效性和人民性等经验性或工具性标准，正义是评价合法性的价值标准，也是一套制度标准。

“合法律性-有效性-人民性-正义性”之间的逻辑是：(1) 合法律性是一切现代政治的前提和基础，在此基础上的有效性增进了合法性。(2) 但是，现代政治就是人民性政治或者说大众政治，因此没有大众参与的政治就谈不上合法性，但人民性之于合法性的关系是多面向的。(3) 所以，正义性制度（宪法政治第一位重要性）不但可以框定人民性，也是衡量合法律性和有效性的标准。

如何实现合法性权力呢？主要是通过信仰体系（belief system）和旨在为人民谋福利和保护人民权利的有限政府来实现。所谓信仰体系，就是说明为什么某人或某些人应该服从某种统治的理论或意识形态，它为统治的合法性提供理论依据。有限政府就是政府的权力是有限度的，任何政治势力不得超越法律。理想地说，权力有了合法性，决策者就无须借助威胁、许诺或操纵而颁布或执行他们的决定，权力客体将会接受决策者的权威。

因此，在合法性权力中，关键是权威。权威是与权力密切相关的一个概念。权力是迫使人服从的一种力量，这就意味着，无论是个人的权力还是国家的权力，其行使都是以强制力为后盾的，成本很高。因此，统治者要想很好地统治下去，就不能满足于赤裸裸的权力，必须追求更高一级的权力概念——权威。如果安全通过暴力获得，秩序通过权力建构，那么正义就需要依靠权威来确立。

权威是什么意思？权威就是对权力的一种自愿的服从和支持。人们对权力安排的服从可能有被迫的成分，但是对权威安排的服从则属于认同。反对者可能不得不服从权力做出的安排，但是服从不等于认同。权力的强制命令可能会使人们服从，但却得不到人们的忠诚。

权威与权力的不同之处就在于它被认为是正当的权力。权威被所有人当作正当的法则接受，权威的行使既为同意者所认可，也为反对者所容忍。面对权力，人们反对或者支持；面对权威，服从则是每个人义不容辞的责任。抵制权力是合法的，抵制权威则是不合法的①。

如何将权力转化为权威？其中的关键是合法性问题。权威以合法性为基础，但并不意味着一个政权具有了合法性，就自然而然地拥有了权威。实现由合法性向权威性的转换，需要一定的条件。这些条件需要从构成合法性的基础中去寻找。

条件之一：合法律性。

合法性和合法律性之间虽然只有一字之差，但是意义相去甚远。合法律性就是政治权力的制度安排既要符合实体法如宪法，又要符合程序法如有关如何建制政府的组织法。在现代政治中，合法律性是合法性权力的最基本的前提，例如我国政治中 5 年一次换届选举而产生的国家和政府领导人，西方国家中 4 年一次大选所产生的国家领导人。需要指出的是，“法律”在不同的时代和不同的国家有不同的体现形式。我国古代的“礼”就是法，儒家学说下的政治实际上是礼治。英国有不成文的宪法。因此，“法”在现实中有时就表现为一种非正式规则，即约定俗成的道德和习俗，它们是政治活动的基本规则，不遵守这些游戏规则，一般性均衡就会被打破，从而形成无序的政治，合法性无从谈起。因此，合法律性是指权力主体既要遵守有形的法律，又要遵守无形的规则。

条件之二：合法性中的合利益性因素上升为执政者实际政绩的有效性。

公众对某一政权体系的“合利益性”认同并不代表其对这一政权实际具体政绩的认同，也就是说，符合公众利益的“应然”与“实然”有时会出现某种程度上的错位。政权权威的保持不仅要以合法性为依托，同时也需要日常的良好政绩源源不断地为其补充能量。

然而，由于政府政策难免出现失误，同时由于经济周期自身的变化，政绩的有效性是不可能一如既往地高效保持下去的。有效性的丧失会导致不同的结果：如果程度较轻，那么政权能够依靠合法性提供的强大认同力量，基本保持住其权威性；如果程度较深，则政权的权威便会丧失。但这并不一定会动摇其合法性地位，因为合法性通常以整个宏观政治体系、政治信仰为对象，一旦形成便具有很强的持续性。而权威则往往容易集中于较为具体的领导集团，甚至个人。因此，公众的不满可以通过政府更迭、领导人轮换等方式消除；但如果有效性在大范围内长时间地丧失，致使公众的根本利益受到严重损害，那么人们对政权的“合利益性”便会产生疑问，构成权威基础的合法性便会随之动摇。

条件之三：合法性中的合道德性因素较多或完全在执政者身上体现。

韦伯提出的克里斯马型领袖概念对解释权威的生成具有重要参考价值。在现代社会中，超凡魅力已不足以构成合法性的基础，同时合法性的获得也不一定非要有克里斯马型

---

① 里普森．政治学中的重大问题．北京：华夏出版社，2001：58.

领袖。但权威是一种更高层次上的合法性认同，是对政权的高度肯定与信任。因此，当执政者完全顺应了公众的道德追求和价值观念，且执政者个人身上也具备了为社会普遍欣赏的品质、性格时，这些直观、形象、极具感召力的因素就很容易引发权威的形成。

需要说明的是，权威虽然在合法性的基础上产生，却不是被动地随着合法性的消长而变化。这种深层次的强大认同一经形成，便具有相对独立性，可以反过来促进合法性的稳固性。

政治领袖并不能简单地获取他们想要的权威。权威是由人民赋予的。无论是总统还是国王，没有人民的支持他们都无法统治。他们可以援引古老的传统、血缘关系或神权说来说明其统治的合法性，但是只有当他们的人民接受了他们的说法时，他们的统治才具有合法性。

合法性通常需要某种特定的仪式或过程。在传统社会，皇帝的加冕或登基仪式标志着权力的有序转移。在现代资本主义社会，选举过程就赋予了谁替别人做出决定的权力。在社会主义社会，全国人民代表大会是给合法性权力补充能量的一种重要形式。

合法性是每一个政治体系都致力追求的。但是，在现实政治生活中，每一个国家都要使用不同的权力形式来保证人们服从政府的政策，因而，强制力经常出现于政治过程。在世界上许多地方，内乱、恐怖主义、暴力压迫等强制性力量是屡见不鲜的政治措施。在国际政治中，作为强制力的战争和战争威胁常被当作调整和平的方案。因此，从本质上说，权力可能是有害的，强制力则肯定是有害的，但又是必不可少的。为了实现某种原则，政府必定会惩罚或威胁要违反原则的人。“人们可以断定，强制本质上是恶的，但从非本质方面或作为工具来看，它在某些场合是可取的。某些影响力手段本质上是不合理的，但它们作为工具又是不可避免的。这两种属性之间的冲突是我们作为社会人和政治人的生活中最尖锐最麻烦的问题之一。”①

为了减少这种麻烦和强制力所付出的高昂代价，权力必须以更复杂的面目出现。统治者为了更经济地、更有效地达到预期效果，会利用合法性权力、影响力及功利性权力和操纵性权力。那么它们之间的主要关系是什么样的呢？

功利性权力和强制性权力是一个硬币的两面，这也就是我们平常所说的“软硬兼施”。比之复杂的是合法性权力与操纵性权力的关系。合法性权力常常来自宣传与政治社会化，人们通过政治学习而承认某一政治制度的权威。试想，儿童从父母、学校及其他社会化机构学习尊敬军人、警察、国家领导人，当儿童成长为成人后，该制度就获得了足够的权威去度过最艰难的时期。目睹新中国政治变迁，我们会深深地感到中国共产党统治地位的合法性对战胜无数困难起了多么重要的作用。

操纵性权力能导致合法化；同样，合法化也有利于运用操纵性权力。合法化领袖更容易被信任，很多公民并不怀疑官方对有关政治与军事事件的解释。在目前世界上很多政治体系中，都存在这种基本的信任。但是，如果官方利用这种信任，通过歪曲或仅选择有利于政府的事实以实行更多的控制，从长远来看，则会导致政府权威性的下降。这种现象确实不容忽视。不过，应当认识到，任何政府在进行政治解释时都是有选择的，这在发达国

---

① 达尔．现代政治分析．上海：上海译文出版社，1987：67.

家、发展中国家甚至过去的传统型国家都是一样的。

在我们分析影响力与权威时，已经强调过官职与个人的区别。但有一点是清楚的，克里斯马型的领袖人物的影响力非常之大，他不仅能获取官职、组织政府，甚至在去世后仍然保持巨大的影响力。

四、权利

权利的主体是公民或人民，国家权力存在的终极价值不在其自身，而是为了保护和实现其疆域内人民或公民的基本权利。这里首先介绍关于公民权利的理论即公民身份问题，然后介绍关于权利的争论、权利的特性以及实践中的公民的权利与义务。

1. 公民身份问题

“公民”是一个早就存在的政治和法律概念，但是“公民身份”（citizenship，又译“公民资格”）却是一个较新的分析概念。社会学家马歇尔首先于1949年提出“公民身份”这一概念，这一概念的构成要素是公民权利、政治权利和社会权利。公民权利包括自由、财产权和司法权等个人自由所必需的基础性权利，与之相对应的机构是法院。政治权利是公民作为政治权力实体的成员或这个实体的选举者参与行使政治权力的权利，与其相对应的机构是国会和地方议会。社会权利主要包括公民享有的经济福利、社会安全以及依据社会通行标准享受文明生活的权利等一系列权利，教育体制和社会公共服务体系与之相对应。上述三种权利是分阶段实现的，并不是一蹴而就的①。从历史阶段看，公民权利主要是指自由基础上的财产权，因而也可以称为经济权利。

马歇尔的“公民身份”是指共同体的所有成员都享有一种在权利上和义务上平等的地位。因为把公民身份分为公民权利（以财产权为基础的一系列权利）、政治权利和社会权利，从此公民权利就超越了传统的政治性范畴，社会权利甚至成为公民权利的新要素。为此，社会保障计划常常与社会权利联系在一起。

应该说，自由主义发展到这个阶段，即寻求公民身份问题，已经吸收了社会主义的某些原则。再到后来，即20世纪90年代福利经济学所强调的“可行能力的自由”的概念，即主张公民享有人作为人的基本尊严的权利，诸如受教育、工作机会、医疗保障和社会救济等，这样的公民身份理论已经是社会主义的变种了。

2. 关于权利的争论

正是在人权从国内走向国际的过程中，作为权利学说的人权问题出现了三个斗争的焦点：

第一，权利的主体问题。在第三世界国家争取经济发展和民族自决的过程中出现了这样一种观点：个人、集体、民族、国家都享有人权，都可以作为人权主体。对此持反对态度的国家和学者认为：个人无论作为单独个体还是社会集体成员或国家公民，他（她）都具有人权，即集体和民族国家的权利出发点和落脚点都不能脱离个人。

第二，权利的内容问题。根据广大第三世界国家的要求，联合国《世界人权宣言》在

---

① 马歇尔，吉登斯，等. 公民身份与社会阶级. 第1章 公民身份与社会阶级. 南京：江苏人民出版社，2008.

人权的传统政治和公民的权利内容之外，加进了社会、经济、文化权利。《宣言》指出人权包括受教育、工作、社会保险、休息和娱乐，以及获得足以维持个人健康和福利的生活水准等权利。反对者们认为这种权利要求只是一种道德期望，是一种经济上的“实现权”（enabling）而非政治上的“容许权”（permissive），它的实现必须依赖于国家在特定时期所能拥有的财力，因此其内容不能事先在一般性原则中规定。

第三，人权与主权。一方面，战后国际人权论中包含着这样一种思想：可以由世界上许多国家联合起来，对某一国家出现的侵犯人权的现象进行舆论谴责甚至武力制裁，这种观点最终发展成了“人权无国界”及“人权至上说”。另一方面，国家主权平等与不干涉内政原则也是一项得到普遍承认的国家交往原则，在现实国际政治实践中，“人权至上”与“主权至上”这两个原则常常会因为当事各方的现实差异和认识差异而发生冲突。

人权问题已经是国际政治的主题之一，关于人权的理解的争论还将继续下去。但是，有一点是肯定的，任何国家，只要加入了联合国的有关人权公约，特别是《公民权利和政治权利国际公约》，该国政府的有关人权保障的行为就应该受到国际社会的监督。

3. 权利的几个特性

（1）最低限度的道德性。这里有两层含义：第一，人的基本权利是一种道德权利，其存在依据是某些具有普遍性的道德准则，不道德的要求如杀人不能作为权利的内容。英国哲学家米尔恩曾将人类的基本道德准则归纳为九种：尊重生命、公平对待、互助、不受专横干涉、诚实信用、礼貌、抚幼、行善、社会责任，并以此作为衍生权利的道德基础。也正因为是一种道德权利，所以它具有一种神圣性、至上性——政府或社会不得用随意的命令和法律剥夺任何人的这些权利。第二，人权所依据的道德应该保持在最低限度，挥霍性或浪费性的需要并不作为权利存在。例如，食物是人的基本要求，但权利并不把每个人都吃上山珍海味作为内容。当然，有关道德的最低限度，经济发展程度不同的社会之间会有不同标准，不同时期也有所不同。

（2）普遍性。普遍性是指它作为一种道德权利所面向的权利主体具有普遍性。所有的人，不管其国籍、文化程度、种族、语言、性别、能力、财产或地位，甚至不管其所在国是否通过法律保护其权利，他们都有权利的主张资格。特征的差异不应造成在尊重每个人或每个团体权利方面的任何差异。必须指出，权利作为一种道德主张的普遍性并不排斥它体现为现实结果时的阶级性，例如，每个人都有要求平等的人权，但在一个贫富分化严重的社会，事实平等就难以实现。尽管如此，人权依然是一种普遍权利，因为权利作为一种道德主张而不是一种道德保证并没有包括实现这种主张的手段的含义，事实上世界各国往往也只能以人权为其制度、法律的道德出发点，涉及其具体实践，道德力量不可能无往不胜，例如发展权。

（3）历史性。人的基本权利的历史性是指它是一个历史范畴，而不是一个古已有之的“无社会”“无文化”的存在物所享有的权利，它与一定的生产方式相联系。世界文明史表明，任何社会的权利状况都是有缺陷的，而其进步正是因为永恒的权利道德的推动。

（4）资格性。个人在自身权利受到承认和尊重的同时还必须承认和尊重他人人权、社会道德、公共秩序、福利要求，才有资格以人权的名义享有自己所需要的东西。例如：生命权人人享有，但在一个不免除死刑的国家，一个杀人犯则很有可能被剥夺生命权。就像《公民权利和政治权利国际公约》所特别规定的那样：生命权并不意味着废除死刑；不受拘禁的自由权并不禁止依照适当法律对确认的罪行所做的判决的监禁；迁徙自由，通信、结社和集会的自由，要服从国家安全、公共秩序、公众健康或伦理、他人的权利和自由的限制。

4. 公民的权利与义务

马歇尔的三种权利说表明，公民权利的实现是有先后顺序的，绝不是一蹴而就的。在我们熟悉的主要国家中，不论是早发达国家还是后发达国家，几乎所有的国家都是先实现财产权即民生权利，再实现民主权利，最后是社会权利。过去我们往往把历史简单化，以为资产阶级革命以后民主政治就自然到来了。其实，英国在“光荣革命”以后的150年左右的时间里，资产阶级得到的只是作为公民权基础的财产权，即事实上我们今天所指的民生权，并没有什么政治权利。1832年选举改革才使资产阶级获得政治权利，而大众的社会权利获得则是第二次世界大战以后的事情。有了政治权利并不意味着政治稳定，否则就无法理解有了选举权以后的国家的以政权为目标的工人运动。只有有了社会权利以后，西方国家才有了真正的政治稳定①。这些历史经验值得研究和深思。

虽然权利的实现有快有慢，但是历史走到今天，各国宪法无不最充分地规定公民的基本权利。概括起来，这些权利分为六类：(1) 保障个人自由不受干扰的权利，思想自由、平等权利以及少数民族和妇女的权利等；(2) 争取社会进步和幸福的权利；(3) 接受公正审判的权利；(4) 言论自由和了解情况的权利；(5) 参加选举的权利；(6) 为集体要求而自由结社的权利。

我国公民享有法律规定的权利。根据宪法，我国公民的权利主要表现在平等权、政治权利和自由、宗教信仰自由、人身自由、社会经济与文化教育权利等方面。同时，权利和义务是统一的。在享有上述权利的同时，公民要遵纪守法，尤其是在行使公民权利时，不得损害国家、社会、集体的利益和其他公民的合法的自由和权利。

那么，社会为公民提供什么样的渠道以使他们享受权利和履行义务？根据政治系统理论，一个国家的运转首先要有公民的“支持”。这里的“支持”就是公民向国家提供资源，例如：纳税、应征入伍；服从法治，如做一个守法公民，商人遵守健康和安全规则；以及提供象征性支持，如效忠国家。“支持”是公民的义务，但义务的履行要靠政府的引导和帮助以及严格的规章制度。任何国家的大多数公民，在没有强制性法律的约束下，都不会自动纳税。而国家要在诸多领域中发挥有效的影响，就必须从社会中汲取资源。

另一方面，公民会主动地通过一些渠道参与政治生活，通常的渠道是参加投票，加入政党、利益集团或其他团体。不同类型的组织或团体可以提供不同的工作上的帮助，提供享受娱乐的机会，协助解决学校里儿童的问题，或者仅为个人提供交谊的机会。但最重要的是，一旦加入这些组织或团体，加入者就会在政治上处于积极状态，他们因受到组织内其他成员和领导人的动员而积极地投入政治生活。

良好公民的形成还有赖于制度保护和教育。所谓制度保护是指：一方面，当一个社会

① 杨光斌．早发达国家的政治发展秩序问题．学海，2010 (2).

的政治和法律体系健全时，制度本身不会主动地侵犯公民的权利；另一方面，当公民的权利受到侵害时，制度会提供有力的保护。我国 20 世纪 90 年代生效的《行政诉讼法》便是保护公民权利的法律，当政府、司法的行政行为侵害了公民的合法权益时，公民可以根据《行政诉讼法》起诉行政主体，最大限度地保护自己的权利。

教育是提高民族素质的根本途径，也是提高公民素质的根本出路。阿尔蒙德和维巴对美国、英国、德国、意大利和墨西哥五国的公民文化的调查表明，教育程度与公民的政治意识、参政率是成正比的。显然，一个人受教育的程度越高，就会越关心环境问题、人口问题、粮食问题以及其他的政治问题。同时，一个受过更多教育的人也更加清楚如何行使自己的公民权利和如何利用法律保护自己的公民权利。

公民在享有一系列政治权利的同时，还负有相应的义务。

公民需要履行的主要义务有：一是热爱自己的国家，维护国家安全。现代国家多为共和国，共和国乃为民众之国，每个公民都有热爱自己国家的责任和义务，比如义务服兵役。在我国，公民还需要维护国家统一和民族团结，因为我国尚未实现完全统一，我国还是一个多民族的国家，国家统一和民族团结都是国家生存和稳定的根本。二是守法。公民是法律意义上的概念，因此一个好公民的基本要求就是守法，这是实现和谐社会的基本条件。守法既要按照法律服从政府管理，比如依法纳税，也要尊重他人的基本权利。围绕着爱国和守法，各国宪法对公民的义务都做出了表述各异、意义相近的规定。三是沿承道德。法律难以规定公民的道德责任，但是作为非正式规则或一种文化，公民行为的道德自律无疑也应该是公民义务的题中应有之义，尽管这种说法可能引起政治哲学上的争论。

需要指出的是，在国家转型时期，由于过去权利不足而义务有余，转型中的政治人主张的更多的是个人权利而非义务，从而引起“转型正义”问题，即转型的目的是使社会更公平、个人获得更多的权利。但是由于主张权利过度，往往导致政党恶性竞争，族群分裂，贫富差距扩大，社会不平等加剧。因此，公民共和主义才大有市场。

第二节　法治与民主

在日常政治中，人们往往习惯性地说“民主与法制”（或“民主与法治”），虽然听上去没有问题，但事实上有违二者之间的事实性先后顺序，或者说不符合历史进程中的次序。就大多数国家而言，都是先有法制或法治，后有民主。需要澄清习惯性说法，因为语言代表着权力关系，会塑造观念，也是思维方式的体现。

一、法律与制度

认识法治首先要认识法制。在西方人那里，法律（law）有两层意思，一是我们生活中规范性的限制性的法律，二是一般规律，相当于中国人所说的“道”。这里主要讲第一个层面的法律。

法是决定人们在社会中应该如何行为的规范、规则或标准。法存在于社会的习惯中，并且以人的意志为支撑点，甚至于依赖于人的意志而存在。也就是说，只有得到意志或习惯的支持，法才有效，才支配人们的行为；任何法如果没有这种支持就仅仅是一种纸上的文字，仅仅是一种假定的存在①。也就是说，真正的法存在于人们的心中，而不是刻在铜柱上的碑文。

法有成文法和不成文法两种，绝大多数国家的法律都是成文法，英国法律属于不成文法。不成文法就是习惯法。习惯法的来源很复杂，有的来自难以考证的“神的观念”。比如，在中世纪早期，英国就有一种“神法”观念，即无论是国王还是一般老百姓，心中都有对上帝的敬畏，自己不能乱来。但习惯法更多的来自祖祖辈辈积累下来的习俗。中国古代的“礼治”中的“礼”，大多数时候就是今天所说的不成文法，但对人们的约束力则是巨大的。因此，如果把英国的习惯法说成是所谓的“不成文法”，就不能把中国的“礼治”视为一种非法治的。遗憾的是，对很多中国人而言，法律主要是指成文法，并以此来衡量中国的法治化水平。据此，中国的法治化水平就不高，但为什么秩序良好、社会有序？难道不是一种“非成文”的“礼”在约束人们的行为？

成文法是围绕宪法而产生的各种子法，比如组织法、选举法、政党法、劳动保障法，等等。宪法体现了一个国家的制度变迁。远的不说，中华人民共和国成立以后，首先是由政协制定的《中国人民政治协商会议共同纲领》，接着是最能体现新中国国家制度建设成果的第一部宪法即1954年宪法、体现“文化大革命”性质的1975年宪法和1978年宪法、体现改革开放新特点的1982年宪法以及对1982年宪法的历次修改。因此，要认识一个国家的政治和政治变迁，研究一个国家的宪法是一个必不可少的路径。

当然，在社会主义国家或党和国家的领导体制中，法律不但指立法机关制定的法，还应该包括执政党的党章和有关规则，因为它们直接规定着党和国家的组织机构与运行方式，是主要政治行动者的规范规则。比如，不读党章就很难理解中国政治的权力结构与运行机制。

与法律密不可分的概念就是制度或机构（institution)。没有必要纠缠法律和制度的先后，有的习惯法演变为制度，有的制度创立后以法律形式加以规定和保护。在拉丁语中，“institution”就是一种既定的活动形式。一个被大多数人接受的定义是：制度是规范化或定型化的举止、行动或行为原则的载体，长期演化而成，它是支配社会生活和政治生活的关键性领域。简单地说，制度可以被理解为社会中个人遵守的一套行为规则，而这一套行为规则又可以理解为制度安排。

和法律一样，制度分为正式制度和非正式制度。非正式制度就是历史上长期演化而成的一些约束行为的习俗与规则。按照新制度主义的解释，非正式制度主要指文化、道德和意识形态。非正式制度和习惯法有很多交集。

这里主要讲正式制度。制度是分层次的，即宏观上的制度结构、中观上的制度安排，以及存在于各种制度中的微观性的“程序”。

制度结构是指社会中正式的和非正式的制度安排的总和。对于政治学而言，制度结构就是宪法规定的基本政治制度，基本政治制度规定和约束着其他的各种制度安排和利益分配方式。不同的国家有着不同的政治制度，比如中国的根本政治制度是人民代表大会制

---

① 邓正来．布莱克维尔政治思想百科全书．北京：中国政法大学出版社，2011：10.

度，而人民代表大会的组织原则是民主集中制。因此，完整地说，中国的根本政治制度是根据民主集中制原则而组织起来的人民代表大会制度。在罗尔斯的《正义论》中，主题是寻求一个决定正义状况的制度，即政治制度，政治制度之下才是各种经济制度和社会制度。无论从历史经验即政治科学看，还是从实际上体现历史经验的“先验”的政治哲学看，政治制度都具有第一位的重要性。

政治制度具有稳定性。相反，政治制度的剧变意味着国家的政治转型。根据很多国家的历史，在政治制度基本不变的前提下，结构性的政治变迁也是可能的。比如，美国的宪法没有修改几次，但是今天的美国政治几乎与200多年前的美国政治全然不同，国家进入了社会和经济生活，黑人获得了选举权并当了总统。同样，在中国，在基本政治制度不变的前提下，国家与社会关系、政府与企业关系、中央与地方关系等重大领域，都发生了变化。

中观性的制度安排是支配行为人之间或行为组织之间可能合作与竞争的方式的一种安排，即日常人们所说的“制度”与“规则”。制度安排可能是正规的，也可能是非正规的；可能是暂时性的，也可能是永久性的。制度安排的目标是“提供一种结构使其成员的合作获得一些在结构外不可能获得的追加收入，或提供一种能影响法律或产权变迁的机制，以改变个人（或团体）可以合法竞争的方式”①。可见，制度安排是一种外延很广的概念。在这里，我们把制度安排归类为产权制度、组织形式、经济组织之间的交易方式、政府与经济组织的关系和作为非正规制度的意识形态。在历史上的大多数时期和大多数国家，上述制度安排大多具体体现在各种法律法规之中，因此，制度安排又可以说是法律规范和道德规范。

大多数的制度安排都是在既定的政治制度下形成或创建的，反过来，新的制度安排最终也会影响政治制度的调整与变迁。

什么样的制度安排才是有效的？诺思认为：“制度就是一种激励结构，一种激励制度。好的制度应该可以激励人们发挥他们的创造力，提高他们的生产效率，有效地运用高技术。”② 那么有效制度的本质特征有哪些？德国政治经济学家总结了三项准则：

> 第一项准则是制度应具有一般性。换言之，制度不应在无确切理由的情况下对个人和情境实施差别待遇。……第二项准则是，有效规则必须在两种意义上具有确定性：它必须是可认识的（显明的），它必须就未来的环境提供可靠的指南。因此，确定性意味着，正常的公民应能清晰地看懂制度的信号，知道违规的后果，并能恰当地使自己的行为与之对号。……秘密法令和含糊、多变的法律也违背了确定性原则。第三项准则是制度应当具有开放性，以便允许行为者通过创新行动对新环境作出反应。③

比较而言，微观性的“程序”是一种更难把握的概念。政治常识是，在同样一个制度安排下，不同的行为人尤其是领导人可能会有不同的行为风格和领导方式；而在不同的制

---

① 诺思，托马斯．制度变迁的理论：概念与原因//科斯，等．财产权利与制度变迁．上海：上海三联书店，1991：271.

② 诺思的“制度富国论”．21世纪经济报道，2002-04-08.

③ 柯武刚，史漫飞．制度经济学：社会秩序与公共政策．北京：商务印书馆，2000：148.

度下，因为文化相同，有可能存在同样的行为方式。这就说明，程序更多地属于政治过程之中的领导方式和办事方式，也可以俗称为“机关文化”。在同一种制度下，“机关文化”存在很大差异。因为它的难以把握性，有人就反对将程序与制度区分开来。布罗代尔（J. Blondel）写道：“在机构（或制度）和程序之间没有真正的差别，因为机构就是整套的程序。一个政党是一个机构，然而它也是用于挑选领导、做出决策、组织竞选活动的一整套程序。”①

制度本身很重要，并不意味着忽视政治生活中的其他方面，比如人性与政治的关系、观念与政治的关系，以及制度与利益的关系。再好的制度，如果没有负责任的并有能力的人去实施、去推动，制度都无用。正因为如此，我们才说，政治是人类社会中最复杂、最难以认识的现象，科学主义的政治研究只是社会科学的一种追求，对政治的理解很难做到科学和精确。

二、法治

理解了法律和制度，才能理解法治（rule of law）。法治以法律和制度为基础和前提，但是不能将二者等量齐观。虽然法治以法律和制度为基础，但是在观念上，法治也可以认为是制度的前提，法治不但是法律和制度的实现，普遍遵守的约束性观念或者非正式约束机制，也是法治的基础或者法治本身。

亚里士多德这样说，法治是一切政体的基础。不管什么样的政体，没有法治基础，都存在缺失。本着对君主个人和平民的不信任，亚里士多德认为法治对于君主制和民主制尤为重要，法治优于一人之治。即使是在亚里士多德看来由优秀分子执掌政权的贵族政体，虽然能制定优良的法制，但是有了良法而不被遵守，仍然不能称为法治。那么什么是法治呢？“法治应该包含两重意义，已成立的法律获得普遍的服从，而大家所服从的法律又应该是制订得良好的法律。”② 也就是说，法治的基本含义是守法，并且这里的法律一定是“良法”，即法治是一种良法被普遍遵守的状态。

后来，英国宪法学家戴西根据英国经验系统地论证了法治原则。首先，它意味着正常的法律保障有至高无上或压倒一切的地位，与专制权力的影响相对立，并且排斥专制的存在、特权的存在，乃至政府之自由裁量权的存在。其次，它意味着法律面前的平等，或者说意味着所有阶级平等地服从由普通法庭实施的国家普通法③。最后，它可以被当作表达一个事实的公式，即宪法是普通法的结果。这是关于法治的第一种理解，即法律至高无上原则。

关于法治的第二种理解是，法治概念是正义的另一种表述，尤其是与正当程序相联系。在这种语境下，法治可以理解为人们所遵守的法律应当是正式公布的、明确无误且不

---

① 邓正来．布莱克维尔政治制度百科全书．北京：中国政法大学出版社，2011：308.

② 亚里士多德．政治学．北京：商务印书馆，2008：202.

③ 普通法系又称英美法系，“普通法”译自英文“common law”，但在此处，“common”此词，正确来说，不是指普通，而是指一致性，普通法系与欧陆法系并称为当今世界最主要的两大法系。与欧陆法系相比，普通法系多采用不成文法，尤其是判例法，强调“遵循先例”原则。普通法系的立法精神在于：除非某一项目的法例因为客观环境的需要或为了解决争议而需要以成文法制定，否则，只需要根据当地过去对于该项目的习惯而评定谁是谁非。

具追溯力的，或者要求法律的实施是公正的或不偏不倚的。在这个意义上，法治更多的是法律执行上的程序正义。

在最一般意义上，法治是指有限政府，即受到法律约束和限制的政府。当然，在不同的国家，对有限政府的理解是不一样的。人们常说有限政府就是政府受到法律的驯服。这只是问题的一个方面。同时，也应该看到，法治也首先是约束民众的工具，民众的行为受到法律的规制和驯化，否则，有了守法的政府而无守法的民众，这个国家的法治状态就不会好到哪里去。

法治是平等与自由的制度性保障，而平等与自由都与民主有着密切关系。平等主要指政治上的平等参政和法律面前人人平等，这些都要靠法律来保护。所有公民都平等地享有宪法和法律所赋予的各项民主权利和合法利益，不允许任何人有超越法律之外或凌驾于法律之上的特权。当公民的权利和利益受到侵害时，一律平等地受到司法机关的保护。同时，所有公民都应履行宪法和法律所规定的各项义务，无例外地遵守宪法和法律的各项规定。唯有如此，“宪法”才表现为“宪政”，而不是名义上的宪法。因为宪法不仅规定了政府的运作形式，更重要的是它限制着政府的行为；若政府不受制于宪法，肯定会破坏民主制度和民主程序。

自由的含义有很多，但作为民主基础的自由“是做法律所许可的一切事情的权利”①。这就是说，自由不是绝对的，是法律范围内的自由。不但应该在法律意义上谈自由，理解自由还离不开文化，个体主义文化和集体主义文化对自由的限度有着完全不同的诠释。因此，自由有法律上的自由和文化上的自由，西方人只从法律上谈论的自由，其实就是他们的个体主义文化的自由，但是作为集体主义文化的中国人所理解的自由不仅仅是西方意义上的。

20 世纪 90 年代以来，福利经济学又发展出“可行能力的自由”概念，这与英国古典自由主义的自由已经完全不同。“可行能力的自由”主张的是人们应该享有的作为人的尊严的基本权利，包括上学、就业、医疗、失业保障等方面的社会权利。这样，“可行能力的自由”事实上又吸收了社会主义学说中的有益成分，诸如平等、公正等。

任何法律或者制度都需要人去实施，但是相对于法治的“人治”则是一种“人”高于法律的状态。人治是历史上很多国家治乱循环的重要原因之一，人治可以存在于任何政治之中，比如在美国就有“谁来约束特朗普总统”问题。还应该看到，人治绝不单单指个人统治者的政治状态，作为多数统治者的民主如果不守法，同样是人治状态。从历史上看，在没有法律和制度约束的情况下，统治者多数所带来的危害程度不会低于统治者个人。因此，我们讲的民主一定是“法治民主”。

人们呼唤法治，但是“法治主义”则是一个值得讨论的概念。现代性社会意味着人和政府要做更多的事，而传统社会是不变，不变的根源之一在于“法祖宗之法”即不变。如果法律约束了必要的变革，这样的法治就变成了守旧的僵化的“法治主义”。所以，法治基础上的“法治主义”变成了以法律约束变革的状态，导致政府难以有所作为。美国被称为“否决型政体”，其根源之一就是法治主义；一帮前现代的英国人跑到美国，按照前现

① 孟德斯鸠．论法的精神：上．北京：商务印书馆，1982：154.

代的法律去建立一套制度，结果制约着政府的变革动力。凡事都有度，正所谓物极必反、过犹不及。

三、民主

因为民主太重要，已经成为现代国家建设的一个最基本方面，虽然后面将有专门的章节介绍民主理论流派，这里还是有必要首先围绕民主的基本含义、民主的来历、民主的基本功能以及基于比较政治发展经验的民主与法治的关系，简单地把民主呈现出来。

民主和法治一样古老，但是民主政治的世界性则是近代的事，因此民主既古老又年轻。我们认为，至少可以从三个层面去理解民主，即民主的意义、民主的发生过程以及民主的制度形式。

民主的本质就是人民当家作主，这已经是一种普遍认同的价值，除了保守主义者外，没有几个人去挑战价值观意义上的民主。即使如此，关于民主的标准也是不一样的。如果把民主看作人民直接参与并直接做决定的政治，那么当今世界上就没有真正的民主国家，因此民主只能是一个近似值意义上的概念，即民主政治是一个近似值①。在这种意义上，很多国家都程度不同地具有民主政治的要素。持这种观点的有实证民主理论家杜威和著名政治经济学家林德布洛姆。另一种民主观以二分法来划分，将民主视为专制的对立政体，将世界上的政体类型划分为民主的与非民主的或民主的与威权的，代表人物有萨托利、亨廷顿、阿尔蒙德等②。应该说，二分法是冷战的产物。

不仅关于民主的标准存在差异，民主发生过程的差异也决定了民主制度的差异，因此世界上充满了关于民主制度的争论。从发生过程看，政体意义上的民主首先发端于古希腊，中断千年以后则以几次资产阶级革命尤其是法国大革命为新的起点。在这个意义上，巴林顿·摩尔说“没有资产阶级，就没有民主”倒也不错③。但是，资产阶级追求的只是和贵族政治一脉相承的精英民主即少数人民主，以普选权为标志的大众民主的到来还应该归功于各种以追求平等和福利为诉求的各种平民运动、社会主义运动和社会主义革命。在这个意义上，我们才说民主的本质是社会主义，即民主是社会主义价值的平等的一个重要工具④。

民主过程的不同导致民主制度的差异。在欧美国家，以和平方式为主的社会主义运动和大众运动推动的是普选权，没有触及根本政治制度。西方理论家将普选权这一重要变量嵌入原有的政体，形成了精英主义民主或者自由民主所讲的“选举式民主”。这是一种十分值得研究的现象，在原有政治制度不变的前提下，“选举式民主”却备受推崇⑤。

---

① 林德布洛姆．政治与市场：世界的政治—经济制度．上海：上海三联书店，1991.

② 萨托利．民主新论．北京：东方出版社，1993；亨廷顿．第三波：20世纪后期民主化浪潮．上海：上海三联书店，1998；阿尔蒙德，等．当代比较政治学：世界视野．上海：上海人民出版社，2010.

③ 摩尔．民主和专制的社会起源．北京：华夏出版社，1987.

④ 杨光斌．民主的社会主义之维．中国社会科学，2009（3）.

⑤ 杨光斌．政体理论的回归与超越：建构一种超越“左”右的民主观．中国人民大学学报，2011（4）.

很多靠暴力革命而建立的政权也是以民主共和国或人民共和国为宗旨，以大众或底层社会为主体的暴力革命最终使大众成为政治的主角，实现了实质性民主即人民当家作主，但是在程序上如何让大众有序参与政治过程，很多国家距之甚远。也正因为如此，一些国家在20世纪末期纷纷转型。因此，如何在程序上更好地保障公民权，是不少国家的当务之急。

不管民主是怎么来的，也不管民主制度是什么样的，民主已经成为一种宗教般的符号，民主已经是现代国家最重要的标志。因此，不管你是否喜欢民主，民主都已经到来或必然要发生。那么民主到底是干什么用的？

大致说来，民主是公民表达利益、分配权力和分享福利的过程，以民主为工具而企图最大化实现平等权。表达利益的功能意味着公民可以以个体或组织的形式进行利益表达，分配权力和分享福利意味着“人头”很重要，靠的是选票的多少或力量对比。这些功能的实现意味着，结社、选举和代表起着关键性作用。但是，为什么很多国家民主转型后又出现民主衰退？追求民主是为了平等，结果更不平等；实现民主是为了治理腐败，结果腐败更加猖獗；民主政治是为了种族和解，结果却是城乡对立或族群分裂。这样，人们又开始怀疑民主。

我们认为，导致民主衰退的原因是多方面的，除了文化、经济、社会结构、宗教等因素外，一个重要变量就是法治。如前所述，法治是一种约束权力的制度或机制，民主是产生权力的制度，如果没有法治的匡扶，靠民主方式产生的权力同样会产生很多人们不愿意看到的政治现象，产生民主衰败。

讲到这儿，我们不得不回到历史，回到比较政治发展。今天号称为民主国家的英国和美国，在资产阶级革命后的很长时期内都是传统的贵族共和制政体，亨廷顿说美国是“都铎式政体”①，其实说到底就是法治主导的权力分配与权力制衡。如果以普选权为尺度来衡量英国和美国，英国资产阶级革命后150年左右才有选举权，美国大多数男性白人在美国独立后半个世纪才有选举权，而黑人的权利来得更晚。当普选权到来后，加上既有的精英主导的代议制（传统的代议制），这些国家就被建构成自由民主政体②。

比较政治研究发现，尽管各国的民主形式有差异，尽管有这个主义那个主义下的民主标签，但相对健全的民主政治一定是法治民主，其他的说法都带有意识形态色彩。也就是说，“法治民主”是各种民主制度的内核，是各种形式和各种名称的民主政治的最大公约数。

进一步阅读材料：

1. 戴西．英宪精义．北京：中国法制出版社，2001.
2. 马歇尔，吉登斯，等．公民身份与社会阶级．南京：江苏人民出版社，2008.
3. 特纳．公民身份与社会权利．长春：吉林出版集团，2007.

---

① 都铎王朝（Tudor dynasty），开始于1485年，结束于1603年伊丽莎白一世的去世。都铎王朝处于英国从封建社会向资本主义社会转型的关键时代。“都铎式政体”意指美国的政体既具有封建的贵族制特征又具有开放性的特征。

② 杨光斌．政体理论的回归与超越：建构一种超越“左”右的民主观．中国人民大学学报，2011（4）.

4. 达尔．现代政治分析．第 3～4 章．上海：上海译文出版社，1987.
5. 杨光斌．政治变迁中的国家与制度．第 1、3 章．北京：中央编译出版社，2011.
6. 杨光斌．让民主归位．北京：中国人民大学出版社，2015.
7. 杨光斌．合法性概念的滥用与重述．政治学研究，2016（1）.
8. 海伍德．政治理论教程（第三版）．第 5、7 章．北京：中国人民大学出版社，2009.

第二篇

政治意识

第二篇

创意的起

第三章

政治文化与政治社会化

重点问题

- 政治文化的概念和基本特征是什么？
- 政治文化有哪些构成要件？
- 政治文化与意识形态是什么样的关系？
- 社会资本的概念和基本特征是什么？
- 政治社会化的概念是什么？
- 如何认识大众传媒与政治社会化的关系？

从文化角度看政治是一种既古老又年轻的方法。中国先贤讲的“治体”，既包括政治信念，也包括政治法度，是文化与体制的混合体。亚里士多德所说的“政体”不但是政治体制，还包括文化、道德等因素，因而是一个不可剥离的综合性概念。到了近代，托克维尔最为系统地考察了民情对于美国民主的决定性影响。而让文化因素登堂入室的，应该是马克斯·韦伯，他系统地论证了宗教价值观与西方国家兴起的关系，当然这是带有文化帝国主义色彩的意识形态工程，论证的是西方文化的优越性。到了政治学的行为主义时期，最具弹性的民情和民族性都成为可以量化的“政治文化”。我们常说“政治-经济-文化”，以文化看政治自然是不可或缺的路径，在一定程度上甚至可以说，政治是文化化的制度和行为。政治文化的延续主要靠政治社会化。但是，应该看到，西方政治学中的政治文化研究，万变不离其宗，即与民主化相联系。从阿尔蒙德和维巴的“公民文化”，到普特南的“社会资本”，再到英格尔哈特的“价值观表达”，说到底都是在研究基于个体权利的民主化问题，由此而产生的分析方式，并不适合集体主义文化下的政治。

第一节　政治文化

一、政治文化的概念

考察人类政治社会发展的历史，我们发现，在一定的历史时期，特定的政治体系中政治制度和社会成员的行为模式都带有自己的特点。这些特点不仅仅取决于社会的经济发展水平以及社会的经济、政治结构，还受到该体系内社会的风俗、习惯、价值取向和思维方式等文化因素的影响。历史上，政治思想家们很早就开始注意到各种政治现象背后的文化因素。中国古代的韩非就认为“凡治天下，必因人情”（《韩非子·八经》)。法国近代思想家孟德斯鸠在《论法的精神》一书中详细地分析了一个民族的“普遍精神”“道德和习俗”对该民族政治生活的影响。在“政治文化”概念兴起之前，流行的是“民族性”之说。

“政治文化”作为一个明确的概念被提出并成为政治学研究的一个独立的对象是从20世纪五六十年代开始的。1956年，美国著名的政治学者加布里埃尔·阿尔蒙德在《比较政治学》一文中率先使用了“政治文化”的概念，用以替代传统的“民族性格”“民族精神”“政治意识”等概念来指称政治体系中支配人们政治行为的诸种主观因素。这一概念一经提出，便很快在政治学界被广泛使用。

政治文化研究在20世纪五六十年代的兴起不是偶然的。它来源于两个方面的推动：

第一，当时国际政治面临的新情况对政治学提出了挑战。第二次世界大战后，一些新获独立的民族国家效法西方发达国家的政治模式建立了议会民主制政体。然而，这种新型政体的建立并没有使这些国家走上欧美国家的传统政治发展的道路，相反却出现了一系列诸如社会政治动荡、暴力活动频繁、军事独裁、政治专制等社会问题。现实使人们认识到，发展中国家无法通过简单地模仿西方社会来实现政治现代化。这就促使政治学者们将研究的触角深入政治现象的背后，去探讨这些国家中社会、经济、文化、历史等因素对民主政治制度的建立和维护的影响。

第二，政治学自身的发展，特别是比较政治学的发展也成为政治文化研究兴起的催生剂。第二次世界大战后，政治学领域内出现的行为主义革命以及大量的非西方政治资料的面世，使得比较政治学超越了传统比较研究主要是对欧美政治制度做静态考察和描述的局限，开始大量运用社会学、心理学、文化人类学等学科的研究成果，对各类不同的政治体系做全方位的动态的比较研究。这时，传统的结构-功能主义的分析框架受到批评，因为人们注意到，不同的政治体系中同一种政治结构的功能会因各体系内成员在心理、观念等主观因素方面的差异而有所不同。新一代的比较政治学者亟须建立一个新的概念，来反映政治体系内政治行为的这种倾向性。“政治文化”的概念应运而生。

从政治学的发展进程和政治文化概念出现的背景来看，政治文化是政治学上的一个具有特定内涵的概念。它主要是指社会成员在长期的政治社会化和政治实践过程中所形成的、直接影响人们政治行为的、相对稳定的心理过程和心理特征。

理解政治文化的概念应该把握以下几个方面：

第一，政治文化主要是指社会成员针对政治体系各层面的心理过程和心理特征。社会政治生活中的每个成员针对政治体系的各个层面都会毫无例外地进行一定的心理活动。这些心理活动的过程一般包括三个部分：(1) 认知过程，如感觉、知觉、记忆和思维；(2) 情感过程，如喜、怒、哀、乐；(3) 意志过程，如对行为目标的选择。这些过程的表现因人而异，从而形成了个体的相对稳定的、独特的心理特征和品质。通过一定的心理活动，政治体系的成员对政治体系各个层面形成了自己的认识，具有了诸如热爱、忠诚、怀疑、疏远等情感，并依据自己的标准对其做出价值判断。人们在这些方面所表现出来的独特的倾向性在一定意义上决定着他们的政治行为方式。

第二，政治文化的形成是感性与理性、自发与自觉的统一。我们将政治文化定位于政治体系的心理层面，并不是把政治文化仅仅看作一种社会成员自发产生的、对社会政治生活的直观的、感性的反映。的确，政治文化的概念没有包含政治思想和政治规范这些理性观念的成分，政治文化的形成过程主要是一种潜移默化的过程，政治文化的内容不具备系统的理论形态，政治文化发生作用也基本是以习惯、风俗这样一些惯性的方式。从这一意义上讲，政治文化具有自发性与直观感受性的特点。但这并不能否认政治文化中内含着某些理性因素。事实上，政治文化的形成过程是政治体系包括制度、规范、意识形态等各个层面被体系成员认识、接受，并化为支持其政治行为的心理基础的过程。阿尔蒙德将其称为政治体系的内化过程。在这一过程中，体系成员对政治体系各层面的认识、判断、取舍都不能完全摆脱人的自觉的意识活动，这是人类活动的基本特点。因此，特定政治体系内政治文化的形成过程是一个感性与理性、自发与自觉相统一的过程。

第三，政治文化具有相对的稳定性。政治文化是社会成员在现代的政治文化以及特定政治环境的双重影响下，经过长期的心理积淀而形成的一种心理定式。这种心理定式一旦形成，便不易改变。随着社会生产方式的变更，旧的政治制度会因失去其赖以存在的经济基础而瓦解，但是原来的政治文化不会一下子就消失，它还会在一段相当长的时间里滞留在人们的头脑中。当然，这种稳定性并不是绝对的。事实上，政治文化主要以人们的直接的政治感受为基础，政治体系的任何变化都会在社会成员的心理上有所投射。政治文化一直处在一个缓慢的、动态的变化过程之中。社会经济基础的变更以及由此引发的政治环境，特别是社会政治制度和政治意识形态的改变，将会使社会成员的一些新的心理感受和心理特征渗透进原有政治文化的有机体中，不断取代其原有的心理反应倾向，逐渐形成稳定的结构，最终完成政治文化的嬗变。

第四，政治文化具有结构性。任何政治体系的政治文化从总体上来说都具有基本的倾向性，但这并不排除政治文化本身包含的不同的成分。在特定的政治体系中，其成员由于出身背景、社会地位、受教育程度以及年龄、职业等方面的差异，对政治体系各层面的认知、情感和评价并不完全相同。这就导致了政治文化的非同质性。在政治文化的内部，根据政治文化的主体、功能等可以划分出各种不同的亚政治文化。这些亚政治文化有可能相互和谐，也可能相互冲突，它们之间不同的相互关系模式形成了政治文化的复杂的结构。

政治文化可分为统治型政治文化和大众型政治文化。统治型政治文化是一个政治体系中政治领导阶层对政治现象、政治体系、政治活动、政治治理、政治关系、政治原则的认知、情感、价值取向和态度，大众型政治文化则是政治体系中的一般成员对这些政治对象的认知、情感、价值取向和态度。政治体系中统治型政治文化和大众型政治文化的分野是以深层的社会结构和政治结构即社会的阶级分野为基础的。在阶级社会中，一定的政治体系总是以统治阶级和被统治阶级的分化和对立为基础的，二者又统一存在于一个政治体系中，这就导致了统治型政治文化和大众型政治文化既对立又统一的关系。

统治型政治文化其实就是代表支配阶层或阶级的政治思想，也可以称为政治意识形态；大众型政治文化相当于社会政治心理。它们的关系模式直接影响着政治体系的稳定与发展。因此，协调这两类亚政治文化之间的关系，是各国政治发展所面临的一个重大问题。

二、政治文化的分析要素

政治文化作为潜在的影响人们政治行为的心理因素，所涵盖的范围非常广泛。一般来讲，政治文化的内容主要包括三个基本成分，即政治认知性成分、政治情感性成分和政治评价性成分。

1. 政治认知性成分

政治认知性成分即人们对政治组织、政治过程、政治目的、政治角色、政治产品等方面的知识。这些知识主要是从长期的政治社会化过程中获取的，也有一部分来源于长期的政治实践的经验积累。人们对于政治体系各个层面的知识，有可能是正确的，也有可能是不正确的，这本身就反映了认识主体的政治取向。政治文化中的认知性成分构成了人们对政治体系进行判断以及选择行为目标和行为方式的基础。

2. 政治情感性成分

政治情感性成分即对政治体系和政治活动的感情。政治情感是人们在政治生活中对政治系统、政治统治活动或政治事件所具有的一种直观的评价。这是政治行为主体在政治活动过程中对行为客体及环境的内心体验，表现为好恶之感、美丑之感以及由此产生的亲疏之感、信疑之感。政治情感形成的基础是日积月累的知识和经验的积淀，带有极大的主观成分，主要反映个人或集体的选择偏好。

3. 政治评价性成分

政治评价性成分即人们依据一套他们认为是正确和合理的准则、信条，或明确、或含蓄地对政治体系进行的价值判断。它主要包括政治价值观念和政治评价的心理过程两部分，其中政治评价标准的确立尤为重要。这些准则、信条可能基于社会成员的政治观念，也可能源于他们的宗教或哲学观念，在一定程度上反映了社会成员的政治理想。政治评价标准的变化往往表明政治体系对发展目标的选择发生了变化。政治文化中的这一部分内容决定着社会成员对其政治行为的取舍。

政治文化这三个基本成分的划分不是绝对的。它们之间互相渗透、互相影响，以整体的面目影响着政治体系内成员的政治态度，塑造着体系内的政治习惯和风俗，进而决定了体系内的个体和群体的政治行为模式。

三、社会资本

政治文化研究曾一度沉寂，但是 20 世纪 80 年代中期以后又有复兴之势。在一些前殖民地国家中，东亚一些国家和地区后来居上，进入发达国家或地区行列，而独立历史更长的拉丁美洲国家却仍然步履蹒跚，其中的重要原因被认为是根深蒂固的价值观问题[①]。在复兴的政治文化研究中，最重要的一个研究成果可能是以美国学者普特南为代表的学者们

① 哈里森．文化为什么重要//亨廷顿，哈里森．文化的重要作用：价值观如何影响人类进步．北京：新华出版社，2002.

所提出的社会资本理论[①]。“社会资本”已经成为社会学、政治学和经济学的一个流行话语。例如，在经济学界，诺思在谈到作为一种非正式制度的意识形态对经济发展的作用时，事实上就是指社会资本。

社会资本是指社会群体内部的成员在相互联系的过程中所产生的信任和规范，它们能够提高社会效率，提高投资于物质资本和人力资本的收益。简单地说，社会资本是在社会或其特定的群体中，成员之间普及信任的程度。

社会资本理论是针对集体行动的困境而提出来的。在缺乏合作和相互信任的社会里，人们的交往就会产生集体行动的困境。18 世纪休谟提出过著名的农夫困境：你不帮我收割庄稼，我也不帮你收割庄稼，结果两家的庄稼都烂在地里。这并不意味着农夫们无知或缺乏理性，而是由于缺乏可信的相互承诺，每个理性的人都倾向于“搭便车”，大家相互背叛，从而导致双方受损以及集体行动的困境。

社会资本可以克服集体行动的困境。社会资本事实上是一种大家可以共享的公共物品，并起到一种担保品的作用，它减少了生活交往和市场经济中的制度费用。在很多协作性的组织中，信任、规范和社会联系网络发挥着潜在的作用。比如，在德国的很多乡村，为了环保，村民们自己并不拥有私家车，而是大家出资购买汽车，谁需要时才使用。维持这样的协作组织的纽带就是社会资本。

社会资本有四个主要特征：第一，它提高了投资与物质资本和人力资本的收益。它使得某些目标成为可能，而在缺乏社会资本的情况下，有些目标就无法实现。第二，社会资本并不是天生的，需要创造和建构。第三，社会资本具有自我增强和积累的倾向，那些拥有社会资本的人往往会积累更多的社会资本。第四，与常规资本不同，社会资本是一种公共物品，不能由私人部门提供，即它不是从中获益的那些人的私有财产，而是个人寄身于社会网络的共享品。

社会资本的三个基本要素是：信任、规范和社会联系而形成的网络，其中最为重要的是信任。社会信任从何而来？普特南认为，互惠规范和公民参与而形成的社会网络是两个相互联系的方面，他们产生了社会信任。

规范是被灌输来的，是由模式化、社会化（包括公民教育）和惩罚来维系的。而这些增强社会信任的规范之所以能够发展，是因为它们降低了社会成本，促进了合作。

社会网络存在于任何社会之中，主要分为横向网络和垂直网络。横向网络是指由有相同地位和权利的人组成的组织，如各种娱乐性俱乐部、协作组织。横向网络的多少是衡量一个社会的社会资本的重要指标。垂直网络则是指以行政体系所构成的命令性的组织，即上下级关系。无论垂直网络多么密集，对其参与者多么重要，都无法维系社会信任和合作。因此，要增加社会资本，政府必须放权，以便形成更多的社会自治组织。和任何事物一样，社会资本有其负面影响，例如黑社会内部的社会资本会使黑社会更加强大。但是，这种些微的负面性并不能影响政府为建构社会资本而做的努力。普特南根据对意大利南部和北部多年的跟踪研究，提出了震动学术界和政坛的结论：意大利北部之所以比南部发达，民主政治比南部正常，是因为拥有意大利南部所没有的公民参与精神和社会资本。

---

① 普特南．使民主运转起来．南昌：江西人民出版社，2001.

四、价值观表达

政治文化研究的新阶段就是世界价值观调查项目提出的“价值观表达”概念，以此衡量国民对于政治对象的认知、情感和态度。以密歇根大学政治学教授英格尔哈特为代表的世界价值观调查项目，30 多年来对 100 个左右的国家进行价值观跟踪调查，提出了“物质主义价值观”和“后物质主义价值观”概念，后者又称为“表达型价值观”。

所谓物质主义价值观，是指生活于经济落后、生活贫困时代的人们，追求的是政治稳定下的经济机会，发展是第一要务，因此他们在政治参与上并不主动，更乐于追求物质财富。

所谓后物质主义价值观，是指生活在经济富裕时代的人们，物质财富不再是他们的第一追求，追求的是物质之外的更高的生活品质，对自由、生存环境的更高要求；不仅如此，他们更善于、更勇于表达自己的价值诉求，因此被称为“表达型价值观”。

“价值观表达”体现的是人们对政治对象的主观感受，因此长期以来，其所传递的政治信息与“自由之家”等意识形态项目有着很大的不同。“自由之家”是按照西方的政治制度设定政治指标，以此来衡量其他非西方国家，这种“客观性标准”最终结果可能完全是黑白颠倒；而“价值观表达”项目提供的人们的动态的主观感受，更接近政治现实。

世界价值观调查项目的结论是：不管一个国家是什么样的传统文化，都要经受“后物质主义价值观”变化带来的挑战。一般认为，“阿拉伯之春”就是表达型价值观的一种政治行为。“表达型价值观”与一个国家的政治发展乃至民主秩序到底是什么样的关系，比如与民粹主义是什么样的关系，只能在比较研究中进一步观察。一般认为，欧美已经进入了“运动型社会”，凡事都要通过社会抗争来表达，形成规模不等的习惯性政治运动，因而被称为“运动型社会”。

五、政治文化的功能

为了政治的可测量性，政治文化变成了一些可测量的概念，比如社会资本、价值观表达。但是，能够测量出来的变量并不一定代表政治的一些深层结构或者深层状态（the deep state)，比如民意可以测量，但民心则属于深层结构的难以测量的政治。在谈到政治文化的功能的时候，不但要有可测量变量，更要照顾到作为深层结构的民心。在这个意义上，政治文化作为支持社会成员政治行为的心理因素，几乎作用于政治体系的方方面面。在一定意义上，政治体系中政治文化的特征决定着该体系存在的状态、运作的方式以及发展演变的道路和方向。

1. 特定的政治文化是政治体系得以存在和维持的必要基础

任何政治体系的存在和维持都需要与之相适应的政治文化。一旦这种和谐的关系被破坏，就可能导致体系的生存危机，甚至是解体。

政治体系能够维持和延续的重要保证是其合法性的存在。这种合法性主要来源于社会成员对政治体系心理上的认同意识。这种认同，意味着社会成员对自己与体系间的归属关系以及体系所确立的行为规则的承认。有了这种认同意识，社会成员才能在政治活动中自愿地为政治体系的正常运转提供必要的支持和资源。因此，秦王嬴政靠武力统一六国之后，首先做的事就是统一各国的文字、法律、货币和度量衡，力图通过文化、经济、政治的各种机制向社会成员灌输和渗透对统一的中央权威的认同意识。这种认同意识对于由多民族组成的国家来说尤为重要。

政治体系得以维持和延续的另一个条件是社会政治关系的基本稳定。这需要社会成员对政治体系中政治角色、政治结构的地位以及行为规则形成比较稳定的认识和态度。在这方面，有学者指出，中国古代从孔子开始创立的以血缘为基础，以礼、仁等观念为核心的儒家思想通过各种机制渗透到人们的生活、关系、习俗、行为方式和思维方式之中，并积淀成为一种民族的文化-心理结构①。这种文化-心理结构对维持中国传统社会中以君臣关系为核心的政治关系起到了巨大的作用，也是导致中国历史上封建政治制度得以延续两千余年的重要因素之一。这种政治文化不改变，传统的政治关系就不会发生根本性的变化。

2. 政治文化是影响政治制度模式的重要因素之一

政治制度是指政治体系内各种结构之间相对稳定的政治关系，这是政治体系的核心部分。一个政治体系中的政治制度模式取决于多种因素，其中最主要的当然是社会的生产方式和经济发展水平，但社会的政治文化在形成政治制度模式的过程中也发挥着重要的作用。这就可以解释为什么处在大体相同的生产力发展水平的国家所建立的政治制度会存在差异。

这种差异首先表现在政治机构的设置上。英国和美国是两个较早建立资本主义政治制度的国家。所不同的是，英国至今仍保留着世袭的君主作为国家元首，而美国的国家元首则是民选的总统。其中一个重要的原因在于，在英国人的政治文化中，对君主有着一种特殊的情感和价值取向。在英国人的心目中，君主是英国国民性的象征，是国家的精神支柱，君主的存在赋予了政府尊严和正统性，并能保证英国政治制度的延续和稳定。而对于曾经饱受英王专制统治之苦的北美 13 个殖民地的人民来说，英王却是残暴统治的象征，因此，在独立战争胜利后，美国没有效法它的宗主国实行君主立宪制，而是建立了总统制共和政体。

政治制度的差异还表现在各种政治机构在政治体系中的地位以及它们之间的相互关系上。同样是作为国家元首的总统，德国的总统在国家的内政外交上没有实权，是一个“虚位元首”；而美国的总统不仅掌握着国家的行政大权，还可以通过否决法案或任命大法官来对国会和最高法院进行制约，二者形成了鲜明的对照。这反映了两个国家的国民对于总统这个政治角色认识上的不同。德国历史上的魏玛宪法中曾经设置了一个与议会处于平行地位的拥有实权的民选总统，但这一体制却为后来希特勒上台推行法西斯专政提供了便利条件。出于对重蹈法西斯独裁统治覆辙的恐惧，波恩制宪会议的代表竭力主张削减总统的权力，以议会内阁制取代总统制。而对于费城制宪会议的代表来说，一个强有力的总统是他们改变邦联体制下中央政府的软弱地位、加强中央政府的权威、保证国家统一的必然选择。

3. 政治文化决定着政治制度的实际运作状况

政治机构及其行为规则只是政治制度的静态方面，只有当政治体系的成员进入这些机

① 李泽厚．中国古代思想史论．合肥：安徽文艺出版社，1994：36.

构，扮演相应的政治角色，从事一定的政治活动，政治制度对于政治体系才有了真实的意义。特定的政治制度在不同的政治文化环境中将会产生不同的机制和不同的效力。

有人曾对一些欧美国家公共政策的制定过程做过比较研究。他们发现，法国人具有把“客观的”科学知识作为合理决策的决定性组成部分的倾向，因此法国的政界有一种根深蒂固的依靠技术专家治国以及坚持从各个培养精英的学校录用人才的传统，政府制定政策，主要依靠其直属的分析研究机构，几乎不大征求外界的意见，议会和利益集团在决策中的作用比较弱。美国则有所不同，几乎所有的社会行为者都把政策研究成果当作政治斗争中加强自己地位的依据，并不认为对政策问题可以找到科学上“正确的”解决办法。因此，议会、为数众多的利益集团和智囊机构都试图并在实际上对政策制定施加重大影响①。这一研究结果表明，各国政治文化上的差异导致了不同的决策风格。

4. 政治文化制约着政治体系的变革和发展

政治体系是动态的系统，它随着内外部环境的变化而发展变化。这一变化的过程总是由作为政治行为主体的人去推动和完成的。因此，社会成员对政治体系变革的目标、方式的认识水平和情感、价值取向直接制约着政治体系变化的进程及其结果。

从历史上看，每一次大的政治变革都伴随着一场政治文化的变革。但是，二者的变动速度并不总是同步的。按照历史的逻辑，一种新质的政治文化的形成应该先于政治变革的实践。那些率先感受到新的生产方式内在要求的先进阶级的思想、观念通过各种机制渗透于广大社会公众的生活方式之中，逐渐形成了新的政治文化。它又反过来成为改变社会的强大力量。政治文化与政治变革的这种关系在早期的资本主义制度建立的过程中表现得比较突出。那些反映资本主义商品经济内在要求的自由、平等、人权的思想、理论早于资产阶级的政治实践广泛传播于广大人民群众中间，经过长期的历史积淀内化为社会成员普遍认同的价值取向和行为准则，成为后来的资产阶级革命和资本主义政治制度建立的大众心理基础。

然而，由于政治文化具有延续性和稳定性的特点，一种新质的政治文化的形成过程将是十分复杂和缓慢的。与资本主义政治制度相适应的政治文化从宗教改革和文艺复兴开始到英、美、法等国的资产阶级革命的大爆发，其间经历了两三百年的时间。而且，这样的历史进程是与一定的历史条件密不可分的，即世界体系尚未完全形成，各国的政治生活比较封闭，其政治变革大多直接源于国家内部的社会生产方式的发展变化，是一种原发性的变革。但是，到了19世纪末20世纪初，随着帝国主义的扩张、世界体系的形成，一些国家政治变革与发展的因素变得复杂起来。在这些国家中，政治文化的变化与政治体系其他层面的变化相比，表现出一定的滞后性。这就在很大程度上制约了这些国家政治发展的进程，甚至造成了政治变革的结果与预期目标背道而驰的局面。以梁启超等为代表的近代资产阶级改良派在戊戌变法失败后就深切认识到，国民陈旧的心态是建立新制度的最大障碍，因此开始大力倡导要以新思想造就新国民。实际上，近代以来，特别是第二次世界大战结束以来，一些新独立的国家在内外双重压力下所致力的政治变革都面临着非常艰巨的

① 瓦格纳，沃尔曼．从事政策研究和咨询的社会科学家：几个方面的跨国比较．国际社会科学杂志（中文版），1987，4（4）．

构建新的政治文化的任务。政治文化与政治变革的这种既相矛盾又相统一的辩证关系，要求我们在推进社会主义民主政治建设的过程中，也必须重视与之相适应的政治文化的建设。

第二节　政治社会化

一、政治社会化的含义

在社会政治生活中，政治意识是一种无形的力量，它规定社会成员的政治行为方式，进而对社会政治生活的方方面面有着强大而持久的影响。但是，政治意识并不是人们与生俱来的，而是人们在某种既有的政治意识以及现实政治环境的长期熏陶下，通过政治实践逐步形成的。这其实是中国自古以来的“教化”或“文教”所形成的政教传统。在西方政治学中，在20世纪50年代末期，随着政治文化研究的不断深入，以社会成员学习和形成政治意识的过程为主要研究对象的政治社会化研究也广泛开展起来。可以认为，政治社会化是政治教化研究的科学化工程。

“社会化”是社会学和人类学上的术语，出现于19世纪末期。在社会学上，它是指人们通过社会互动，形成人的社会属性，实现人的社会生活，促进和保持社会的一致性的过程。

在社会的政治领域，对社会成员进行政治训练，使之具备必要的政治知识，以适应社会的政治生活，一直是人们关注的课题。在中国，历史上的儒家思想就特别重视政治教化的作用。

孔子讲修身齐家治国平天下，孟子宣扬“内圣外王”之道，实际上都是将提高个人的素质看作政治的根本和基础。儒家还十分强调人非“生而知之者”“学而知之者”，主张大办教育，用统一的道德标准和行为规范来教化民众。而在西方，柏拉图、亚里士多德、卢梭等都论述过如何培养具有优良品性和娴熟政治技能的公民。从20世纪50年代开始，“社会化”的概念被引入政治研究中，政治学者用“政治社会化”一词来指称人们学习政治价值和政治立场的过程。1958年，美国著名政治学家戴维·伊斯顿和罗伯特·海斯发表论文《政治社会化研究中的若干问题》，对政治社会化问题展开了专门研究。1959年，赫伯特·海曼的《政治社会化：政治行为心理的研究》一书出版，第一次从政治心理的角度系统地论述了政治社会化的过程。至20世纪60年代中期，政治社会化已经发展成为现代政治学研究的重要领域。

我们认为，所谓政治社会化，就是社会成员在政治实践活动中逐步获取政治知识和能力，形成政治意识和政治立场的过程。一方面，对于政治体系中的个体成员来讲，政治社会化是社会成员通过教育和其他途径，获得政治态度、政治信仰、政治知识和政治情感，从而形成政治人格，成为政治人的过程。另一方面，对于政治体系来讲，政治社会化又是政治体系塑造其成员的政治心理和政治意识的过程。在这一过程中，政治体系通过各种途径，将体系内的主导政治意识在全体社会成员中扩散和传播，以使其成员接受某种特定的政治信息、政治情感和政治信仰，并按照共同的模式进行政治活动。

这两个过程主体不同，目的也不同。前者的主体是社会成员个体，其目的是获取政治归属感，取得社会的认同，并能顺利地参与社会政治活动。后者的主体是政治体系本身，它试图通过体系内主导政治意识的传播来实现政治体系的一体化以及获得体系有效运作的社会环境。但二者的结果是一致的，即一方面使社会成员完成了从自然人向政治人的转变，另一方面使社会的政治意识得以延续。从中我们也可以看到政治意识与政治社会化之间的关系。个体的政治社会化主要是通过社会成员学习社会的政治意识来完成的，而体系对其成员的有意识的塑造是通过传播体系内的主导政治意识来实现的。因此，从宏观的、抽象的意义上说，政治社会化主要是社会的政治意识积累、传播和延续的过程，是政治文化和意识形态发挥作用的重要前提。

二、政治社会化的主要媒介

在社会成员的政治社会化过程中，政治信息的传递、政治文化的传播都需要一定的渠道和媒介。随着社会政治结构分化的日益加深，承担政治社会化功能的正式和非正式结构越来越多，概括起来主要有：

1. 家庭

家庭是社会成员最初的、影响最为直接的政治社会化的媒介。一个人从出生到成为社会的一员，最主要的生活场所就是家庭。与其他媒介相比，家庭在对儿童人格的塑造、基本人生观的形成以及政治常识的启蒙等方面起着特别重要的作用。在一般的家庭中，前辈在养育后代的同时，也把他们对世界和社会的看法，对政治共同体、政治权威的态度，对政治事件的评价，以及他们的政治价值观念等直接或间接地传输给后代。另外，家庭生活的模式、家庭的社会背景以及家庭的社会交往关系等，也都会在儿童的心理上打上烙印，这是他们认识社会及自身社会地位的基础。研究表明，儿童时代的经历和所受到的影响对一个人一生的政治态度和政治选择十分重要。虽然在其成长到一定的阶段，他们会接受再社会化教育，但早期所受到的影响往往会在他们的潜意识中积淀下来，成为影响他们政治行为的心理因素。

2. 学校

一般而言，学校是儿童脱离家庭后所进入的第一个专门的社会化机构。有资料显示，在目前世界上的大多数国家，大部分儿童都有接受义务教育的机会，这表明学校教育的影响力是十分强大的。学校实施政治社会化的方式很多，可以分为正规教育和非正规教育两种。正规教育是指通过学校的正式课程和有组织的政治活动对学生进行的系统的政治教育；非正规教育是指学校中存在的政治文化环境对学生的潜移默化的熏陶和影响。学校通过各种活动向学生灌输特定的政治价值和政治态度，强化其对政治体系的情感，并对学生进行各种政治知识和政治技能的培训，支持、扩大或改变青少年最初在家庭生活中所确立的政治认识、政治态度、政治价值取向。正是因为学校具有这样的功能，教育制度和教育政策历来是统治者关注的焦点，学校教育也成为政治体系培训公民的重要手段。

3. 同辈团体

同辈团体是具有大体相同的教育程度、社会经济背景或某种意识形态背景、兴趣爱好的人们的自愿组合。这是一种非正式的社会结构，但在一个人的政治社会化过程中，对青少年时期的观念、态度的形成影响重大。在亲密频繁的交往中，同辈团体形成一种独特的微观文化单位，传递所属团体的政治文化。有许多同辈团体，尤其是青少年团体并不是有意识地谈论政治，然而，同辈团体中的氛围对于青少年的个性乃至基本人生观都会产生影响，从而间接地影响到青少年对政治的看法。

4. 工作场所

工作场所是政治社会化的正式媒介体。工作场所实施政治社会化的特点是定向选择。例如，个人要想获得某种职业或较高的社会地位时，就会有意识地采纳与这个职业和地位有关的价值和行为。而工作场所一般都有关于这方面的明确规定和规范。在工作场所中，个人对自己的地位、权利、利益均有明确的认识，其政治态度、政治立场和政治行为也趋于确定化。工作场所还存在各种社会政治集团的基层组织，个人可以根据自己的利益和愿望加入这种或那种团体组织，正式担负起一定的政治角色。

5. 大众传播媒介

大众传播是一些专业化机构通过技术手段向分布广泛、为数众多的社会公众传递信息的过程。大众传播媒介主要包括广播、报纸、电视、书刊、电影、互联网等。这些媒介也是现代社会政治社会化的重要渠道。在现代社会，大众传播是社会公众获取信息的主要来源。各种传播媒介持续地向公众输送着某种经过选择的资料和观点，以及对这些资料和观点的分析与评价。这种对于社会公众的"信息灌输"，常常起着潜移默化的作用，使人们自觉或不自觉地接受下来，形成某种特定的政治倾向和政治态度。因此，掌握大众传播媒介，操纵公共舆论，历来是统治者用来传播社会主导政治文化、塑造体系成员共同政治意识的最基本的手段之一。

必须指出的是，大众传媒作为政治社会化的重要工具，可能扭曲公共舆论，因为大众传媒是由人、政党以及利益集团来操纵的。十分明显的是，在20世纪90年代以来的台湾政治中，由于泛政治化的影响，政党操纵大众传媒的色彩十分浓厚，公共舆论经常被扭曲。由此可见，公共舆论并不总是可靠的。

6. 选举及其他政治活动场合

民主选举是现代社会一项重要的政治活动。公民经由直接或间接选举方式，推选出国家和地方的各级立法代表，组成各级立法机关。选举通常每隔一定时间便举行一次。在选举期间，公民得以广泛参与政治活动，评价政治代表，了解公共政策，表达自己的政治见解。这些都有助于公民提高政治认识和政治技能。因此，选举活动不失为推进政治社会化最有效的途径之一。其他各种政治活动也为公民提供了获取政治经验的场合。如重大的政治事件的发生、政治制度的变革、政治秩序的变动等，都会对社会成员政治意识的形成产生重要影响。

7. 社会政治组织

社会政治组织是指为了某种政治目的而组成的社会成员的集合体。社会政治组织的政治社会化功能主要表现在通过宣传组织的主张、信仰来影响社会成员的政治取向，以及通过组织的活动向其成员传播政治知识和政治技能，培养其成员特定的政治文化。其中，政党是现代社会政治组织的高级形式，也是现代社会最重要的政治社会化途径。这是因为，政党建立的主要目的就是要掌握国家政权，它的主要活动方式就是广泛宣传自己的政治纲领，尽可能地争取社会成员的支持。这种宣传活动将在很大程度上影响到其支持者的政治态度。而对某一政党的成员来说，政党是志同道合者的政治组织，它一般具有严密的组织系统和严格的组织纪律，因此，政党可以通过组织系统对其成员进行政治教育和政治训练，规范他们的行为，动员他们为实现本党的政治目标积极工作，从而使政党成员形成共同的政治信仰、政治行为准则以及较高水平的政治技能。

除了上述这些结构以外，还有其他一些正式或非正式组织，如利益集团、国家机关等也都具有很强的政治社会化功能。在不同的社会中和不同的政治文化背景下，担负政治社会化功能的主要机构往往有比较大的差别，这种差别将直接导致人们的政治态度、政治认同和政治理想的差异。在传统社会中，政治社会化功能的承担者主要是家庭、宗教团体、村社等，社会化的方法是感情的、经济的方法。而在现代社会中，政治社会化的主要承担者则主要是学校、大众传播工具、政治组织，社会化的方法是理智的、理论的方法。两种社会在政治社会化的媒介与方法上的差异，必然会造成不同时代的人在素质上和观念上的不同。当然，在同一个政治体系中，由于社会成员个体之间的差异，各种媒介对不同人的影响也不尽相同。政治社会化是一个非常复杂的过程，并没有一个统一的、固定的模式可循。

三、政治社会化的功能

政治社会化一方面能够为政治体系输送合格的成员，一方面也传播着社会的政治文化，并通过这两个方面的作用维持着政治体系的有效运转。因此，我们可以从以下三个方面来认识政治社会化的功能：

第一，从社会成员个体的层面来看，政治社会化使他们获得了适应社会政治生活所必需的政治知识、政治态度和政治技能。

个体的政治社会化是一个学习政治文化、认识社会政治现象并形成政治人格的过程。通过持续不断的交往和反复不断的认识活动，社会的政治文化内化为个体的政治文化。个体形成了对政治形式、政治体系、政治过程、政治决策、政治规则、政治象征以及自身所扮演的政治角色等的稳定的观念和意识。个体关于政治世界的这些看法的全部综合，就是一个人的“政治自我”，或称“政治人格”。“政治自我”的形成是个体政治成熟的标志，它意味着进入政治社会的成员确定了这样一些稳定的心理结构，包括：(1) 政治依属和政治忠诚，即对某个政府、政党、阶级、社会、政治体系的关系的特殊意识；(2) 关于政治体系的专门知识和感情；(3) 对政治活动的明确的观念。上述这些知识、观念和意识的具备，使社会成员能够理解、评价他周围的政治世界并与之相处，这是个体适应和参与社会政治生活的必要前提。

对于社会成员政治能力和政治技巧的训练也是政治社会化的重要内容。社会成员从儿童时期开始，就通过自身主动的模仿和专门机构的教育来了解和认识社会政治活动的规则，学习参与政治活动的技能，从而在其进入政治社会以后能够顺利担当起特定的政治角色。

第二，从政治文化的层面来看，政治社会化是政治体系维持、改变政治文化的重要手段。

在政治体系中，政治社会化使政治文化从家长传递给子女，从教师传递给学生，从社会团体传递给个人，从政治机构传递给政治体系的成员，从而实现了政治文化的代际传递和人际传递。其中，政治社会化对社会的主导政治文化的维持作用十分明显。统治者往往通过强有力的政治社会化措施来维持有利于其统治的政治文化。中国古代封建政治文化传递了两千多年，大体不变，成为封建政治体系和政治生活牢固的精神支柱和文化土壤，一个重要的原因就在于中国封建社会有一套传递这种儒教正统观念的机制。

同样，当政治体系发生了某种重大变革时，政治体系也会通过政治社会化来改变社会的政治文化。统治者总是适时赋予社会政治文化新的内涵，并通过各种机制灌输给社会成员，以此来改变社会成员的政治取向，形成与政治体系的发展相适应的个人及社会的政治文化。在俄国十月革命胜利之初，列宁就十分重视通过教育群众建设社会主义新型政治文化的工作。他指出，教育工作者和斗争的先锋队共产党的基本任务，就是帮助培养和教育劳动群众，帮助他们克服旧制度遗留下来的旧习惯、旧习气以及在群众中根深蒂固的私有者的习惯和风气，要取得必需的一切，克服旧制度遗留下来的、不可能一下子就排除的障碍，就应该重新教育群众。

但是，也应该看到，通过政治社会化来改变既有的政治文化并不是一件简单的事。这主要是因为政治文化偏重于心理性、精神性和情感性，是长期积淀的产物，其基本成分是不易改变的。学者们认为，迄今为止还没有彻底成功地改造政治文化的实例。在我国，经过几十年的社会教育，在国民中间依然存在着某些与社会主义民主政治不相适应的封建政治文化的影响，这一状况提醒我们，彻底改变落后的旧的政治文化任重而道远。

第三，从政治体系的层面来看，政治社会化是影响政治体系正常维持与运转的关键因素。

政治社会化通过塑造政治体系成员的政治人格来维持政治体系的运转与延续。除此之外，由于受到历史、经济及社会的多重因素的影响，政治社会化在形成和传播社会主导政治文化、规范和引导亚政治文化等方面发挥的不同作用也直接关系到政治体系的稳定。

一个稳定的政治体系一般都具有鲜明的主导政治意识以及与之相和谐的亚政治文化。主导政治文化是统治阶级的政治文化，即统治阶级的意识形态，是政治体系认可的文化。它的传播深度和广度直接关系着政治体系的稳定程度。在现代社会中，一些发展中国家的种族、语言、宗教均处在异质状态，从而阻碍了社会主导政治文化的广泛传播，使它很难成为整个政治体系共同的政治文化。在这种情况下，政治体系内的各种亚政治文化之间通常处在相互竞争甚至是相互冲突的状态中。这就导致了政治体系的成员无法形成对体系的认同心理，进而影响到政治体系的稳定。

亚政治文化是社会政治生活中的一种客观存在，它与主导政治文化的政治价值取向不同，因而经常发生政治认知和政治行为的冲突。但它也对社会政治生活发挥着自己的独特作用。政治体系为了维护自身的稳定和发展，必须不断化解社会政治生活中的矛盾与冲突，对亚政治文化进行规范和引导，吸收其有益于自身的因素，遏制其敌对因素的发展，从而维持政治体系的有效运转。政治体系对亚政治文化的规范和引导通常是通过传播主导政治文化、加强对社会成员的政治教育等政治社会化的途径来实现的。

进一步阅读材料：

1. 韦伯．新教伦理与资本主义精神．西安：陕西师范大学出版社，2006.

2. 杨光斌．历史社会学视野下的“新教伦理与资本主义精神”．中国政治学，2018(2).

3. 托克维尔．论美国的民主：上．北京：商务印书馆，1988.

4. 阿尔蒙德，等．当代比较政治学：世界视野．第3章　政治文化和政治社会．上海：上海人民出版社，2010.

5. 普特南．让民主运转起来．南昌：江西人民出版社，2001.

6. 英格尔哈特．现代化与民主//伊诺泽姆采夫．民主与现代化．北京：中央编译出版社，2011.

7. 汪卫华．从公民文化到价值观变迁：西方政治文化实证研究的经验．国际政治研究，2008(2).

第四章

意识形态

重点问题

- 马克思和韦伯的意识形态概念有何异同？
- 马克思主义的意识形态的基本特征是什么？
- 当代世界的意识形态的基本类型有哪些？
- 如何认识作为国家权力的意识形态？

思想观念和意识形态本身就是政治，其对其他政治生活甚至经济生活的影响无处不在，观念影响着制度建设和公共政策。但是，观念并不神秘，并不是神秘主义所渲染的所谓的“先验”，而是政治活动的经验化产物。“政治意识形态根本不是政治活动半神圣的父亲，而是它尘世的继子。它不是独立地预先策划的有待追求的目的性规划，而是从人们惯常从事参加的社会活动中抽象出来的观念体系。一切政治意识形态的谱系都表明，它不是由政治活动之前的预先策划所创造，而是由对政治样式的思考所创造。”“大多数政治意识形态，当然它们中最有用的（因为它们肯定有其用处），是某个社会政治传统的抽象物。”① 这样，特定政治传统的抽象物应该是地方性的。然而，观念生产者总是有将其观念普世化和全球化的企图，结果形成了政治中的观念斗争、话语冲突甚至战争。人类应该从自己痛苦的历史中学习些什么。

第一节　意识形态的含义与特征

一、意识形态的概念

在“意识形态”（ideology）作为一个概念被法国哲学家德·特拉西在19世纪初创造出来后不久，它就成了一个带有强烈的政治色彩，甚至颇含贬义的名词，常常成为政治攻

① 欧克肖特．政治中的理性主义．上海：上海译文出版社，2004：43，46．

讦的工具和目标。尽管如此，不可否认的事实是，现代民族国家的发展史与意识形态有着紧密的联系。意识形态在历次国家兴衰中扮演着重要角色。因此，可以毫不夸张地说，现代政治经济变动史实际上也是各种意识形态相互竞争、破产、重构、更新的历史。

意识形态是德·特拉西在其著作《意识形态原理》中创造出的一个名词，指的是向人们揭示观念的成见和偏见的根源的“观念科学”。在德·特拉西以前，其最初的提法也许是英国人培根的“偶像说”（idola），指的是错误的观念或成见。这一名词曾经由于拿破仑的关系而招致恶名，一段时间内被弃用。

随着马克思生前未出版的著作《德意志意识形态》在1927年出版，以及德国哲学家曼海姆（Mannheim）的《意识形态与乌托邦》在1929年出版（1936年被译成英文），意识形态这一概念重新流行起来。而曼海姆的著作使研究意识形态的知识社会学成为当代极受重视的学科。

从此以后，意识形态在不同学者那里得到了不同的定义和解释，以至于成为“一个概念家族”。这里只罗列几种有代表性的定义。

1. 马克思的意识形态定义

许多学者认为马克思从没有有意或声称创造出一套关于意识形态的系统理论。在他的著作中，意识形态也没有一个统一的定义。G. 马尔库塞指出，在马克思那里，意识形态有三种含义：（1）它是对历史唯心主义的否定和揭示。因为以往的哲学、社会政治理论将其观念和体系看作历史发展的动力。这实际上是对德·特拉西定义的借鉴。（2）它是一种对社会存在的系统解释。马克思在这里关心的是统治阶级的思想怎样成为社会的统治思想，即如何与统治权力结合起来，这与韦伯提出的合法性问题具有共通之处。（3）它在总体上是一类确定的文化。这种文化是对社会存在的反映，受社会存在的制约。个人或集体都要自觉不自觉地受这种文化的影响。

2. 曼海姆对两种意识形态的区分

曼海姆在其著作《意识形态与乌托邦》中将意识形态看作“思想方式”，并据此区分了两种意识形态：一种是“特殊的”意识形态，指的是由于情境真相不符合其利益，所以对某一社会情境真相的掩饰或扭曲，包括有意识撒谎，半意识或无意识地掩饰，有心欺骗或自欺。这实际上体现了特殊集团的自我利益，例如，“小商人的意识形态”。另一种是“全面”的意识形态，指的是一种世界观或对一种生活方式的彻底信奉。

3. 韦伯的信仰体系

马克斯·韦伯在论述统治合法性时提出，每一种真正的统治形式中都包含有最起码的自愿服从成分。但只有这一点还不足以构成真正的统治，必须要有“对统治合法性的信仰”。通过信仰体系可以将物质控制转变为合法统治。而所谓信仰体系，指的是说明为什么某人或某些人应该服从某种统治的理论体系或意识形态。

统观这些定义，基本上有两个共同特点：第一，将意识形态看作一种认知世界的信仰体系，是某一团体对世界的认识（不管是准确，还是扭曲）；第二，认为意识形态与个人、集体的行为有着密切联系，是行动的思想前提，在某种程度上决定着个人和集体的行为。

意识形态是一个含义丰富的概念。这里并不强调它在阶级斗争中的功能（毫无疑问，这是它的一个非常重要的功能），而侧重把它看作一定团体中所有成员共同具有的认识、思想、信仰、价值等。它是这个团体中每个成员对周围世界以及团体本身的认知体系，反映了该团体的利益取向和价值取向，为团体的集体行为提供了合理性辩护，同时也对个人行为提供了一套约束。可以说，意识形态是普遍存在的，社会中的任何团体，不管是正式的还是非正式的，都有自己的一套意识形态。

但是，在任何国家中，作为政权合法性论据的官方意识形态只有一种。这里探讨的主要是作为政治统治工具的官方意识形态。作为一种统治工具，意识形态是代表统治阶级根本利益的情感、表象和观念的总和，其根本特征是自觉地或不自觉地用幻想的联系来取代并掩蔽现实的联系①。

作为总体性的观念，意识形态不同于政治心理。根据对政治现象反映的不同层次，政治意识可分为政治心理与作为意识形态最直接表现形式的政治思想。政治心理是社会成员对政治诸方面的一种自发心理反应，表现为人们对政治生活的认知、情感、评价等。政治心理是自发的，社会成员的政治心理存在个体差异，是一种潜在的社会意识。而作为意识形态的具体形式之一的政治思想，集中体现了特定阶级的利益和政治要求，是思想家对政治现象进行理性思维的产物，是一种系统的理论体系。因此，二者属于政治意识中的不同层次。但是，二者不是截然分开的。民众的政治心理是意识形态存在的基础，而意识形态又影响着政治心理的形成。政治心理和意识形态都与现实政治相关，但前者的关系较为间接，后者的关系更为直接。这不仅是因为二者的内容、层次有所不同，更重要的是二者主体不同。政治心理的主体是普遍的社会成员和个人，而意识形态的主体则往往是统治阶级。在阶级社会里，意识形态是阶级的意识，是理论化了的阶级意识。

二、意识形态的基本特征

为了比较全面地理解意识形态的含义，必须弄清楚意识形态的特征。意识形态的基本特征可以概括为：

1. 现实性

意识形态是一种抽象的理论，但并不是纯粹空洞的东西。它有指向性，总是指向现实的。无论是占统治地位的政治思想，还是居非统治地位的思想、学说，要么是为了维护现存的政治制度，要么是为了批判现存的政治制度。另一方面，社会成员之所以接受意识形态的教化，认同流行的意识形态，也是出于现实的目的。因为不接受占统治地位的意识形态，其行为就不会为社会所接受。“一个试图逃避意识形态教化的人只可能是自然存在物，而不可能是社会存在物，也就是说，掌握一种意识形态正是人们在任何特定的社会中从事任何实践活动的前提。”②

2. 总体性

意识形态是由各种具体的意识形成的政治思想、法律思想、经济思想、社会思想、教育、伦理、艺术、宗教、哲学等构成的有机的思想体系。这些意识形式至少可以分为以下

---

① 俞吾金．意识形态论．上海：上海人民出版社，1993：129.

② 同①130.

三个层次：

（1）政治思想、法律思想、经济思想。这三种意识形式以最直接的方式反映着统治阶级的经济利益，进而最直接地捍卫着统治阶级的政治统治地位。

（2）社会思想、教育、伦理、艺术。这些形式的意识形式与政治现实的关系不如第一层那么密切，但是却直接影响着人们的日常生活，影响着社会成员政治心理的形成。

（3）哲学、宗教。这是离政治现实最远的意识形式，但其作用却不可忽视。宗教影响人们的信仰和行为，抽象的哲学则是意识形态的灵魂。

意识形态的诸多表现形式与政治现实的关系有远近之分。但是，当社会中发生意识形态冲突和政治斗争时，往往要以较为遥远的意识形态形式如哲学、艺术、宗教、伦理等表现出来。

3. 阶级性

意识形态具有鲜明的阶级功能。不同的社会集团和阶级由于其利益的差异而有不同的意识形态，而不同的意识形态在社会中所处的地位，是由其所代表的阶级的地位决定的。马克思、恩格斯指出："统治阶级的思想在每一时代都是占统治地位的思想。这就是说，一个阶级是社会上占统治地位的**物质**力量，同时也是社会上占统治地位的**精神**力量。……占统治地位的思想不过是占统治地位的物质关系在观念上的表现，不过是以思想的形式表现出来的占统治地位的物质关系。"① 但是，统治阶级总是力图掩饰自己与占统治地位的意识形态之间的关系，把自己的权利和要求说成是所有人的权利和要求。

意识形态的阶级功能所维护的是统治阶级的根本利益，而不是每一个细小的、具体的利益。强大的阶级功能还使被统治阶级不可能有自己的完整的意识形态，因为社会成员从出生时起，就处于统治阶级的意识形态的教育下，很难从这种意识形态的影响下摆脱出来。这就意味着意识形态具有一定的强制性，意识形态并不是人们自由选择的商品，而是人们必须接受的赠品。一个人不懂得或不认同现存的流行的意识形态，他就无法开展为社会所接受的政治活动。但是，历史表明，当社会的政治经济处于重大变革时，反映这种政治经济变化的意识形态就随之出现。资产阶级的启蒙思想、马克思主义都是在旧制度下产生的新的意识形态。

马克思主义具有鲜明的阶级性。即使不以阶级为其论述对象的其他的意识形态，其所代表的团体利益的特征也是十分鲜明的。

4. 相对独立性

意识形态虽然为社会存在所决定，但它有自身特有的发展规律，是相对独立的，表现为：

第一，意识形态的变化与社会存在的变化不完全同步。这里有两种情况：其一，意识形态落后于社会存在。就是说，一种意识形态所赖以存在的物质条件已经改变了，但这种意识形态并未随之消失，而是继续存在一个较长的时期，并对社会的发展起一定的阻碍作用。例如，我国社会主义制度已经确立几十年了，封建意识的影响还很大，克服这种影响还要付出很大的努力。其二，先进的意识形态能先于与它相应的社会存在而产生，并在一

---

① 马克思，恩格斯．马克思恩格斯选集：第1卷．2版．北京：人民出版社，1995：98.

定程度上预见社会未来发展趋势，成为社会实践的向导。例如，科学社会主义学说就产生于资本主义内部，当时还未出现社会主义的物质生产关系。这两种情况是相对的，就第一种情况而言，滞后是暂时的，一种意识形态的基础变化了，那么它迟早也要发生变化，这是绝对的；就第二种情况而言，先进的意识形态之所以能产生，是因为社会存在的发展已经成熟到能够提供新的任务，而且它对社会发展的预见也只能提出基本的方向和大致的轮廓。

第二，意识形态的发展具有历史的继承性。每一特定的意识形态，都是在一定的社会经济状况的基础上产生和发展起来的，同时它与以前的意识形态并不是毫无联系，而是保留了反映以往社会存在的某些思想材料。正如恩格斯所说："每一个时代的哲学作为分工的一个特定的领域，都具有由它的先驱传给它而它便由此出发的特定的思想材料作为前提。"① 后人总要利用前人的思想材料并对其进行加工、改造、发展，这样才能形成新的学说。当然，这种继承也是相对的，不是照抄照搬，而是一个扬弃的过程。

第三，意识形态之间相互作用、相互影响。一种意识形态的产生和发展，不仅受社会存在的制约，而且意识形态之间的相互作用也不能低估。各种意识形态之间的相互作用和相互影响的程度不一样，其中尤以政治思想对其他意识形态的影响最为突出。原因在于政治与经济基础的联系最密切，其他意识形态受政治支配并为政治服务。

第四，意识形态对社会存在具有反作用。意识形态具有能动性，能够反作用于社会存在，对社会发展产生重大作用。先进的意识形态对社会发展起积极的推动和促进作用，因为它反映了社会发展的客观要求，而落后的意识形态对社会的发展起延缓和阻碍作用，因为它与社会发展的规律和要求相违背。当然，意识形态对社会存在的影响不是绝对的，反作用的范围、大小、时间、长短等受社会物质条件的制约。

5. 依赖性

意识形态不是人脑中固有的，也不是从天上掉下的，归根结底来源于社会存在。马克思、恩格斯在《德意志意识形态》中指出，不是意识决定生活，而是生活决定意识，意识就是被意识到了的存在。马克思在《〈政治经济学批判〉导言》中说，物质生活的生产方式制约着整个社会生活、政治生活和精神生活的过程。不是人们的意识决定人们的存在，相反，是人们的社会存在决定人们的意识。这些表明，尽管意识形态对社会存在会产生反作用，但它是第二位的东西，它不是决定性的、最终的。它对社会存在有依赖性，有什么样的社会存在就有什么样的意识形态。

此外，在阶级对立的社会中，意识形态具有掩蔽性。马克思通过对种种传统的意识形态的分析，认为它们的一个根本特征是以神秘的、扭曲的方式去反映现实世界。"意识形态的悖论在于，它既要说出它所代表的统治阶级的根本利益，宣布这种利益是神圣不可侵犯的，又要竭力掩蔽这种根本利益，把人们的注意力转向细节或其他问题上……总之，意识形态既要让你知道它愿意让你知道的东西，又要让你不知道它不愿意让你知道的东西"②，以维护它所支持的统治阶级的统治。在诸多意识形式中，政治思想、经济思想和

---

① 马克思，恩格斯．马克思恩格斯选集：第4卷．2版．北京：人民出版社，1995：703－704.

② 俞吾金．意识形态论．上海：上海人民出版社，1993：134.

法律思想的掩蔽性相对弱些，统治阶级总是以这三种意识形式向全社会直接表达出自己想说的东西。统治阶级往往以伦理、艺术、宗教、哲学、教育等形式，借助神奇的语言掩蔽自己的根本利益。

第二节　意识形态的基本类型

作为一套政治思想或政治理论的意识形态，在人类发展史上丰富多彩，有的呈现明显的对立状态，既有崇尚极端的国家主义的法西斯主义，也有崇尚个人主义的自由主义，更有不要国家和政府的无政府主义，以及对国家间政治影响巨大的民族主义。亨廷顿说严格意义上的意识形态只有三种，即自由主义、保守主义和社会主义，这主要是就西方政治而言的。在这几种近代思想之外，还有更古老的民本思想。这里只选择目前仍然有广大市场的几种意识形态简要述之。

一、民本主义

从意识形态概念的产生看，意识形态是一个现代性概念，但是中国政治具有与生俱来的世俗化的现代性特征，与此相适应，民本思想是一个既古老又具现代性的政治思想。

民本思想源自商周之际，所谓“民惟邦本”，历经流变，到明末清初，民本思想发生了重大变化，经过了从最初的“重天敬鬼”到“敬德保民”，再从“重民轻天”到“民贵君轻”这样发展的历程。民本思想一直被视为统治阶级的工具，但也可以演化为一种批判的、革命的理论。明末清初，以黄宗羲、顾炎武、王夫之为代表的进步思想家对君主专制独裁进行了深刻的揭露和批判，指责君主制度是“天下之大害”，反对君主把天下当作私产，提出“天下为主，君为客”，君的责任就在于“以天下为事”。这种思想被视为比卢梭早 100 年的最初的人民主权思想。在此基础上，梁启超在《先秦中国思想史》中第一次提出“民本主义”，认为民本主义就是中国的民主思想。

即使是一种统治思想，比较而言，这种以民为本的政治思想也具有无可比拟的先进性，要知道，在同时代的其他地区和其他文明中，把老百姓当作骡子的政治统治并不鲜见。其先进性可以转化为一种革命理论，因此无论是孙中山的“三民主义”，还是毛泽东的“为人民服务”，都是民本思想的演变。民本思想的真正革命性变化就是来自共产党的群众路线，因为过去的民本思想就是一种思想而已，如何将思想变为现实，可能有一些政策性涉及，但缺少制度性安排，而群众路线就是实现民本思想的一种伟大的制度安排。

一种政治思想持续两千多年而不衰甚至在新时代有了更强大的生命力，确实是人类文明史上的奇迹。其生命力本身既来自其与生俱来的先进性，也来自其包容性和开放性。也就是说，只要有利于人民的事业，其他“主义”中的有益思想、做法，都可以为我所用。何况，民本思想和科学社会主义的以人民为中心具有高度的契合性，这也正是马克思主义在中国有生命力的历史渊源。

二、马克思主义

马克思主义是一套博大精深的政治理论。经典的马克思主义认为，只有共产党才是唯一代表全人类利益的政党，主张通过革命取得无产阶级的政权，并通过无产阶级专政和生产资料的国家与全民所有制的形式来实现人的全面发展，即实现共产主义社会。

马克思主义在俄国的发展，是列宁领导的十月革命和斯大林领导的社会主义建设，即革命道路上的城市无产阶级革命，社会主义建设中的共产党执政和全面计划的经济体制。由于体制过度僵化，以及改革战略上的失误，苏联在1991年解体。

马克思主义在中国的发展体现为马克思主义与中国实际相结合的理论成果，即毛泽东思想和中国特色社会主义理论体系。

三、民主社会主义

民主社会主义的理论资源之一是马克思主义，它起源于欧洲，一直是欧洲左翼政党的指导性理论。民主社会主义的基本主张是，将资本主义的优点与社会主义的优点结合起来，同时克服二者的缺点，寻找一条介于资本主义与社会主义之间的“第三条道路”。从20世纪90年代以后，一直流行于欧洲的民主社会主义与传统的“第三条道路”有了明显的分歧。目前流行的“第三条道路”的基本意义，就是它声称同时超越以新自由主义为特征的新右派和以民主社会主义为特征的传统左派。换言之，它既反对传统的右翼保守主义政治，又反对传统的左翼激进主义政治，同时继承了传统的左右两翼中的某些价值。它被认为在传统的两个极端之间找到了一个合适的中介，它是一种新的中派，或一个新的中心。例如，它继承了传统左派的社会正义观点，但放弃了其阶级政治。它拒绝新右派的极端自由主义，同时接受了其反对权威主义和排外主义的目标。它既反对传统左派热衷于扩大政府的干预范围，也反对新右派过分弱化政府干预的主张。它既反对传统左派对民族国家的蔑视，也不满新右派对民族国家的过分自信。它像新右派一样看到了福利国家存在的致命弱点，但是像传统左派一样不同意放弃或削弱福利国家，而主张对于福利国家进行彻底的改革。

四、新自由主义

自由主义是近代以后西方最重要的政治思潮之一。自由主义的出发点是自我和个人，它强调个人权利的优先性，特别是个人的自由和平等权利。它认为，个人的自由选择权以及保证这种自由选择权在公正的环境中得以实现，是自由主义的根本价值。在自由主义者看来，一旦个人能够充分自由地实现其个人的价值，那么个人所在的全体和社会，也必然能最终实现其公共利益。根据自由主义的逻辑，个人的利益和行为是分析和观察一切社会政治问题的基本视角。一切复杂的历史事件、社会制度和政治运动等，最终都可以被约简为个人行为，所以自由主义的方法论是个人主义或“原子主义”。当代的新自由主义继承了传统自由主义的基本价值观，但它把强调的重点放在保证个人实现自由权利的社会公正上。新自由主义尤其强调私有制和市场经济对实现个人权利的极端重要性，主张国家的中立性，反对国家对社会和个人事务进行过多干预，竭力维护社会的多元主义价值。由于它是在新的历史条件下对西方古典价值的弘扬，所以它又被称为“新古典主义”；由于它始终强调个人主义的价值，所以它也被称为“新个人主义”；由于它宣扬多元价值和多党政治，所以它还被称为“新多元主义”。

五、新保守主义

与自由主义一样，保守主义也是西方历史上影响最大的政治思潮之一。保守主义的主要特征是，极其重视现存的传统、秩序、等级和自由的价值，认为这四大政治价值高于其他任何价值，维护这些价值是国家的根本任务。与此相适应，保守主义反对任何激进的社会改革，认为传统和秩序压倒一切。由于传统和现存秩序在不同的时期和不同的社会政治背景下有极不相同的含义，所以在不同的历史条件下保守主义的意义也各不相同。当代的新保守主义在秉承保守主义经典价值的基础上，特别强调民主的重要性。一方面，新保守主义强调国家对于维护个人自由和社会秩序的重要性，主张加强国家的权威；另一方面，它又竭力反对国家大规模干预社会经济。新保守主义反对社会主义、多元主义和马克思主义等政治思想，认为它们都是促进人类文明堕落的腐蚀剂。

六、民族主义

严格地说，民族主义不是一种建构性的具有学理意义的意识形态，而是一种自发性思潮，只要有民族国家，就存在民族主义，程度不同而已。

民族主义起源于 18 世纪的欧洲，是在打破神权和封建主义的资本主义运动中兴起的一种民族认同运动。在此之前，人们认为自己首先是基督教的教徒，其次是某一地区的居民，然后才不得已说自己是法兰西人或英吉利人。一般认为，美国独立战争和法国大革命是民族主义发展史上的里程碑。

可以从心理和政治两个层面来界定民族主义。在心理上，民族主义是一种心理状态。这种心理状态，或者是一个民族的民族性，或者是对于民族利益、民族独立与民族统一的信仰或主张，或者是一种爱国心和民族自豪感。

在政治上，民族主义是一个民族追求建立自己的国家的政治运动。政治上的民族主义是最具爆炸性的一种政治哲学，也是当代世界上一个强有力的政治力量。它和爱国心结合，便变成了宗教性的主义。政治上的民族主义是一把双刃剑，它曾唤醒了被压迫民族要求解放和独立的意识，也引起过军国主义、帝国主义、种族优越主义及战争等罪恶。在历史上，不同的政治制度和意识形态都曾经利用过民族主义。任何制度和主义，只要合乎民族主义的要求，只要民族主义有利用的价值，都可以和民族主义携手并利用民族主义而达到自己的目的。

与自由主义、保守主义和社会主义相比较，乃至于民本主义相比较，民族主义更多的属于一种自发性政治运动，而不是建构性政治学说。同样，日常生活中的民粹主义也具有自发性，称不上建构起来的意识形态。

第三节　意识形态的地位与功能

一、作为国家权力之魂的意识形态

国家权力不是简单的整体，而是意识形态、经济、军事组织和政治组织之间“互动的制度化网络"①。作为"互动的制度化网络",国家权力的评估就变得更加复杂化,我们很难以单项领域的组织或制度去代表一个国家的国家权力,否则就无法解释历史上的国家兴衰与政治组织或军事集团的命运。在四种权力形式中,经济权力、军事权力和政治权力都是可见性权力,也就是可以测量的,而意识形态权力则是在看得见状态与看不见状态之间的、又无处不在的"弥散性权力"(the diffused power)。四种权力关系是无比复杂的,而所有其他权力都离不开意识形态权力的论述或者牵引性作用。

意识形态权力是一种独立的组织形式,看上去是政治权力主体制造的副产品,即马克思所说的所有意识形态都是统治阶级的思想。但是,这个"副产品"在历史上很多时候并不是统治阶级的直接制造,而是以与统治阶级有密切关系的文化界、教育界为主体的。文化权力主体与政治权力主体、经济权力主体的关系,在有些国家是显性的,而在有些国家是隐性的,以独立主体的面目出现,比如西方的新闻与高等教育,看上去是独立的,但离开特定经济权力和政治权力就难以存续。因此,意识形态权力必然有"弥散性"。弥散性就意味着意识形态权力以一种本能的、无意识的方式渗透到整个人群之中,直接影响着每个权力形式,从而构成"互动的制度化网络"之魂。

首先,意识形态权力与政治权力。流行的概念是政治权力合法性,即人民对权力的自愿接受和认同,从而产生权威。这是理想类型界定,即模式化概念。合法性如何形成的?"冷战政治学"严重偏离了韦伯的合法性概念,从老一代的行为主义者拉斯韦尔,到著名的民主理论家罗伯特·达尔,都专门研究了意识形态与政治合法性的关系。拉斯韦尔把第二次世界大战战场上的心理战,直接嫁接到政治心理学。而在《现代政治分析》中,达尔则把意识形态视为一种操纵性权力,即政治支配者知道让被支配者知道该知道的东西,掩去被支配者"不该知道"的东西。其实,这就验证了马克思关于意识形态的思想,一切思想其实都是统治阶级的思想。

如果说作为权力载体的政治制度是一种可视的硬件,而其运行原则则离不开思想观念的规范与推动。世界上没有无"灵魂"的政治制度和政治权力,只不过这个"魂"有的是自己的,有的是借来的或外生性的,甚至是"叫魂"的结果。外生性的"魂"很难真正成为一种政治制度的规范力或推动力。所以,世界上大多数国家虽然变得是有高度的"同一性"了,即实现了所谓的自由主义民主,但这个"魂"是没法改变各自的文明基因的,结果只是形似而已,借来的"魂"并不能给众多的发展中国家带来预期的"牛肉"和福祉。不仅如此,更多的国家因此再也难以有回头的希望。但是,意识形态权力却能起到"安魂"的作用。

正是因为意识形态是政治制度之魂,中国历史上的封建制度(也可以称为专制制度)运转长达两千年!其中的奥妙就在于中国古代官僚制的主体都完整系统地接受了儒家思想,科举制更是思想与制度浑然一体的产物。历史上还没有哪一个国家能像中国一样,在长达两千年的时间里,主要依靠一种信仰和规范而自我存续下来。比较而言,甚至连自由主义之故乡英国的"自发秩序"都难以比拟。

在迈克尔·曼看来,在前现代社会里,意识形态权力相对于经济权力,甚至军事权力

① 曼.社会权力的来源:第1卷.上海:上海世纪出版集团,2007:23.

更重要，但这并不意味着意识形态权力对于现代社会的作用就逊色了。要知道，“现代性”并不是一个自发到来的过程，而是靠革命（包括政治革命、科学革命和工业革命）催生的。无论是美国的独立战争，还是后来被称为“大革命”即社会革命的法国革命、俄国革命以及中国革命，无不以“主义”优先，无不靠“主义”引领。新兴民族国家，也是民族主义与民主主义二重奏的产物。更别说把世界分为两极的冷战，活脱脱的中世纪的宗教战争的再现。后冷战时期，意识形态之争也并没有降温。

从古到今，从他国到中国，意识形态权力都与政治权力如影随形。正因如此，政治学一直是研究观念和“主义”的学问，即所谓的政治哲学，只是行为主义兴起之后，“政治”才被冠以“科学”的符号，名曰“政治科学”。“科学”了就没有“主义”了？在美国依然大行其道的理性选择主义到底是什么？首先，个人的选择是没有历史时空，没有规范、制度约束的唯利益最大化的计算吗？显然不是。其次，作为家族概念的理性选择主义假设，因为个人的偏好不同，最终难以形成稳定的多数（“阿罗不可能定理”），因而不存在多数人的公共福利。这种假设有现实的社会基础吗？难道大多数美国人不支持控枪以寻求生命安全这个最大公约数？难道那么多的穷人不需要医疗保障？就是这样一个有违常识的理论，居然能在美国流行，一方面说明个人主义的文化多元性，另一方面也说明思想支配者的思想成就，一切成败都是个人的事，与社会无关，更别怪政府，别责怪国家。因此，当金融危机来临的时候，失业、还不起房贷而成为无家可归者，甚至是事业失败而自杀，都是你个人无能，不是国家的责任，与政治制度无关。意识形态权力运用到这个份上，堪比神权政治还成功。要知道，为宗教牺牲是建立在识字率不高的前现代社会，而现代意识形态则是建立在科学知识普及程度极高的现代社会。社会条件不同，挑战更大了，但意识形态建设却是毫不逊色，甚至更成功，只能说明整个国家对意识形态的投入更大了，更体系化、更制度化了。在中世纪神权政治时代，意识形态权力占有者只有僧侣、寺院，而现代，除了若干政府部门、民间外交，更有庞大的高等教育系统。按照法国社会学家布尔迪厄的研究，现代高等教育的主要功能就是生产支持政治制度的文化产品，即与“经济再生产”相呼应的“文化再生产”。

其次，意识形态权力与经济权力。经济权力由工具（如运输方式）、组织（如企业）、制度（如产权制度、交易制度）和经济思想构成。在不同的经济思想支配下，工具、组织和制度的组合方式和运行机制是有区别的，结果也是不一样的。而经济思想本身就是一种意识形态权力。

在世界近代史上，经济思想的竞争从未停止，或者说国家权力之间的较量很多时候也就是经济思想的较量。第一次将一种经济思想普遍化的工作便是亚当·斯密《国富论》之“看不见之手”假说与德国李斯特的“国民政治经济学”。李斯特认为“看不见之手”纯粹是防止后来者居上的“踢开梯子”的行为，因为直到 19 世纪 40 年代，英国才真正开始了自由市场，而此前，尤其是在 18 世纪之前，英国奉行的是典型的重商主义。这一争论事实上延续到第二次世界大战结束。第二波的较量则是冷战时期凯恩斯主义与斯大林式社会主义即计划经济之争，前者陷入滞胀之中，后者也导致经济体制的僵化。第三波则是兴盛于 20 世纪 80 年代的新自由主义经济学。因为社会主义阵营的失败，以新古典主义学派为核心的新自由主义独霸天下，直到 2008 年因国际金融危机而崩盘。

所有的争论，核心命题就是政府与市场的关系，新自由主义又加上了一个私有化程度，即使在2008年国际金融危机之后，西方经济学界盛行的依旧是新古典主义学派所建立的市场自动均衡模式，而这一观点也在包括中国这样的发展中国家的专业经济部门盛行，对官员的思想起支配作用。但是，中国2015年的"六月股灾"再次证明，资本市场是难以实现自动均衡的，美国政府不救雷曼兄弟而使之破产、挽救高盛公司而使之存活，"均衡的市场"离不开政府的干预。

比较政治研究的结论是，很多国家，尤其是发展中国家因信奉自动均衡思想而国家权力被掏空，国家之败不是败于军事竞争，不是失之政治体制，而是败于经济思想下的经济权力较量。在经济权力上，中国的优势在于，即使在过去40多年的改革开放之中，尽管有学者认为20世纪八九十年代的改革是受新制度经济学（新古典经济学的一脉）所支配，为什么没有变成学说中所期许的市场化与私有化？为何依然保留强大的国有企业，政府为何依然发挥强大的作用？奥妙就在于，其中既有文明基因的智慧，也有政治体制的作用。在文明基因意义上，和东亚地区的其他共同体一样，当其他国家放手于市场和私有化时，"以民为本"即民本思想决定了中国政府不可能放任不管，因此东亚创造的是"发展型国家"模式，而邓小平创造的是"社会主义＋市场经济"，即"社会主义市场经济"。"市场经济"意味着，中国计划经济体制必然转型，不但有交易上的市场机制，还有鼓励私有产权的企业。而"社会主义"则意味着，市场经济在理念上的指导原则是社会主义，在政策过程中则是国家、政府对产业的调整，对市场的干预。因此，即使党的十八届三中全会通过的《中共中央关于全面深化改革若干重大问题的决定》提出"使市场在资源配置中起决定性作用"时，仍然也不忘发挥政府的调节作用。这是从思想而言的经济权力。

在信息化、网络化的社会，经济权力中的工具要素变得空前复杂，技术专业化程度空前之高，挑战空前之大，突出表现在金融系统和资本市场工具上。比较而言，从罗斯柴尔德金融家族的兴起，到今天的高盛、美林，西方的金融市场已有两个世纪的历史。在这200年里，不但对世界金融资本的控制力难以想象，其资本手段的成熟也不是短期内能学习到、能掌握的。比较而言，中国的资本市场只有20多年的时间，无论是实力还是金融杠杆手段，中国都是"小学生"，很多发展中国家也是学徒。因此，索罗斯们自由往返于国际资本市场，不少国家被掏空，从印度尼西亚、泰国，到南美的阿根廷、巴西，莫不如此。

这样，到了这个时代，经济权力的来源已经不单单是经济思想，对经济权力的更直接的威胁则是作为工具的资本市场。

最后，意识形态权力与军事权力。如果意识形态权力能直接影响到政治权力和经济权力，也当然能直接影响到军事权力，而且，受错误意识形态影响的军事权力，对于一个国家的国家安全和政权基础，危害性更大。

军事权力由士气、武器和组织化程度构成，其中的"士气"直接关系到意识形态权力。人们常把军队比作国家的柱石、"国家长城"，显然"士气"与"爱国"直接关联。"国家"是何物？抽象的概念其实是特定语境下的象征物。保卫"祖国"之国家，包括对一个国家历史文明的认同、对大地的热爱以及对自己身份的确认；为"共和国"而战，指的是对自己国家的政治制度的自豪感，这里的政治制度就是国家；为"天皇"战死，天皇就代表着或象征着日本国；在党国同构的国度，党代表着国家，党亡则国亡，如苏联苏共垮台引发的国家失败。凡此种种，作为军事权力构成部分的“士气”都与“爱国”有各种形式的、直接或间接的联系。近代中国以来的现代军队兴衰史，是研究军事权力的最好样本和案例。比如，共产党军队在武器装备上远远落后于国民党军队，但组织形态和士气远不是国民党军队所能比拟的。共产党军队的优势直接延续到朝鲜战场，在敌我装备如此悬殊的情况下，和以美国为首的“联合国军”打了个平手。这是中国军队100年来第一次在境外取得的战绩，由此确立了中国政治大国的地位。

在政治权力、经济权力和军事权力中，比较而言，军队组织看上去是与意识形态相距相对较远的权力系统，似乎政治权力和经济权力直接依赖于思想和观念。但是，中国军事权力的历史则说明，相比于大多数为利益而战的军事组织，中国军队则是一个毛泽东所说的“执行革命的政治任务的武装集团”，1929年的古田会议所确立的党指挥枪原则，使得这个军事组织根本性地不同于其他军事组织。

在国家权力的四种权力中，政治权力、经济权力、军事权力之间的密切关系早已为人们所熟知，没有必要赘言。需要指出的是，这三种组织化、制度化的“硬权力”的互动，或者单个领域内各自的作用，均离不开无形的、又无处不在的“弥散性权力”的牵引，成为这些权力的无形之魂，因此也自然是国家权力的灵魂。因此，人们才把意识形态视为“立国价值”“立国之本”。

这是在最一般的意义上讲意识形态权力与其他权力的关系。事实上，弥散性的意识形态权力还具有空间的超越性，从宗教的传播、其他思想的传播，都决定了意识形态的非局域性限制。比较而言，政治权力和军事权力都是特定领土上的制度化、集中化组织。问题就来了，特定疆域上的意识形态可能不止一种，甚至多种，呈相互竞争态势。意识形态权力的弥散性和超越性自然地影响其他形式的权力主体，权力主体不但是制度，更是制度中的人。人的观念不但是一个被教育而习得的过程，更是一种自主性学习而形成的过程。而观念的被认可度，即观念的流行度，是直接衡量一种意识形态权力的最好标尺。这样，在国家权力的制度化网络中，有形的制度网络即政治权力、经济权力、军事权力之间的关系到底如何互动而显得更有力量，离不开意识形态权力这个无形的网络的牵引。而意识形态的整全性或分裂性，则是国家权力之为国家能力的一个重要的观察视角。

二、意识形态的政治功能

早在意识形态这一概念出现之前，意识形态就被政治化了。这可以追溯到法国大革命时期。当时，作为革命口号的“自由”“平等”“博爱”就是资产阶级用来鼓动民众同封建阶级做斗争的有力工具。资产阶级将自己的意识形态变为全社会的意识形态，这就开始了意识形态的政治化过程。

意识形态的政治化过程实际上就是意识形态与统治权的结合过程。虽然“国家是第一个支配人的意识形态力量”（恩格斯语），但直到现代民族国家产生之后，特别是资产阶级国家出现之后，国家与意识形态的密切关系才真正体现出来。资产阶级作为一个代表新兴生产力的阶级，为了推翻封建阶级获得政权，将自己的意识、思想说成是社会的普遍意识、思想，以此来吸引其他社会公众。资产阶级获得政权之后，一方面通过政治社会化使自己的意识形态渗透到社会公众之中，使其普遍接受；另一方面大力发挥意识形态对统治地位合法化的辩护功能，证明自己政权存在的合理性。

意识形态政治化固然显示了意识形态强劲的政治功能，即维护政权的合法化，推动大规模社会政治动员，实现政权的转移，但是极端的政治化也有其致命的弱点：（1）意识形态的政治化使意识形态的其他功能削弱；（2）意识形态的全面控制，造成了全体社会公众思想的模式化，很大程度上限制了个人的积极性与创造性的发挥；（3）意识形态的斗争长期处于极度紧张的状态，逐渐形成一种封闭的体系，与社会存在的距离越来越大，不能很好地进行自我的更新创造，甚至沦为少数个人或集团的工具；（4）除主流意识形态之外，其他非主流意识形态（社会不同阶层有着各自独特的思想与信仰）的发展受到压制，形成全社会意识形态的中心-边缘结构；（5）造成人们对意识形态的反感与厌恶，旧的政治社会化渠道和方式难以完成其功能，结果是社会公众认识的纷乱与信仰体系的涣散。

三、意识形态的经济功能

任何一种意识形态都是在其载体和主体——某一特定团体的实践过程中形成的，也是为该团体的整体利益服务的。既然这样，在社会经济过程中，意识形态具有怎样的经济功能呢？

在社会经济过程中，任何个人、团体的目标首先是保护自己的既有利益，其次是实现既有利益的增长。在实现这两个目标的过程中，意识形态具有下列几个基本经济功能：

1. 论证团体集体行动的合理性

在经济生活中，任何团体采取的集体行动都不是盲目的、无意识的，而是受其意识形态影响甚至支配的。意识形态的论证功能表现为两方面：一方面，对团体成员来说，使之确信采取与集体一致的步骤和做法是合理的、正义的、应该的，由此实现团体内部成员间的团结协作。另一方面，对其他团体以至整个社会来说，意识形态的作用在于使特定团体的行为披上代表全社会利益的外衣，证明其行动的目标和方法的合理性，减少其他团体的抵触和敌对，尽量争取社会的认同和支持。从这个角度讲，任何一种意识形态都不会公开声称本团体行为的自我效用，而是强调团体行为具有普遍的效用，能够带来整个社会，乃至全人类共同的福利提高。

2. 动员团体全体成员采取集体行动，以实现行动的规模经济

意识形态的政治动员功能早已被许多人论证过（如列宁、亨廷顿、巴林顿·摩尔等），并且在诸多历史事例中得到证明，如法国大革命高举的“自由”“平等”“博爱”旗帜，俄国、中国革命时期的动员口号等。意识形态的动员功能表现为两方面：一方面是激发起所有成员的信心和热情，坚定实现行动目标的决心，正如帕森斯指出的那样，工作在通常意义上不是“经济因素”促动的，而是内在价值的一种表达。另一方面是使团体的长远目标对团体成员来说更具吸引力、说服力，以获得所有成员的支持，做出短期利益的牺牲。布莱克等人在研究俄国和日本的现代化过程时指出，由于在这两个国家中存在着一种“强调共同利益高于个人利益，强调中央政府应该在发展方面起主导作用的思想以及由权威的政界人物确定的为国家利益献身和做出牺牲的道德”，所以这两国的意识形态在宣传为未来的利益做出牺牲方面，比包括德国在内的任何早发达国家都更加成功。

意识形态的动员功能通常是靠团体中少数优秀分子和领导人物完成的。因为他们通常能够识别团体所处的环境和潜在危险，认识到团体的生存方式与发展目标，所以他们更清楚团体的利益所在和利益增长与维护的方式。这样，他们就可以通过团体内部机制，如宣传机制、示范机制来鼓动团体成员，采取集体行动。

3. 约束团体成员的行为，减少“搭便车”现象的出现

这个功能是诺思反复强调的，也是其意识形态理论的核心。诺思认为，新古典主义提出的“经济人”假设虽然简便易用，但是忽视了“搭便车”现象（在集体行动中或他人行动中，肯定存在某个人借机占便宜的投机行为），因此不能严密地解释现实世界。因此，诺思提出要用意识形态理论来弥补新古典主义的缺陷。诺思认为，意识形态指的是所有人解释他们周围世界时所拥有的主观信念（模型和理论）。无论在个人相互关系的微观层次上，还是在有组织的意识形态的宏观层次上，它都提供了对过去和现在的整体性解释。正因为如此，意识形态能够修正个人行为，减少集体行动中的“搭便车”问题。进一步讲，关于公平和平等的意识形态影响着个人在产权的形成中或政府分配与执行中进行讨价还价时采取的立场。

应该特别注意的是，意识形态的约束力只是一种思想、道德上的“非正规约束”，是一种“软约束”，缺少执行和监督的制度保障。它的成功进行有赖于个人对集体目标的认同及在个人成本-收益与集体成本-收益之间的权衡。因此，意识形态的约束力量是不稳定的，在执行集体目标的过程中，会由于与个人收益最大化原则的背离，逐渐失去效力。

4. 规范团体之间的关系

社会中存在着不同利益取向的团体。这些团体之间的关系在社会经济生活中或者是相互宽容、合作的，或者是彼此对立、排斥的。团体之间的这种关系的形成，除开其他原因，意识形态是一个重要原因。作为认识和解释世界的工具，每个团体的意识形态都有一套符合本团体利益的信念与价值。由于各自利益取向的不同，势必造成各团体意识形态的差异。这种差异反过来进一步影响着基于利益取向的团体间关系。但意识形态的规范功能不是最终决定性的，它只是作为一种观念力量发挥着对物质力量的反作用。

美国经济学家曼库尔·奥尔森在其《国家兴衰探源》一书中对意识形态的规范团体间关系的功能做了详细论述。他认为，国家兴衰与社会中利益集团的存在有着直接的关系。利益集团的结构、集团之间的关系直接决定着经济的增长与停滞。而不同的意识形态则是决定利益集团结构与关系的一股重要力量。奥尔森认为，一般而言，利益集团越弱，经济越能发展。他认为，法国在第二次世界大战后的经济发展一定程度上归因于意识形态的分歧削弱了特定利益集团的发展；印度围绕种姓制度建立的意识形态隔绝了社会不同利益集团之间的融合与合作，从而阻碍了印度经济的发展。当然，奥尔森的研究并不全面，因为一些并不存在具有强烈的意识形态冲突的利益集团的国家，经济并没有得到健康的发展，例如苏联；相反，一些利益集团势力很强大的国家，经济却一直在稳定地发展，例如美国。

进一步阅读材料：

1. 马克思，恩格斯．德意志意识形态（节选本）．北京：人民出版社，2003.
2. 欧克肖特．政治中的理性主义．第1～2章．上海：上海译文出版社，2004.

3. 吉登斯．超越左与右：激进政治的未来．北京：社会科学文献出版社，2009.
4. 亨廷顿．作为意识形态的保守主义．政治思想史，2010（1）.
5. 迈尔．民主社会主义的理论概念．国际政治研究，2007（2）.
6. 李强．自由主义．长春：吉林出版集团，2007.
7. 殷叙彝．社会民主主义与自由主义．欧洲研究，2006（2）.
8. 杨光斌．论意识形态的国家权力原理．党政研究，2017（5）.

第三篇

政治体系

国家

重点问题

- 什么是国家社会共同体说和国家形成的社会契约说？
- 马克思主义的国家观是什么？
- 国家与社会关系的基本类型有哪些？
- 民族国家的构成要素是什么？民族国家建设中的危机是什么？
- 如何认识国家目的的矛盾性？如何认识国家能力与国家目的的关系？
- 如何认识国家类型与国家形态的关系？现实政治中有哪些国家形态？
- 如何把握国家权力的基本结构？

国家的历史源远流长，有很多关于国家起源的学说。现代国家的形成和治理离不开民族和阶级，尤其是阶级因素，而这似乎是西方政治学有意无意要回避的。但是，经济结构和社会结构问题导致的现代国家的动荡甚至失败，说到底是阶级（阶层）关系出了问题。因此，我们不能因其话语"陈旧"而无视政治学中这一重要分析性概念。无论是民族还是阶级，都蕴藏着"社会"的力量。我们习惯于说国家来自社会，因而国家与社会的关系问题一直是社会科学研究的重点。其实，现代国家不但是国家-社会关系，还有国家和社会共同面对的资本力量这个巨无霸，堪称资本"利维坦"。这样，我们将会看到，基于国家、资本和社会这三种力量形成的国家形式就不同于基于国家-社会二分法的国家。

第一节 国家起源与国家的目的

一、国家起源

理解国家起源将有助于我们了解国家的目的和存在的价值。在介绍国家起源之前，有必要考察一下语义学上的"国家"。

在我国的先秦时代，"国家"就是一个专门术语。《左传》有言，"国家之败，由官邪也”；《荀子·修身》说，“国家无礼则不宁”；《中庸》也说，“国家将兴，必有祯祥；国家将亡，必有妖孽”。那么中国古代的国家是什么意思呢？“国”字的古文可以解释为“一”（土地）、“口”（人口）、“戈”（武力）、“王”（王者）。可见，古文的国字，包含了国家的若干要素。

在秦汉以前，“国”和“家”被分开使用。诸侯所治为国或邦，其范围是“大国地方百里……次国地方七十里……小国地方五十里”（《孟子·万章下》）。而卿大夫的食邑为家。《左传》有“大夫皆富，政将在家”。

今天，汉语中的“国家”至少有三种含义：一是领土意义上的“国家”（country），二是民族意义上的“国家”（nation），三是政权意义上的“国家”（state）。在国家理论研究中，人们经常使用的是政权意义上的“国家”。

在西文中，“国家”一词有大致相近的拼法，英文、法文、德文、意大利文和西班牙文中的“国家”一词都来自拉丁词 status。status 的本义是立场、状况、条件或身份。中世纪的学者把 status 当成政治术语，既指统治者的优越地位和条件，也指整个王国的地位。在相当长的时间内，人们以为 status 已获得了现代国家概念。后来，作为国家意义的 status 被人误译作 state。

人类对于生存其中的“国家”的认识依然很表面化，虽然看起来有浩如烟海的国家理论研究成果。包括本教科书在内，讲国家的来源也只是流于形式，因为，每个国家都是存在于特定的文明体系之中，文明对国家的起源、国家的性质即“国家性”（the stateness）到底有什么样的影响？国际学术界并没有很好的回答，没有对不同文明的不同国家的“国家性”的研究，近代以来的很多国家理论的解释力都不尽如人意。比如，同样是“战争制造”的国家，中国的国家性和美国的国家性显然不同，但为何不同？这显然有文明基因的影响。因此，理解国家的起源以及由此而产生的国家性质，不能不涉及文明基因问题。

如果把问题做最简单化的处理，现代国家概念的基本成分在 16 世纪的欧洲已逐渐形成，因为那时有了官僚制。但是，如果以此为标准，先秦时期的中国就有了现代性的国家。因此，流行的国家理论主要是西方人基于自己的历史经验而形成的，这种基于异域的国家理论用来解释中国的国家性的时候，显得力不从心。

马基雅维利在《君主论》中多次使用国家概念，但是现代意义上的国家概念形成于布丹的学说中。布丹把国家看作领土内最高政治权力的所有者，他称宣布君主意志的“命令书”为“国家诏书”，以此表明发布诏书的权威属于国家。布丹还认为国家是为所有公民所效忠的机构，谋反罪不是反对统治者而是反对国家。可见，布丹的国家概念所宣扬的思想之一是君主主权。这种国家概念帮助君主们获得了权力，因而，这种概念也就被广泛地接受了。

这种为君主专制制度辩护的国家概念受到了启蒙思想家的挑战。在启蒙学者看来，既然国家是基于法律或社会契约的公共权力机关，那么君主是否有权垄断国家就应当受到怀疑。这种倾向的发展就是洛克和孟德斯鸠的分权思想、卢梭的人民主权思想，它们要求彻底否定君主权力。启蒙思想促成了 1789 年的法国大革命。自法国大革命以后，国家概念的规范力量就不断受到侵犯。国家在历史上经历过多次的演变，每一阶段都呈现不尽相同的色彩。

那么国家是如何产生的呢？对此有不同的学说和解释，下面扼要介绍几种主要的国家起源学说。

1. 国家神权说

神权说（divine theory）或神源说（theory of divine origin）是最早的一种国家学说。在神权政治时代，民众愚昧无知，以为他们不能理解或不能控制的自然现象和其他现象，都受到神力的主导与支配。国家是由神或上帝直接或间接创造的，是神或上帝为了保护人类而创造的。在创造过程中，人并不重要。一切政治权力都是神或上帝的赐予。统治者是上帝在世间的代理人，人民应绝对服从之。除了神或上帝，君主不对任何人负责；人民如果反抗国家、国家的权力及统治者，都是不可饶恕的弥天大罪。国家神权说在东西方的封建社会都很发达。

国家神权说有利于那时的政治秩序和社会秩序的安定，对统治者和被统治者都有重大影响。但是，国家神权说是不可以论证的，也是暴君统治的护身符。借神权而强化君权，是为暴君张目，导致不负责任的政治。

2. 国家社会共同体说

政治学的鼻祖亚里士多德认为，国家是一种自然产生的、不可避免的及有益的团体。每一个国家都是一种团体，每一种团体都是为了某种善而建立的①。作为最高的团体并包括所有团体在内的国家或政治团体，其目的便在于最高的善。亚氏的共同体说，影响了西方各个时期的政治学家和相关学者对国家的看法。美国最高法院对国家的规定是：国家是自由的人们为了共同利益，安享其所有的一切，并对他人维持公道，而结合在一起的团体。

国家社会共同体说在西方比较流行。应该说，国家是一个政治实体，而非一般的社会共同体。社会共同体说未能很好地把国家与其他社会团体区别开来。

3. 社会契约说

社会契约说是 17 世纪和 18 世纪最有名的政治理论，其主要代表人物是霍布斯、洛克、孟德斯鸠、卢梭。社会契约说是对国家神权说的直接否定。

社会契约说假定，国家之前是人类的无政府的自然状态（state of nature），所有生活在自然状态下的人，都占有因自然法（natural law）而产生的自然权利（natural right）。人们滥用自然权利，使人们的生命及财产得不到保障。为了摆脱这种自然状态，人们慢慢地经过明示或默示的同意，订立一种契约，以建立足以保障自然权利的国家和政府。这样，人类由自然状态进入社会状态（state of society）。以契约建立的国家，任务是遵守自然法，保护公民的生命、财产和自由；如果统治者违背契约，人民有权推翻政府。由此，得出主权在民的结论。为了防止统治者专横，洛克、孟德斯鸠主张实行分权制。

由社会契约理论导致的主权在民论，为法国资产阶级革命、美国独立战争提供了有力的思想武器。社会契约说深入了美国的第一批殖民者的心中，在清教徒中，将契约当作“国家”成立的基础在新英格兰、康涅狄格、罗得岛等地是非常普遍的。著名的《五月花号公约》（1620 年）宣告，签名者“谨在上帝和彼此面前，庄严签订本盟约，结成国家，以便更好地建立秩序，维护和平，为促进上述目的而努力；并随时按照最适宜于殖民地普

---

① 亚里士多德．政治学．北京：商务印书馆，2008.

遍福利之观点制定公正平等之法律、法令、宪法并选派官吏，誓当信守不渝”①。在独立战争爆发前，革命权利的理论大量涌现。正如《独立宣言》所声明的：“政府从被统治者的同意获得公正的权力”，“任何政府一旦破坏这些目的，人民即有权变革或废除它，并且建立新的政府，根据这些原则奠定它的基础，并以最大限度地保证人民的安全和幸福的方式组织它的权力。”② 此时各州的宪法也充满了契约的色彩。

社会契约说引发了新国家的诞生，因此，它的历史进步意义是不容否认的。但是，自然状态是不可论证的假设，自然权利主要是资产阶级的私有财产的神圣不可侵犯性。因此，恩格斯指出：“卢梭的社会契约在实践中表现为，而且也只能表现为资产阶级的民主共和国。18 世纪伟大的思想家们，也同他们的一切先驱者一样，没有能够超出他们自己的时代使他们受到的限制。”③

4. 战争说

上述学说都是理论假设，蒂利说的“战争制造国家，国家发动战争”最接近国家历史的真相。无论是先秦时期所产生的“国家”，还是 1618—1648 年三十年战争所催生的所谓“民族国家”，都是频繁战争的产物。由此，作为政治机器的国家，具有天然的暴力垄断的属性。

在民族国家之前是神权政治，因此西方人把世俗化的民族国家的诞生视为现代性的标志之一。如果说国家的世俗化属性就是现代性的，先秦时期的国家基本上都是世俗化的，而且管理国家的方式也是很“现代”的，诸如管理中央-地方关系的中央集权制和郡县制。因为国家规模的局限，西方直到 18 世纪即美国建国之后才找到处理中央-地方关系的制度安排——联邦制。

除上述国家学说外，还有形形色色关于国家的定义，美国学者泰特斯收集的不同定义就有 145 个。再次强调，这些概念都是基于西方国家的历史经验而产生的，如果用来解释中国的国家性、国家行为，比如对外政策，并不十分恰切。同样，不同文明基因下的国家，其目的性也有很大的差别，比如民本思想的国家与君权神授的国家，其存在的目的性具有天壤之别。

二、国家的目的

1. 国家的本质

在介绍国家的目的之前，有必要先讨论国家的本质。形形色色的国家学说大多只涉及国家的表面现象，而马克思主义揭示了国家的本质。

马克思主义经典作家详细地考察了欧洲范围内国家的起源，指出国家是私有制出现后阶级矛盾不可调和的产物。恩格斯在《家庭、私有制和国家的起源》中，写下了马克思主义关于国家的著名论断：“国家是社会在一定发展阶段上的产物；国家是承认：这个社会陷入了不可解决的自我矛盾，分裂为不可调和的对立面而又无力摆脱这些对立面。而为了

① 梅里亚姆．美国政治学说史．北京：商务印书馆，1988：10－11.

② 同①27－32.

③ 马克思，恩格斯．马克思恩格斯选集：第 3 卷．2 版．北京：人民出版社，1995：356.

使这些对立面，这些经济利益互相冲突的阶级，不致在无谓的斗争中把自己和社会消灭，就需要有一种表面上凌驾于社会之上的力量，这种力量应当缓和冲突，把冲突保持在'秩序'的范围以内；这种从社会中产生但又自居于社会之上并且日益同社会相异化的力量，就是国家。"①

国家是在氏族组织瓦解的基础上产生的，它与氏族组织既有联系又有区别。根本性的区别表现在：(1) 国家是按地域划分居民的，氏族是以血缘关系来划分的。(2) 国家的特殊暴力机关的建立（公共权力的建立）是区别氏族组织的最显著的特征。

特殊暴力机关或"公共权力"是在经济上占主导地位的阶级为保护自己的阶级利益而设计的。因此，恩格斯指出：国家无非是一个阶级镇压另一个阶级的机器。列宁也说："国家是维护一个阶级对另一个阶级的统治的机器。"②

这些定义表明，国家的实质是阶级专政。具体地说：

(1) 国家的产生是基于统治阶级的意志。

(2) 国家政权始终掌握在统治阶级手中。国家既然是统治阶级发明的机关，是依照统治阶级的意志建立起来的，国家权力就必然掌握在统治阶级手中。随着人类文明程度的提高，政治统治的机关及技巧都更加健全和成熟了，如平等的选举权，更多的政治参与，但无论如何，国家政权仍然是掌握在统治阶级手中。

(3) 国家权力始终是用来为统治阶级的利益服务的。这关系到国家的目的。国家在改变其剥削性质之前，其目的并非像统治阶级所声称的那样，是为了全体人的幸福。当然，统治阶级也不会赤裸裸地说政权就是为本阶级服务的。为了使自己的统治合法化，统治阶级会把自己的利益掩蔽在国家利益或公共利益的名目之下。

国家权力具有三个重要特征：

第一，国家权力具有特殊的强制性。权力具有强制性，而国家权力具有特殊的强制性，因为国家是有组织的暴力。这种有组织的暴力，首先体现为国家的产生是与阶级斗争和暴力分不开的；其次体现为国家组织就是由各种暴力机关组成的，如军队、警察、法院、监狱等。统治阶级为了把本阶级的意志变成全社会的或国家的意志，总是要以暴力机关为后盾。否则，就不存在国家的权威。国家权力的强制性并不排斥其他权力形式的存在，如果一味地运用强制性权力，必然给这个国家带来灾难。

第二，国家权力具有主权性。统治阶级为确保国家意志的权威性，总是要使国家权力对内最高和对外独立，即国家具有独立自主地处理对内和对外事务的最高权力。那么主权何在？历史上有不尽相同的说法，有主权在民说、主权在国会说、主权在宪法说、主权在君主说、主权在国家说等。不管如何，国家的主权取决于统治阶级的意志，这是马克思主义对国家本质的认识。

但是，也应该看到，传统的国家主权学说已经遇到以下两个事实的挑战：其一，经济全球化和全球化经济机制比如世界贸易组织的存在，意味着成员国不得不把传统的一些经济主权让渡给国际组织；其二，冷战结束以来，西方国家越来越借口人权高于主权而打破

① 马克思，恩格斯．马克思恩格斯选集：第4卷．2版．北京：人民出版社，1995：170.

② 列宁．列宁选集：第4卷．3版．北京：人民出版社，1995：31.

第二次世界大战后形成的国际秩序，同时，联合国人权公约的签署国也越来越多地就本国的人权问题与国际社会对话。

第三，国家权力具有普遍的约束力。作为统治阶级意志体现的国家法律，要求全民共同遵守。我国宪法规定：一切国家机关和武装力量，各政党和各社会团体、各企业事业组织都必须遵守宪法和法律。任何组织或个人都不得有超越宪法法律的特权。这就是国家权力的普遍性。国家权力以法律形式表现，使国家以第三种力量的面目加以仲裁，这样非常有利于统治阶级，使他们容易掩盖国家的阶级本质，把国家作为全社会的代表。

总之，国家的本质就是以暴力为后盾的阶级专政，是维护有利于统治阶级的秩序的机器。这是我们认识形形色色的国家的出发点。不管是古代国家、近代国家，还是现代国家，只要为统治阶级服务的性质不变，国家的本质都是一个阶级对另一个阶级的专政。现代资本主义国家存在的民主政治、福利制度，都不能否定资本主义国家的国家本质。列宁断言："不管一个共和国用什么形式掩饰起来，就算它是最民主的共和国吧，如果它是资产阶级共和国……那么这个国家还是一部分人压迫另一部分人的机器。"①

2. 国家的基本目的

不管国家是如何产生的，也不管是什么性质的国家，国家的存在就有国家存在的理由，这种理由使得国家存在下去，国家存在的理由也正是我们探讨的国家的目的。洛克认为，组成国家是为了保障个人的生命自由和财产等自然权利。亚当·斯密认为国家的三大目的是：保护社会，免于其他暴力和侵略；保护社会成员，免于他人的不法侵略和压迫；为大众建立一些公共工程和公共机关。美国政治学家梅里亚姆认为政府有五大目的或功能：（1）对外的安全；（2）对内的秩序；（3）公道或正义；（4）公共福利；（5）自由。

历史和现实证明，一个国家要存在下去，首先必须保证安全，其次是保障秩序，最后是满足基本的正义。

安全。马克思主义关于国家起源的基本判断是，随着财产私有制的出现，财产所有者就开始以暴力的形式保护其财产，为此组织了军队，国家出现了。

有证据表明，人类为了防御目的而采取的组织形式与国家的形成有密切联系。从远古的游牧生活到定居生活以后，人们开始聚合在一起，城市因而出现。这些分散的城市各自为政，为了争夺土地和水源而不停地发生流血冲突。在这种情况下就需要一个新的组织机构来制止冲突，类似国家的组织也因此出现。政治（politics）一词由希腊语城邦（polis）而来，城邦就是四散的农夫和村民能够聚集在一起的地方，在那里妇女和儿童的安全能够得到保障，有军事防御上的优势。

首先，安全是国家的首要目的。无论是保护私有财产还是保障集体安全，组建军队的目的主要是防御外部势力的威胁和侵害，当外部势力击败了一国和政治实体的军队并进而占领该国时，所谓的国家也就不复存在了，例如在战争中被占领或侵吞的国家。因此，国家的出现是基于安全的需要，而国家的存在更要保障其安全。当安全受到威胁时，国家的主要力量都将用于保障国家的安全。无论是苏联还是中国，其政治制度和经济制度的建立在某种意义上就是出于安全的考虑，更不要说它们的内外政策了。因此，国家的首要目的

① 列宁．列宁选集：第4卷．3版．北京：人民出版社，1995：39.

是安全，当一个国家的安全得不到保障时，其他的一切都是空谈，是没有意义的。

其次，安全虽然是国家的首要目的，但如果统治者为了自己的安全而对自己的同胞进行杀戮和大规模的迫害，这样的国家的存在就没有必要了。同时，当国民的生命和生存安全受到威胁时，该国的安全本身就成问题了。因此，国家的安全必须基于基本的正义。正义作为国家之目的的理由将在后面得到讨论。

最后，安全导致不安全，不存在绝对的安全。由于国际社会的无政府状态，任何一个国家都认为自己是不安全的，军备竞赛因而产生，战争就此发生。这样，安全悖论出现了，越是认为自己不安全，越要发展军备，而发展军备又引起其他国家的安全担忧，军备竞赛出现了，最终是战争，国家因而变得更不安全。国家之间的关系就是这样演进的。由于安全悖论，世界上任何一个国家都是不安全的，即便是世界上最为强大的美国，其本土也难免遭受外部势力的打击，因而在“9·11”事件以后，美国政府开始了历史上最大规模的政府重组，组建国土安全部。在“9·11”事件以后，为了自己国家的安全，美国人自愿牺牲了一些往日的自由和人权。美国最近的事实告诉我们，安全是国家的首要的、基本的目的。

秩序。国家不但受到外来的威胁，同时，由于团体内部资源的有限性，团体内部在如何分配资源上总是争执不休，增加了生存成本。为了使大家更好地生活，就需要专门分配资源的组织和规则（法律），这就是秩序。

作为共同体的为人接受的秩序需要满足两个条件：第一，必须达成这样的共识，法律和秩序所带来的限制是人们更好地生存所不可或缺的；第二，仲裁者必须基于合法的程序产生并进行公正的裁决。

现实也正在证实秩序是国家存在的必要条件和前提，因而也是国家的重大目的。在20世纪70年代以前，人们把黎巴嫩与瑞士相提并论，它们是人们在动乱年代寻求公正与安全的避难所。但是，当基督徒、什叶派穆斯林和逊尼派穆斯林就权力的分享达不成一致时，黎巴嫩因此陷入了极度混乱的状态。今天，在黎巴嫩，无数个派别在各自的势力范围内各自为政。因此，没有秩序就没有国家。索马里和卢旺达的情形同样反映的是秩序形成之前的非国家状态。

但是，仅有秩序是不够的，黑社会里也有秩序。如奥斯丁所说，如果没有正义，国家和抢劫集团就没有区别。因此，如果一个团体能够被认为是一个国家，必须满足基本的正义。

正义。正义是一个难以量化的概念，在不同的时代和地点，正义所指也是不一样的，但无论是在哪一个时代和国家，正义的本质都是指一个国家应该满足个人和团体生存所应该得到的最基本的需求。正义既包括分配资源的方法，也包括分配资源的结果。方法是公平交易，结果是指承认所有的个人及团体能够平等地享有一些基本权益，并且在他们之间进行合理的分配。当人们得到了相等的机会，拥有了基本的权益，那么他们就认为这个国家是正义的。如果没有正义，国家所得到的只是服从（权力）而不是忠诚（权威）。一个国家只有满足了基本的正义要求并继而获得了权威，这个国家才能存续下去。

历史上国家的演变很能说明正义对于国家之必要，因而国家也就必须实现基本的正义的目的。无论是两千多年前的秦王朝，还是国民党在大陆时期的政权，都兴于正义，亡于非正义。

至此，我们可以说，安全需要暴力或暴力维护安全，秩序需要权力或权力守护秩序，正义需要权威或权威达成正义。用图 5－1 表示这三对范畴、六个概念之间的关系[①]如下：

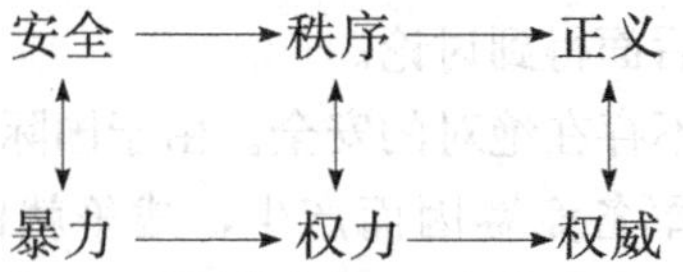

图 5－1

但是，正义不是抽象之物，马克思主义的国家理论告诉我们，统治国家的集团或个人为了政治统治，当然会致力于正义的实现，但是，国家是维护统治阶级利益的工具，统治者总是有自己的利益和要求。因此，在实现国家的目的时，国家的目的往往以复杂的和矛盾的形式表现出来。

3. 国家目的的矛盾性

如前所述，如果一个国家不能满足基本的正义，就不能得到民众的忠诚和国家的长治久安。因此，致力于民众的基本需求的满足，是任何国家的统治者的基本任务。但是，国家一开始就是有利于统治者的工具，哪怕是经过民众认可和推举的国王。这就意味着，统治者在实现基本的正义时，也有自己的特殊利益和目的。而且，统治者的利益和需求与民众的利益和需求有时候是一致的，有时候是矛盾的。这种目的的矛盾性和由此带来的冲突的程度，决定了一个国家发展的快慢和国力的强弱。

新制度主义的代表人物诺思教授认为，国家提供的基本服务是博弈的基本规则，这些规则有两个目的，一是界定形成产权结构的竞争与合作的基本规则（在要素和产品市场上界定所有权结构），这能使统治者的租金最大化；二是在第一个目的框架中降低交易费用以使社会产出最大，从而使国家税收增加。第二个目的将导致一系列公共（或半公共）产品或服务的供给，以便降低界定、谈判和实施作为经济交换基础的契约所引起的费用[②]。

而这似乎并不矛盾，因为国家税收的增加有利于统治者的统治。但是，诺思教授在对经济史的考察中发现：“上述两个目的并不完全一致。第二个目的包含一套能使社会产出最大化而完全有效的产权，而第一个目的是企图确立一套基本规则以保证统治者的收入的最大化（或者，如果我们愿意放弃单一统治者的假设，那么就是使统治者所代表的集团或阶级的垄断租金最大化）……在使统治者（和他的集团）的租金最大化的所有权机构与降低交易费用和促进经济增长的有效体制之间存在着持久的冲突。这种基本矛盾是使社会不能实现持续经济增长的根源。”[③] 这种持久的冲突也是国家不稳定的根源。

通俗地说，有效的产权组织能够实现社会产出的最大化，甚至可以缴纳更多的赋税供统治者支配。但是，有利于统治者的政治制度却可能不是建立在有效的产权组织之上的，

① 里普森．政治学中的重大问题．北京：华夏出版社，2001：60．

② 诺思．经济史中的结构与变迁．上海：上海三联书店，1994：24．

③ 同②25．

而是建立在无效的产权组织之上，当有效的产权组织得到快速发展时，就可能削弱无效的产权组织，从而构成对统治的经济基础的挑战，因此，统治者有可能有意识地保护无效的产权组织而遏制有效的产权组织。而当有效的产权组织的发展受到遏制时，整体税收就会减少，因而国家的进一步发展就会受到限制。国家不能发展，是统治者和民众的双方的损失。

正如诺思教授所说，为了使垄断租金最大化，统治者将避免触犯有势力的选民。如果实力接近候选统治者的集团的财富或收入受到产权的不利影响，那么统治者就会受到威胁，因而，统治者会同意一个有利于这些集团的产权结构而无视它对效率的影响。这就是历史上无效率的产权结构和经济制度能够长期存在的原因。

与此同时，有效率的产权也许能带来国家的高收入，但与那些较无效率的产权相比，由于高交易费用（监督、检测和征赋税）会减少统治者的税收，因而统治者常常发现他们的利益所在与其说是准予垄断，不如说是导致更激烈竞争状况的产权。因而统治者又会鼓励有效的经济制度的发展。

这样，统治者面临两难选择，即在保持能使租金最大化的垄断性的无效率产权与能使国家收入最大化的有效率的产权之间进行选择，由此导致一个国家的增长过程出现内在不稳定性。但是，统治者必须做出选择，尤其在与更有效率的邻邦相处的情况下，相对无效率的产权将威胁到一个国家的生存，统治者面临着或者死亡或者修改基本的所有权结构以降低交易费用和提高增长率的选择。

现代国家的兴衰说到底是社会正义和统治者利益之间的关系协调问题。为了国家的长治久安，为了使自己的利益最大化即政治统治地位的稳定，统治者应该最大限度地满足民众的物质和精神上的基本需求。无视民众的需求，不仅是对民众的打击和忽视，而且最终打击的是统治者自身。

三、国家权力的基本结构

政治学也有“国家学”之称，即讲授和研究国家权力的学问。什么是国家权力？这似乎是一个众所周知的常识性问题。政治学基本上都是沿着韦伯式国家观而展开，把国家视为“在特定领土范围内垄断了使用武力的正当权力的政治组织”[①]。这只是国家的一种组织属性，其实韦伯还讲了国家的精神属性，那就是其著名的合法性概念，合法性理论其实就是意识形态理论。韦伯更注重文化主义路径，即合法性有无至关重要。政治权力和意识形态的关系，在马克思那里属于上层建筑的范畴，都是被经济基础即经济权力所决定的，但是起着不同程度不同性质的作用。对这些关系的看法，取决于研究的对象，比如是成熟的资本主义社会还是其他类型的社会。在资本主义社会，经济权力的重要性无处不在，可以说是主宰所有其他权力的权力；而在中世纪的欧洲或者中国长达两千多年的封建制社会里，精神权力都是支柱性质的。这是就国别政治而言，而就世界政治而言，世界政治其实是一种文化政治，尤其是冷战时期，“世界”变成了论说的对象，变成了“观念的世界”，世界政治变成了“观念的政治”，其中以自由主义民主为基础的美国文化霸权最终打赢了

---

① 韦伯．经济与社会：上．北京：商务印书馆，1997：82.

一场“没有硝烟的战争”，很多国家因此被颠覆，从而更彰显了意识形态权力的重要性。因此，需要上升到国家权力的高度去认识意识形态。

关于国家权力的认识在知识论上已经取得一定程度的突破，只不过尚未变成普遍化的知识或曰常识。比如，在被称为韦伯之后最伟大的历史社会学家迈克尔·曼那里，国家权力的结构性要素包括政治权力、经济权力、军事权力和意识形态权力；其中政治权力代表着国家权力。也就是说，研究国家权力，不但要研究传统的政治权力，还要研究政治权力的基础性权力即经济权力和意识形态权力。一个简单的事实是，很多出了大问题的国家，不是因为军事权力出了问题，也不是政治本身出了问题，而是受制于人的经济权力和意识形态权力。

按照权力发生的时代性或次序，依次为意识形态权力、经济权力、军事权力和作为结果的政治权力。

意识形态权力。意识形态权力是通过语言、文化学习、宗教而传播并影响人心的观念、学说。前现代社会，因为识字率不高，官方语言就很重要，比如殷商时期最重要的权力就是人的占卜。在官僚制形成之后的古代中国，尤其是“独尊儒术”之后，中国国家权力的基础并不是韦伯所谈的欧洲国家的两个支柱即军队和官僚制，在中国则是儒学和官僚制，即国家的基本秩序从来不是靠军队维系的，军队只是对外，国内则是一种基于“文教”的生活方式或自发秩序。无论是农民起义而取得的政权，还是其他形式的改朝换代，都传承了儒家思想，而官僚队伍也是依靠儒家学说而组织起来并运转的，其中最核心的统治思想就是民本思想，是一支民本主义化的官僚队伍。在欧洲中世纪，由思想控制权而形成的等级、地位更为突出，即地位稳固不但来自对财富的占有，更来自专业技能如军事才干和知识垄断权如僧侣和寺院。也正因如此，在韦伯看来，推动社会变迁的不仅是技术、生产力，还有文化，即思想观念。这是韦伯对马克思的补充，即在承认唯物论的基础上而突出文化对于制度变迁的重要作用。

工业革命让人们的思维更加结构主义化，即按照自然科学的方式去思考世界。而这种思维方式本身，也是一种力量，是以机械唯物主义去看世界，还是之前以破除神权思想的笛卡儿式的唯心主义去看世界，对现实国家的影响力是不一样的。也就是说，哪怕是在滚滚向前的工业革命的浪潮里，思想也从未停止过作用，很多时候还是权威式的支配作用，比如法国启蒙运动以及之后的历史上第一次系统地表达了穷人利益的马克思主义。只不过，意识形态权力都被掩盖在一路前进的物质主义运动中。

但是，冷战把世界政治拉回到中世纪式的神权政治之中，一切以“主义”为标准。意识形态之争是诱发冷战的根源，因此形成于冷战之中的思想、社会科学无不为意识形态权力服务，无不是追求以观念打败对手。两极对立的阵营是这样，在各自阵营内部也是如此，如哈耶克追求的就是“以观念打败观念”，即新自由主义打败凯恩斯主义。这其实是阵营内部的“人民内部矛盾”，追求的是对意识形态的主导权。

在学科意义上，已经有研究指出，包括学科范式的建构者也不讳言，从影响美国比较政治学 20 年的阿尔蒙德的结构-功能主义，到 20 世纪 80 年代建构起来的“转型学”，最终都是以研究范式之名而内嵌的观念、思想、制度，这已经不是一般意义上的西方中心主义了，而是西方制度模板的意识形态学。遗憾的是，这些被称为“政治科学”，没有比这更有成就的意识形态建构了。

一句话，“世界”不仅仅是物化的，而且是观念化的建构，是一种“观念镜像”，这个“世界”是什么样子，取决于人们从哪个角度看，取决于人们用什么观念去分析。没有什么权力比能操纵人的观念、思想和意念的那种权力更有力量了。

经济权力。经济权力是国家权力看得见的来源和基础。经济权力的表象是GDP总量，背后则是经济制度和经济思想（又是意识形态权力）。

经济制度不但包括我们所熟悉的产权制度、交易制度，还有这些制度背后的工具性形态。不同时代，工具性形态是不一样的。在农业社会，运输系统（比如中国的大运河）、城市、水利系统，对于一个国家的经济增长很关键，大运河彻底把中国统一起来了，中国也因此殷实起来了。在工业社会，组织化企业就是经济权力的直接来源，格申克龙的《经济落后的历史透视》经典地描述了企业的组织形态、制度安排对于经济增长的重要性。到了现代的金融资本主义社会，外加交易系统的互联网化，资本市场就成为经济权力的核心。从1997年东亚金融危机，到2008年西方金融海啸，都证明了资本市场之于经济权力的重要性。2015年，中国上演了资本市场考验中国经济安全的剧目（连续3个星期的股市暴跌导致蒸发21万亿元）。在互联网金融时代，失控的资本市场一夜之间能让中产阶级变为穷人，经济增长的成果一夜之间被掳走。

经济权力的表象层次是GDP财富总和，第二个层次是经济制度，第三个层次是工具形态，第四个层次则是经济思想。虽然2008年国际金融危机已经证明市场原教旨主义的新自由主义的失效，但信奉新自由主义的依然主宰着经济学界，甚至经济主管部门。如何评估经济思想对于经济权力，其实是国家安全的直接影响？依然是个开放性的问题。比如，一个政府可以很快地控制看得见的军事权力、经济部门，但难以很快掌控经济部门的实际管理者的思想和观念。离开了经济思想而去简单地以制度、工具、财富总和去测量一个国家的经济权力，看上去是一种科学的，但实际上并不能反映客观效果的做法。

军事权力。历史上大多数国家权力是由军事权力直接缔造的，正如毛泽东所说“枪杆子里面出政权”、蒂利所说“战争制造国家”。军事权力如何强大？欧洲历史上，罗马共和国因士兵“爱国”而强大，中世纪封建领主的军队则依靠骑士的忠诚，而日本武士的尚武文化为人称道，当兵吃饭的雇佣军则靠不住。所以，中外历史上，“士气”都是不输于“兵器”的重要力量。除了士气和兵器，军队的组织形式或军事制度也很重要。在这方面，毛泽东是天才的军事组织家，“三湾改编”确立了军队的民主主义原则和“支部建在连上”的首创，从而使同一名军人表现出完全不同的风貌。之后，古田会议又确立了党指挥枪原则，从思想上彻底武装红军。正因为如此，兵器现代化程度远不及国民党军队的共产党军队，“小米加步枪”居然打败了美式武装的国民党军队。同样，在朝鲜战场上，美军的“绞杀战略”制服了意大利半岛上的德军，但却不能阻吓中国人民志愿军，在长达三个月的“绞杀战”中保证了铁路、公路的畅通，这同样是“士气”与“兵器”的较量。而在第一次海湾战争中，美国四辆坦克居然能长驱直入巴格达，如入无人之境，足见失去了灵魂的萨达姆亲手缔造的“共和国卫队”多么不堪一击。总之，士气、兵器、组织形式，是中外历史上强大军事权力不可或缺的有机性要素。

政治权力。在逻辑关系上，政治权力是其他权力作用的结果，也是国家权力的最直接表征形式或国家权力的行使形式。因此，和国家权力的性质一样，政治权力具有普遍的强制性，是对特定疆域的人和事的排他性管制，是暴力机器的唯一垄断者，因而有天然的暴力潜能。这是我们非常熟悉的韦伯式国家观或权力观。但是，正如米格代尔的研究所发现，韦伯的强国家只是据欧洲经验而来的观念的国家权力，而在欧洲国家之外的很多发展中国家，比如印度、埃及及其他非洲国家，尤其是塞拉利昂这样的部落式国家，事实上不是强国家，而是“强社会”，封建地主、部落领主、商人、军阀、土匪盘踞在碎片化的社会里。也就是说，实践中的国家与韦伯观念式国家完全不同。在这些国家，不存在统一的意识形态权力，军事权力碎片化，经济权力只是“生存政治”，即不择手段生存的方式而已。

米格代尔的“强社会中的弱国家”是对韦伯式国家观的突破，同时迈克尔·曼关于政治权力的“专制性权力”与“基础性权力”的划分，更是大大丰富了我们关于政治权力的知识和观念。所谓“专制性权力”，就是统治者不与社会协商而主观武断地或强制性地推行自己意志的权力；“基础性权力”则是权力渗透到社会结构，统治者与社会协商而贯彻自己意志的权力。在迈克尔·曼看来，很多国家只有专制性权力而缺乏基础性权力。

综合而言，政治权力的强弱并不是简单地视其强制力、对暴力的垄断程度，而是看在国家-社会关系中相互赋权、相互传递正能量的程度。一方面，要看合法垄断暴力的机构渗透社会结构的能力，反过来，也要看社会支持、配合政治权力的程度，这些都离不开作为“网络”的意识形态权力。

第二节 现代国家建设

一、现代国家的含义

我们一般说的国家指的是现代国家。现代国家是从远古的部族、近代的民族以及工业革命后的阶级关系中演变而来的一个政治共同体。国家建设研究，即关于现代国家是怎么形成的研究，是最能催生政治学理论的领域。比如，商业集团在英国和美国的建国历程中起了决定性作用，因此产生的理论必然是我们熟悉的自由主义，也就是主张个人权利的以自然权利假说、社会契约论等为核心的社会中心主义学说；官僚机器在德国的国家成长中起到决定性作用，产生的理论便是韦伯式国家理论和官僚制理论，这是国家中心主义的理论脉络。在第七章“政党”部分我们将指出，无论是商业集团还是官僚机器，都不能回答后发国家的建国问题，是政党把失败的国家组织起来，因此应该有相应的以政党为中心的社会科学理论。遗憾的是，在国际社会科学中，社会中心主义理论极为发达，国家中心主义理论次之，几乎没有政党中心主义的位置，这种状况显然是极为不正常的。

到 19 世纪，作为一种政治联合体的现代国家在欧洲已经确定下来，大家公认的国家的基本特征是：第一，国家作为国际体系中的一个实体，具有明确的领土范畴和确定的居民；第二，在特定疆域内合法地垄断暴力，国家权力具有特殊的性质，即对内最高、对外独立；第三，政治世俗化和政治专业化的完成及官僚制的建立。

传统上的国家三要素说或国家四要素说就是根据19世纪国家的特征而来的。三要素说认为国家是领土（土地）、人口（居民）、主权（权力）三者的联合体，四要素说是在三要素基础上加一个政府，二者并没有实质的区别。《韦伯斯特新国际英语词典》对国家的定义是：国家是一种政治团体；占有确定的领土，政治上，在一个政府，特别是有主权的或不受外来统治的政府之下而组织的任何人民的团体。

领土。每一个民族国家都有自己明确的区域，否则就会发生战争，以色列人和巴勒斯坦人的战争就是因为二者都把共同的土地当作自己的家园。当区域归属不明确时，也容易产生民族国家之间的纠纷。

人口。每一个国家都有以共同的语言和共同的心理为特征而居住其上的人群。在国家的初始状态，一个国家内的人口的民族性比较单一或简单，但是随着国家的演进，会有更多民族的人口居住在一块共同的土地上，古老的中国是这样，年轻的美国也是这样。

主权。国家应该是有主权的，没有主权的政治体是一个属地，而不是一个国家，如非洲大陆上的法属殖民地。主权的获得需要外交上的承认，尤其是联合国和世界上主要国家的承认，否则就不是一个国家。

政府。国家的运转需要有面对其人口的有组织的力量即政府。没有一个统一的政府行使国家主权，一个国家事实上就不存在，虽然政府不同于国家——国家是既定的，而政府可以更迭，但是一个国家之内必须有一个统一的政府。例如索马里由不同的军阀划地而治，国际社会就很难承认作为一个国家的索马里，索马里事实上成为一个部族社会。

我们认为，现代国家的概念或基本特征已经不能局限于19世纪的历史遗产。19世纪的国家观事实上把国家本身当作目的，但国家的目的不是其自身，而是其疆域内居民的福祉。事实上，第二次世界大战以后出现的新兴民族国家，都是以人民主权、人民当家作主或人民共和国的价值追求而建国的。面对这种大势，在意识形态的竞争中，西方阵营也开始把民主作为现代化国家的基本要素，西方现代化理论大多数都将公民政治参与作为现代国家的基本变量，比如影响很大的亨廷顿对现代化国家的界定是政治世俗化、政治专业化以及大众参与，尽管亨廷顿并不喜欢大众参与而偏爱国家、权威和秩序①。

因此，东方-西方大势的合流，意味着现代国家的特征还应该包括基本公民权利的实现。这是我们特别强调的。在过去几十年，很多国家具有了19世纪国家的特征，但是没有公民权利的国家依然是不稳定的，因此才有所谓的第三波民主化浪潮和2011年发生在北非、中东的民主化运动。

国家是一种古老的政治共同体，现代国家也是经历漫长的历史演变而来，其中民族关系和阶级关系是现代国家成长中最重要的变量，而西方政治学似乎主要观照了民族问题而

① 亨廷顿．变化社会中的政治秩序．上海：上海人民出版社，2008.

有意无意地回避了阶级关系在现代国家建设中的重要性。

二、民族与现代国家建设

“民族”（nation）与17世纪出现于西欧的“民族主义”和“民族自决”政治运动相联系。在欧洲，经过长达30年的争霸战争而达成《威斯特伐利亚和约》（1648年）后，欧洲出现的诸多现今意义上的民族国家（nation），是权力和民族共同体的结合。民族国家就是我们在一般意义上所指的现代国家概念。当一个民族不愿意服从一个权力时，就开始了民族解放运动，出现了民族主义（nationalism）。在民族主义意识的驱使下，许多新的国家出现，今天全世界共有约190个民族国家。因此，民族概念一开始就有政治性。

自有民族主义以来，民族解放运动就没有间断过。民族解放运动在第二次世界大战以后的30年间达到高潮，因而出现了很多新兴的民族国家。冷战后又迎来新一波的民族运动高潮，比如南联盟、苏联解体后的民族独立运动。

世界上很多国家都面临的一个挑战是如何把不同的民族组织在一个国家内，而民族观直接影响着现代国家的组织形式。在国家建设意义上，世界上流行两种民族观，一种是政治化的，一种是文化性的。

如前，政治化民族问题起源于17世纪，而斯大林提出来的关于民族的定义事实上也是政治化民族观。根据斯大林的定义，民族是人们在历史上形成的一个有共同语言、共同地域、共同经济生活以及共同心理素质的稳定的共同体。这样，民族就有了自决性质，即把一个国内的族群看作政治集团，强调其整体性、政治权力和“领土”疆域。我国学者指出：

> 苏联政府在处理国内族群关系时，自觉或不自觉地强调各族群的政治权利并将其制度化，存在把族群看作政治集团即把族群“政治化”的倾向。在宏观层面上，苏联实行“加盟共和国”“自治共和国”“自治州”等地域的族群分立和自治制度，把族群与地域明确联系起来，使族群在一定程度上“疆域化”并带有“民族”（nation）的色彩；在微观层面，在30年代进行了“民族识别”并实行注明公民“民族身份”的内部护照制度，使各民族成员的身份明确和固定化，各族群的人口边界清晰化，并在语言文字、教育体系、干部培养、资金补助等方面对于少数民族实行了整体性一系列制度性的倾斜和特殊性政策，强化了各族民众的族群意识和族群边界。①

这样，苏联将民族问题制度化，自己掉进自己设下的陷阱。结果，苏联一直面临严峻的民族主义问题的困扰。在苏联的“国事犯罪”中，有3/4是因“民族主义”入狱的。就是在这种条件下，赫鲁晓夫和勃列日涅夫却异口同声地宣称，苏联民族问题已经完全解决了，并且是“彻底和一劳永逸地解决了”②，戈尔巴乔夫在改革的初期也不断重复其前任

① 马戎．理解民族关系的新思路：少数族群问题的“去政治化”．北京大学学报（哲学社会科学版），2004(6).

② 中国社会科学院苏东所．苏联民族问题文件选编．北京：社会科学文献出版社，1987：250，343.

的判断。当因民族问题而出现流血事件以后①，苏共领导层和苏联社会的共识是，必须用“民主的方式”处理包括民族问题在内的国内政治问题。结果受到民主化推动的民族主义，迅速成为一支肢解苏联的势不可遏的力量②。1990 年春天，波罗的海三国宣布独立，与苏联展开“主权战”和“法律战”，这意味着作为一个主权国家的苏联开始解体。

苏联民族问题的核心是强制性地将不同民族纳入一个政治共同体，但却以制度化的形式而强化各民族的政治认同，最终招致失败。因此，政治化的民族观值得深刻反思。

与政治化民族观对应的是文化性民族观。文化性民族观其实是族群（ethnic group）关系的一种表达，“族群”这个词汇出现于 20 世纪并在美国使用较多，用于表示多族群国家内部具有不同发展历史、不同文化传统（包括语言、宗教等）甚至不同体质特征但保持内部认同的群体，这些族群在一定程度上也可被归类于这些社会中的“亚文化群体”。

“族群”作为具有一定文化传统与历史的群体，和作为与固定领土相联系的政治实体的“民族”（nation）之间，存在重要的差别。族群主要视为文化群体，即承认其成员之间具有某些共性，但更愿意从分散个体的角度来处理族群关系，在强调少数族群的文化特点的同时淡化其政治利益，在人口自然流动的进程中淡化少数族群与其传统居住地之间的历史联系。

在中国传统文化中，在族群识别、分野方面最重要的观念是“夷夏之辨”。但是，中国古籍中涉及民族之处，多着眼于文化上的差异而非种类，夷夏无定界。孔子以文化批判夷夏其意在用夏变夷。“夷夏既因文化之升降而无定界，则均已失其种族之意义而成为文化之名词。故孔子所谓‘夷狄’，其含义略似近世所谓‘野蛮人’，而非与‘虾夷’、‘马来’等同例。其所谓诸夏亦略如今日所谓‘文明国’，而不指‘黄帝子孙’或‘中华民族’。吾人之解释如不误，则严格言之，孔子思想中未尝有近代之民族观念。”③

因此，在中国传统的族群观念中，“族群”在观念上和实际交往中是被努力地“文化化”了。而“文化化”也正是相对发达的中原地区核心族群得以凝聚、融合周边族群的思想法宝。也正因为中国的思想传统是将族群差异主要作为“文化差异”来看待，从而得以实施“化夷为夏”的策略，不断融合吸收边疆各族人口，最终形成了以中原汉人为凝聚核心的“中华民族多元一体”的格局④。

有意思的是，美国等西方国家也大都是以“族群”而非民族的观念处理少数族裔问题，与中国古代政治有异曲同工的智慧。中国古代政治智慧和国外的历史经验，都非常值得我们研究和借鉴。

---

① 比如 1989 年 4 月格鲁吉亚首都第比利斯因民族主义运动而发生了严重的流血事件，为此戈尔巴乔夫、苏共其他领导人和地方领导人均互相推诿，不愿担当责任。此事成为苏联民族问题的分水岭。

② 从 1990 年春天波罗的海三国宣布独立到 1991 年 12 月 8 日俄罗斯、白俄罗斯和乌克兰三国签订宣布苏联解体的“明斯克协议”，仅用了不到两年的时间。

③ 萧公权．中国政治思想史．北京：新星出版社，2005：54.

④ 这里的“族群”讨论的内容主要来自马戎教授的研究：马戎．理解民族关系的新思路：少数族群问题的“去政治化”．北京大学学报（哲学社会科学版），2004（6）.

三、阶级与现代国家建设

因为阶级分析太标签化，即马克思主义，西方政治学尤其是其现代化理论总是刻意回避阶级关系在现代国家建构中的位置。事实上，一个现代国家建设的状况不但与民族关系有关，还直接与阶级关系有关。在一个国家内部，除了国家本身这个政治主体，还有由“市场”和“社会”构成的阶级（阶层），这三种力量（政治主体）都可能太强而导致专横的权力，也都可能太弱而导致国家的碎片化。因此，阶级（阶层）关系是不可或缺的分析性概念，而西方政治学有意无意地遮蔽了这样一个重大变量。

阶级概念与阶级分析虽然不是马克思及其他马克思主义经典作家的首创，但将阶级分析全面、系统地运用于政治分析和制度变迁研究，莫过于马克思主义。不仅如此，阶级分析还成为一种指导革命实践的理论，根本性地改变了很多国家，并改变着世界格局。这样，阶级分析自然成了马克思主义的专利。

马克思虽然很强调阶级斗争的作用，但是并没有指出什么是阶级，只是把他所处时代的资本主义社会按财产状况划分为两大理想类型的阶级，即无产阶级和资产阶级。列宁则明确以生产资料的占有情况而划分阶级。同时，马克思主义经典作家都强调政治意识对于阶级形成的重要性，因为没有共同的阶级意识，也不会采取一致的政治行动。因此，划分阶级至少有两个基本条件：一是客观性的物质条件，二是主观性的阶级意识条件。

阶级意识尤其重要。如马克思所说，法国的农民不是一个阶级，而是一麻袋土豆，很难采取统一的阶级行动。但是，中国的农民却能作为一个阶级而行动起来。原因在于，社会化的阶级行动“只有在能引导到明确目标的时候，一般由非阶级的成员（知识分子）强加或解释这种目标”①。这和列宁所说的意识形态“灌输”思想如出一辙。有了政治意识的阶级，才能如马克思所说的由“自在阶级”向“自为阶级”转变，从而最终成为一个“行动阶级”。对此，汤普森说：“当一批人从共同的经历中得出结论（不管这种经历是从前辈那里得来还是亲自体验），感到并明确说出他们之间有共同利益，他们的利益与其他人不同（而且经常对立）时，阶级就产生了。”②

那么，“阶级意识”是如何引导或灌输的呢？比较政治发展的经验告诉我们，形成“阶级意识”的方式主要有两种。一种是在政治斗争中形成的，具有“自发性”，即因政治斗争而激发了阶级意识的形成；一种是在政治斗争中“建构”起来的，即通过引导、动员、灌输等具体形式而建构起阶级意识，形成“我们”与“他者”即“敌友”的政治观。

在阶级问题的看法上，韦伯一方面同意马克思的以财产为标准的划分方法，同时，韦伯还从市场或交换为中心的角度看待分析阶级，并辅助以社会习俗为中心的分析，形成了职业阶级和社会阶级概念。在韦伯那里，“职业阶级”主要是指各种类型的企业家及律师、医生、艺术家等“自由职业者”以及熟练技能劳动者，而社会阶级则主要指人们所处的社

① 韦伯．经济与社会：上．北京：商务印书馆，1997：337.

② 汤普森．英国工人阶级的形成．南京：译林出版社，2001：2.

会等级，比如作为一个整体的工人阶级、小资产阶级、没有产业的知识分子和训练有素的专业人员，以及有产者和由于受教育而享有特权的阶级。

这里，韦伯引申出了“等级地位”概念。在韦伯那里，等级地位是建立在某种特定的方式或含糊不清的阶级地位之上，既可能由财富决定，也可以由技能决定，比如官员的财富背景可能完全不同，却处于同一个等级上，享有相同的地位。因此，等级地位可能建立在生活方式、教育程度、技能、出身、职业等基础之上。“等级地位”的提出就把整体性的阶级分化为个体了，因为一个阶级内部可以划分为不同的等级，而来自不同阶级的人可能享有同样的等级地位。比如，资产阶级革命以后的没落贵族，仍然自视为“上层”阶级。就有产阶级与其受害者之间的关系而言，个体化群体之间可能有斗争，但这种斗争并非必然要改变经济制度，而是主要旨在改变财富的拥有和分配①。

一般认为，阶级概念归于马克思，阶层概念归于韦伯，如前所述，两个概念既有密切联系又有区别。这里我们关注的是阶级关系在现代国家建设中的意义。

第一，不同的阶级关系决定了现代国家建设的道路的不同。20世纪60年代，当行为主义一统天下时，摩尔《民主和专制的社会起源》却独树一帜地采纳阶级分析方法，“力图解释这个或那个农村阶层在什么样的历史条件下成为举足轻重的力量，从而影响着议会民主制的诞生、法西斯主义右翼专政的出现和共产主义左翼专政的问世”②。摩尔始终强调农民、地主、资产阶级和统治者这几个阶级在国家现代化道路中发挥的作用。他认为，革命走向不仅取决于阶级力量的对比，也取决于阶级之间或联合或对立的状况。应该说，摩尔的阶级分析方法，以及与之相伴生的结构性视角，打破了当时流行的行为主义和理性选择主义的微观假设。摩尔指出，国家从传统向现代转型有三种路线：资产阶级民主革命道路（以英法美为例）、法西斯主义道路（以德日为例）和共产主义道路（以中俄为例）。他通过分析各国内部的各阶级力量对比，尤其是土地贵族和农民对于农业商品经济挑战的回应，揭示各国走上不同发展道路的原因。

阶级关系还直接影响着国家转型。西方学者假设，精英、政党组织以及政体的类型对于民主巩固至关重要。这些研究只看到问题的表面现象，而没有触及问题的根本。因为，无论是精英结构还是政党结构，说到底都是利益结构的政治体现。比如在城乡二元文化的结构中，政党制度容易表现为两党制，精英队伍的政治倾向容易两极化。这样，反映两极化利益结构的两党制就很可能导致政治不稳定，这与发达国家两党制有利于稳定的“定律”恰恰相反。因此，仅分析政党组织和精英群体与民主巩固的关系，并没有实际意义，关键需要研究政党制度背后的东西。

泰国和菲律宾的案例特别值得研究。近年来泰国“黄衫军”与“红衫军”的轮番抗争以及由此导致的政权更迭，说到底是由城乡二元化的阶级结构所决定的。类似的情况也发生在菲律宾。菲律宾选举中充斥着暴力，1998年大选发生暴力案件269次，死亡229人；2000年中期选举分别为267次和404人，2004年大选分别为192次和329人，总计728

① 韦伯．经济与社会：上．北京：商务印书馆，1997：333－339.

② 摩尔．民主和专制的社会起源．序言．北京：华夏出版社，1987.

次和 962 人①。事实上，这种低民主巩固的指标或现象分析反映着菲律宾贫富两极的阶级结构。1998 年大选上台的演员出身的平民总统埃斯特拉达主张修宪以缩小贫富差距，遭到以阿基诺为首的社会名流和以辛海梅为代表的天主教会的强力阻挠，并于 2000 年被国会以腐败为名弹劾下台。而国会议员又是什么人呢？两院议员多数来自上层家庭，他们在政治上以地方政治王朝为基础，经济上以农业和其他大产业为后盾。这些家庭世袭地占据议会席位，长期拥有国家权力，且他们的专业基本上都是法律，这是为了熟悉法律和政治规则以有能力与其他家族竞争。由于这种世袭性的利益结构，下层人民的境况可想而知。很难指望在这样的利益结构中存续一个高度巩固的民主。菲律宾的案例告诉我们，表面上看，同质化的精英结构不利于民主巩固，而同质化精英结构的背后，则是世袭性的阶级关系和贫富两极的利益结构。

第三波民主化浪潮中的政治转型告诉我们，"基础设施"对于民主巩固至关重要，即相对均衡化的利益结构以及由此产生的相对和缓的阶级、阶层关系。在对立性的利益结构中，又很难培养宽容妥协的公民文化。因此，利益结构对于民主巩固具有决定性意义。在贫富两极化的利益结构和阶级关系中，不但很难存在一个巩固的民主，而且很可能是一个充满动荡、暴力和腐败的"坏民主"。

第二，阶级关系不但包括统治阶级与被统治阶级的关系，还应该包括国家与统治阶级和被统治阶级的关系，即阶级分析涉及的是国家、统治阶级和被统治阶级三种政治主体。甚至可以说，统治阶级与被统治阶级的关系状况取决于国家与统治阶级的互动以及统治阶级内部的关系。比较历史发现，在现代国家建设时期，比如欧洲中世纪后期，都是贵族之间在争夺国家的控制权，农民阶级都是贵族的附庸。中国清末以及北洋军阀时期，政治斗争主要在政治和经济上居支配地位的阶级之间进行，支配阶级之间的较量决定了国家的基本走向。而在南京国民政府时期，农民阶级的革命即被统治阶级的造反，是国家和支配阶级之间的政治斗争的结果，即南京国民政府因地主阶级的阻挠而不能有效地解决农民的土地问题。因此，只有弄清楚国家、统治阶级与被统治阶级的复杂关系，才能理解国家建设中的问题，理解现代国家的不同命运。

第三，在方法论上，宏观的抽象的阶级关系往往以利益集团政治的形式表现出来，即强势利益集团和弱势利益集团的背后往往是不同的阶级（阶层）结构。对此，施特劳斯对行为主义政治学的批评倒从反面体现了利益集团与政治阶级的关系。在施特劳斯看来，根据一般团体来理解政治社团的努力"事实上是一种在任何过去的繁琐哲学中都无与伦比的形式主义"。团体理论漠视政治社团各有区别的政治特征，或者说，政治社团是由统治者与被统治者构成的社团②。这种关于政治社团的看法触及问题的核心。政治过程中为什么会有强势利益集团甚至是垄断性利益集团，同时还有社会底层的弱势利益集团？说到底是阶级结构或社会等级结构所造就的。也就是说，如果说阶级结构分析太宏大，那么中观性的利益集团研究是研究阶级结构或社会等级结构的一个替代性方法。事实上，在国家建设

---

① LINANTUD J L. The 2004 Philippine election：political change in an illiberal democracy. Contemporary Southeast Asia，2005，27 (1)：84.

② 贝纳加．施特劳斯、韦伯与科学的政治研究．上海：华东师范大学出版社，2011：255.

过程中，阶级冲突更多的是以利益集团冲突的形式反映出来。

四、现代国家建构的危机与全球化时代的国家

1. 现代国家建构的危机

每一个现代国家的进一步发展都是克服一次次危机的结果，有人认为现代国家的建构需要经历五种危机，这就是认同性危机、合法性危机、渗透性危机、参与性危机和分配性危机。

认同性危机。认同性危机是建立现代国家时遇到的第一个障碍。一个国家内的民族、地区上的政治团体必须认为他们是这个国家的一分子，否则就会发生认同性危机。历史上的很多战争就是因为认同性危机而产生的，美国的南北战争是这样，发生在卢旺达的战争也是这样。

合法性危机。如前所述，合法性产生于民众的自愿的服从，而民众的服从又来自民众利益的基本满足和表达利益要求的机会的实现。因此，能否满足民众的经济和政治需求，是建构现代民族国家过程中最核心的问题。

渗透性危机。国家有能力让其疆域内的所有组织和个人服从其法令，否则就存在渗透性危机。"天高皇帝远"现象普遍的国家存在着渗透性危机，今天，斯里兰卡、哥伦比亚都存在渗透性危机，其政府法令并不能达至每一个角落和组织。

参与性危机。对于一个现代国家来说，不能简单地对其公民说"君权神授"，统治者就应该永远统治，被统治者就应该永远被统治，民众只有参与了权力的分配过程，一个国家才算克服了参与性危机。历史上，早发达国家的民众获得参与的权利是一个渐进的过程，公民拥有选举权是一个从有产者到全民、从男性到全民的漫长过程。但是，发展中国家正面临发展与参与谁先谁后的艰难抉择。

分配性危机。政治就是决定"谁得到什么"的过程，一个国家要稳定地发展，必须满足分配中的基本正义，即建立让所有人的基本生活和基本尊严得到满足的机制。从近代历史看，一个国家因分配不公平而导致贫富差距过大时，政治是不稳定的，这会导致国家面临生存和发展的危机。

应该说，早发达国家已经基本上度过了五种危机，但是它们在历史上也曾不止一次地面对若干危机，既有分配性危机，也有参与性危机和认同性危机，而当它们克服了这些危机时，也就克服了合法性危机。对于发展中国家而言，发展中的问题往往不会给政府足够的时间去准备应对下一次危机，政府往往要同时应对几种危机，在这个过程中，有的成功了，有的失败了。成功者使其制度更强大和巩固，失败者只能看着自己的国家继续在危机中挣扎。必须指出的是，在历史上，现代国家克服认同性危机的主要手段就是战争。战争是残酷的，但是哪一个现代国家在其成长过程中没有战争？

2. 全球化时代的国家

尽管全球化早就开始了，但是作为一个热点的理论问题和现实性议题却是冷战以后的事。全球化是指各国经济、文化和政治相互联系的复杂网络的形成，其主要特征是地理距离和国家之间的领土边界变得日益不重要。全球化首先开始于国际资本力量的全球性流动，结果使得任何国家管制国际流动资本都更加困难，同时国家对跨国公司的管制也越来

越难。经济全球化推动了文化全球化和政治全球化。文化全球化的一个重要表现就是在保存多元文化的基础上形成了全球性文化品位，比如对快餐文化和牛仔服文化的认同。政治全球化的载体主要是联合国、世界银行和国际货币基金组织等一些国际组织，而其关注的议题主要是人类面临的共同威胁如环境危机、恐怖主义和因一些国家的治理失败而导致的对国际社会的威胁，其行动方式有军事“维和”和全球共同治理。

全球化并不是不要国家的或地区的政治、经济与文化，而是全球化直接威胁着国家的形式和内容。在全球化时代，传统的国家主权受到了严峻挑战，过去那些被视为国家主权的关税、国内经济政策随着国家加入世界贸易组织而不得不接受国际贸易规则的约束；如果一个国家加入了联合国《公民权利和政治权利国际公约》，种族歧视和刑讯逼供等违反基本人权的做法就不再是一个国家内部的事情。更有甚者，在全球化的过程中，一些强势国家已经形成了人权高于主权的对外政策，以人道主义危机为名而强制性地干预另一个国家，即所谓的“新干预主义”。

在全球化的过程中，一些国家开始了国家重构过程。有的国家将最能体现国家主权的货币权、司法权和外交权让渡给一个超级国家联合体，如“欧盟”；有的民族国家则放弃传统的象征主权的贸易权而形成地区经济联合体，如“东盟”和北美自由贸易区。尽管如此，在未来相当长的时间内，全球化不能改变民族国家是世界政治基本行为主体的格局，国家作为一定疆域内治理主体的现状也不会得到改变。

第三节　国家类型与国家形态

一、划分国家类型的方法和标准

在西方政治学研究中，对国家类型的划分经历着从“分类法”（classification）到“类型学”（typology）的过程。分类法指传统的国家分类法。亚里士多德以统治人数和服务对象为标准，把古希腊 158 个城邦分为君主、贵族和民主政体三大类别。亚氏分类法产生了深远的影响。16 世纪，布丹以主权的归属取代统治者的人数标准，把国家分为君主、贵族和民主三大政体。这一分类沿用了很长时间。17 世纪和 18 世纪，又产生了洛克和孟德斯鸠的分权学说。

传统分类法主张对国家作“质”的区别，在形式上具有纯粹的、抽象的和单一化的特征，离现实国家有一定的距离。进入 20 世纪以后，国家越来越多样化、复杂化和巨型化，当代政治学更倾向于从多角度把握国家。20 世纪初，马克斯·韦伯以政治威权的合法性来源为新标准，把国家划分为传统型国家、克里斯马型国家和法理型国家。

韦伯的研究揭开了西方社会科学研究方法革命的序幕，尤其是行为主义革命，使“类型学”在 20 世纪 60 年代成为政治学家的“流行词”。在类型学的潮流中，西方政治学从共时性角度把国家分为民主主义国家、极权主义国家和威权主义国家；从发展的角度把国家分为传统国家、过渡国家和现代国家。

类型学的主要特征是：要求分类标准以可以验证的资料为依据，反对以先验的、思辨的和伦理的标准划分国家。因此，类型学大量使用定量方法，把国家的各种特征当作变量，认为这些特征往往为不同国家所共有，因此国家间的差别表现为各种变量的差别，同一国家在不同时间里也可能有不同的变量。应该说，以量化的方法分析国家，有利于我们对国家差异的了解。

但是，类型学往往只分析国家的表面形态，不探讨国家的本质，在“价值祛除”的口号下弱化国家间意识形态的差异。其实，如前面指出的那样，所谓的“价值祛除”也是在以既定的意识形态为标准来区别国家，如从共时性角度和发展的角度来划分国家的类型，都是以现代西方国家的代议制民主或“自由民主”为模型的。

如果以国家的现象形态为分类变量，那么，“政治体系的分类标准数以千计。哪一种对我们最有用，将取决于我们对政治生活的哪一方面最感兴趣。一个地理学家也许会根据政治体系所占的地域来进行划分，人口学家可能是根据政治体系中人口的数量来划分，律师则根据法典来划分。哲学家或神学家感兴趣的是识别‘最佳’政治体系，因此会使用伦理或宗教的标准”①。因此，这些分类方法都不能使我们认识国家的性质。国家性质或国家本质的不同，曾对国际政治产生过深远的影响，现代国家的国内政治也无不打上因本质不同而造成的不同烙印。所以，在分析国家的类型时，我们不能不强调国家的本质。

马克思主义告诉我们，国家首先表现为在经济上占优势地位的阶级的统治，统治、主权、权力性质、分权这些用于说明国家特征的概念都有特定的阶级含义。国家间的区别首先表现为国家阶级性质的差别。马克思主义的阶级分类法本质上不同于一切剥削阶级的学说，但从思想渊源上看，阶级分类法也从传统思潮中汲取过丰富的营养，如亚里士多德对财产关系的分析，启蒙思想家提出的民主、主权概念。

由于马克思主义揭示了国家的本质，科学地说明了国家的历史演进，并在实践中具有革命性指导意义，因此，在传统分类法已衰落的今天，阶级的分类法仍然保持着强大的生命力，我们应该坚持和发展这种分类方法。同时，鉴于以政治治理形式来划分国家类型在国际上是如此流行，也有必要加以介绍。

最后需要指出的是，国家类型是根据国家基本权力要素及其相互之间的关系特征而形成的一种稳定性的政治形态，对国家的政治过程和人们的政治观有着直接影响。但是，即使在同一种类型的国家中，如所谓的自由民主主义国家，在不同的时期也具有不同的行为模式，有的治理成功，有的治理失败。因此，要更好地认识国家，还必须分析国家的具体形态。

二、以统治者人数为标准的划分

这是最古老的划分方式，即亚里士多德在《政治学》中的分类法。在中国语境中，“谁统治”是一个国体问题，国体就是指国家的阶级性质，指一个国家中哪个阶级占统治地位，哪些阶级处于被统治的地位。但这些在亚里士多德那里被笼统称为“政体”，或者说亚里士多德的政体论包括中国人所说的国体与政体。政体与国体并不是简单的对应关系。同一类型的国体，可以采取不同的政体。例如，美国和英国的阶级性质是一样的，但

① 达尔．现代政治分析．上海：上海译文出版社，1987：92.

一个实行的是总统共和制政体，一个实行的是君主立宪制政体。也有不同历史类型的国家，国体大相径庭，却采取了同一形式的政体。例如，君主制政体存在于所有类型的前社会主义国家。社会主义国家的政体也可以是多种形式的。政体与国体关系的这种复杂性使人们对政体概念的认识也变得复杂起来。最后，在国体与政体的关系中，国体相对稳定，政体则有一个不断完善的过程。在资本主义国家，行政机关与立法机关的权力关系有一个消长过程。在社会主义国家，存在政治体制改革问题。但在任何国家，体制内的改革都是为了完善和健全政体，是为了巩固统治阶级的政权。

就人类社会的实践看，虽然有亚里士多德的正宗政体与变态政体的诸类型，但实践中的政府体制可以分为两大类：君主制与共和制。

1. 君主制

君主制是共和制的对称，是指以君主为国家元首的政权组织形式。君主制一词来源于希腊文 monos（单独）和 arche（统治），是指单独一人的统治。在实行君主制的早期国家，国家最高权力由君主一人行使，君主拥有绝对的权力，王位是世袭的，并且是终身的。随着历史的演变，君主制政体可以分为若干类型。

专制君主制与等级君主制。这两种君主制都存在于前资本主义社会。在专制君主制国家，最高权力完全属于君主，“朕即国家”。中国封建社会的历代王朝都是典型的君主专制。等级君主制存在于土地领主制的中世纪欧洲，这里的等级君主制又叫作等级代表君主制，即在君主之下，有一个由僧侣、贵族和商人代表组成的等级代表会议。代表会议的表决对君主没有约束力，但国家征税必须征得代表会议的同意。由此可见，不同的经济基础决定了政权组织形式的不同。应该说，欧洲的君主制从一开始就受到了某种限制。

立宪君主制。它是资产阶级类型国家的一种政体，是资产阶级国家以君主为国家元首，但君主的权力受到宪法不同程度限制的政权组织形式。立宪君主制是在资产阶级革命或改良时期，资产阶级和封建贵族相互妥协的结果。根据君主的实际地位和权力大小，立宪君主制政体又可分为“二元制”和“议会制”两种。

在二元制的立宪君主政体下，代表封建贵族阶级利益的君主在国家政治生活中居主导地位，在有些时候，这种政体表现为封建国家的政权组织形式。历史上，典型的二元君主制国家是 1871 年至 1917 年的德意志帝国和从明治维新到第二次世界大战结束时的日本。二元制的特征之一是，君主是真正的权力中心，君主的权力虽然受到宪法和议会的限制，但国家的实际权力掌握在君主及接近君主的少数人手中。君主为了有效控制议会，议员部分由普选产生，部分由君主指定或任命。二元制的特征之二是，内阁是君主行使行政权的机构，内阁是根据君主的意志组织起来的。这些特征使日本历史学家井上清认为，“立宪天皇制就是专制君主制”①。当然，二者毕竟不是一回事，它们各自代表的阶级性质是不一样的，在某些国家，二元制是向议会君主制或议会共和制过渡的桥梁，因为二元制下的议会是近代政党形成的理想场所。

议会君主制是指政府对议会负责、君主的权力受到议会约束、君主为虚位元首而无实

① 井上清．天皇制．北京：商务印书馆，1975：100.

际权力的国家。最早实行议会制君主立宪制的国家是英国，形成于1688年。到19世纪末期，西班牙、葡萄牙、荷兰、比利时、瑞典、挪威等欧洲国家，以及第二次世界大战后，日本、泰国、马来西亚、加拿大、澳大利亚、新西兰等国都实行了这种政体。

在议会君主制国家，议会权力大为增强，议会成了国家的最高立法机关；内阁由议会产生，而且必须对议会负责。与此相对应，君主的实际权力大为减弱，君主的职责大多是礼仪性的；有的君主连形式上的权力也没有，仅仅是象征性的国家元首。

2. 共和制

共和制是君主制的对称，在理论上，共和国的国家和政府为公共所有，不再是个人（君主制）、少数人（贵族制）的私人性质的政治，国家代表机关或国家元首由选举产生的一种政府体制或国家形式。选举产生统治者的历史源远流长，因而共和制具有不同的历史类型和阶级性质。

奴隶占有制共和制。共和制最早存在于奴隶制国家的古希腊和罗马。在古希腊的民主共和国中参加选举的是全体公民，但仍然是奴隶主的全体，奴隶是除外的。罗马共和国的最高权力机关是由少数特权贵族选举的由显赫贵族组成的元老院，行政权力由限任制下的执政官、监察官和独裁官执行。罗马共和国由共和制转变为君主制，在权力形式上是由取消限任制、确立终身制开始的。

资产阶级共和制。共和制是资产阶级国家较为普遍采取的政权组织形式。它通常是指国家最高权力机关和国家元首由选举产生并实行限任制的政权组织形式，是资产阶级实现其阶级统治的理想形式。从总统、议会和政府三者关系上看，资产阶级共和制又分为议会制、总统制和混合型的议会制-总统制三种。

无产阶级共和制。恩格斯说："对无产阶级来说，共和国和君主国不同的地方仅仅在于，共和国是无产阶级将来进行统治的**现成的**政治形式。"① 这种论断是建立在巴黎公社基础之上的。巴黎公社是无产阶级共和国的第一次实践。巴黎公社的基本原则是，公社由普选的代表组成，代表对选民负责，随时可以撤换；公社是兼管行政与立法的工作机关，即实行"议行合一"制。

实行"议行合一"的巴黎公社，成了以后各社会主义共和国的样板。1917年十月革命后建立了苏维埃共和国。1949年成立了中华人民共和国，政权组织形式是人民代表大会制度。人民代表大会是国家最高权力机关，代表由选举产生并接受人民监督；国家的行政机关、司法机关、监察机关及其他职能部门均由人民代表大会产生，对它负责并受它监督；人民代表大会实行民主集中制原则。

综上所述，在现代国家中，不同的政权组织形式使得政府的权力集中和分散程度是不一样的。

三、以所有制形式为标准的划分

根据马克思主义的阶级分类方法，历史上的国家被划分为奴隶制国家、封建制国家、资产阶级国家和社会主义国家。

---

① 马克思，恩格斯．马克思恩格斯选集：第4卷．2版．北京：人民出版社，1995：734.

1. 奴隶制国家

奴隶制国家是人类历史上出现最早的国家类型。公元前 40 世纪形成的古埃及王国，公元前 30 世纪在幼发拉底河和底格里斯河流域形成的苏美尔、古巴比伦、亚述国家，公元前 20 世纪形成的古印度和古中国，都是古老的奴隶制国家。其中最为发达的奴隶制国家是古希腊和罗马。

奴隶制社会的经济基础是奴隶主占有生产资料和占有作为生产工作者的奴隶，奴隶只是会说话的工具。除了奴隶主和奴隶阶级外，还有自由民阶层，其地位比奴隶要高，但也受到奴隶主的剥削。这种经济基础决定了奴隶制国家是经济上占统治地位的奴隶主阶级对被统治的奴隶的专政，统治方法主要是极端残酷的暴力方式。这样势必会激起奴隶起义。在罗马，由斯巴达克领导的奴隶起义被镇压后，活着的奴隶军受到了极其残酷的刑罚，竟有 6 000 名被俘虏的奴隶军被活活地钉死在十字架上。

奴隶制国家除了采用暴力手段外，还使用宗教迷信的方法统治奴隶和自由民。宗教起着重要作用，寺庙拥有大量财产，祭司在国家机关中占有显要的地位。

在统治形式上，由于生产力水平不同，生产资料所有制不同，奴隶制国家的统治形式也不尽相同。东方的奴隶制国家实行君主制，全部的国家权力在形式上属于世袭的君主。希腊的雅典则实行“直接民主制”，主要由奴隶主和自由民参加的“人民大会”选举和抽签产生公职人员。罗马和斯巴达实行贵族制，贵族组成的元老院（罗马）和长老会议（斯巴达）掌握重要权力。但无论是君主制、贵族制，还是所谓的民主制，其实质都是奴隶主对奴隶的阶级专政。

2. 封建制国家

顾名思义，封建制就是最高统治者把政治权力和经济权力分封给各个领主的一种制度，封建制国家的典型是中国周朝实行的分封制和从公元 5 世纪到 15 世纪的西欧封建社会。

在经济关系上，总体上看，封建制国家的生产关系是占有生产资料的封建主和不完全地占有生产资料的农民之间的关系。因此，在本质上，封建制国家是封建主阶级对广大农业劳动者进行剥削和压迫的工具。当然，不同的封建制国家在生产资料的占有方式上有所不同。西欧的社会土地所有制是领主占有制，中国实行的则是地主制生产关系。由于这种区别，形成了不同封建制国家的不同特征。

第一，从国家结构上看，如前所述，西方在中央政权与地方的关系方面实行的是分封割据制，是一种分权的社会；而中国实行的是中央集权制，是一种专制主义的社会。在典型的封建制社会中，最高统治者并没有绝对的权力，因为权力被分封给各个领主，领主在自己统治的范围内享有一定的治安权、税收权，甚至是发行货币的权力。因此，在典型的封建制社会中，不存在所谓的专制主义。中国自秦始皇以后的两千多年内，一直实行专制主义统治，地方政府或地主并不享有类似西欧封建社会中各领主的权力。因此，如果把中国自秦始皇以来的社会称为封建社会，那也是专制主义的封建社会，根本不同于西欧的具有地方自治传统的分权的封建社会。

第二，与土地所有制形式相对应，西方的权力结构呈现等级制，中国则实行官僚制。在中世纪的欧洲，统治阶级内部各等级之间有一定的人身依附关系，不同等级的土地占有者拥有不同等级的政治特权。学者王亚南指出：中国的专制官僚政体是随中国封建的地主经济的产生而出现的，它主要是建立在那种经济基础上的。中国封建社会官僚制的特点是：它是由专职官吏组成的政治权力结构，在官僚集团内部，有着按等级划分官职的严密组织。官僚内部的等级不同，享有的特权也不一样。等级制有效地维持着君主专制和中央集权制。

第三，在意识形态上，西方直接运用宗教统治，而中国则把政治思想宗法化。宗法是以血缘亲属关系为基础，规定宗族内部的尊卑、贵贱和上下等级的一种制度。宗法制度与统治阶级内部的政治权力相结合，形成了“家天下”的君主专制和官僚门阀制。

3. 资产阶级国家

在马克思看来，资产阶级国家是资本家阶级在占有生产资料的基础上，剥削雇佣工人的劳动，并对无产阶级和广大劳动人民实行专政的国家形态。资本主义制度已有三四百年的历史，其间资本主义所有制没有发生根本的变化，但资产阶级国家的统治方法却有阶段性的变化，同时早发达资本主义国家与新兴资本主义国家的统治方法也不一样，因此，对资产阶级国家需要加以具体的研究。

（1）自由主义国家。自由主义国家也就是列宁所说的自由资本主义国家，是指资本主义上升时期的资产阶级国家。在这个时期，资产阶级主要采用“自由主义”的统治方法。列宁说，正常的资本主义社会要顺利发展下去，就不能没有稳固的代议制度，就不能不使人民有相当的政治权利。所以，自由主义方法“即采取扩大政治权利、实行改良、让步等等措施的方法”①。

自由资本主义时期倡导自由竞争，政府的经济政策是放任主义，管理得越少的政府就越是好的政府。这种政策为资本主义经济的发展大开方便之门。在政治上，自由竞争的精神反映为建立竞争性的政党制度，建立起稳固的代议制度。这时的议会的权力很大，处处制约着行政权力。因而，有人称这种国家为“议会制政府”。应该说，资产阶级启蒙思想家所倡导的自由、平等、权利、民主，在这一时期迎合了资产阶级真正的需要。国家的作用是消极的，只是资本主义发展的“守夜人”。

但是，自由主义国家扩大的政治权利是有限的，就连形式上的政治平等——普选权，也未能真正实现。

（2）垄断资本主义国家。资本主义国家进入 20 世纪后，具有垄断性，表现为垄断性财团的出现、垄断性财团与政权的结合。垄断资本主义的扩张导致了大规模的国家间战争。同时，这一时期资产阶级在国内统治中更加成熟了。为了使资产阶级统治更加牢固，在政治上让更多的人参与政治，普选权在欧、美相继出现，在经济上它们则实施反垄断法案。以 1929 年资本主义经济大危机为契机，资本主义国家的作用大大加强了，国家不但干预国民经济的运行，也干预社会生活，建立了有利于资产阶级统治的福利制度。政府权力的加强也相应地导致议会权力的弱化。

西方学者认为，在现代资本主义国家，各种利益集团广泛地介入政府运作过程，社团和政府之间没有行政和组织隶属关系；在意识形态上，主张国家与资本主义市场共存，这

① 列宁．列宁选集：第 2 卷．3 版．北京：人民出版社，1995：276.

样既保护个人利益又保护公共利益；公民权利更加扩大，政治竞争系统更加开放。

现代资产阶级国家的基础是多元性，表现为权力多元、利益多元、价值多元和文化多元。多元性反映了战后资本主义国家的阶级矛盾相对缓和，经济相对繁荣，政治制度近于完备，资产阶级统治空前巩固。

然而，无论是自由主义的统治方法还是所谓的自由民主主义的统治方法，都是建立在生产资料私有制基础之上的，在政治上享有“一人一票”民主权利的公民，在经济上并不都是自由的、平等的。因此，资本主义国家形形色色的统治方法，与三权制衡制度一样，说到底都是为了巩固资产阶级政权，有利于在经济上居优势地位的资产阶级。

在资本主义国家这个大范畴中，还出现过资本主义的自由民主主义的反动形式——作为极权主义典型的法西斯国家，以及把后发展国家推向现代化的威权主义国家。我们将在政治治理形式中介绍这两种国家类型。

4. 社会主义国家

在传统的社会主义理论中，社会主义国家是建立在以生产资料公有制为主体、多种经济成分并存基础之上的、代表广大人民群众利益的人民民主专政国家。今天，根据我国宪法，中国特色社会主义国家的基本经济制度是公有制为主体、多种所有制经济共同发展。

在传统的社会主义理论中，社会主义国家的本质是无产阶级居统治地位，即无产阶级对社会实行政治统治和社会管理，而不与其他阶级分享统治权。但这并不意味着只有工人阶级才能参加政权。马克思主义认为，无产阶级专政是工人阶级与其同盟者的特殊形式的阶级联盟。因此，社会主义国家的阶级特征是工人阶级领导的、以工农联盟为基础的政权。说到底，社会主义国家是人民当家作主，人民通过其政党组织共产党来实现权力。

社会主义国家的主流意识形态是马克思主义，它对社会主义国家的稳定和壮大起到了至关重要的作用。但是，马克思主义是不断发展的，马克思主义在当今中国的最新成果是中国特色社会主义理论体系。这是中国共产党灵活运用马克思主义的结晶。而一些社会主义国家教条地对待马克思主义，不注重人民的实际需求，最终导致社会主义政权瓦解。20世纪80年代末90年代初，东欧国家、苏联纷纷易旗，建立了西方式的议会民主政权，其中的教训值得我们深思。

社会主义国家在本质上是一种最高民主的统治形式，但由于社会主义国家诞生于不利的国际环境中，又是发生在落后的经济文化的土壤上，受着消极的历史传统的影响，再加上经验不足，体制不健全，教条地对待马克思主义，使得社会主义国家出现这样那样的问题。但是这些问题与社会主义的根本制度无关，真正的社会主义国家总是以人民的利益为重。在社会主义的价值中，不仅强调集中、集体利益和平等，也强调民主、合理的个人利益和效率。中国正实践着这种社会主义核心价值观。

经过40多年的改革开放，我国作为社会主义国家类型的典型代表，与传统的社会主义国家已经有很大的不同，其基本特征有：

第一，在意识形态上，以马克思列宁主义、毛泽东思想、邓小平理论、“三个代表”重要思想、科学发展观、习近平新时代中国特色社会主义思想为指导，辅助于一定的爱国主义。

第二，在政党制度上，加强共产党领导，实行中国共产党领导的多党合作和政治协商制度。

第三，在政府体制上，实行党管干部、党管政府、党管议事制度，正如党的十九大报告所指出的：“东南西北中，党是领导一切的。”

第四，在经济制度上以公有制为主体、多种所有制共同发展，建立社会主义市场经济体制。

第五，在国家与社会关系上，国家居统率地位，个人和社团拥有一定程度的空间。

四、以国家和社会关系为标准的划分

19 世纪是从传统向现代转型的关键时期，其间出现了影响至今的观点各异的几大社会理论，即马克思的生产力理论、马克斯·韦伯的理性化理论和涂尔干的社会分工理论。不管彼此之间有多大的差异，他们都认为，资本主义是塑造现代社会的核心力量。英国著名的政治社会学家吉登斯认为，现代社会转型除了上述因素之外，更重要的是国家形态的变化[①]。

吉登斯根据国家与社会的融合程度，将国家形态区分为传统国家（traditional state）、绝对主义国家（absolutist state）和现代民族-国家（modern nation-state）。区分国家形态的变量，除了生产力与生产关系的变迁，还包括其他三种力量的发展：以信息储存和行政网络为手段的人身监视力、军事暴力手段的国家化以及人类行为的工业主义特征。现代社会之所以与传统社会形成对照，是由于现代社会中物质生产高度发达、信息和行政监视力大幅度延伸、暴力手段为国家所垄断、工业主义渗透到社会的各个部分。

传统国家。根据上述要素，在传统国家（包括城邦、封建国家、继嗣帝国、官僚帝国）时代，阶级分化十分明显，并表现在城乡差别上，上层阶级居住在城市，下层阶级居住在乡村。城乡之别不仅体现了阶级差别，还表现出传统国家行政力量覆盖面的局限性。在任何形式的传统国家中，政府对社会的行政控制都被限制在城市之内，同时国家的意识形态和宗教与一般人民的“民俗”有相当大的距离，从而导致监视力的软弱。城乡之别与监视力的软弱，表明传统国家不是“权力容器”（power container），即国家与社会的关系松散，国家只有“边陲”而没有“疆界”，也没有对军事力量的垄断权，大量的军事力量受制于军阀和民间力量。在行为规范方面，许多规矩只在贵族阶层有效，对一般民众没有约束力。

绝对主义国家。从传统的封建制国家向现代中央集权型国家的过渡时期，就是绝对主

---

① 吉登斯．民族-国家与暴力．北京：生活·读书·新知三联书店，1998．有人认为吉登斯是继马克斯·韦伯以后的最有贡献的政治社会学家。作为英国布莱尔政府国策顾问的吉登斯，在国家政策和理论上的其他贡献是全球化理论和“第三条道路”主张。

义国家①。称之为绝对主义国家，并不意味着享有绝对权力，而是把中央集权作为一种追求。在欧洲，绝对主义国家在16世纪至17世纪出现，是大型帝国逐渐蜕变为分立的国家的结果。首先，国家与国家之间的“自然边陲”被定为“疆界”，随之“主权”的观念出现了，国王变成国家主权的代理人和象征，法律成为全民性的规范，直接界定个人与国家之间的关系以及制裁制度。与此同时，军事技术的发展为暴力的扩张提供了条件，军队内部行政管理手段高度发达并为控制社会提供可借鉴的体系。

现代民族-国家。绝对主义国家的发展为现代民族-国家奠定了基础，它为后者提供了疆界和主权概念。民族-国家出现于威斯特伐利亚体系，此前都是些神权政治下的帝国或者分散的城邦式部落。民族-国家到19世纪初才开始在欧洲大规模出现，其推动力是行政力量、公民观和全球化，而主要的基础是物质资源的增长和行政力量的扩张。物质资源和行政力量的联系机制就是“工业化”。工业化不仅导致物质资源的增长，而且还导致“工业主义”作为一种行政力量和个人行为取向的发展。进一步地，商品化使法律成为全民准则。税务成为国家控制工业的手段，劳动力成为工业岗位的附属品，国家成为世界体系的一员。此外，传播媒体、交通、邮电等资源的开发，使国家更容易渗透到社会中，强化其监视力。

吉登斯以欧洲历史为线索，勾画出分散型、阶级分化型国家（传统国家）向高度统一型、主权型、全民型国家的转型过程。社会的转型过程并不是一个美好的时代成长的历史，而是权力和暴力的控制随着现代性的成长不断对人的活动产生制约力的过程。从本质上讲，制约力本身就是民族-国家的制度，它兴起于近代史上国界纷争的欧洲，但是在20世纪已经成为全球化的制度。

正如吉登斯本人所说，他的国家与社会关系史模式只是一种为了理论说明而建构起来的“理想类型”，因而在不同民族-国家的实践中可能出现地方性的差异。例如，他只是在论述传统国家形态时提及中国的历史状况，而在论述现代民族-国家时，他的事例大多来自欧洲。但是，吉登斯所总结的从国家-社会分离（城乡分离）到国家-社会高度融合的过程，应该是各国的共同历程。

五、以政治治理形式为标准的划分

以政治治理形式或以权力集中与分散的程度来划分，可以将国家分为集权主义国家和分权主义国家。

1. 集权主义国家

在历史上，可以归为集权主义的国家有很多，有专制的、独裁的、法西斯主义的和威

① 绝对主义是指欧洲近代史上继等级君主制（传统的国家时期）之后发展起来的中央集权的新君主国即绝对君主制。马克思和恩格斯多次论述过这种政治体制。但是，在马克思和恩格斯著作的中文版里，“绝对君主制”一直被译成“专制君主制”或“专制君主国”（分别参见：马克思，恩格斯．马克思恩格斯选集：第1卷．2版．北京：人民出版社，1995：274；第3卷．191；第4卷．172）。在马克思和恩格斯的著作中，“专制主义”（德文为Despotismus，英文为despotism）一般用于描述东方社会。需要正本清源的是，在欧洲的封建主义社会，其统治权是分裂和分散的，因而不可能有专制主义。而同时期的东方社会是高度集权的帝国体制，没有封建主义，只有“东方专制主义”（安德森．绝对主义国家的系谱．中译者序言．上海：上海人民出版社，2001；钱穆．国史新论．北京：生活·读书·新知三联书店，2001）。

权主义的国家。在20世纪，对人类发展影响较大的集权主义形式是法西斯主义和威权主义，其中前者是对国家的毁灭性打击，后者把国家从落后推向现代化。

(1) 法西斯主义国家。法西斯主义国家又称极权主义国家。法西斯主义国家是资产阶级自由民主的反动形式。季米特洛夫说："法西斯的获得政权，并不是寻常一个资产阶级政府继承另一个资产阶级政府，而是一个资产阶级的阶级统治的国家形式——公开的恐怖独裁——代替另一个资产阶级的阶级统治的国家形式——资产阶级民主。"①

法西斯政权首先在意大利出现，随后蔓延至大半个欧洲。法西斯国家的代表是德国、意大利和日本。法西斯主义的理论基础是"种族论""国家至上论""领袖威权论""生存空间论"。

在统治形式上，法西斯国家由国家以军事或准军事的方式全面控制社会，整个社会被囚禁在国家机器之中，政治统治对人的非政治生活无孔不入，社会彻底政治化了。法西斯主义国家打破了国家与社会团体之间的所有界限，甚至打破了国家与个人人格之间的界限。具体地说，法西斯主义国家的主要特征是思想上极端的终极化意识形态即国家社会主义和统治方式上的秘密警察统治。

法西斯主义给人类带来了深重灾难，并沉重地打击了资产阶级民主制度。实行法西斯统治的主要国家被进步力量摧毁后，都建立了资产阶级的议会民主制度。

(2) 威权主义国家。威权主义国家是指那些既没有建立社会主义制度，也没有完全照搬西方发达国家的政治制度的发展中国家。20世纪六七十年代，一些发展中国家和地区相继进入发达资本主义行列，这种现象引起了世界性的关注，人们把这些国家的发展模式称为威权主义。威权主义国家的主要特征是：

第一，与威权主义的字面意义相反，这些国家传统的政治威权较弱，因此鼓吹中央集权。传统权威已经崩溃，现代程序权威还没有牢固确立。由于缺乏权威，统治者较多地运用强制性权力和操纵性权力。权力更替往往带来动荡。

第二，政治权力集中于个人或少数精英集团，而不是政党手中；政党常常是统治者个人的工具。政治反对派受到压制。

第三，社会受到国家的有限控制，实行较开放的民间经济活动，有的国家和地区因此而进入发达国家行列。

第四，在意识形态上，往往以民族主义来动员社会支持；当民族主义号召力下降时，有时会假借西方民主或社会主义进行政治动员。意识形态的先天不足使得威权主义政治缺乏认同，所以，威权主义国家往往是赤裸裸的权力统治。

一些威权主义国家在现代化进程中，曾受到某些发达资本主义国家的指责和非难，这是因为它们没有像西方国家所期望的那样全盘引入自由民主主义的价值观念和政权模式。自由民主主义是西方社会结构特有的产物，而广大发展中国家的现代化道路，必须符合本民族的传统与特点。实行威权主义统治的国家正是进行了这种探索。

自20世纪70年代以来，一些威权主义国家和地区发生了政治转型，开始了所谓的民主化浪潮。东亚的韩国和中国台湾地区、拉美的墨西哥和智利都先后转型。转型的原因是：第

---

① 季米特洛夫．季米特洛夫选集．北京：人民出版社，1953：42-43.

一，经济发展创造了一个庞大的中产阶级，他们是政治转型的原动力。第二，中产阶级的形成和教育水平的提高，提升了他们的权利意识，他们要求有政治表达的机会。第三，市场经济本身培养公民自立、多元化和宽容的政治文化，这种文化因体制转型而带来代价和阵痛。第四，政治上层的改革愿望和政治意识符合了社会心理和政治诉求的变化。这样，在公民的推动下，在政治上层的引导下，政治完成了平稳转型。

2. 分权主义国家

在20世纪，作为集权主义的法西斯国家和威权主义国家的对立物的分权主义国家主要是指西方的自由民主国家。西方政治学家认为，民主以自由为前提，只有自由的民主，才是真正的民主国家，而英国和美国等就是这样的自由民主国家。

被西方学者称为自由民主国家的主要特征有：

第一，意识形态上的多元主义，但其主流意识形态是洛克式的自由主义。与此相适应，传播机构是自主性的。

第二，竞争性的政党政治，政党制度可能是一党居优制，可能是两党制，也可能是多党制，但是所有的政党均合法存在且可以公开地竞争政权。

第三，定期的选举制度，但是金钱在选举中起重要作用。

第四，代议制政府和三权分立的政治制衡原则。

简单地比较作为集权主义的法西斯国家、威权主义国家和作为分权主义的自由民主国家，可以发现，虽然自由民主国家有其先天性的不足，比如金钱在政治中的分量，但其获得的合法性更持久。然而，抽象地比较是危险的。历史已经证明法西斯国家是一种恶，是人类历史上最坏的制度之一，但是威权主义国家的历史功绩却是不可磨灭的。因此，很难抽象地说是分权主义国家好还是集权主义国家好，制度的好坏只能根据一个国家具体的政治、经济、文化、历史环境而论。

六、国家形态

国家类型学固然因其简洁性而有利于人们认识一个国家的性质、面目甚至是政治过程，但是，即使称为所谓的国家类型学，其中的规范性或应然性特征也是很明显的。而一个国家的实际状态到底是什么样的？这不是应然性理论能够回答的。国家演进的历史是，即便是同一类型的国家，有的成功有的失败，有的更具掠夺性而有的更具慈善性；即使是不同类型的国家，却可能产生相同的行为方式，从而形成同一范畴的国家形态。因此，这里所说的国家形态，并不同于我们熟悉的规范性的国家类型理论，而是指一个国家在特定时期基于国家、市场和社会三者关系所形成的治理结构以及由此治理结构而产生的行为特征和治理绩效。在这个意义上，任何一种国家形态都具有历时语境中的周期性或相对性，而不是国家类型学所规定的国家类型的稳定性或绝对性，比如一个被贴上代议制民主标签的国家在A时期具有依附性，在B时期则更具自主性，而在C时期则可能因为民主衰败而导致国家失败。国家形态的周期性和相对性便衍生出多元化的国家形态，比如我们经常看到的所谓的俘获型国家、勾结型国家、掠夺型国家、失败国家、依附性国家、自主性国家、工具型国家等，其中每一种国家形态的周期性与相对性决定了上述形形色色的国家形态是有联系的，甚至可以相互转化①。

1. 失败国家

失败国家或国家失败（state failure）是一个古老现象，“安史之乱”时期的唐朝、北洋军阀时期的中华民国和今天的索马里都是典型的失败国家。但是，作为一种国家理论，“失败国家”却是新近的发明，是冷战以后，尤其是“9·11”事件以后西方国际关系理论家为新干预主义和防止恐怖主义的滋生与威胁而发明的一个说辞。尽管“失败国家”产生于特殊的政治背景，但是失败国家却是一种历史现象和现实存在，是一种不容规避的国家形态。

失败国家并不是一套复杂的概念和理论，国外学者就什么样的国家才算是失败国家进行了很多讨论，比如因治理失败而导致的国内混乱、民不聊生、输出恐怖主义等，标准很多，说法五花八门。什么国家可以归类为失败国家？我们认为可以从国家的基本目的的角度来观察。国家可能有很多目的，但是基本目的是国家安全、国内秩序、基本福利和社会正义。换句话说，当一个国家不能达到前三个目的时，这样的国家就是失败国家。因此从概念上说，我们认为国家失败就是指国家治理结构衰败和国内主权的丧失而导致的统治力下降甚至治理失效下的无政府状态或次无政府状态。有人总结失败国家具有下列特征：（1）暴力横行，国民缺乏基本的安全感；（2）贪污盛行，制度形同虚设；（3）人民生活每况愈下，社会矛盾激化；（4）无法有效控制国境，容易成为跨国犯罪和国际恐怖主义的渊薮②。我们认为上述条件都是关于国内治理的规定，还应该加上国家安全本身这个前提条件。因此，有些失败国家的一个前提条件应该是国之不国，即国家的分裂或解体。当然，无论是失败国家的界定还是其特征群的归类，都属于韦伯所说的“理想类型”。因为失败国家研究的起源是探究国际恐怖主义，因此在国际关系那里，失败国家主要是由美国政府所指向的阿富汗、索马里、伊拉克等“弱国家”（weak state）演变而来的“失败国家”。针对格式化的场景和对象，国外学者发现的失败国家形成的基本线路是：弱国家—走向失败的国家（failing state）—失败国家。

在经典政治学上，当一个主权政府因丧失国内主权而不能对其合法控制的疆域进行有效护卫（国家分裂），同时不能有效提供基本国内秩序保障（国内恐怖主义和黑社会势力猖獗）和社会福利时，这样的国家就是失败国家，尽管该失败国家可能没有输出恐怖主义而给邻国或国际社会造成灾难。戈尔巴乔夫因执行错误的改革战略而导致苏联解体，就是失败国家的一个典型案例。因此，失败国家的形成线路并不是简单的“弱国家—走向失败的国家—失败国家”，还有苏联失败的道路，即“超强国家（super-strong state）—失败国家”。没有哪个国家像苏联那样有无处不在的强大的国家机器，也没有哪一个超强国家像苏联那样一夜之间失败。

2. 依附性国家以及相关国家形态

相对于失败国家而言，依附性国家则是我们耳熟能详的概念，因为它是一个经典的马

---

① 上述国家形态的界定有的来自马克思主义，比如依附性国家、工具型国家和自主性国家；有的来自政治学，比如掠夺型国家；有的来自经济学，比如俘获型国家和勾结型国家；有的来自国际关系理论，比如失败国家。

② 庄礼伟．“失败国家”：概念、指标、根源与治理//陈玉刚，袁建华．超越威斯特伐利亚？：21 世纪国际关系的解读．北京：时事出版社，2004：274.

克思主义国家理论。在马克思、恩格斯看来："现代的国家政权不过是管理整个资产阶级的共同事务的委员会罢了。"① 在此基础上，列宁则直接将国家看作压迫被剥削阶级的工具。马克思主义经典作家的立论基础是历史唯物主义，认为经济基础决定上层建筑，作为国家的上层建筑依附于在生产资料上占垄断地位的那个阶级并为之服务。在这个意义上，资产阶级国家的工具性或工具型国家其实就是上层建筑对经济基础的依赖，因此，马克思主义的工具型国家又可以看作依附性国家。在《资本论》中，马克思明确指出国家相对经济关系是"依附关系的政治形式"②。应该说，马克思、恩格斯对上升时期的资本主义及其国家本质与形态的认识是极为深刻的。沿着这条思路，新马克思主义中的工具主义认为，即使在资本主义国家已经成熟的今天，其统治方式可能有很多改变与完善，但是国家的本质并没有改变，国家依然是资产阶级或统治阶级的政治工具，因为国家精英多来自特权和有产阶级，与其代表的人口不成比例③。马克思主义和新马克思主义的这一国家理论在某种程度上为多元民主主义理论家从不同的角度加以证实。在达尔看来，由于在社区政治中没有强大势力垄断政治过程的现象，因而美国的民主是建立在平等基础上的多元化民主④；但是在国家政治层面，经济资源的不平等往往剥夺了多数人的政治权力，因而存在寡头统治⑤。这就意味着，达尔的多元主义演变为新多元主义，而后者与马克思主义的国家观和民主观非常相似⑥。

不仅新多元主义接受或认同关于国家的依附性特征的思想，新近出现的国家理论如比较制度分析学派提出的"勾结型国家"和规制理论提出的"俘获型国家"，其实都和依附性国家理论有着异曲同工之妙。"勾结型国家是指政府（总统办公室、司法机关、永久性官僚部门、独裁者、统治集团等等，视具体情况而定）与特定私人集团（利益集团）为了自身利益相互勾结的状态，这种状态有时可能是稳定的，有时可能是周期性震荡的。"⑦ 勾结型国家是一种强强（"政府＋财团"）联合，必然会对人民和社会实行掠夺，因而勾结型国家又会演变为掠夺型国家。勾结型国家必然会干扰和阻碍市场的成长与经济的发展。但是，勾结型国家的震荡性意味着，勾结型国家是一种相对性存在，因为国家可以设计出对应的制度安排而克服和防止勾结型国家的非对称性和掠夺性。

与勾结型-掠夺型国家相联系，另外一个分析性概念就是"俘获型国家"（captured state）。从20世纪80年代开始，发生了世界范围内的制度转型即从计划经济向市场经济、从威权主义向代议制政治的转型。在转型过程中，在威权体制下或计划经济中居绝对主导地位的国家与政府因为市场的诱惑而被市场俘虏，财团在政治过程中发挥重要作用，甚至可以制定有利于自己的游戏规则，政府成为财团政治的俘虏，形成所谓"俘获型国家"。具体地说，俘获型国家就是企业通过向公职人员提供非法的个人所得来制定有利于自身的

---

① 马克思，恩格斯．马克思恩格斯选集：第1卷．2版．北京：人民出版社，1995：274.

② 马克思，恩格斯．马克思恩格斯全集：第25卷．北京：人民出版社，1974：892.

③ 密里本德．资本主义社会的国家．北京：商务印书馆，1997.

④ DAHL R. The city in the future of democracy. American political science review，1967，61（4）：953－957.

⑤ DAHL R. A preface to economic democracy. Chicago：The University of Chicago Press，1985.

⑥ 海伍德．政治学（第二版）．北京：中国人民大学出版社，2006：97.

⑦ 青木昌彦．比较制度分析．上海：远东出版社，2001：157.

国家法律、政策和规章。在政治过程中，企业通过这种机制来影响政府的政策，以获得独有的优势，其手段通常是设置不利于竞争的壁垒，最终以高昂的社会代价创造出排他性垄断利益。政府俘获是转轨国家最突出的特点，比较研究发现，在那些政府俘获较少的国家，市场体制就比较健康，相反则是扭曲的市场体制①。

由上可知，国家形态是各个学科共同关心的话题，尽管不同的学科制造了名目繁多的新话语。从经济史的角度看，“依附性国家-勾结型国家-俘获型国家”最有可能出现在市场经济的形成时期，或者说在市场经济形成时期国家的依附性可能最为突出。

3. 自主性国家

与依附性国家相对应的国家形态是自主性国家。我们记忆最多的是马克思的依附性国家理论，其实马克思并没有忽视国家的独立性或自主性的一面。马克思曾这样论述：“在专制君主制时代，在第一次革命时期，在拿破仑统治时期，官僚不过是为资产阶级的阶级统治进行准备的手段。在复辟时期，在路易-菲利浦统治时期，在议会制共和国时期，官僚虽力求达到个人专制，但它终究是统治阶级的工具。”“只是在第二个波拿巴统治时期，国家才似乎成了完全独立的东西。和市民社会比起来，国家机器已经大大地巩固了自己的地位，它现在竟能以十二月十日会的头目，一个从外国来的、被喝醉了的兵痞拥为领袖的冒险家做首脑，而这些兵痞是他用烧酒和腊肠收买过来的。”②

在马克思看来，波拿巴“把国家政权当作凌驾于统治阶级和被统治阶级之上的一种力量来使用”③。在论及落后的亚洲国家和成长中的德意志时，马克思明确指出国家或官僚系统的独立性或自主性④。马克思关于国家的基本观点是，在成熟的阶级社会，国家是统治阶级的工具；而在阶级尚不发达的社会，国家主宰着经济发展。显然，在揭示国家的阶级本质的同时，马克思并没有无视历史的基本存在，对国家的属性和形态进行了经验性总结。

西方新马克思主义者和其他学者发展着马克思的国家自主性理论。新马克思主义者波朗查斯（Nicos Poulantzas，1936—1979）和安德森等认为，国家的存在是为了维护其所运转的社会制度，为了这个制度，国家可能会采取与资产阶级自身利益相抵触的政策，比如民主权利的扩大和福利改革就是例证，因此，国家具有“相对自主性”（the relative autonomy of the state）⑤。但是，在新马克思主义那里，国家自主性的讨论仍然限定为国家如何随着生产方式和统治阶级的变化而变化，并围绕这些变化而调整其国家功能⑥。事实是，在历史上，国家本身就可能是产权和生产方式的制造者、保护者或破坏者⑦。

---

① 赫尔曼，考夫曼．解决转轨国家中的政府俘获问题//吴敬琏．比较（05）．北京：中信出版社，2003：46-52.

② 马克思，恩格斯．马克思恩格斯选集：第1卷．2版．北京：人民出版社，1995：676.

③ 马克思，恩格斯．马克思恩格斯选集：第3卷．2版．北京：人民出版社，1995：119.

④ 同②132.

⑤ 波朗查斯．政治权力与阶级社会．北京：中国社会科学出版社，1982；安德森．绝对主义国家的系谱．上海：上海人民出版社，2001.

⑥ SKOCPOL T. States and social revolutions：a comparative analysis of France，Russia，and China. Cambridge：Cambridge University Press，1979：28.

⑦ 诺思，托马斯．西方世界的兴起．北京：华夏出版社，1999；诺思．经济史中的结构与变迁．上海：上海三联书店，1994.

在梳理新马克思主义研究的基础上，在比较研究中国、法国和俄国革命中，哈佛大学历史学教授斯考切波（Skocpol，又译“斯考克波”）发现，仅从阶级关系出发并不能有效地解释这些革命，还必须分析处于国内压力和国际压力中的国家组织，在此基础上他系统地提出了国家自主性理论。斯考切波认为，首先，国家不仅应该被看作各社会阶级为经济利益而斗争的舞台，更应该被当作国内主权所协调的行政、政策过程和军事过程，是一个自组织系统。其次，作为一套国家机关或国家组织，国家有可能和统治阶级在经济和社会资源的分配上竞争，国家所得资源的目标有时和统治阶级一致，有时不一致，而不一致的目标甚至会威胁统治阶级的利益。因此，国家具有自主性。国家自主性存在的原因很简单，第一，如前所述，国家的基本目的之一是维持秩序。这就意味着，国家有时会以牺牲统治阶级的利益为代价而向被统治阶级让步，国家甚至会和被统治阶级一道遏制统治阶级的利益。第二，作为国际体系的一员，安全的需要意味着国家安全战略目标和行为原则有可能直接威胁着统治阶级的利益，例如，国家的对外军事冒险活动就需要国内经济资源的支持，由此将直接或最终性地削弱在社会经济上居主导地位的阶级。因此，国家至少有脱离直接的统治阶级控制的潜在自主性，但是其实际自主性的程度和自主性的影响，要具体情况具体分析①。

国家自主性与国家能力有着密切关系。国家自主性是国家作为一定疆域和民众控制权的机构可以制定、追求并不简单反映社会组织、阶级或整个社会的需求与愿望的目标；国家能力是国家执行其正式目标的能力，在这个过程中国家可能面对力量强大的社会组织的实际或潜在的反对，或者国家处于一个社会经济不利的条件下②。也就是说，国家自主性取决于国家独立于社会经济统治阶级而实现其目标的能力。但是二者并不绝对一致，因为国家自主性是国家-社会关系意义上的概念，而国家能力主要是国家吸纳资源的能力以及行政系统专业技术人员素质。强大的国家面对无序的制度安排，再好的国家目标也不能实现。另外，作为一种周期性或相对性的国家形态，“国家自主性不是任何政府系统固定的结构特征。它可以被获得也可以被失去”③。这一经验性论断似乎正是为俄罗斯量身定做，在苏联-俄罗斯转轨过程中，一个强国家在戈尔巴乔夫改革失败后消失，形成了叶利钦时期的国家对资本财团的依赖，但是自主性国家最终被普京总统找回来了。

进一步阅读材料：

1. 马克思，恩格斯．共产党宣言．北京：人民出版社，2014.

2. 韦伯．经济与社会：下．第八章　政治的共同体．北京：商务印书馆，1997.

3. 吉登斯．民族-国家与暴力．北京：生活·读书·新知三联书店，1998.

4. 诺思．经济史中的结构与变迁．第三章　新古典国家理论．上海：上海三联书店，1994.

---

① SKOCPOL T. States and social revolutions：a comparative analysis of France，Russia，and China. Combridge：Cambridge University Press，1979：29－31.

② SKOCPOL T. Bringing the state back in：strategies of analysis in current research//EVANS R，SKOCPOL T. Bringing the state back in. Cambridge：Cambridge University Press，1985：9.

③ 同②14.

5. 斯考切波．国家与社会革命．第一章　解释社会革命．上海：上海世纪出版集团，2007.

6. 杨光斌．政治变迁中的国家与制度．第6章　制度变迁的路径及其理论意义：社会中心论·国家中心论·政党中心论，第7章　制度变迁中的国家与国家形态问题．北京：中央编译出版社，2011.

7. 马戎．理解民族关系的新思路：少数族群问题的“去政治化”．北京大学学报（哲学社会科学版），2004（6）.

第六章

政府

重点问题

- 如何认识三权分立学说和“议行合一”学说对政治制度建设的影响？
- 总统制和内阁制的优缺点是什么？
- 官僚制的特征是什么？如何认识官僚制与官僚主义的关系？
- 什么是部门政治理论？官员理论的主要内容是什么？
- 行政机构的作用有哪些？
- 单一制国家和联邦制国家演变的基本趋势是什么？
- 什么是议会主权理论？议会的基本职权有哪些？

人们往往把国家与政府放在一起谈论，甚至在理论上难以区分国家和政府，有时也难免以政府代称国家。在现代国家形成以后，政府体制可能是变迁着的，但是不变的是国家。国家的核心要素不但有政府，还有其疆域上的居民以及居民所赖以生存的文化和道德习俗；国家不但包括政府，还包括政府与市场、社会的综合性关系。因此，虽然政府是国家理论中最重要的部分，但在理论上对二者进行区分还是必要的。在本章，首先阐述政府体制理论，按政府体制理论的题中应有之义而分述行政、立法、司法机关以及中央-地方关系。因此，本章所说的“政府”是广义上的政府概念，和“国家机关”或“政府机构”同义。另外，不得不指出的是，“国家元首”在理论上的位置不太容易处理，因为大多数国家的行政首脑就是国家元首，而有些国家的国家元首则是虚位君主。

第一节 政府体制理论

一、政体论

政府是国家的组织要素或政治机器，是体现、达到国家目的和行使、表现、执行、解释国家意志的机关。如何组织政府以及由此而实现共同体的善，是政治学的题中应有之义，是政治学一开始就追求的目标。

政治体制是历史文化的产物。在中国的商周时期，是与生俱来的王制，因此不存在如何组织政治共同体的问题，只是谁来做“王”的问题。从这个意义上来说，中国一开始并没有系统的政体学说，或者说根本不需要这样的学说。但是，如何统治、如何治理政治共同体，先秦时期就有了无比发达的“致治”理论，即使国家得到治理，比如管仲的政治经济学、汉初的《盐铁论》，都是系统的治国思想。王制加致治，被中国古人概括为“治体论”——治国的纲领和要旨以及政治法度。汉贾谊在《新书·数宁》中就有“治体”之说，宋司马光在《乞优老上殿札子》中有：“愿陛下慎选德望材器为众所服，知治体、晓兵略者以代之。”康有为在《大同书》中有：“大同之治体，无国种，无险要。”如果说政体是一个典型的西学概念，治体则是典型的中国思想和中国概念。

我们看到，政体主要是讲谁统治的问题，但政治的法度即如何统治、如何治理，在根本上不属于政体论的范畴；而且，现代社会结构和政治关系越来越复杂，绝不是“谁统治”能回答得了的。更重要的是，“政体”就是讲体制、制度问题，但这些形式上的东西并不会自动地实施或者发挥作用，说到底还有一个如何用、如何治的问题。在这个意义上，“治体”既包括“治之道”，也包括“体之维”，即法度。

西学政体论主要来自亚里士多德的《政治学》，也可以将其称为政体学说。沿着亚里士多德传统，直到英国资产阶级革命时期的近代古典主义政治学基本上都是以政体为论说对象的。我们一般把政体当作政权的组织形式，核心是谁居统治地位并以何种形式组织国家。在亚里士多德看来，“政体可以说是一个城邦的职能组织，由以确定最高统治机构和政权的安排，也由以订立城邦及其全体各分子所企求的目的”①。因此，自古以来的政体学说绝不是简单地谈论最高权威和权力归属问题，还有围绕最高权威的制度安排。

由于前现代国家大多以城邦形式表现出来，规模小，人口少，政体形式也就比较简单，即亚里士多德政体论主要探讨最高权威所在，以权力归属为标准，表现为权力所有形式与权力行使形式的一致性。根据权力归属的人数多少，在对 150 多个城邦国家比较研究的基础上，沿着柏拉图的传统，亚里士多德以统治者人数和统治目的为标准，把政体划分为君主政体（一人统治）、贵族政体（少数人统治）和民主政体（多数人统治）。同时，在亚里士多德那里，政治是关乎城邦的最高的善，并以此为标准（是否追求善）将上述三类政体又演绎为变态的僭主政体、寡头政体和平民政体②。亚里士多德认为，最好的政体是混合性质的共和政体，即混合了君主制、贵族制和民主制的一种政体③。

混合政体这一伟大思想被罗马人继承并付诸实践。波里比阿认为，任何单一政体的缺点，都在于它只能体现一个原则并容易蜕变为自己的反面，应该实行混合政体，即将君主制、贵族制和民主制的特点集中在一起，使各种政治要素调整为和谐、平衡状态的一种政体。波里比阿认为，公元前 3 世纪—前 2 世纪稳定下来的罗马共和国体制中的执政官、元老院和公民大会，各自分别代表了君主制、贵族制和民主制，这种相互钳制的关系防止任何一种权力机构过分强大，制止了单一政体自发的衰败倾向，使得罗马共和国得以持续稳

---

① 亚里士多德．政治学．北京：商务印书馆，2008：181.

② 同①135－137.

③ 同①66－89.

定与强盛①。

在亚里士多德那里，政体论不但包括最高统治机构的归属，还包括统治机构下的“政权的安排”即政体的要素。“一切政体都有三个要素，作为构成的基础，一个优良的立法家在创制时必须考虑到每一要素，怎样才能适合于其所构成的政体。倘使三个要素（部分）都有良好的组织，整个政体也将是一个健全的机构。各个要素的组织如不相同，则由以合成的政体也不相同。三者之一有为城邦一般公务的议事机能（部分）；其二为行政机能部分——行政机能有哪些职司，所主管的是哪些事，以及他们怎样选任，这些问题都须一一论及；其三为审判（司法）机能。”② 这可以理解为“三权分立”思想的最早来源。后来洛克的分权思想、孟德斯鸠的三权制衡思想，都深深地打上了亚里士多德思想的烙印。不仅如此，到资产阶级革命以后，三权分立已经成为政体理论的主轴。因此，要素论其实就是亚里士多德所说的“政权的安排”，谈论亚氏的政体论，不但要谈三个正宗政体，还要谈三要素。

孟德斯鸠后来说，共和国只适宜范围小的国家，而现代国家意味着规模的空前扩大。这样，政体理论从单纯的中央层面的政权组织延伸到地方，即如何通过地方政府而把一个规模巨大的国家组织起来，这就有了区别于中央集权制的联邦制。

根据美国建国者的洞见，传统意义上的代议制、三权分立还只是停留在“单一的共和国”层面，他们面对的是一个比欧洲各国还大、空前广袤的国家，怎么办呢？他们设计了一个联邦制，即让地方政府与联邦政府一道分享权力和共治，而且在地方政府中也实行三权分立。这就是联邦共和国或“复合共和国”。

“在美国的复合共和国里，人民交出的权力首先分给两种不同的政府（联邦政府和地方政府。——引者注），然后把各政府分得的那部分权力再分给几个分立的部门。因此，人民的权利就有了双重的保障。两种政府互相控制，同时各政府又自己控制自己。”③“通过对联邦原则的合宜修正和混合，可以把实践范围扩充到极大的范围。”共和政体所能管辖的公民人数较多，国土范围较大，从而能包容更多的党派和利益集团，全体中的少数有侵犯其他公民权利的共同动机的可能性减少④。这样，联邦制能将共和政体扩展到一个大的地区⑤。而在孟德斯鸠那里，共和国只适宜于小范围的国家。因此，联邦制的设计是美国人在政治上的独特贡献。对此，马克思说，现代资产阶级国家最完善的例子就是北美⑥。

这样，我们看到，在政体理论上，政府机构在广义上指中央和地方的全部立法、行政、司法和官僚机关。狭义的政府机构仅指中央和地方的行政机关、官僚机关。我们应从广义上理解政府，因为政府是实现国家意志的机关，而国家意志是以暴力为后盾，通过立法、执法和审判等形式实施的。因此，政府或政府机构主要包括：（1）国家权力机关，或

① 王乐理．西方政治思想史：古希腊—罗马：第1卷．天津：天津人民出版社，2006：394-395.

② 亚里士多德．政治学．北京：商务印书馆，2008：218.

③ 汉密尔顿，等．联邦党人文集．北京：商务印书馆，1980：265-266.

④ 同③49-50.

⑤ 同③65-66.

⑥ 马克思，恩格斯．马克思恩格斯全集：第3卷．北京：人民出版社，1960：70.

称立法机关；（2）国家行政机关（包括其下属的科层制即官僚制机关）；（3）国家司法机关；（4）随着现代国家规模的扩张而形成的政府间关系即中央-地方关系。

对当代政府机构的设立影响最大的学说就是前述的源远流长的分权学说。分权思想与我国古代的权力观念泾渭分明。中国古代的政府机构只有分工，而不存在分权问题，因为在集权制的封建国家，“唯器与名，不可以假人”，君主绝对不允许大权旁落。

与分权学说相对立的是马克思的“议行合一”原则。马克思主义的创始人对资产阶级议会民主制的批判众所周知，他们认为资产阶级议会在本质上是“有产者的统治”，是金钱政治，是“不断践踏人民意志”而不能反映民意的“清谈馆”。在吸收卢梭思想和巴黎公社实践经验后，马克思、恩格斯提出了著名的“议行合一”原则，后来演变为“民主集中制组织原则”。卢梭在严厉批判当时的议会民主制的弊端时，提出了直接民主思想，“议行合一”是直接民主的一种形式。卢梭指出：制定法律的人要比任何人都更加清楚，法律应该怎样执行和怎样解释。因此看来人们所能有的最好的体制，似乎莫过于能把行政权与立法权结合在一起的体制了。不过，卢梭强调，这种形式的直接民主只适宜于小国。

1871年3月，法国巴黎工人起义，建立了一个“议行合一”的新政权——巴黎公社。由巴黎20个市区的工人直接选举产生的86名代表组成的公社委员会行使新政权的全部权力。公社有权通过一切法令，决定所有重大问题，同时直接行使行政权和审判权。公社委员会下设执行、财政、军事、公安等10个委员会。公社社员兼任各委员会委员，委员是立法的人民代表，同时又是执行法律的政府官员，集立法权与行政权于一身。巴黎公社仅存在了73天。

这种战时的高效的政权体制被马克思总结为新型无产阶级国家政权的形式。马克思在总结巴黎公社的经验时指出：“公社是由巴黎各区普选选出的城市代表组成的。这些代表对选民负责，随时可以撤换。”“公社不应当是议会式的，而应当是同时兼管行政和立法的工作机关。”“一切有关社会生活事务的创议权都留归公社。总之，一切社会公职，甚至原应属于中央政府的为数不多的几项职能，都要由公社的官吏执行，从而也就处在公社的监督之下。”①

在这里，马克思明确提出了新型的无产阶级国家的政权应该是集行政权和立法权于一体的工作机关，它由选民直接选举产生并直接受到选民的监督和罢免。这就是后来作为所有社会主义国家的政权设置原则的“议行合一”原则。

列宁在理论上与马克思一致，主张废除立法和行政分立的议会制，“把国家的立法工作和行政工作结合起来。把管理和立法合在一起”②。十月革命的胜利使俄国实践了马克思列宁主义的“议行合一”原则。根据苏俄1918年宪法和苏联1924年宪法，全俄苏维埃代表大会是国家最高权力机关。代表大会闭会期间，全俄中央执行委员会为国家最高权力机关。中央执行委员会组织人民委员会负责管理国家事务，并组织人民委员会来管理各部门的工作。人民委员既是苏维埃常设机关的成员，又负责政府部门工作，是典型的“议行合一”。

① 马克思，恩格斯．马克思恩格斯全集：第17卷．北京：人民出版社，1963：358，646．
② 列宁．列宁全集：第34卷．2版．北京：人民出版社，1985：67．

在1936年宪法中，最高苏维埃主席团（相当于中国的人民代表大会常务委员会）取代了中央执行委员会，部长会议（相当于中国的国务院）代替了人民委员会，并取消了苏维埃常设机关成员必须管理机关各部门工作的规定。这意味着典型的“议行合一”体制有所变化，苏维埃主席团是立法和监督机关，部长会议是行政机关，立法和行政开始分家。但是，无论是立法机关还是行政机关，都是在苏联共产党领导下开展工作，立法和行政的最终决定权都属于苏联共产党最高权力机关。因此，苏联的政治体制并没有偏离“议行合一”原则，是一种发展了的“议行合一”体制。

二、当代政体主要类型：代议制民主与民主集中制

政体类型在现实世界政治中依然是多样的、复杂的，在非洲和中东地区还存在世袭的王制，俄罗斯的政体则难以归类，他们自称为“可控式民主”，等等，但影响最大的则是以欧美为代表的代议制民主和以中国为代表的民主集中制。

1. 代议制民主

代议制是一种相对于直接民主形式的间接民主政体，密尔在《代议制政府》中称之为“最好的政府形式”。顾名思义，代议制是由选民选举产生的“代表”而组成政府机关、立法机关的一种制度安排；有选举制度必然有多党竞争，因此代议制又称代议制民主。因为代议制民主离不开多党竞争，代议制民主又称为党争民主。

在世界政治中，大约有60%人口的国家实行了代议制民主，但运行基本正常的不超过15%的人口，也就是20多个西方发达国家。大多数的代议制民主出现无效治理，原因在于，“代议制政府”的社会条件要求非常高，密尔认为能够实行代议制的国家并不多。在没有相应的社会条件的国家，代议制民主很容易演变为党争民主；即使曾经拥有代议制民主的社会条件的国家，当社会条件发生重大变化之后，代议制民主也可能演变为党争民主，比如当今之美国。党争的结果轻则导致社会分裂，重则是国家解体、民族分裂。

代议制民主是一般的政体形式，其下的政府组织形式有议会制、总统制、混合制（半总统制）和委员会制。

议会制是指政府（内阁）由拥有多数议席的政党组成并在法律上对议会负责的制度。当议会通过对内阁的不信任案后，内阁必须辞职或提请国家元首解散议会，进行改选，以使新议会决定内阁的去留。议会制又称为内阁制。议会共和制和议会君主制的区别在于国家元首不同，前者为由选举产生的总统，后者为世袭的君主。但与议会君主制相似的是，议会共和制下的总统一般不掌握实际权力，只是虚位元首。最早实行议会君主制的国家是英国，形成于1688年。到19世纪末期，西班牙、葡萄牙、荷兰、比利时、瑞典、挪威等欧洲国家，以及第二次世界大战后，日本、泰国、马来西亚、加拿大、澳大利亚、新西兰等国都实行了这种政体。实行议会共和制的国家有法兰西第三共和国和第四共和国、德国魏玛共和国、联邦德国、意大利、芬兰、奥地利、希腊、印度、以色列、新加坡等。

总统制是指以总统为首的行政机关独立于立法机关之外，政府不对议会负责的共和制。因此，独立选任的总统，不论是否得到议会的支持，都在法定的期限内任职。美国是典型的总统制国家，总统拥有相当多的决策权和执行权；同时，议会保留有较多的决策

权，并对选民负责。相比之下，总统制国家的议会对政府的监督权和制约权，比议会制国家的权力小。

混合型的议会制-总统制的典型国家有法兰西第五共和国、俄罗斯、波兰等东欧国家以及从苏联独立出来的国家。总统由全民投票选举产生，有法定的任期，而不论是否得到议会的支持。总统拥有重大权力，总理由总统任命和撤换，但也要议会中的多数支持。这些国家都实行多党制，实行混合制既能避免议会制下政府的频繁更迭，又能避免权力过分集中。

委员会制的代议制国家很少，最典型的莫过于瑞士。瑞士的每个州派一个代表组成执政委员会，每个委员的权力是平等的，轮流主持委员会，轮值主席没有特别的权力。这种制度极为独特，很难复制。

2. 民主集中制

民主集中制政体在冷战时期曾经是西方政治学研究的焦点问题，苏联的解体使得这个概念在西方政治学中几乎消失，即苏联的失败也是这个理论和概念的失败。但是，在冷战结束之后的1/4世纪之际，随着“中国模式”成为世界舆论的焦点，也就有必要“找回民主集中制”，正如当年“统合主义”概念在第二次世界大战后消失30年之后被重新找回来一样。其实，在中国，民主集中制一直是理论上和实践中的热点问题，也是政治中的核心问题，只不过因为中国社会科学和政治学的问题意识不强，没有对自己的核心问题给予足够的重视。

在1945年的《论联合政府》中，毛泽东说新中国的政权组织形式应该是民主集中制：“新民主主义的政权组织，应该采取民主集中制，由各级人民代表大会决定大政方针，选举政府。它是民主的，又是集中的，就是说，在民主基础上集中，在集中指导下的民主。”① 新中国宪法规定了民主集中制是我国根本政治制度的组织原则，即学术上所说的政体。

在语义学上，“民主集中制”来自俄语，它不是“民主”与“集中”的加总，而是“民主主义的集中制”，因此民主集中制的属性是民主，而非西方政治学所说的各种形式的“威权主义”。民主集中制的生命力既来自中国大传统即大一统思想和民本主义，也源自其组织原则本身的合理性，偌大一个国家，没有民主就没有活力，同样，没有集中就没有统一。在这个意义上，民主集中制是一种基于民主原则的混合政体。民主机制包括协商民主、群众路线、选举民主、参与民主等，而集中机制则体现为各级党组织的领导权、决策权。

中国的民主集中制组织原则不但体现在根本政治制度即人民代表大会制度中，还体现在党政关系、中央-地方关系、国家-社会关系、政府-市场关系等主要“政治法度”之中。

在“历史终结论”的提出者福山看来，中国模式已经是代议制民主的一种替代模式。换句话说，中国成功的秘籍就在于民主集中制。这是一个耳熟能详的概念，但人们对其的

① 毛泽东．毛泽东选集：第3卷．2版．北京：人民出版社，1991：1057.

认知水平远不及其发挥的实际作用。

第二节 中央政府及其行政机关

中央政府在不同的国家有不同的名目和称号，其职责和权力也各不相同。有的行政首长被称为总统，但在总统制国家和混合型国家里，总统的权力又是不同的；有些行政首长被称为首相或总理；还有的被称为主席。中央政府也有集体性的称号，如内阁、部长会议。

一、中央政府的制度类型

1. 总统制的中央政府

在总统制国家，行政权力集于总统一身，总统既是国家元首，又是国家行政机关首脑。

美国是最为典型的总统制国家，彻底地实行三权分立原则。总统与国会、法院之间的相互关系是：总统有权签署或有条件否决国会决议的法案，有权推荐各级法官备政府任用；国会批准总统对官员的提名，并以“委员会批准制度”来制约行政部门的决定；法院审查总统和国会的行为是否违反宪法。美国第二届总统约翰·亚当斯把分权与制衡原则概括为七点：（1）州政府与联邦政府之间的权力均衡；（2）众议院与参议院的权力均衡；（3）行政部门与立法部门的权力均衡；（4）司法部门与行政部门、立法部门的权力均衡；（5）司法部门与各州政府的权力均衡；（6）参议院与总统的权力均衡；（7）人民的权力与政府的权力均衡。

尽管对总统及其领导的行政部门存在很多约束，但总统仍然是美国政治制度中的核心人物。总统是国家元首、执政党的领袖，其主要作用表现在：

第一，最高立法者。总统对国会的决议享有否决权。要使总统的否决无效，需要参、众两院超过 2/3 的多数票，因此，对总统的否决进行否决的可能性极小。另外，总统的主要办事机构——行政管理与预算局为整个政府制定预算，提交国会批准。作为行政首脑的总统，把预算案提交国会，当然是属于自己的主要工作计划。因此，曾任美国助理国务卿的希尔斯曼说：作为最高立法者，总统的权力比所有参与政策制定工作的人的权力加在一起还要大。这是公认的看法①。

第二，行政首脑。行政首脑的身份使总统必须与许多机构打交道。在制定全局性政策和遴选执行政策的人的过程中，总统不得不与国会各委员会的主席和主要成员、利益集团以及有关各部的官员共同行使权力。总统职务的本质决定了总统是“最大的政治掮客”，他要介入各种重大问题，并与各方势力讨价还价。

第三，国防和外交政策的首脑。美国宪法把处理外交事务的权力授予总统，在外交领域，总统总是大权独揽，尽管因越战受挫而产生了 1973 年的限制总统战争权力的决议，但总统在外交事务中的权力仍然比在国内事务中的权力大。

---

① 希尔斯曼．美国是如何治理的．北京：商务印书馆，1988：107.

尽管美国是一个三权分立的国家，但总统的权力不断扩大。首先，这是源于美国的政治制度，总统既是国家元首，又是政府首脑，行政权力集中于总统；宪法对总统的权力未做具体明确规定，为总统扩大权力提供了有利条件。其次，自罗斯福新政以来，美国政府功能扩大，形成了庞大的政府系统，作为行政首长的总统，其权力自然随之扩大。再次，超级大国的地位加强和扩大了总统在外交和军事方面的权力。最后，某些强有力的总统在战争时期或经济危机时期加强了总统的权力。

从美国的政治过程中看，一些实际权力并不都掌握在行政机构的官员手中，总统有很多顾问委员会，有的顾问委员会的权力远远大于有关的行政部门。例如，国家安全委员会是总统的顾问机构，成员包括总统、副总统、国务卿、国防部部长、应急计划局局长、财政部部长、中央情报局局长、参谋长联席会议主席及其他人士。然而，不作为正式成员、只列席国家安全委员会的总统国家安全顾问，在美国政府的权力地位居前五名。因此，对于执掌行政领导权的机构与个人，要做具体区分。

2. 内阁制的中央政府

内阁制发源于英国，并成了当今西方世界的主要政府制度。英国、德国、日本、意大利、北欧国家都是内阁制政府模式的代表。

内阁是内阁制国家政治制度的核心，其主要特点是行政部门与立法部门相结合，立法与行政权力都集中在内阁手中。首相是内阁的首席大臣（premier minister)，内阁的一切重要活动，都由首相决定。根据《1973 年英国官方手册》："首相的任务是：向英王报告政府工作概况，主持内阁会议，对各部进行总的指导，解决各部之间的争端，以及批准各部不需提交内阁讨论的重大决定。首相在下院中就最重要的问题为政府辩护，并答复下院对政府所提出的质问。"首相决定对外政策，并掌握着内阁大臣的任免权。英国教会的主教和教长、教区牧师、高级法官以及枢密院顾问官等职位，都由首相向英王推荐任命。册封贵族爵位和封赠各种荣誉，也都由首相向英王提名授予。

按照英国宪法惯例，作为世袭的国家元首的英王，是立法机关的组成部分，是最高法院的首领、武装部队的总司令和英国国教的世俗领袖。他（她）有权任免首相、大臣、高级法院法官和总督等，有权召集和解散议会，批准法律，统率军队，以及宣战与媾和等等。但上述权力实际上是由内阁和议会来行使的，王权实际上已徒有虚名。

内阁由首相挑选若干大臣（部长）组成，入阁的大臣或部长即为阁员，他们对首相负责，阁员之间互相负连带责任。凡遇内阁首相提出辞职时，全体内阁成员必须一起辞职。

由于内阁制在一些主要的资产阶级国家比较流行，资产阶级学者对内阁制倍加赞扬，认为这种制度的优点是：

第一，行政机关与立法机关通力合作，保证了政府活动的敏捷、迅速和有效。

第二，议会和选民都可以监督政府。

第三，遇有紧急情况时，内阁可以实行应急政策。如 1982 年马岛战争时撒切尔首相成立了特别的战时内阁。另外，内阁制有利于训练政治家，议会中的多数党执政，而反对党组成自己的"影子内阁"，一旦反对党变成执政党，就能很快适应政府的内政、外交工作。

比较而言，在实行总统制的国家，新政府的领导人有时并不能马上进入角色。内阁制的缺点是，议会对行政机关的监督不如总统制国家议会那么有力。

3. 混合型的中央政府

混合型的议会制-总统制下的行政权力比较特殊和复杂。法国是最为典型的混合型的政府体制，法国宪法赋予总统的权力有①：

（1）任免总理，组织政府。宪法第 8 条规定："共和国总统任命总理……总统根据总理建议任免政府其他成员。"这表明政府直接受制于总统。

（2）主持内阁会议。宪法第 9 条规定："共和国总统主持内阁会议。"总统主持内阁会议，并决定内阁会议的议程。法国的内阁会议不采取投票表决的方式，所以不是政府成员的总统对内阁会议的地位就更加突出。

（3）任命文武官员。宪法第 13 条规定："总统任命国家文职人员和军职人员。"

（4）签署法令，颁布法律。内阁会议通过的法令和命令，均由总统签署，由总理或有关部长副署。即内阁会议的决议只有经总统签署才生效。但是，总统对决议不负政治责任，如果受到国民议会弹劾，由副署的总理和有关部长承担。对于议会通过的法律，总统有权要求议会重新审议，议会不得拒绝。总统对法案还有延搁否决权。

（5）总统为军队的最高统帅，主持最高国防会议和国防委员会。

（6）解散国民议会的权力和要求举行全民公决的权力。自 1958 年第五共和国建立以来，总统已经四次解散国民议会。它是总统制约和控制议会强有力的有效武器。要求全民公决，是指总统有权绕过议会，就修改宪法、组织公共权力机构、批准共同体协定或法律草案等提交公民投票决定的权力。

（7）行使宪法第 16 条的非常权力。宪法第 16 条规定："当共和国体制、国家独立、领土完整或国际义务的履行受到严重和直接威胁时，共和国总统在同总理、议会两院议长和宪法委员会主席正式磋商后，根据形势需要采取必要的措施。"戴高乐利用这一特别权力，做出了 18 个决定，镇压叛乱，清洗部队，整顿警察、国家机关和设立特别法庭等，制止了动乱，维护了国家安全，保持了第五共和国的稳定。

法国宪法的上述规定加强了总统权力，使总统成为国家权力的中心，有效地克服了第四共和国的政局动荡，维护了国家政治上的稳定。与此相对应，议会的地位明显下降。那么，总统与总理之间是什么样的权力关系？

从上述总统权力中可以看出，总统与总理之间是"强"总统和"弱"总理的关系。在大多数情况下，总统是议会多数派的领袖，总理和政府成员大部分也是多数派的成员。所以，议会多数派对总统至关重要。

但是，在法国，总统有时会处于被议会多数反对的局面。1986 年 3 月在国民议会选举中右翼反对派获胜，密特朗不得不任命右翼领袖希拉克为总理。1993 年 3 月的国民议会选举后再次形成这种局面，右翼反对派的巴拉迪尔出任总理。在这种情况下，总统和总理之间的矛盾就比较突出。

另外，法国宪法赋予总统和总理互相否决的权力：

第一，关于免去总理职务，必须是在总理提出辞职的情况下总统才能免去其职务；如

---

① 吴大英，沈蕴芳．西方国家政府制度比较研究．北京：社会科学文献出版社，1995.

果总理得到议会多数派的支持，会以辞职的手段威胁总统。

第二，关于任免部长，总统对总理任命部长的建议有否决权，但总统只能任命总理建议任命的部长，而不能任命总理未提名的人为部长。同样，总统可以拒绝总理免去一位部长的建议，但不能罢免总理未建议免职的部长。因此，总统和总理在行使这一权力时是互相制约的。

第三，关于外交和军事权力，总理可以以拒绝副署的方式来阻挠总统的决定。有关重要谈判，由总统和总理同时参加。1986—1988 年，密特朗总统和希拉克总理均共同参加重大国际会议。

第四，关于运用全民公决的权力，没有总理或议会两院的建议，总统不能行使宪法第 11 条规定的公民投票权力。所以，在与议会多数派对立的情况下，总统不能行使这一权力。

从上述可以看出，法国总统享有的一些特殊权力（解散国民议会权、要求全民公决权和宪法第 16 条的非常权力）使得法国总统拥有比美国总统更大的权力。但宪法设置的制约条款又使法国总统没有英国首相般行动自由。

对于新近出现的混合制国家的中央政府的权力状况难以在此一一描述。从总体上看，在俄罗斯等国家，总统是国家权力的中心。

4. 中国的中央政府

对中国的中央政府应做广义上的理解。我国宪法确立了中国共产党的领导地位。我国的中央政府是执政党设置的，共产党以执政党身份管理国家事务，在中国共产党的高层领导机关，设有各种职能口，如工业口、农业口、文化教育与卫生口、商业贸易口、财经口等。这些口均由执政党的高层领导人相应地负责。应充分认识政治局常委会、政治局和书记处在中国政治生活中的作用。政治局常委会一方面在组织和思想上保证共产党的领导，另一方面在重大政治决策中起关键性的作用。政治局常委会实行集体领导制。国务院总理为政治局常委，一方面要服从党章所规定的集体负责制，一方面又要履行宪法所规定的总理个人负责制。

我国行政机关之间的关系典型地体现了“党的领导”原则，因此一般称“党和国家领导体制”。

党政关系是认识中国政治的前提。党政是什么样的关系？简单地说，共产党是决策机关，政府是执行机关。1958 年的《中共中央关于成立财经、政法、外事、科学、文教各小组的通知》进一步指出：“大政方针在政治局，具体部署在书记处。……具体执行和细节决策属政府机构及其党组。”党的十九大报告指出：“党政军民学，东西南北中，党是领导一切的。”

共产党的决策机制是什么？是归口管理制度。归口管理决定了无论是人民代表大会还是国务院，都要服从中央政治局的安排。

上述体制说明，各级政府都是在执行党的意志和政策；二者虽是不同的机制，发挥不同的作用，但最终归各级党的委员会领导。

除以上四种类型外，还有委员会制度，比如瑞士。

二、行政机关

行政部门就是指中央政府和地方政府所属的行政体制或职能部门，如财政部、水利部等。在了解行政部门的政治功能之前，先介绍一下官僚制。官僚制又称“科层制”，主要指文官制度或公务员制度。

1. 官僚制理论

提起“官僚”，人们往往会联想到“官僚主义”。官僚主义在任何国家都存在，任何国家都声称要控制官僚主义，反对官僚主义，说明人们对官僚制（bureaucracy）中存在的形式主义、办事拖延作风的不满。但在现代任何国家，离开了行政机关，政策就无法执行，国家就无法运转。那么什么是官僚呢？

在政治学上，作为一种制度，官僚制是指所有大型组织中由受过训练的专职人员组成的行政管理机构。18 世纪，人们首次使用“官僚”一词，把它当成一种新的政府形式，认为公益精神的维护得益于行政官员。到 19 世纪，官僚制又与当时的欧洲中央集权国家联系起来，是指在行政法方面受过专门训练的专业文官并对公民生活实行全面控制的一件精美艺术品①。在《法哲学原理》中，黑格尔把国家说成是人类活动的理性与普遍原则的化身，而文官被授权以维护国家的普遍利益和总体利益的合法性。这种观点受到了马克思的批判，在《黑格尔法哲学批判》中，马克思认为国家只有在民主制下才能得到合理的设置，而在政体形式尚不民主的地方，国家就成为反对人民的某种抽象的东西，而官僚制作为一个封闭的社会亦与人民对立。因为在剥削制度下，官僚制与社会的大集团联结在一起，官员依照形式主义的那种千篇一律的做法行事，并且创造出一种幻想的普遍利益。官僚制将形式主义变成了目的本身，创造出一个技术等级制度，将技术转变为神话和秘密，将官员们束缚在追逐升迁的职业之中，并保证他们比其他人有更大的安全感。马克思对官僚制的批判成为后来社会主义国家反对官僚主义的理论依据之一。

随着现代国家的发展和文官制度的建立，官僚制成为现实生活中最不容忽视的政治问题，因此必须对之进行系统研究。在 20 世纪，马克斯·韦伯对官僚制进行了经典研究。韦伯认为，官僚制的合理性在于它使行政受法规约束以及要求知识成为决策基础。他指出，无论在何种类型的政治制度内，在所有承担着复杂和大规模行政职能的组织内，包括工商企业、工会、政党等，由职业专家实行的管理都逐步占据优势。他把官僚制定义为具有下列特征的行政管理体制：

（1）等级制。每个官员都拥有明确的特定权限，并对其上级负责。

（2）非人格化。每个官员的工作是根据固定的规则而不是根据官员的好恶来确定，每

---

① 邓正来．布莱克维尔政治学百科全书．北京：中国政法大学出版社，2002：78.

项具体事务都必须保留文字记录。

(3) 延续性。行政官员是一个专职的薪金阶层，其职务稳定，并有望正常晋升。

(4) 专业化。官员都是择优录用，受过专门训练，并系统了解所在领域的全部知识。

韦伯认为，上述特征综合在一起就可以最大限度地发挥行政管理的效能，使官僚制同复杂的工业社会息息相关。

韦伯的研究为人们提供了出发点。但是，官僚制是否必然形成政府的高效率？在现实生活中，人们会听到对某机构、某官员的办事效率的称赞，但同样也会耳闻目睹公共机构和官员的低效率。其实，公民不满意官员的作为，在很大程度上是官僚制的性质所决定的，这在任何国家都是难以避免的。官僚制中的分工原则意味着不熟悉规章的普通百姓可能从一个办公室被推到另一个办公室，才能找到一个有权回答或处理他们的问题的单位。而严格的等级制又意味着，接待普通百姓的低级官员并无权力做出一些决定，因而公民又必须耐心地等待上级或另一个单位的批准。

这样，普通百姓就在行政机构中受到挫折。然而官僚制的性质决定了，事情还远未结束，由于行政机构是按书面文件办事的，他们就要求公民填写一份乃至几份表格。这些表格是官僚制所需要的，然而老百姓都很难理解。

每个公民都可能认为自己的情况特殊，而且应该得到照顾，或者应该作为例外处理，但官僚制的非人格化决定了，除了规章，没有例外。这自然又会引起公民的反感。

结果，普通百姓认为官员的态度不好，批评之声随之而来，指责他们的文牍主义、不负责任、拖沓延误。在西方，国家活动的扩大和国家雇员的增多导致了右翼党派一次又一次地企图将民众的怨恨情绪集中于反对官僚制的弊病，要求削减福利和降低税收。

在社会主义国家，官僚主义也成了一个焦点问题。在苏联，列宁对官僚主义的批评全面而又深刻。20 世纪 50 年代初铁托与斯大林冲突时攻击过苏联的官僚主义，但铁托本人后来又遭到《新阶级》作者吉拉斯的攻击。在中国，毛泽东试图以群众运动来冲击官僚主义。现在，官僚主义仍然需要警惕和克服。

可以看到，官僚制的发展是不可避免的，并且已成为现代国家的核心因素。如何减少官僚主义及其危害？在中国，邓小平认为官僚主义的根源是高度集中的管理体制，造成官员的权力太大。无疑，社会主义市场经济体制的建立会削减官员的权力，但对付官僚主义还应有官僚制度上的改革。人事制度的改革和公务员制度的建设肯定会使我国的行政管理体系更加成熟和健全。

由于公务员制度或文官制度建立的政治制度基础不同，对产生于公务员制度的行政管理体制的政治要求也是不一样的。在中国，各级领导干部都要讲政治，这就意味着，领导干部首先要有党性原则，要顾大局，在讲政治的前提下搞好本职工作。

在西方，文官制度是针对政党分配制而建立起来的，因此提倡官员的非政治化，但这并不是绝对的。对欧洲大陆国家的高级文官的研究表明，法国和瑞典的高级文官权力很大但没有政治倾向，比利时、意大利和波兰的文官政治倾向非常强但没有多少权力，而荷兰和瑞士的文官既无权力又非政治化。

根据美国的文官制度，除担任C项职务的文官外，其余联邦雇员均不得“积极参与政治管理或政治运动”。C项职务有2 000个，包括各主要部的部长、各机构的首脑、副部长和部长助理、管理委员会成员及白宫班子成员。被禁止参与的政治管理和政治运动是指，文官不能竞选全国和州的职务，不能请求别人使自己成为这类职务的候选人，不得向联邦机构提供政治性捐款，也不准接受捐款。1976年，参、众两院通过立法废除这一非政治化的规定，但遭到总统的否决。

可见，政治化程度在各国的文官中是不一样的，但官僚制的性质似乎决定了高级文官或高级公务员所固有的“保守的倾向”。高级文官一般都任职长、阅历深、有专业化的技术背景。他们在执行新的政策和法律时，必须与过去的政策和法律协调起来，而高级文官拥有长年积累的经验，因而容易以过去的经验为基础而执行新的政策。英国的高级文官“首先是倾向墨守成规，调和折中，和谐融洽，而这无异于就是维持现状的固执偏见”，官员们是“用标准的手续有耐心地、不知疲倦地、忙忙碌碌地处理问题的能手；他们对各种尝试，或者事实上对任何偏离早已构成他们组织基础的习惯的、行之有效的做法都持怀疑态度”。苏雷曼评论说：对这一特征的描绘用来刻画法国高级文官是最恰当不过了。

2. 官员行为理论

上面所描述的是行政机构运转过程中的一般特征。随着对官僚制研究的深入，出现了专门研究官员行为的理论，主要包括部门政治理论和官员理论。

（1）部门政治理论。

部门政治理论并不假定政府是一个作为整体的行为者，政府只是许多部门的总和，而各个部门均有自己的利益，因而政策过程就是各部门之间谈判和协商的漫长过程。例如在美国，政府的行政部门既包括专事对外政策的国务院，也包括实质上属于国内部门的商业部、劳工部、农业部和财政部等，还有不属于政府部门的国会，而所有这些部门对外交政策都有某些兴趣，每一个行动者都会从不同的视角向一个问题或议题靠近。如此多行政部门以及立法机关，不可避免会导致分歧甚至冲突，甚至不同的部门对于“国家利益”会有不同的解释。在现实政治中，以“国家利益”为名而行部门利益之实的现象并不少见，更有甚者，在那些法制不健全的国家，享有法律制定权的行政部门很容易将部门利益法制化。

行为者、利益和观点的多元状态，意味着政策过程是一个协调各方观点、建立一个一致或多数联盟从而能够制定一个政策的过程。这不仅要考虑什么样的政策建议最有价值，而且还要考虑行为者本身的实力。决策就意味着讨价还价，要求谈判，必须妥协。这样，决策一方面是在行政部门寻求支持，另一方面还要在立法机关寻求支持。

在部门政治中，分歧与妥协过程的特点影响政策的输出。在“政策机器”内持续谈判或协商的一个最重要的结果是，政策在一个时期只向前移动一步，并倾向聚焦于特定问题和短期目标上。因而部门政治的政治过程具有“渐进主义”的特征。这意味着，行政部门在制定政策的时候，既没有时间又没有资源去获取理性决策所需要的所有信息和条件。相反，他们选择看上去最能令人满意的政策，而判断标准是一个类似的政策在过去的成败得失。他们的假定是：过去有效的，现在与将来都会有效。另外，一旦一个多数联盟通过艰苦协商而建立起来，该联盟有可能修正现有的政策。但是，如果困难太大，利益关联方太多，一个看上去必须改变的局面未必得到改变，这在中外历史上都不少见。

政策过程具有耗时性。部门政治的渐进主义特征意味着“政策机器”是在一条既定的轨道上低速前进。一个政策动议一般首先在行政部门内部加以讨论，然后向上沿着行政系统到达最高决策者。而在行政体系中，政策动议随着支持基础的扩大而被不断地修正。不停地举行会议与部门间的谈判使政策过程变得如此缓慢。在西方国家，当一个政策需要国会和公众的认可时，过程更长，反对者可能有很多理由在国会阻止立法的进行。

(2) 官员理论。

官员理论的主要要素是官僚自主性、信息不对称和预算扩大化倾向。

行政机构是执行国家权力的功能部门，从这一意义上说，行政机构是代表国家利益的。但是，在推行国家权力（无论是国家政策还是国家法律）过程中，行政机构在解释着政策和法律，从而又起到立法部门的作用。正是由于执行国家权力过程中的复杂性，行政机构形成了特殊机构的特别利益即部门利益和部门利益中的个人利益。这一特征早已为公共选择理论所论证。其实，中国的政治过程也验证了公共选择理论。

不仅如此，在执行国家法律与政策的过程中，其部门功能又决定了行政部门要成为事实上的立法者和政策制定者，利用信息不对称而扩大自己作为代理人的权限，从而形成了所谓的官僚自主性（bureaucratic discretion），即行政机构和个人超越其法定的地位和职能，超越政治家的控制，在公共决策过程中发挥主导作用的现象①。

官僚自主性既可能是由于行政对其部门利益追求的结果，也可能是政治过程中信息不对称的必然性产物。为了追求部门利益，行政机构有预算最大化倾向，因为预算越大，机构也就越大，机构负责人的权力越大，其控制的资源也就越多。这一点对任何国家的行政机构都是一样的。那种认为预算最大化模型来自选票最大化、而中国不存在选票最大化的情形，因而说预算最大化模型不适合解释中国的观点是不正确的②。只要走进中国的大小行政、事业机构，就会发现大大小小的部门都抱怨本部门的任务太重，人手太少，因而纷纷要求增加编制。因此，预算最大化在中国同样是一种普遍存在的趋势。

而在政治过程中，作为政治代理人的行政机构具有明显的信息优势。常识告诉我们，

① 袁瑞军．官僚自主性及其矫治：公共选择学派有关论点评价．经济社会体制比较，1999 (6).

② 关于不能解释中国的观点，参见：方福前．公共选择理论：政治的经济学．北京：中国人民大学出版社，2000：280.

一般性的法律或政策的执行主体是行政机构而非制定法律和政策的中央政府。而在执行的过程中，行政机构就自然形成了相对其委托人的信息优势。例如，当农业部的官员认为加入WTO会对中国的农业有多大危害时，中央政府并不能拿出其他信息来证明其不会对中国农业造成如此危害。同样，中央政府也拿不出更多的信息驳斥原信息产业部官员所说的WTO危害。

由于天然的信息优势，作为政治代理人的行政机构就会去扩展其部门的权力和影响力。行政部门往往能够“通过运用被授予的权威，来取得对未被授权的某个领域的控制，权威得到了扩展”①。不论是直接的还是间接的，权威经常能够扩展开来，取得超出最初授权范围的权力。

官僚自主性的本性和权威扩展的自然性，决定了经济转型中的行政机构的问题可能远非官僚政治理论家和公共选择学说理论家所能想象的。由于行政机构改革尚不到位、不彻底，有的行业性行政机构成了翻牌公司，而有的依然存在，从而成为行政性垄断的维护者、审批权的拥有者和追求者，进而造成了行政机构的运作“黑箱”，自由裁量权被运用到极致甚至荒唐的地步。

3. 行政机构的作用

现代社会是受大型组织支配的，而行政机构则是现代社会中最庞大的组织。那么，行政机构是指哪些部门呢？在政治学上，行政机构属于政府机构范畴，行政机关讲的是最高行政当局即中央政府，而中央政府统属的各部、局，就是政治学上所指称的行政机构。

政治学家普特南说：“对于由谁统治我们的复杂的现代社会这一问题，真的还有很多疑问吗？政府采用的绝大多数政策动议，是由主要日常文官组成的公共行政机构负责提出的。不仅是决定个别问题的权限，而且起草大多数立法议案内容的权限都已从议会转移到了行政部门。由于行政官员们事实上既垄断了设计实际政策方案所需的技术专长，也垄断了有关现行政策缺点的大部分情报，因而他们获得了拟定决策议事日程的主要的影响力。在所有国家中，职业文官的人数，以及他们的任职时间都大大超过经选举产生的行政官员。事实上，现代政治体系本质上是‘官僚化的’——以‘文官统治’为其特征的。”②

那么，行政机构的职能是什么？官员们究竟做些什么？其中一项最关键的政治功能是在各种具体情况下实施法律、法规、规章和政策。例如，在卫生部，官员们可能是在确定某一公司生产的药品是否符合政府规定的药物标准，某一药品广告是否违反了广告法。农业部可能涉及粮食价格和保护农民利益等问题。

可见，行政官员的首要功能是执行中央政府的决策或政策倾向。同时，官员们也大大地影响着决策过程。一方面，中央政府在制定某个方面的政策时，少不了专业化官员的信息和参与。另一方面，中央政府所制定的政策，大多是指导性的，只有当行政官员制定出

① 林德布洛姆．政治与市场：世界的政治—经济制度．上海：上海三联书店，1991：30.

② 阿尔蒙德，鲍威尔．比较政治学：体系、过程和政策．上海：上海译文出版社，1987：324－325.

法规条例，详细阐述政府的政策时，指导性的政策、法律才能有效地实施。一项指导性的政策贯彻到什么程度，通常取决于行政机构的解释以及它们在实施该政策时的兴趣和效率。此外，行政机构的官员还被赋予一定的自由裁量权。

在政治过程中，行政机构还是事实上的立法者。前面所说的行政官员制定解释政策的规章，对一切相关的公民、企事业单位，甚至地方政府的活动都具有法律作用。当然，这种立法是在法律确立的原则范围内做决定。另一方面，西方国家存在大量的“委任立法”。在中国，存在大量的授权立法，行政部门制定的法律体现了该机构工作经验的总结。从这个意义上说，行政机构又是改革者。

但是，官僚制的特征决定了行政机构总是保守的。在中国，由于部门利益问题，在执法和立法的过程中，行政机构总是竭力保护本部门和本部门管辖内的行业和事务，结果造成行政过程中制度成本过大，权力大于法律，并形成法律冲突现象，制约了国家权力的正常运转。

总之，现代复杂的相互依赖的社会离开了行政机构就无法维持，因为没有行政机构提供组织、分工和专业化，人们就不可能提出任何执行大规模社会任务的规划。然而，经过中央政府和议事机构批准的公共政策在执行过程中有可能被行政机构误解、歪曲。因此，建立和保持一个灵活的、高度负责任的行政机构是所有现代国家共同面临的一个棘手问题，“官僚主义”是现代社会的通病。必须减轻官僚制的病症，方法之一是使行政机构和官员处于控制之下。

控制分为正式与非正式两种。非正式控制就是我们常说的社会监督，包括公共舆论的影响、新闻媒体的曝光、社会团体的反映等。正式的控制是指官员上级的控制以及议事机构的制约。政府首脑有权利用强制性权力来撤换渎职的官员，但是在实际中，行政领导对下属部门主要运用说服性权力，而很少采取撤职或调任这种极端的形式。另外，中央政府还可以通过政府机构重组来实行控制，重新分配资源和改变职权的隶属关系，以使行政机构在执行政策时与中央政府的目标保持一致。

议事机构的监督是从外部控制行政机构的重要手段。在西方国家，议会委员会的调查，议员对行政部门提出质询、听证，都可能对官员的表现产生某种影响。前面我们提及美国的“委员会批准原则”。在德国，议会委员会的设置是和行政部门相对应的，专门用来控制行政部门的行政行为。中国的行政部门也定期向人大常委会报告工作。

在社会主义国家，对官僚主义现象的上级控制力量是执政党的中央机构，如政治局、书记处及纪律检查委员会。党的纪检部门常和政府的监察部门一道工作，共同打击行政腐败。

面对庞大的行政机构，现代政治领导不仅要恰当地寻求目标和政策，还要学会如何同庞大而复杂的行政机构打交道，学会何时对它实施强制性权力，何时对它进行改组，何时对它嘉奖和教育，使行政机构高效地服务于自己的目标和政策。

第三节 国家元首、立法机关与司法机关

一、国家元首

国家元首是一个国家在实际上或形式上对内对外的最高代表，在国家机构体系中实质上或象征性地居于首脑地位。

任何性质的国家，都要设置国家元首。在君主制国家，国家元首称为国王或皇帝。在共和制国家，国家元首称为总统或主席。元首对于国家的作用有：

第一，象征国家。一提及国家元首，人们马上会把他或她与一个国家联系起来。如果说国家是抽象的，那么作为国家象征的元首则是具体的。1946 年日本宪法规定："天皇为日本国之象征，同时为日本国民团结之象征。"这种象征作用，有助于国家的完整和统一，有利于国民向心力的形成。

第二，代表国家。我国宪法规定：国家主席对外代表中华人民共和国。代表的方式有：代表国家出访，派遣驻外使节，接受外国使节，对外宣战、媾和及缔结条约等。元首在行使对外代表职权时，享受豁免管辖权、特别保护权、礼仪荣誉权。

第三，对内代表国家的统一。如国家元首签发法律和命令，元首行使统率权，有利于全体国民一致遵从，从而达到政治和社会的安定。

不管在什么样的国家，元首对国家均有上述作用。但国家元首与政府或行政机关的关系是不一样的。若元首行使行政机关的权力，即拥有制定、执行法律的实权，就是实职的元首，如美国总统、墨西哥总统，实行混合型的议会制-总统制下的总统；若其权力主要是形式上和象征性的，那就是虚位的元首，如立宪君主制国家的国王，议会制下的总统。

二、立法机关

立法机关是指由选举产生的人民代表组成的代表大会的政治体制，它在理论上或实践中对立法负有重大责任。当代几乎所有的国家都设有立法机关，其称谓有议院（chambers）、上下议院（houses）、参议院（senates）、国民议会（assembly）、人民代表大会（NPC）等。立法机关在不同的国家里的实际权力是不一样的，但这些机构的设置表明，一个合法性政府至少需要一个代表民意的机构。任何国家的法律都规定，立法机构的成员或代表由选举产生，并对选民负责。

1. 议会主权

议会产生于中世纪的欧洲，但是议会主权则形成于资产阶级革命以后，即国家最高权力由君主转向议会。在议会拥有主权的国家，议会在制定任何法律或修改任何已经制定的法律方面享有无限的权力，并得到法院的承认，因而没有任何机构或法院拥有否决或驳回其立法的权力。享有议会主权的国家很少，如英国和新西兰的议会不受宪法的限制，但是美国、加拿大、澳大利亚、印度、德国和意大利等国的议会的立法权受到有关宪法条款的限制，如立法机构不得制定那些违反基本自由的法律。

与议会主权相关的国家主权是民族国家形成时的产物，在全球化的过程中，国家主权

的性质和内容已经发生了很大变化，因而议会主权也受到挑战。根据欧盟的有关法律规定，欧洲联盟的立法机构即欧洲议会享有最高立法权，成员国的法院必须遵守欧盟的法律，成员国的立法机构相当于欧洲议会的从属机构。

2. 立法机关的结构

资本主义国家的议会组织一般分为一院制和两院制。世界上的主要资本主义国家都采用两院制，目前的社会主义国家的立法机关实行一院制。在欧洲历史上，曾出现过三院制。欧洲大陆国家的议会是由“等级会议”发展而来的，法国曾有过三个等级：高级僧侣、高级贵族和代表其他阶级的第三等级。英国是“议会之母”。在13世纪，英国各个等级的代表就组织起来了，后来逐渐形成两大势力：由大贵族大僧侣组成的贵族院和由郡选议员与自治市选议员组成的平民院，即今天的上院和下院。

在联邦制国家，以两院制组织起来的议会有一个特点，其中一院由各州或邦选出的等额代表组成，另一院则以人口比例选出代表组成。总体上看，两院中的上院（参议院），代表的产生方式比较复杂，有世袭的（如英国），有国家元首任命的（如意大利），有选民直选产生的（如美国），等等。下院（众议院）代表一般由选民选举产生。

在大多数国家的两院中，其中一个占主导地位，另一个（如英国的上院和法国的参议院）起牵制和搁延作用。但美国的两院制是个例外，参议院和众议院具有同等的权力。

在资本主义国家的议会内部，一般有两种组织，一是政党组织，二是委员会。在欧洲国家，议会内的政党纪律比较严格，议员很少违背党魁的指示去表决。在内阁制国家，如果议员违背党的纪律，政府就有可能垮台，因为政府是由在议会中占多数议席的政党执掌的。在美国国会中，政党纪律并不明显，政党在国会中的作用主要表现在组织各委员会上。

委员会制度在资本主义国家的议会中居重要地位，尤其是在美国，没有各委员会的日常工作，就不会有国会的运转。美国国会委员会的类型有常设委员会（standing committees）、小型特设委员会（select committees）、联合委员会（joint committees）。常设委员会共40个左右，如预算拨款委员会、预算委员会、外交委员会，其下设小组委员会（subcommittees）。小型特设委员会是临时性的，用以调查或研究某项政策或事件。联合委员会是由两院议员组成的，用以协调两院的工作。委员会主席通常由国会中多数党的资深议员担任。

3. 立法机关的职权

资本主义国家议会的主要功能是立法、预算和监督政府。

（1）立法权。这是议会的传统权力。立法权就是制定、修改和废止法律的权力。立法权分为两类：第一类是制定和修改宪法的权力。在有的国家，制定和修改宪法的权力完全为议会所有，如英国；有的国家则由特别程序或成立专门机构来制定和修改宪法，如美国、法国、日本和意大利等。第二类是制定和修改普通法律的权力。一方面，立法机关自己制定法律；另一方面，立法机关授权行政机关制定法规、条例、决议和命令等，它们都具有法律规范的性质。

一般说来，一项法案的通过要经过“三读”程序：第一读，宣布法案名称；第二读，宣读法案内容；第三读，对法案进行表决。

事实上，西方资本主义国家的立法过程极为漫长，也极为复杂。以美国的第 103 届国会为例，众议院各委员会共接到 1 500 项提案，参议院各委员会共接到 600 项提案。但是委员会只按自己的意愿选择其中的很小比例的提案加以讨论后，才呈送国会，其余的大部分提案则如泥牛入海。在报告给国会之前，委员会要邀请相关的行政部门写出有关提案的书面报告，然后举行听证会，以决定是否采取相应的对策或是否有必要向国会报告，最后一步才是向国会提交议案报告。可见，从收到提案到提交议案，大致经过五个阶段：审查、征询行政部门意见、听证、委员会评估、报告，在这一过程中，委员会是否同意讨论某项提案，提案被修改的程度，都是利益集团与国会、政府相互作用的结果。

议会的立法权还包括提出法案的权力。在总统制国家，总统在法律上不能提出议案，但可以通过很多途径向国会提案。在内阁制国家，如英国，根据议会规则，不仅议员有法案提议权，内阁也享有这种权力。英国宪法学者詹宁斯说："英国议会制度的特点是所有重要的议案，以及大部分实际通过的其他议案，都是由政府提出的。"①

在现代资本主义国家，还流行一种"委任立法"制度。它是指议会只制定法律的一般原则，对于法律条文本身所具有的具体内容不做详细规定，而用明文委任行政机关另行制定决议、命令、条例、细则等具体措施。委任立法制度的出现，是国家功能扩大的结果，但是并不是立法权弱化的一种表现。

（2）财政权。这也是议会的一项传统权力，议会因财政问题而出现。财政权也叫财政同意权，是指议会对政府提出的预算案、赋税案、公债案以及其他有关公民负担的财政法案的审议权。上述提案只有得到议会的通过，才能成为政策或法律。所以，财政权又叫财政同意权。

在英国这样的内阁制国家，由于预算案是由在议会中占多数席位的执政党的内阁提出来的，因此预算案一般都能顺利通过。与此不同的是美国这样的总统制国家。美国宪法第 1 条第 8 款规定："国会有权规定和征收税金、关税、输入税和货物税，以偿付国债、提供合众国共同防务和公共福利。"第 1 条第 9 款规定："除法律规定的拨款外，不得从国库提取款项。"可见，国家的财政大权掌握在国会手里。国家预算、行政部门的一切财政开支，每年年初由总统以预算咨文和预算案的方式提交国会审议。经过国会长达八九个月的讨论，在预算案得到两院的一致通过后，预算案便送给总统。总统如同意，便签署批准，成为法律。总统如不同意，可以行使否决权。只有国会立法后，行政部门才能得到拨款；支出的分配也要得到国会有关委员会的同意。这就是所谓的预算批准制度（budget authorization）。国会的批准权和总统的否决权有时会造成预算危机，如 1996 年预算危机，导致很多行政部门因支不出薪水而被迫关门。

（3）监督权。监督权主要表现在批准对官吏的任命和监督政府的执法行为方面。

根据美国宪法规定，美国"总统应提出人选征求参议院的意见并取得其同意而任命大使、公使、领事、最高法院法官及合众国政府的其他官吏"。这是参议院的特别权限之一。在绝大多数情况下，参议院都能批准总统的提名，因为总统的提名有时要与参议员磋商，有时则是参议员向总统推荐的。在极少数情况下，参议院有可能否决总统的提名。例如，

---

① 詹宁斯．英国议会．北京：商务印书馆，1959：6.

1988年，参议院两次否决布什总统提名约翰·托尔为国防部部长，因为他有酗酒的习惯。在某些情况下，总统解除高级官员的职务也要经过参议院的同意。

在不同的资本主义国家，议会对政府行为的监督权是不一样的。一般说来，在议会制国家，由于政府对议会负责，而政府又是由在议会中占多数议席的政党执掌，监督权要相对弱小。詹宁斯非常权威地描述了英国议会的处境："控制的因素诚然是微弱的。政府的职能就是统治；政府拥护者们的职能就是拥护政府；而政府反对者们的职能就是批评政府。作为最后的手段，下院可以迫使政府或者辞职，或者解散议会。可是，如果政府拥有一个多数党，这最后手段就很难用上了。英国政府如果不是世界上唯一最强有力的政府，也是最强有力的政府之一。它通常支配着一个稳定的议会多数……虽然就一种意义说，下院控制着政府是实在的，但就另一种并且更实际的意义说，政府控制着下院。"①

比较而言，在典型的三权分立国家，议会的监督作用相对大些。国会委员会往往通过听证会和做证形式来监督一个行政部门的日常工作，有时会雇用侦探来调查行政机关活动的合法性，如20世纪80年代初美国国会对美国中央情报局和联邦调查局的调查。

"委员会批准制度"是监督的另一重要形式，即一个行政部门在采取行动之前必须得到主管委员会的批准。这样在国会、政府部门和利益集团之间就形成了"小政府"关系。以糖业为例，糖业是国家主办的卡特尔经营的，卡特尔决定在美国种植多少糖料作物、进口多少糖以及从哪些国家进口，决策者就是国会众议院农业委员会的小组委员会、食糖生产者院外集团的代表和农业部糖业司司长。在多数情况下，三方的意见总是一致的。因此，糖业"小政府"是由国会的小组委员会和利益集团控制的，行政机构在其中起决定性的协调作用。

当然，总统总是有很多办法遏制国会。例如，总统对立法可行使否决权，而国会要想在两院中均以2/3的多数来否决总统的否决，绝非易事。

4. 中国的立法机关

在中国，立法体制就是指人民代表大会制度。现行宪法第二条规定，"中华人民共和国的一切权力属于人民"，"人民行使国家权力的机关是全国人民代表大会和地方各级人民代表大会"。这些规定表明，人民代表大会制度是我国的根本政治制度，是我国的政权组织形式，全国人民代表大会是国家的最高权力机关。

全国人民代表大会一年召开一次，为期两个星期左右。在全国人民代表大会闭会期间，全国人民代表大会的常设机关全国人民代表大会常务委员会履行其重要职责。作为全国人民代表大会常务委员会运转核心的专门委员会有：民族委员会、宪法和法律委员会、监察和司法委员会、财政经济委员会、教育科学文化卫生委员会、外事委员会、华侨委员会、环境与资源保护委员会、农业与农村委员会、社会建设委员会。它们正发挥着越来越重要的作用。但是，从结构上看，中国的立法机关存在明显的不足，专门委员会偏少。

全国人民代表大会及其常务委员会的职权主要有：

第一，立法权。我国的人民代表大会不仅有制定、解释、修改、废止普通法律的权力，而且还有制定和修改宪法以及监督宪法实施的权力。

---

① 詹宁斯．英国议会．北京：商务印书馆，1959：7-8.

第二，组织中央政府和其他最高国家机关的权力。选举、决定和任命国务院总理及政府组成人员、最高人民法院组成人员和最高人民检察院组成人员以及其他中央机关的组成人员。同时，它还有罢免上述人员的权力。

第三，决定一切国家重大事务的权力。审查和批准国民经济计划，审查和批准国家预算、决算，批准省、自治区、直辖市的建制，决定特赦，决定战争与和平以及它认为应当由它行使的权力。

第四，监督权。通过听取最高行政机关、最高审判机关和最高检察机关的工作报告，进行审议，提出质询，实行监督。但是，如前所述，由于机制上的缺失，有些监督职权并不到位。

人民代表大会制度由一系列制度构成，如选举制度、代表制度、组成人员制度和委员会制度等。要真正发挥人民代表大会的监督功能，前提是理顺中国共产党与人民代表大会的关系，其次就是在如下制度上健全人民代表大会制度。

（1）选举制度。我国的选举法规定，实行差额选举的比例是20%～50%；推荐代表候选人的单位有政党、团体和10人以上的代表提名。在实践中，选举法的这一规定在很多地方得不到落实，事实上只有政党提名，而没有团体和代表提名，提名的代表候选人差额比例远远不到20%，有时甚至不足10%。

（2）代表素质。差额选举制度中存在的问题，必然反映到代表的素质上来。代表如果不认字、不懂政治或对政治没有兴趣，就不是合格的代表。代表民意和表达利益要求是最为重要的政治范畴。因此，人民代表至少应该是懂政治并对政治有强烈兴趣的政治活动家。代表身份不仅仅是一种政治荣誉，更重要的是一种政治责任。

（3）人大常委会的会议制度和组成人员。作为人大的常设机关和主要的立法与监督机关，一年开6次会议实在太少，人大常委会和其专门委员会应该由职业代表组成。与此相适应，常委会及其专门委员会的组成人员应该是年富力强的政治家，专司立法与监督。

（4）专门委员会。在任何国家，议会大会的象征意义大于实质意义，议会是否健全取决于议会专门委员会制度的多少和功能。应该如何设置和完善专门委员会制度？世界上大多数国家的议会专门委员会的设置按照与政府部门对口的原则。也就是说，除了议会运转本身所需要的专门委员会，如议事规则委员会，基本上有多少政府部门就有多少专门委员会，这一原则在西欧国家尤其明显。这样，政府部门提出的议案、人事任免和政府部门的执法行为都有专门对应的委员会去监督，最大限度地控制了行政权力的扩张。目前全国人大常委会只有10个专门委员会，而政府部门和国务院直属机构将近50个，形成了监督机构与执行机构的严重不对称。为了控制行政权力，我国人大专门委员会的建设应该提到议事日程上来，增设更多的专门委员会，使所有的行政部门都有相应的监督和制约机构。

无论是党与人大的关系，还是人大制度本身中的问题，都是宪法规定的制度所存在的问题。因此，不存在不能完善的问题，人大制度中的一些机制缺失其实就是技术性问题，是很容易解决的。可以肯定，在理顺了党与人大的关系和健全人大运转所需要的基本制度与结构以后，人大的立法权、决定权和监督权将能得到更好的实现。

三、司法机关

司法机关是指行使司法权的法院和检察院。一个国家的司法机关是否独立，关系到该国的政府组织是否完善、人民的政治权利是否得到保障。所以，很多国家的宪法明确规定："法官独立，只服从法律"，或者，"审判员独立，只服从法律"。

1. 资本主义国家的司法制度

资本主义国家的司法体系各不相同，法官和检察官的产生方式也有很大区别。它们的权力主要有独立审判权、违宪审查权以及英美法系中的政策制定权。

（1）西方国家的宪法都规定了司法权的独立。美国宪法规定："合众国之司法权属于最高法院及国会随时规定设置之下级法院。"日本宪法规定："一切司法权属于最高法院及由法律规定设置的下级法院。"德国宪法也做了类似规定。意大利宪法规定："司法权以人民名义行使之。法官只服从法律。"

（2）违宪审查权就是对违反宪法的法律、法令和各种法规，法院有否认或者撤销的权力。违宪审查权也叫司法审查权。美国最高法院曾多次运用司法审查权。例如，1908 年，最高法院在审理"阿戴尔诉合众国"案中，公然判决有关禁止铁路公司开除加入工会的工人的国会立法"违宪"，理由是此种禁止违反了"契约自由"原则。

（3）司法机关还有制定政策的权力。司法审查权实际上是法院制定政策的一种方法。另一种方法就是制造判例。英美法系实行判例法，判例规则就是永久性判决。为此，法官的判决应和先前的判例一致。在成文法不准确时，或在缺乏成文法的领域内，法官可以通过判决制定法律，这种判决对其他法官有约束作用。因此，法院常常"制定法律"。有人说："美国的最高法院与其说是一个司法机关，不如说是一个政治机关，其判决与其说是解释和运用制定法，不如说是限制甚至修改制定法。"①

作为一个"政治机关"，法院就难以把法律原则当成唯一的判决依据。事实上，影响法官做决定的是公众舆论的压力——法律界的、国会的、新闻界的以及大专院校等方面的舆论压力。这种压力从本质上讲是政治性的。例如，最高法院的 9 位法官曾多次否决罗斯福总统早期的新政立法，在这种情况下，总统威胁要进行"法院整顿"，要求将法官名额增加到 15 个。国会反对"法院整顿"，但国会帮助说服一名法官转变立场，一名法官退休，最后，最高法院以 6∶3 的票数做出支持新政立法的裁决。另外，法院的政治性还表现在法官的判决总要受思想意识的影响，如美国民权问题，不同思想的法官对种族事件的判决是不一样的。总之，影响法官的政策性裁决的因素很多。

可见，"只服从法律"之说是相对的。那么，司法机关在行使审判权、司法审查权和政策制定权时，遵循什么样的原则呢？

（1）司法权独立原则。从上述分析中我们知道，做到彻底的司法权独立是不现实的，任何事物都不能被看得太绝对。西方国家的宪法规定了司法权的独立。独立原则是指：第一，非司法机关，非按司法程序，不得对任何人加以逮捕和审讯。第二，法院在审判中只服从宪法和法律，不受行政机关和立法机关的干涉。第三，一个法院的审判活动，不受另

---

① 罗豪才．资本主义国家宪法和政治制度．北京：北京大学出版社，1982：322－323.

一个法院的干预。第四，法官在审判时，按“自由心证”和“无罪推定”原则办事，不受各方面意见包括检察官控诉的影响。

为了实现司法独立，资本主义国家的法律一般都规定了法官的不可更换、专职制、退休制、高薪制等制度。其中的专职制是指，法官在任职期间，不得兼任中央或地方议会的议员，不得有政党身份，不得从事政治活动，也不得兼任行政职务或其他营利性职务（教学除外）。

（2）司法民主原则。司法民主原则包括公开审判、辩护、陪审、回避、上诉以及所谓正当法律程序，不得刑讯逼供。这些原则与中世纪的蒙昧主义和野蛮残酷的审讯方式相比，是一个巨大的进步。但是，在辩论制度上，西方学者也承认：“不论有多少律师答应为贫者服务（事实上，这样做的人是很少很少的），我们的法律制度必然有利于拥有财产、更为优裕的富者。”① 轰动世界的辛普森案便是明证。

在上述原则中，另一个与司法制度密切关联的是陪审制度。陪审制度是指由判断法律问题的专职法官和判断事实问题的非专职法官组成陪审人员，共同参与审判。美国宪法第3条第2款规定：“一切罪案，除弹劾案外，应由陪审团审判。”

西方国家的陪审制采取大陪审团和小陪审团两种形式。大陪审团一般由16名至23名陪审员组成。其职责是：第一，保护公民免受无事实根据的刑事控告，如果大陪审团裁决检察官控告的证据不足，此案便不得起诉。第二，提出证据证明被告犯了所控的罪行，这是一种司法职能。大陪审团不出席法庭，不在民事案件中使用。目前大陪审团制度已很少使用。

我们说的陪审团主要是指参与民事和刑事案件审判的小陪审团，由12人组成。在审判过程中，小陪审团在听取原告和被告的陈述、双方律师质证、法官指示法律要点后（因为陪审团被认为不懂法律），退入陪审团室进行讨论和表决。对于民事案件，陪审团要裁决原告全部或部分胜诉或败诉；若有请求损害赔偿者，陪审团还得就是否应予补偿以及补偿数额进行裁决。对于刑事案件，陪审团一般只就事实而不对案件适用的法律进行裁决。如果裁定无罪，当场释放被告；如果裁定有罪，即由法官进行法律判决。

进入20世纪，陪审制度有所衰落。1969年，伦敦民事案件采用陪审制审理的只占2.2%。美国的许多律师、法官和有关当局也要求限制使用陪审团以及限制陪审团的人数，甚至取消民事陪审团。西方的陪审制度存在很多弊端②。

（3）法律平等原则。法律平等原则在司法上体现为控诉制度，包括个人控诉、团体控诉和政党控诉。即无论是个人、团体，还是政党，皆可以因平等权利受到侵犯而依法向法院提出控诉，由法院对被指控为违反平等原则的立法和行政行为进行审查。但应该看到，平等权利能否得到真正保护，取决于控诉者的财产。美国前总统卡特说：“我不知道是否只有穷人才犯罪，但我知道只有他们在监狱里服刑。”③

总之，资本主义国家的司法独立原则、司法民主原则和法律平等原则是人类历史上的

① 龚祥瑞．西方国家司法制度．北京：北京大学出版社，1993：120.

② 克莱因．美国联邦与州法院制度手册．北京：法律出版社，1988：83－84.

③ 惠勒．吉米·卡特．北京：人民出版社，1977：222.

一大进步，但它们也反映了资本主义社会固有的局限性。

2. 中国的司法制度

我国司法审判的原则之一便是独立审判。我国法院和检察院的组成人员经人民代表大会批准而产生，他们对人民代表大会负责并受到人民代表大会的监督。我国司法机关的主要职能是侦查和审判，最高人民法院和最高人民检察院享有解释普通法律的权力，释宪权归全国人大常务委员会。

第四节 国家内政府间关系

用“政府间关系”而不再用“国家的结构形式”研究国家内的中央-地方关系，首先是因为“国家的结构形式”是一个含义不明确的概念，人们不但用它来反映中央-地方关系，有的国家宪法如意大利宪法还用它来指称中央政府内国家机关之间的关系。其次，“国家的结构形式”是旧制度主义政治学下的产物，其研究的对象是静态的法条和制度框架。在政治学方法论和研究对象已经发生革命性变化的条件下，语义不明确的“国家的结构形式”早已是一个过时的概念，不能准确地反映时下的主要国家的中央-地方关系。尽管如此，旧制度主义时期所形成的反映中央-地方关系的单一制和联邦制依然是中轴性概念。但很自然地，随着时代的演进，方法论的进步，这些中轴性概念的内涵也发生了变化。

一、单一制

单一制国家是指在由若干行政区域组成的统一主权国家里，权力和威权合法地集中于中央机构。具体的权力和责任可授权给地方政府和部门，但被授予的权力受到中央政府的监督，并且它可以撤销这些授权。中国、法国、日本、斯堪的纳维亚各国都实行单一制。一个国家是否实行单一制，取决于它的地域状况、历史传统、文化和民族关系等。

中国是单一制的多民族国家，以民族区域自治制度来解决民族问题。民族区域自治就是在国家不可分割的领土之内，在最高国家机关统一领导下，以少数民族聚居的地区为基础建立民族自治地方，以实行自治的民族成员为主组成自治机关，按照民主集中制，充分行使自治权。但是，中央政府和香港特别行政区之间的关系则不是简单的单一制，甚至也不符合传统意义上的联邦制国家的安排，而是一种特殊的制度。根据《香港特别行政区基本法》，中央政府对香港特别行政区拥有外交权和国防安全权，这是香港作为中华人民共和国一部分的法律定位。但是，香港拥有自己的货币，并且不向中央政府缴税，这种事实在任何其他单一制国家，甚至是联邦制国家都不曾出现过，联邦制国家的州需要向联邦政府上税。在建立社会主义市场经济体制之后，我国传统的中央-地方关系也已经发生了巨大变化，中央-地方之间的政治关系依然是单一制的，但是已经不能简单地用单一制来形容我国中央-地方之间的经济关系了。

单一制和联邦制等国家理论产生于早发达国家民族国家建构的具体历史情境。欧洲民族国家形成的一般过程是中央集权化的过程，可以认为以中央集权为主要特征的单一制是一种普遍形式。在整个 18 世纪到 19 世纪，通过权力分享路径建构民族国家也确实是一种例外，这个例外就是最为典型的联邦制国家美国。因此，形成了联邦制例外论。但是不例外的是，美国真正成为一个现代国家的转折点是战争，即美国内战，内战是对邦联制宪法的否定，内战以后的1787年宪法修正案使美国真正成为一个统一国家内的权力分享的联邦制国家。无论是欧洲还是北美洲，民族国家的成长都伴有血腥的战争，战争是国家权力集中的最高形式，但是战争的结果可能是权力共享，如英国和美国，也可能是中央集权，如德国和法国。早发达国家在19世纪完成了民族国家建设，大多数晚发达国家的这一进程持续到20世纪60年代。

二、联邦制

联邦制就是指由有自己的立法机关和行政机关的若干成员国或成员州构成的统一的国家。联邦制的主要特征是：联邦有统一的宪法、法律以及最高行政机关和立法机关，联邦的地位高于成员州或成员国，联邦宪法对各成员州或成员国的权限有明确的规定。各成员州或国都有自己的立法机关和行政机关，拥有自己的宪法和法律，并在联邦宪法规定的范围内，对外享有一定的独立权。各邦在法律上是平等的，在两院制的联邦国会中，其中的一院通常由各州选出等额的议员组成。各州的政体和联邦政府一样。美国和瑞士的宪法规定各州应采取共和政体，加拿大和澳大利亚的宪法要求各省不得违反君主立宪制。

与联邦制有密切关系的是联邦主义的概念。第一，联邦主义是指统一国家内的自治与分享治理的一种制度安排。在广义上，联邦主义涉及个体、群体和持久的政体之间的联系与有约束力的联合，使得各政治力量在追求共同目标的同时又保有自身的完整性。作为一种政治原则，联邦主义与分权有密切联系。在一个联邦主义的政治实体中，基本的政策是通过某种形式的协商而制定并实施的，这样使所有的人都能分享这个体制的决策与执行过程①。第二，自治与分享治理的本质性内涵意味着联邦主义不但是一个结构上的概念，更是一个程序上的概念。不管宪法如何规定一个国家的政治制度和政治结构，只要在程序上即事实上是一种治理分享的状态，这样的国家就是具有联邦主义特征的国家。反之亦然。如果一个国家在结构上被规定为联邦制而在程序上得不到自治与治理分享的任何保障，这样的国家就不是联邦制。第三，自治与治理分享不仅指宪法规定基础上的政治关系，还应该包括经济关系。虽然政治是经济的集中体现，但是在很多场景下，政治和经济是分立的，二者甚至是朝着不同的方向发展的。在这种条件下，经济领域中的治理样式对于理解中央-地方关系就是至关重要的。

实行联邦制的国家主要有美国、俄罗斯、加拿大、印度、澳大利亚、巴西、阿根廷等。一般说来，联邦制出现在地域辽阔、地区差别大并具有地方自治传统的国家，如美国和澳大利亚，以及那些语言、种族差异较大的国家，如加拿大和印度。当然，国土辽阔和多民族，与国家采取什么结构形式并无必然联系。中国幅员广大且是多民族国家，采用了单一制，而国土不大的瑞士、奥地利却实行联邦制。

---

① 联邦制思想起源于《圣经》中有关人与神之间的伙伴关系的描述。从语义学上看，“联盟”源于拉丁词 foedus，和希伯来语 brit 一样，意思是契约。就本质而言，联邦制是一种由契约关系约定的联盟式的伙伴关系，在权力关系上是一种特殊的治理权分享（伊拉扎．联邦主义探索．上海：上海三联书店，2004：6-7）。

从20世纪70年代末开始，世界范围内出现了一次联邦主义浪潮。当中国在下放权力的时候，印度也开始从事类似线路的变革，发达国家中的英国开始了“撒切尔主义”的分权与私有化变革。分权不等于联邦主义，或者说联邦主义也不是简单地等于分权。但是，分权是联邦主义的重要基础，当地方政府是由选民直接选举的时候，或者说地方政府通过法律规定而获得一定程度的地方性政策的自主权和自主的财政权时，中央-地方关系就可能演变成以契约为基础的合作和讨价还价关系，而这些就符合联邦主义的内涵。

如果说在民族国家成长和建设时期单一制是通例而联邦制是例外，那么在民族国家建设基本完成和国家治理的过程中，以自治和分享治理为主要特征的联邦主义则成为一种重要现象。其实，联邦制和单一制并无优劣之分，只不过是一种即时即地性质的国家治理的方式。在马克思主义经典作家那里，它们不存在优劣之分①，何况这样的国家理论本身就不是马克思主义的国家理论。从20世纪20年代到40年代，中国共产党都倡导联邦主义②，1949年通过的《共同纲领》正式提出单一制共和国。新中国成立以后实行的单一制和中央集权制，是一种历史的必然选择，是克服在过去100年中形成的总体性社会危机的有效之道。但是当苏联式的以计划经济为基础的中央集权制把单一制推向极端而问题累累以后，中国共产党人又不得不寻求新的治国之道，这就是以权力下放为起点和导向的经济改革。经过40多年的改革开放，经济领域中的自治和治理分享在中国已经成为一种普遍性的制度建制，有的学者称中国已经形成一种“经济联邦主义”。

除单一制和联邦制外，历史上一些国家还存在过邦联制。邦联制中的中央政府拥有形式上的权力，缺乏实施法律的手段，诸如直接的征税权和直接的管理权。1777—1787年的美国、1813—1866年的德意志，都是邦联制。有人还把联合国和各种地区性的联盟，如欧盟、东盟看成是邦联式的国家。另外，作为超国家的欧盟，正在挑战传统的国家理论。

进一步阅读材料：

1. 马克思．法兰西内战//马克思，恩格斯．马克思恩格斯选集：第3卷．2版．北京：人民出版社，1995.

2. 邓小平．党和国家领导制度的改革//邓小平．邓小平文选：第2卷．2版．北京：人民出版社，1994.

3. 亚里士多德．政治学．北京：商务印书馆，2008.

4. 孟德斯鸠．论法的精神：上．北京：商务印书馆，1982.

5. 汉密尔顿，等．联邦党人文集．北京：商务印书馆，1980.

6. 白芝浩．英国宪法．北京：商务印书馆，2010.

7. 萨拜因．政治学说史：上．亚里士多德部分．上海：上海人民出版社，2008.

8. 施特劳斯，克罗波西．政治哲学史：上．第四章　亚里士多德．石家庄：河北人民出版社，1993.

---

① 童之伟．单一制、联邦制的理论评价和实践选择．法学研究，1996，18（4）.

② 中央档案馆．中共中央文件选集：第15册，第16册．北京：中共中央党校出版社，1989.

9. 林尚立．国内政府间关系．第 1～4 章．杭州：浙江人民出版社，1998.
10. 杨光斌．国家结构理论的解释力与适用性问题．教学与研究，2007（7）.
11. 杨光斌．政体理论的回归与超越：建构一种超越“左”右的民主观．中国人民大学学报，2011（4）.
12. 杨光斌．中国政治认识论．第 6～7 章．北京：中国社会科学出版社，2018.

第七章

政　党

重点问题

- 政党与其他社会组织和政治组织有什么不同？
- 如何认识政党的使命特征？
- 政党在政治过程中的地位是什么？
- 如何看待中国共产党的适应性变革？
- 两党制和多党制的优缺点是什么？
- 如何看待多党制与政治稳定的关系？
- 社会主义国家的政党制度有哪些？

在政治学理论中，同一个概念在不同的语境中含义可能具有很大的差异，“政党”便是这样的概念。在中国，人们熟悉的“党和国家”之说便显示着中国的政党不同于西方的政党。西方国家的政党大多数是资产阶级革命后产生的政治派别，而中国以及很多其他发展中国家的政党则是国家的组织者，政党创建了军队并通过革命而创建了国家，这样的革命党显然起着建国的作用。而当下流行的政党理论则源自西方的语境，这就要求我们从中国以及发展中国家的历史与经验出发重新认识政党理论以及政党的作用。相对而言，国内学术界在这个重大理论和现实问题上做出了比较突出的贡献。

第一节　政党理论

一、政党的概念

现代意义上的政党起源于近代西方国家。19世纪以来，随着英、法、美等国资产阶级革命的胜利，资产阶级民主制度被创设并有所发展，近代国家产生并趋向成熟。在此过程中，当社会中的民族内聚力开始足以容忍政治分裂，容忍为权力而进行的有组织的竞争，并力图使其制度化时，政党便开始产生了。

近代西方国家的政府一般都是代议制政府，这种政府形式的必然结果就是普选制。普选权的扩大以及代议制政府的完善和发展，为立法机关中联盟的形成以及潜在的政党集团化创造了强有力的条件。出于议会同行政机关互相制衡的需要，议会中单个的议员结成团体，增强政治行动能力势所必然；普选制下，进行全国性的选举需要有固定的、制度化的组织；而且，随着政治竞争逐步国家化，每个组织要在选民的头脑里确立清晰明确的政治特征。这就为政党的形成提供了历史性的契机。

除了立法机关中的联盟之外，相当大数量的政党产生于立法机构之外，它们由社会运动或利益集团演化而来。以英国为例，19 世纪的保守党和自由党即属于由立法机关内部联盟演化而来的一类，而工党就属后者之列，这些政党虽然在早期被排斥在立法机关之外，但在以后的阶段，一般都能够加入立法机关之中。

那么什么是政党呢？政党同立法机关中的联盟、社会运动及利益团体有什么区别呢？

政党即社会中一定阶级或阶层的活动分子，为了实现某种目标而有计划地组织起来的一种政治组织，社会承认它具有组织与扩张其主张的合法权利，它也积极介入政治生活之中，为取得或维持政权或影响政治权力的行使而发挥自己的作用。

政党不同于立法机关中的联盟，它并不是立法机关的组成部分，其成员也不必然就是议员。政党不同于社会运动或利益团体之处在于：它通过提名候选人参加竞选的方式，选择执政者及影响国家政策，介入政权之中；而社会运动或利益集团比较关心政府要做些什么，或者说，更关心政府的具体政策，并力图通过各种方式，对之发挥影响作用。

政党有别于其他社会组织或政治组织的特征在于以下几个方面：

第一，政党具有的最重要也是最本质的特征在于，它是把政府形式上的结构与社会中的各种不同成分联系起来的“纽带”。这些成分包括个体公民和由他们组成的各种不同类型的经济、文化、宗教组织及其他组织。

所以，几乎所有的政党都具有两种功能，它们一方面向社会做出反应，代表某种社会利益；另一方面，它们又向社会施以控制，力图贯彻或推行政党的某种政策或主张。所以，政党是横跨两界的政治组织，它运行于政治体制的正式（合法的、立宪的）部分和非正式（社会的）部分之间的交界处，政党不仅仅谋求对合法的立宪权力结构施加影响，而且还谋求占据其中的职位。

政党作为政治机构的确定性特征在于，政党将国家机构与社会机构联系了起来。当政党所选择出的代表人物在国家机构中执掌权力的时候，他们将会很自然地反映来自社会的意愿，或者更准确地说，反映他们所代表的那一部分阶级或阶层的意愿。为了实现这些作用，政党发展出一系列的功能，如目标形成，利益表达，社会化与动员，精英形成与录用等。

第二，政党一般都具有明确的政治目标以及一整套为实现这些目标而设计的政治纲领。

政党的各种活动是直接指向政权的。在西方资本主义国家中，各资产阶级政党都认为，自己最重要的使命就是参加竞选，推选候选人，以便赢得公职职位，并争得议会中的席位。在这些国家中，一些政党因为规模小，成员少，无力控制政权或赢得选举，但它们也努力通过积极活动，使政策朝向有利于自身的方向发展。在一些社会主义国家中，民主党派虽然不具有执政党的地位，但是，它们能够积极地参政、议政，影响国家大政方针的制定和执行，民主党派的代表人物也能以个人身份被吸收进政府领导机构，并在其中发挥作用，反映或部分地反映其所代表的阶级或阶层的利益。

以实现目标为核心，政党一般都有自己的一整套行动纲领，提出治理国家的方案或行动口号。这些纲领或主张，能够明显地标示出某一政党区别于其他政党的政治特色，集中地反映了它所代表的阶级或阶层的特殊利益。总的看来，政党的纲领是吸引支持者并把党员团结起来的旗帜。

第三，政党是一种制度化的组织，它有系统的组织机构和组织原则。

现代政党，一般都有从中央到基层的组织机构。全国性的统一的政党，通常设有全国代表大会、中央委员会、主席、主席团等领导机构，有的在议会中还设有议会党团组织。政党通过这种由下而上的组织系统，将党员和积极分子组织起来，使得自身具有较强的政治行动能力。政党组织的严密与否是同党员的参与自由及民主决策互为消长的，通常一者的发展是以牺牲另外一者为代价的。所以，任何一种政党组织都是在追求组织效益的目标与党员参与、党内民主决策这一目标之间平衡的结果。

一般而言，严密的组织系统与严密的组织原则是相辅相成的。政党一般都有一套成文或不成文的规则来维系政党组织的存在，控制和约束其成员的行为。拥有严密组织结构的政党，组织原则也较为严格，反之亦然。

第四，政党的存在受到法律的保护，具有合法性。

政党组织是以参与政权为核心目标的组织，在法律上确定政党的地位是至关重要的。随着民主制度的发展和完善以及政党及政党制度的成熟，各国法律都对政党的法律地位做了规定，从而赋予了政党活动合法性。

二、政党的类型

当今世界各国很少有国家没有政党存在，对政党进行适当分类，有助于我们理解并把握这些政党的特性及作用。

1. 按政党政治理念的本质和角色来划分

在政党的政治纲领之中，集中体现了政党所根植于其中的政治理念及运用政权的方案。有的政党的政治纲领主要在于阐释政治理念，有的政党的政治纲领则相对较少地谈及政治理念，而主要对特定问题提出解决之道，尤其关心与选举有关的问题。因此，可以以政党所信奉的政治理念的本质，以及政治理念在塑造政党的政治态度与行动方案上所扮演的角色，来对政党进行划分。据此，可以把政党分为使命政党（missionary party）和掮客政党（broker party）。

使命政党是一个以吸引人们归依并信奉其政治理念为主要目的，而非以扩大选民支持而赢得公职选举为主要目标的政党。这种类型的政党的一个典型例子即美国的社会主义劳工党。

这个政党的党员相信马克思主义不只是了解现代社会，而且也是决定该党努力目标的关键。他们认为，人类社会的历史就是控制财富的统治阶级与受剥削的劳动者阶级之间斗争的历史。社会主义劳工党相信历史和真理是同他们站在一起的，所以在选举活动中他们并不追求选票数量的增加，而希望通过选举宣传来改变人们的信仰。虽然大多数的美国人并不为其信仰所动，但是社会主义劳工党也不会改变其政治理念而寻求选民支持。在政党的政治理念同选民发生冲突的时候，必须改变的是选民而非政党的政治理念。对他们来说，政治理念就是真理，任何一部分都不可能被改变或软化以迎合大众。在1988年总统大选中，社会主义劳工党的候选人华伦只获得了所有选票的1/4，但是没有一个党员认为这是社会主义劳工党的失败。总体来说，社会主义劳工党是个使命政党，而许多欧洲政党和其他像共产党或自由党这样的美国政党也都是使命政党。虽然有些欧洲的社会民主党和基督教民主党常常为了争取选民的选票而稍微修改它们的政治理念，但同英美等国的主要政党相比，它们还是更近似于使命政党。

掮客政党的目标是尽可能多地推选出候选人，而且这些候选人要尽可能地代表许多不同的利益以及政治理念。掮客政党以赢得选举为自己的核心目的，这种类型的政党的最佳例子是美国的民主党与共和党。同使命政党相比，这两个政党都没有一个为党员或党的支持者所分享的政治理念。一般来说，共和党代表较保守的人士，而民主党代表较自由的人士。但是，民主党中也有一些保守分子，而共和党中也有自由派。在民主党中，无论自由派抑或保守派，都不能声称自己是“真正的民主党党员”，在法律上规定，任何人只要赢得民主党初选，那么不论他的政治哲学如何，他同其他赢得民主党初选的人一样，都要成为民主党党员。共和党中的保守派和稳健温和派也是如此。

许多批评者对掮客政党颇有微词，因为它们不代表任何利益团体。一位批评者对美国的共和党和民主党这样评论道：“它们是两个贴上不同标签的酒瓶，不过两个都是空的而已。”许多人认为美国的两党经常出现在富人与穷人、黑人与白人、男人与女人之间的政治冲突之中，不过它们并没有给选民提供真正的选择，它们所做的只是让选民在模棱两可之中做无意义的选择罢了。这种批评指出了美国两党政治中的一些重要问题，但多少有些言过其实。1987年美国所进行的一项民意测验表明，许多美国人还是认为民主党和共和党之间是有一些重大差异的。

总的看来，使命政党和掮客政党是按照政党政治理念的本质和角色这一标准进行分类中的两种较为极端的例子。大部分政党可以列在这两个极端之间，例如英国、澳大利亚和新西兰等国的保守党和工党具有某种较清楚的政治理念，但其掮客政党的属性仍多于使命政党的属性；欧洲主要国家中的左翼政党（如共产党、社会党等）和右翼政党（如保守党、保皇党等）是较偏向于使命政党这个极端的。

2. 按集权的程度来划分

一般而言，多数政党都有全国性组织和地方性组织这样的层级划分。这些政党在各层次组织之间的权力分配也有很大的差异，这种差异在各政党推举候选人的方式之中表现得较为明显。按照权力集中程度的不同，可以将政党分为分权型政党与集权型政党两类。

在分权型政党之中，推选候选人的权力一般集中在地方性政党组织之中，全国性政党组织只掌握有限的权力，并且不能干涉或无力干涉地方性政党组织的决策。

比较典型的分权型政党为美国的民主党和共和党。它们的全国性组织——全国代表大会只提名总统和副总统候选人，但时至今日，全国代表大会提名总统和副总统候选人的权力也受到了特定总统候选人的竞选组织以及妇女干部会议、黑人干部会议或尊重生命（反堕胎）干部会议这些政党内部组织的干涉。美国参议员候选人的提名是在各州初选中进行的，而众议员候选人的提名则是在选区的初选中进行。即使某党全国性组织的领袖因某种原因而不承认该党的某个候选人在选区初选中获得提名，他也无法阻止该项提名，只要这位候选人能够赢得地方性初选的胜利。在历史上有这样的先例，其中最有名的是1938年罗斯福企图使反对新政的12个民主党候选人在初选中失败的例子。虽然罗斯福深孚众望，但他还是失败了，12位候选人当中有11位获得了党的提名。其他人的类似努力也多归于失败，原因有二：一为全国性组织领袖的这种干预行为，会使他失去地方性组织的支持；二为许多选民和政党领袖认为这种干预是对他们权利的侵犯。由此可以看出，民主和共和两党是高度地方分权的，候选人的推选权力掌握在州、郡、区党部组织、压力集团和暂时性候选人竞选组织的手上，这些不是全国性政党组织所能控制的。

在中欧和北欧的一些国家中也存在着这种分权型政党。在瑞士，所有主要政党（工党除外）是在州（canton）的层次组织起来的，它们的全国性政党组织是比美国更为松散的地方政党联盟，它们没有全国性政党领袖，只有一些地方领导人物，这些人鲜为其他州的州民所知。在北欧国家，国会议员的候选人通常由区委员会或地区代表大会所选出，全国性政党领袖只能建议谁该或谁不该获得提名。

大多数国家的政党都是中央集权型的。如英国的保守党和工党的选区党部选出国会议员候选人，但两党的中央党部机构有权否决某些候选人获得提名。大多数的欧洲国家采用政党提出候选人名单的比例代表制，中央党部机构推选名单上的候选人并决定其出现在名单上的先后顺序。

3. 按政党对党员的控制能力来划分

按此标准可将政党分为强控制型政党与弱控制型政党。

政党的领袖为使成员服从和严守纪律，都拥有某种控制手段，只是功能上有所差异。美国的两大党是弱控制型政党的典型代表。美国总统可以给他忠实的党员一个职位，并压制那些反对者和异议分子；他也可以公开地宣称支持某位候选人；总统甚至还可以试着在初选中使那些不支持其政纲的候选人落选。但这些手段并不是很有效，国会议员的候选人用不着总统的支持也可以当选，而且总统也从未成功地干预国会议员的初选而将自己不喜欢的人排挤掉。在美国的两党中，总统维持党纪的主要手段就是说服他人，好言相劝。

英国的主要政党当属强控制型政党的典型代表。当国会中的议员接到来自政党领袖的命令，告诉他如何对待特定的法案并以何种方式投票时，他不服从命令就要冒毁掉他整个政治事业的风险。英国政党的强控制能力同代议制的特点有关。在英国，议会中的多数党组阁，掌握政府权力，如果多数党失去了在国会中的多数席位，就必须进行新的选举，这样，任何一位国会议员投票反对自己的政党，实际上就等于投票把执政权让给其他的政党。在英国，政党领袖的权力是相当大的，当其作为首相时有控制谁入阁的权力，而在野党领袖也控制着在其上台时选择谁入阁的权力。由于英国国会中的一般议员不能像美国国会议员那样，随着年资的增长而增加其权势，所以成功的唯一道路就在于政党领袖的提拔。事实上，由政党领袖所控制的全国性政党组织能够否决那些反抗的国会议员再次受到提名，并且不承认他在国会的议席。

西欧和北欧的许多政党中，政党领袖有权将不遵循政党路线的国会议员除名，这种做法虽不像英国那样可以使党员失去在议会中的席位，但是自此，党员就无法再参与党的决策，这种手段比美国政党领袖所能采取的手段要强有力得多。

4. 按政党团结性来划分

政党团结性（party's cohesion）是指在政府机构中的党员奉行政党对主要政策议题的指示的程度。例如，如果在立法机关投票中，某政党的成员都投赞成票，或都投反对票，就可以说该党有完美的立法团结性（legislative cohesion）。如果某党的立法机关成员对每个议题的投票都是正反各半的局面，就没有所谓的政党团结性可言。

按照政党团结性，可以将政党分为一致型政党和分散型政党两类。英国的主要政党可以说是一致型政党的典型。对几乎所有的议题，下院议员都会依照政党领袖的意愿来投票。在少数情况下，议员同政党领袖的意见有冲突，这时候，他们的做法通常都是不去投票。自20世纪70年代中期以来，这类情况有所增多，但英国的政党领袖依然能得到90%以上的本党议员的支持。

在法国议会中的一些小党，几乎对每个政策议题都有分裂性的意见，因此少有或根本没有立法团结性。这便是分散型政党的典型。大多数政党是介于这两者之间的，法国的大党、北欧和德国的政党有些类似英国的主要政党，具有较高的团结性；美国政党在国会中虽然不具有立法团结性，但是同法国小党相比，要稍微强一些。

除了按照以上四个标准对政党所做的划分之外，还有多种划分的方式，划分标准不同，政党的类型也多有差异。以上四个标准，主要是针对政党组织本身的结构特征所做的划分。如果以政党的意识形态或政治倾向为标准，可将政党分为左、中、右三类；以对现行政治制度的态度为标准，可将政党分为拥护体制党即维护现行制度的政党与反体制党即对现行体制持反对态度的政党；以政党是否执政为标准，可将其分为执政党和在野党；以政党是否得到合法的法律地位为标准，可将其分为合法政党与非法政党。

这些区分对我们了解政党是有帮助的，但同时，我们也不应忽视基于政党的阶级属性而对政党所做的分类。马克思主义认为，政党是资本主义条件下阶级划分、阶级斗争的产物和表现，以政党的阶级属性为标准的划分方法可以帮助我们深刻地认识政党的本质。根据这一标准，世界上众多的政党大体可以分为资产阶级政党、无产阶级政党、小资产阶级政党及极少数代表封建社会中各阶级利益的政党。

与其他阶级性质的政党相比，传统的无产阶级政党具有以下特征：

第一，无产阶级政党以广大工人阶级为其阶级基础，代表无产阶级和人民群众的根本利益。这是无产阶级政党不同于一切剥削阶级的政党的根本特征。

第二，无产阶级政党具有严格的组织性和纪律性。无产阶级政党是按照民主集中制原则组织起来的统一的战斗集体。每个党员都必须参加党组织活动，交纳党费，遵守党章和党纲，执行党的决议，服从党的统一领导。

第三，无产阶级政党不仅是工人阶级的先锋队，还是工人阶级一切组织的最高形式。党不是工人阶级的唯一组织，工人阶级在实践中还可以组织工会、青年团、妇女联合会、议会党团以及其他形式的社团组织；掌握政权的工人阶级还可以建立国家政权机关。但是，无产阶级政党则是所有这一切组织的核心，它把群众组织和政府机构的工作统一起来，引向一个共同的宏伟目标。

和其他任何组织一样，政党组织要生存下去，就必须适应环境的变化。如墨西哥革命党等政党的教训必须吸取，它们都因为不能适应环境而失去政权。

三、宪法秩序下的政党及其作用

在不同的政治制度中，政党的作用是不同的。在资本主义国家，政党则是建国后的产物，是议会政治的结果，因此其作用相当于一个利益集团。资本主义政党的作用主要有：

1. 目标制定

如前所述，具有特定的政治目标及为实现这些目标而制定的政治纲领，是政党有别于其他组织的一个重要特征。这些政治目标及纲领，不仅反映了某一政党对待具体的、亟待解决的政治问题的态度，同时它具有鲜明的意识形态色彩，能够充分表现该党的政治哲学及政治倾向。

在20世纪，随着大众传媒的发展，政党已经不能垄断对群众进行政治宣传和政治教育的手段，因而丧失了部分教育功能。对政治感兴趣的人不必要非得加入政党之中才能了解政党的政治目标，这使政党所具有的吸引力下降了。一些研究者认为，许多非意识形态化的政党已经不再能够执行目标制定这一功能了。

战后，西欧一些国家的政党之中出现了一股重新意识形态化的浪潮，这直接强化了政党的目标制定功能，并对政党的内部决策产生了一些影响。

首先，党的代表大会和会议变得更加重要了。英国在传统上是赞成务实和反对意识形态的政治观点的国家，保守党的贝尔福曾说，他宁愿与自己的佣仆商讨政策问题，也不愿将问题提交给保守党的代表会议。在重新意识形态化的浪潮之下，尽管党代表会议还没有发展成为一个决策机构，但在会上讨论政治方针变得越来越重要。

其次，以前议会党团总喜欢提出一些十分激进的方案，因而或由于方案失败，或由于难以执行，政党的目标无法实现。议会中的各团体转向务实性的日常工作，议会各团体变得更加对议会外的政党负责，政党的目标对代表们有着更大的影响力。

最后，议会代表的概念有所变化，比较激进的民主派主张选民绝对授权这一观点。但是，在任何民主制中它都无法实现。议会中的代表不得不更加关注他们选区政党决策机构的一些决定，从而产生出了更加恪守职责的政党和代表。

2. 利益表达

政党需要将其所代表的社会阶级或阶层的利益，通过政治目标、纲领或政策等形式反映出来，并通过组织竞选等活动，在选举获胜组织内阁执掌政权的时候，使其利益得到实现或部分实现。这是政党的一项十分重要的功能。如果利益表达功能不发生变化的话，党纲的变化是不可能的。

在西方许多国家中，某些政党的社会性的或地区性的“根据地”已经减少，或者说已被重新安排。比如说柏林或巴黎这样的城市，它们中的“红色地区”曾一度是工人阶级政党的根据地，但现在，在这些地区中支持资产阶级政党的选票比例在增加。出现这种情况的原因是：工人阶级中上升为中产阶级的人数在不断增加，或者新兴中产阶级向城郊发展，使得这些地方被中产阶级聚集的城郊所包围，这就打破了原先的政党势力范围。

由于政党与各种社会集团的传统性联系减弱了，它们不得不直接面对选民，这样，全国范围内的政党竞争就更加激烈了，这些政党不再像过去那样关注自己对手的组织及其所依靠的社会力量，政党和政党的领袖开始非常关心选民，争取尽可能地在更大的程度上表达选民利益，以赢得选民支持。在某种意义上可以说，政党已经成了“在自己独特的电视联合会中展开争夺选票运动的职业队”。

3. 动员和社会化功能

在现代社会中，政党无疑是进行政治动员的重要组织。通过竞选活动，政党将分散的选民个人组织起来，使他们作为一个团体介入政治生活之中。在政党形成初期，这种政治动员功能表现得更为明显，许多政党就是从社会运动之中发展起来的。从历史上较长的时间段来看，政治参与的扩大或参与方式的变革都会导致新型政党的产生，随后它们建立联盟，分享权力，进而致力于改变竞赛规则以及政治过程的内容。现在西方各主要国家中，选民参与投票的比例普遍下降，因而有些人认为政党动员选民的能力下降了，政党体制的合法性存在着危机。这种说法有些言过其实，但也的确说明了现代西方国家中政党体制与政党作用的某些变化。

社会化功能是与参与动员相伴而生的。政党通过组织个人参与政治生活，使得个人对政治生活有基本的了解，并对自己的政治角色有更为清醒的认识。大众传播媒介的发展虽然可以部分地替代政党的教育功能，但政党给个人提供的政治生活“试验场”的作用，却是传播媒介无法取代的。

4. 精英的形成与遴选

现在，精英形成与纳用越来越成为政党所独有的一种功能。在许多政党之中，未来的精英人物在进入政府执掌政权之前，都必须在党的机关之中或在议会里长期扮演微不足道的角色。除了美国和少数半总统制国家（如芬兰、法国）之外，无党派部长实际上都是无足轻重的。

由于政党在精英形成及纳用这方面具有独特的功能，一些研究者指出了政党发展之中存在着“寡头政治铁律”，根据这一规律，政党将日益朝着官僚化和寡头政治结构的方向发展。在西方现代政党的内部结构之中，仍然为民主留下了极大的余地；但是，政党朝向寡头政治发展的趋势却的确是清晰可见的。首先，由于公民权的扩大，选民们拥有了更多的参与权利，政党企图引导和协调公民加入政治生活之中，以便充分利用他们手中的参与机会，与此相伴的是政党内部机构的官僚化。但这种努力并没有带来预期的效果，许多人没有入党的准备，政党组织政治参与的种种努力也就要大打折扣了。其次，政党约束党员行为的只有积极制裁权，而无消极制裁权，这种制裁方法只适用于少数政治精英，对广大党员来说，它是无效的。再次，自第二次世界大战以来，民主化的进程加速，选举对政府的组成比以往有更加直接的影响。由此，政党体制也发生了变化，被当作政治职务看待的行政职位数量越来越多，而政党就是通过这些行政职位来进行支配的。最后，许多国家中，执政党的任命权在扩大，而且政党开始从国家收取基金，这更使人担心党内的民主会受到损害了。

为了承担起这些政治功能，资本主义政党所进行的政治活动主要有以下几个方面：

第一，推举候选人。西方国家中，推举候选人是一个政党最重要的活动，提名在推选公职人员的过程中扮演了极重要的角色，而政党几乎独占了提名的活动，所以它在组成政府和制定政策方面有着非常大的影响力，即使选民要求进行自由选举，摆脱政党的影响，也无法改变政党体制的这一现状。

推举候选人的过程对增强政党内部的控制以及扩大政党在选民中的影响力也具有重要作用。首先，在提名过程中得到大部分政党干部和党员的支持，使提名具有约束力，是赢得选举的先决条件。其次，控制党内提名是所有政党的主要控制手段，谁能控制候选人的推选，谁就能决定在选民面前的政党代言人、党的决策、竞选胜利之后如何分配权力和奖赏有功人员，并决定政党未来的发展方向。所以，大多数政党的领袖和积极分子都相信，同党内的敌对派系竞争以赢得提名，是与同敌对政党竞争一样重要的。

各国政党推选党内候选人的过程与程序也不尽相同。在一些国家中，所有公职选举中推举政党候选人的权力都集中在党中央，在另一些国家却恰恰相反，推举候选人的权力分散在区党部和地方党部。

以色列政党的推举过程是高度集权的一个最好的例子。在以色列，全国就是一个单一的国会议员选区，各个政党可提出一张有120位国会议员候选人的名单，而这张名单由各政党中央执行委员会或核心人员来决定。这些人可以平衡地方力量，使得各地方候选人之间的比例相差不大，但是选择哪些人，以及如何安排这些候选人在名单上的次序的权力，都掌握在政党领袖的手里。候选人在名单上的次序十分重要，原因在于，一个政党通常只获得全国选民半数以下的选票，而每个政党只能依得票比例在自己的候选人名单中按次序选出相同比例的当选者。那些当选的候选人都由名单按次序推举出，直至政党选出其应得的席次。因此，如果一个政党赢得36%的选票而应得43个席次，那它就挑选名单上的前43名。于是，政党领袖可以操纵候选人名次以使候选人有希望当选，或完全没有机会被选上。这实际上等于握有选择候选人的权力。

美国的情况恰恰相反。各政党的总统候选人虽然是在全国代表大会中被推举出来的，但党的全国代表大会是由那些宣誓支持某党的候选人、各州直接初选或各州代表大会选出的党代表组成的。而众议员和参议员的推选就与全国代表大会无关了，他们多是由地方直接初选产生的，不仅党的中央委员会、党主席，而且包括党的任何一个机构都没有任何正式或非正式的权力来否决任何一个由地方推举出的候选人。

大多数政党的候选人推举情况是介于以色列和美国之间的，既不像前者那样集权，又不像后者那样权力分散。

各国政党除了推举候选人的权力集中程度互有差异之外，党员参与候选人推选的程度也有不同。两种极端的情况是：(1) 一小撮精英分子关起门来，选出他们认为合适的候选人，普通党员没有机会介入，也不能影响候选人的推举过程；(2) 推举的过程对所有党员公开，某位候选人当选是因为他获得了相对较多的选票。在实际的政治生活中，没有哪个政党处于这种极端状态，而是介于两者之间。

第二，竞选。在西方国家之中，大多数政党都要积极地募款，支持其候选人参加竞选，以保证他能够顺利当选。随着现代科学技术和传播媒介的发展，政党组织竞选的功能开始被一些顾问公司承担下来，这些专业顾问收取一定的费用，受竞选人的雇用来经营竞选活动。他们运用一些最现代化的技术，如通过电子邮件来筹措经费，在电视上插播广告，从事经常性的民意测验并加以分析，对候选人进行包装以便扩大他在选民中的知名度，等等。

尽管如此，政党在组织竞选的过程中仍然扮演主要角色，它仍然是动员并组织人们参加竞选的最重要的政治组织。顾问公司不能取代政党的这些功能。

第三，组织政府。现代政府一般都由许多不同的机构组成，互相之间的协调与协作是非常必要的，假使政府里有1%的官员不协同合作，就会导致政府的混乱。政党在使政府运转有序并持续发展方面起着重要的作用。在西方民主国家，各政党赢得选举的候选人在政府内部形成政党组织，例如，隶属特定政党的国会议员通常组成干部会议或协助议会以选出政策委员会和议会领袖，这些人决定谁进入什么样的委员会，并且磋商立法政策和策略上的事务。于是政党以非正式的政党组织将国会议员组织起来，使国会活动能够有序进行。

第四，其他活动。除了以上的三种活动以外，政党还进行许多其他的活动。例如：举办社交活动，使上下能够打成一片；成立青年组织，动员新的选民；资助童子军、夏令营和组织成人进修班；出版日报和不同的刊物；等等。在欧洲，许多人一生都在同政党打交道。通过这些琐碎的日常工作，政党有效地完成了它所承担的政治功能。

最近，一些研究者对欧洲政党所进行的跟踪调查表明，政党虽然仍在发挥着作用，但这种作用有下降的趋势。

传统上，欧洲政党所获得的阶级票或宗教票占有很大比重。但是，随着欧洲社会结构的变化以及宗教认同的减弱，人们在考虑投哪个政党的票时，不再过分关心它是代表了哪个阶级，或者它支持哪种宗教派别。在意大利，共产党和新法西斯党互换名称，甚至互换它们的学说。在法国，人们不再纠缠于过去的各种“主义”，而只讨论实质性问题。在全欧洲，甚至在美国也是一样，观念褪色了，解决实际问题的需求占了上风，居中的立场极为流行①。

这种非两极化的势头从一个侧面表明了政党认同的式微。同时，还有一些现象值得人们注意。1995年法国举行总统选举，直到距投票日期之前1个月时，半数的选民还没有拿定主意。每3个选民中便有1个直到距选举日仅余15天时才做出选择。英国也存在这种状况，1980年的大选中，许多选民直到最后一刻才决定投谁的票。选民中间这种举棋不定的情况至少说明了两个问题：一是可供选择的观念、政策等为数众多，而且，都不是很吸引人；二是许多选民优先考虑的是政治问题，而不管哪个政党贴着何种标签。

这种变化背后还有更深层的原因，如宗教影响的衰落、文化水平的提高、工人阶级成员人数的减少和成员结构的变化、传统农村人口的减少等。在这些社会变化的激励下，欧洲的选民摆脱了他们信奉的特定宗教，他们实际上的或自以为是的社会-经济地位以及他

① 多冈．阶级票与宗教票在西欧的流失．国际社会科学杂志（中文版），1996，13（4）．

们所属的民族、地区或语言群体。在选举中，他们以自由选民的身份出现，从而使得选举个人化。

在这样的条件下，政党的作用和政党的功能也必将发生某些变化，以适应社会发展的需要，但政党作为一种特定的政治组织的地位是不可替代的，政党功能完全转移或消失也是不可能的。

四、组织国家的政党及政党中心主义

社会科学理论是国家建设的产物。如果说英国、美国在建国历程中商业集团起到重要作用并因此而产生了强调社会权利、个人权利的社会中心主义的理论脉络，德国、日本在建国历程中官僚机器起到主导作用并因此而产生了强调国家权力重要性的国家中心主义理论脉络，那么，以中国为代表的很多发展中国家，在受到西方冲击后，国家处于失败状态，需要重新组织起来。谁来组织国家？不要说商业集团不行，就是国家机器也处于瘫痪状态，政党便成为新的组织者。相对于社会中心主义和国家中心主义，政党建国的历史应该产生一个相应的“政党中心主义”概念，以回答为什么是政党建立了新国家，政党如何组织国家，政党在政治生活中起到什么作用，等等。这些重大问题是传统的政党理论所不能回答的。第一，对于西方发达国家而言，政党是一个社会性要素，因而政党必然是社会中心论下的一个概念。所以政党研究虽然不少，但是主要集中于发达国家政党制度研究，较少有专注于俄国和中国的研究，因而所形成的政党理论要么不具有适用性，要么解释力有限。第二，在政党主导下发生制度变迁的国家，关于政党的论述更多的是一种革命学说，关于政党的社会建设性作用则论说不力。

综合中外政党在发展中国家的建国作用，我们试图总结出“政党中心主义”的一些线索：

第一，政治秩序中的政党主导性。不同于早发达国家，发展中国家的制度变迁面临的首要问题是国家失败而导致国家总体性危机以后的国家秩序重建，也就是说，当国家失败以后，重建国家的任务自然地落在竞相争取民众支持的新生政治力量，即政党的身上。因此，同样地不同于早发达国家，以俄国和中国为代表的政党是国家危机的产物，不是国家秩序产生了政党，而是政党建立了国家秩序。政党创建了军队，并建立了新的国家秩序，由此产生了国家秩序下的议会、政府和社会团体。由于政党是这些国家政治发展道路上的主导者，政党的强弱就至关重要。亨廷顿关于发展中国家政党重要性的论述很经典：“一个现代化中政治体系的安定，取决于其政党的力量。一个强大的政党能使群众的支持制度化。政党的力量反映了大众支持的范围和制度化水平。凡达到目前和预料到的高水平政治安定的发展中国家，莫不至少有一个强有力的政党。”“同有强大的政党的政治体系相比，在没有强有力政党的政治体系中，更容易出现暴乱、骚动和其他形式的政治不安定。”①亨廷顿为发展中国家开出的药方是：只有在强大政党（权威）的主导下，才能实现政治安定（秩序）下的社会和经济进步（发展），即著名的“权威—秩序—发展”模式。虽然后来

① 亨廷顿．变革社会中的政治秩序．北京：华夏出版社，1988：396－397．

亨廷顿又总结出著名的“民主的第三波”，但是在民主化在很多国家衰退以后，他又重新强调权威和秩序的优先性。

第二，什么样的政党才能主导国家秩序重建。无论是什么性质的政党或者说政党的名称是什么，由于它只有争取民众的支持才能夺取政权并重建国家秩序，因此政党的人民性就至关重要。在这方面，共产党的论说较为有力。马克思、恩格斯在《共产党宣言》中指出，其他的一切运动都是少数人的或者为了少数人谋利益的运动，而共产党领导下的无产阶级运动则是绝大多数人的、为绝大多数人谋利益的运动。列宁则指出，社会是划分为阶级的，阶级需要政党的组织，而共产党显然是阶级基础最为广泛的政党。在夺取政权和组织国家的过程中，中国共产党提出了“全心全意为人民服务”，在新时期演变为“三个代表”重要思想，在新时代又演变为以人民为中心的发展思想。共产党的人民性不但是理论上的论说，更是一种政治实践，否则无论俄共还是中共，都不可能夺取政权并成为组织国家的主导力量。

第三，政党制度与现代国家建设。作为组织国家建设的唯一的主导力量，政党用什么方式来组织自己并治理国家就至关重要。也就是说，政党制度很重要。如前所述，亨廷顿认为强大的政党与一个国家的政治安定成正比，“在第二次世界大战后，许多非共产主义现代化国家都缺少强大的政党和政党制度”①，因而形成脆弱的政治体制。言外之意，共产党的政党制度有利于政治稳定。在西方有影响的学者中，持这种论断的并非只有亨廷顿一人。著名的政党理论家萨托利认为，多党制需要存在一致信仰的基础，相对于西方的自由民主国家，“但是首要也是明显的解释仍然是，在第三世界的大多数地方，多党制缺少一致信仰的根基”。况且，第三世界的优先性任务是重建国家秩序和经济发展，“过去的经验告诉我们，多党制不能解决国家建设和经济快速增长的难题，这是相当公正的”。因此，一党制对于发展中国家未必是一种不好的选择。关于对一党制的价值判断，萨托利指出，“一党制并不见得一定要有专制的气味，除非人们特别赏识政治多元主义的精神和美德”②。可见，思想者对发展中国家政党制度的价值评判并不同于意识形态意义上的政党政治。

第四，政党的适应性转型。尽管很多政治家和思想家都承认政党主导国家秩序重建的必然性和强大的政党制度的必要性，但是一个不容回避的现实是，自 20 世纪 70 年代以来，以强大政党组织起来的国家开始转型，苏联和东欧共产党、印度国民大会党、墨西哥革命制度党、印尼专业集团等强大政党失去了对国家权力的垄断地位，苏联甚至在转型中解体，而中国共产党和整个国家则在既定的制度结构中变得更加强大。这就给我们提出一个问题：为什么相同性质的政党（如中共与苏共）具有如此不同的命运？我认为，其中一个重要根源是党是否有与时俱进的适应性和适应能力，从而成为真正的“学习型组织”。在上述国家，主导国家重建的政党都首先是一种革命型政党，因此需要由革命党向执政党进行适应性转型；革命党之所以能成功，就在于它的人民性，因此作为唯一的执政党，如何依然保持人民性的政治基础，就是适应性转型面临的首要问题。而政党作为一种金字塔式的

① 亨廷顿．变革社会中的政治秩序．北京：华夏出版社，1988：397.

② 萨托利．政党与政党制度．北京：商务印书馆，2006：360-361.

组织结构，政党精英集体观念的适应性转变、政党精英之间的互动状况，以及政党对社会需求的信息监测与反应程度，就成为衡量一个政党适应能力的主要指标。当然，政党精英的战略性选择也很关键。我们看到，苏共在20世纪80年代所进行的政治改革已经不是适应性变革，而是自上而下的政治革命；中国共产党在变革中所形成的中国特色社会主义理论体系，既是观念的与时俱进的转变，也是国家发展战略的渐变，因而走出了一条中国式道路，避免了大多数强大政党丧失主导国家权力的命运。中国共产党适应性转型的背后是中国文化和中国人的实用理性传统、民本思想的塑造，以及共产党的特殊组织形态即政党-国家-社会同构化组织而形成的对社会的有效回应。

五、政党的适应性问题

近年来，世界各国政治频频爆发出的重大事件，无一不隐含着政党这条贯穿其中的主线。这也正是政党历经价值冲击、社会挑战仍旧引人注目的一个重要原因。如果我们对现当代的世界政坛稍加留意就不难发现，苏东剧变，非洲国家的多党制进程，拉丁美洲国家的政治现代化，欧洲社会民主党的变革与调整，都直接或间接地折射出政党和政党体制面临的挑战抑或机遇。任何政党，无论它们具有何种迥然不同的意识形态，呈现出何种千差万别的组织形式，在招募党员、制定纲领、参与政权过程中体现出何种特色与党情，都不能不遵循一些共同的基本规律，这也是几乎所有研究政党的学术著作都没有回避的问题：政党体制发展中的组织适应和嬗变。

这种组织适应和嬗变向我们昭示的问题是：在一国经历其产业结构、经济成分、组织形式迅速转型，社会阶层、利益格局、思维范式、政治文化日益革新，历经各种危机和挑战发展起来的政党将如何应对转型社会孕育而生的林林总总的问题，不同类别的政党，不同国家的政党体制是否面临着共同的课题：政党体制如何转变？政党如何去适应？政治学家们基于政党转型的事实而提出的政党适应性理论或许能给人们某些启示。

适应性存在着不同向度的界定。在亨廷顿看来，“适应性”是测度政治组织制度化的四大标准之首，是后天获得的组织性。概而言之，适应性就是适应环境挑战的能力，即环境挑战与时间考验的函数：环境挑战越多，经历的时间越久，则组织的适应性就越强。当然，他还给出现实生活中组织适应性的衡量方式，即从年度（一个组织或程序存在的年代越久，其制度化程度就越高；一个组织越老，其在未来某个特定时期内存在的可能性就越大）、代际（组织领导人换代的次数：一个组织越是能够不时地克服和平接班的问题，领导层越是能不断更新，其制度化程度就越高）和职能（衡量高度发达的组织的真正尺度是其职能的适应性而非职能的特定性）上判定①。就政治的发展而言，重要的不是政党的数量而是政党的力量和适应性②。

而在布鲁斯·迪克森（Bruce J. Dickson）笔下，适应性是以执政党为分析单位的。政党适应性是增强政党应对国内外环境压力的更深层次的适应，它意味着政党不再去扭转、

① 亨廷顿．变革社会中的政治秩序．北京：华夏出版社，1988：12.

② 同①407.

改变其所处的环境，而是转变自身去适应环境。对此类型适应的要求，远远超过人事、政策取向的变动，而要求政党精英群体接受的政策不仅仅反映出其自身的偏好，更重要的是遵循社会的需求。这种类型的适应同样可以看作政党在与外部经济、政治、社会制度的复杂互动中体制的结构性适应。

政党的适应性存在着两难情境：一方面，它或许是对环境变化最具挑战性的反应，孕育着自身的最终发展，每一次应对环境变迁的成功经历都会为后代留下宝贵的经验和遗产，从而促进适应性的延续，并使其更加高效；另一方面，适应性也隐藏着风险，政党过度地回应社会同样会使它在未来环境的变革中变得脆弱，起先的适应将会鼓励、诱发更多的外部力量提出新的、多元的利益诉求，如果这种诉求不断叠加，政党的调整与适应将众口难调，从而引发民众的不满。因此，在这种两难情境的支配下，政党往往会面临应对环境变迁的种种不同选择：在程度上依次表现为“忽略—试图去改变—转身去适应”。当然，无视环境变迁的反应几乎无须任何努力，但不熟悉或对环境变化冷漠的政党，其生存将会面临挑战。在回答是什么因素决定了政党回应环境变迁的三种选择时，迪克森继而提出了适应性的分析要素：

其一，政党的适应性取决于党内精英群体。在苏共式政党中，每个单独的精英都秉持着各自的理念、目标、政策偏好，所以决定政党适应性的最重要的因素在于精英群体对变革的共识。

其二，政党的适应性取决于政党对环境的反馈机制的有效性。政党要想适应环境的变迁，就必须具备监控环境如何变化的能力，而一些政党往往具有塑造其所处环境并强迫他人适应的能力，而不具有调整自身以顺应社会的倾向。马奇和奥尔森认为：“政治主体对外界的依赖性越小，其适应性的必然性就越小，但是忽略环境同样会有长期的隐患，如果一个组织无须监测其所处的环境，它在此方面的竞争力将日益枯竭。”① 因此，一种恰当的反馈机制对于成功的适应必不可少。

其三，政党的适应性取决于环境本身的性质。这尤其是来自国内与国际对于政治变革的支持、反对以及不同类型的诉求。就国内环境而言，民众的诉求有的是善意的，并不威胁到政党的权威和地位，而只是要求对某些特殊利益的关注；有的则要求在政治领域听到更多的声音，营造出威胁执政党统治地位的不利环境。然而，只有当政党领袖认为压抑这些诉求更容易造成其生存危险时，才有可能去调整自身，适应环境。政党如何应对国内环境，取决于对本国与他国社会经济水平的差距的认知。如果他们试图缩小这种差距，就必然会启动改革以求适应和发展。就国际环境而言，执政党领袖与国际社会融入得越多，其所领导的政党的适应性的可能性就越大，不接触国际环境，则几乎没有变革的可能。

在影响甚或决定政党适应性时，或许会依赖于历史偶然性，比如谁在特定的时刻居于政党的最高权位？谁能够充分利用环境所提供的政治时机？但更多的则源自路径依赖，建党、治党的历史传统，对历史的心理积淀，成为政党适应性萌生、成长的阻力。好在政党与社会不是绝缘的，政党政治的现实不是单一的，而是源自社会诸多维度的支持、压力与需求，“适应抑或灭亡”成为转型时期执政党不得不思索的鲜活命题。

---

① HANNAN M T，FREEMAN J. Organizational ecology. Cambridge：Harvard University Press，1991：67.

第二节 政党制度

一、政党制度的含义

所谓政党制度，指的是一个国家通过政党进行政治活动的方式或状态。也有人使用政党体系这一概念，两者含义相去不是很多。

对政党制度进行研究，分类问题是最主要的。在政治学界流行的是按政党的数量对政党制度进行的分类，其中“两党制”与“多党制”是最为人所熟知的。为了寻求更加有效的政党分类方法，人们不再局限于简单的数量标准，而开始考虑一些其他因素的影响。如萨托利就强调了意识形态的重要性，意识形态的差距使各政党相互分割，并使各政党为之奋斗的目标增多，萨托利应用这一标准区分了温和多党制和极化多党制。

与政党制度密切相关的一个概念是“政党分化”，这是指一个国家的选民和公职人员平均分属于政党的数目。分化最少的政党制度是只有一个政党存在，而且这一政党总能赢得所有选票；而分化最多的政党制度就没有限制了，高度分化的政党制度将是那些有许多政党且平均分享选民和公职的政党制度。

首先，看一下较为分化的政党制度即多党制的特征。一般说来，这种类型的政党制度都存在于西欧。在西欧国家中，政党如果赢得足够的选票和议会席位，就被称为主要政党，而实际上几乎没有一个政党能够赢得多数席位，所以内阁是由多数的政党联合所组成，而不是由一个多数党所组成。

许多人认为，高度分化即政党太多会导致不稳定，使得政府更迭频繁，国家公民被分成许多互相敌对的团体，无法动员多数人民去支持或反对政府的施政方案，魏玛共和国时代的德国，第三、第四共和国时代的法国就是典型的例子。

这种偏见并不能完全代表政治学家们的看法，政治不稳定与政党制度高度分化并不是直接相连的。关于较分化的政党制度，学者们在以下三个方面达成了共识：第一，由于在较分化的政党制度当中，单一政党几乎无法赢得国会的多数席位，所以这些国家都由联合政府来治理，政府由两个或两个以上的政党组成的联盟加以管理，每个政党都有党员入阁；第二，政府的不稳定不一定是因为政党制度较为分化或者是因为政府是联合政府，像德国、荷兰及北欧一些国家，虽然政党制度较为分化，通常选举都会产生联合政府，但这些国家的政治同政党制度分化较少的国家一样稳定；第三，在许多国家之中，如意大利、比利时和以色列，政党制度较为分化，同时政治理念林立，社会严重分裂，但是，也不能把这种现象归结到政党制度之上，伦理、宗教和阶级的差异似乎更加根本和复杂一些。

其次，分化较少的政党制度即两党制的特征。英语系国家，如美国、英国、加拿大、澳大利亚和新西兰等国，政党制度的分化明显较少，美国的政党制度是最接近于两党制的典型。在这些国家的政党制度之中，有以下几点是共同的：

第一，主要政党多为掮客政党而非使命政党，其中有些政党可能比其他的政党有明显的政治理念，但大多数政党都较关心如何赢得选票，而不在乎如何说服人们改变信仰。

第二，主要政党关心的是争取所有选民，因此，它们不会将自己局限在某些阶级或阶层之中。举例来说，美国的共和党不会对工会会员这样说：“我们自始至终而且永远都会站在企业家这一边，如果可能的话，我们将消灭工会！”他们通常会说：“我们站在工人和企业家两者的福利这一边，只要我们的对手获胜，则工人和企业家都没有什么好处。假如你要工人和资本家都能有公平的待遇，把票投给我们。”这些政党的党纲和政见都模棱两可，而且在逻辑上并不很一致，他们总想从许多经常是互相冲突的利益团体中尽可能多地赢得选票。

第三，主要的政党多为中庸政党，它们试图提出不让任何主要的选民团体严重失望的政治纲领，他们一般也不对意见极为分歧的争论给出明确的答复。政党中的激进分子若要保持他在政党中的核心地位，就必须把他的观点变得温和中庸一些。

第四，政党之间的差距不大。主要政党在基本观点和政治纲领上极为类似，彼此之间在对政府的基本形式和公共政策的一般方向上有共识，当一个政党取代另一个政党执掌政权的时候，在政府政策上也没有剧烈的改变。然而它们之间也不是全然一致，选民仍然有选择的余地。

二、资本主义国家的政党制度

资本主义国家的政党制度，即在资本主义国家中，通过政党进行政治活动的方式或状态。具体说来，即通过议会选举和竞选活动，由不同政党依法轮流执政，单独或联合掌握政权，以有效地组织和动员群众，实现政治生活有序运转的政治形式。

由于资本主义国家为现代政党制度的发源地，所以它们的政党制度不仅历史悠久，而且发展得比较完善，政党制度的形态也因各国的历史、传统、文化、宗教等的差异而各不相同。不过，资本主义国家中，政党制度服务于阶级统治的本质是共同的。

1. 资产阶级政党的起源

前面已经概括地提到了政党的起源，这里再做一些详细的说明。

资产阶级政党的产生一般有两种情况：

第一种情况是，议会中不同的派别或联盟逐步发展，最后成为全国性的独立政党。在历史上，资产阶级政党是伴随着资本主义民主制度的完善而产生的，它是同代议制和选举权的普及直接相关的。英国、美国、加拿大等主要资本主义国家的资产阶级政党（工党除外），就属于这种类型。

世界上最早出现的政党是英国的辉格党和托利党，这也同英国最早建立了资产阶级民主制度有关。17 世纪 40 年代，英国资产阶级革命爆发，在反对封建王权的过程中初步设立了代议制的政治形式。代表不同地区、不同宗教团体、不同阶级或阶层以及代表其他利益集团的议员，都要设法使他们的意见或主张在议会中赢得多数的支持，达到控制议会的目的，进而实现本人所代表的集团的利益。为此，在议会中形成了不同的政治派别，这些派别以个人关系为基础，以某个有影响力的人为中心而集合起来，并没有非常严密的组织形式。1679 年，在国会讨论王位继承问题时，各个政治派别之间发生了激烈的冲突，代表资产阶级和新贵族利益的议员，要求取消王位的法定继承人詹姆士的继承权，从而形成了辉格党；而代表大地主和贵族利益的议员，支持詹姆士的继承权，发展成为托利党。在当时，选举权不是面向大众的，对选举资格有着非常严格的限制，随着工业革命兴起，教育普及起来，随着公民参与意识的提高，民众要求介入政治生活之中，实现自己的“天赋人权”。在政治生活中没有发言权的工人阶级和工业资产阶级对当时的议会制度和选举制度的抨击最为激烈，他们强烈要求改变现状，实现他们的参政权。经过多次运动的冲击，英国被迫在1832年、1867年和1884年进行了多次选举改革和议会改革，选举权扩大。在选举权扩大之后，议员们为了争取选举获胜就必须争取广大选民。为了适应这种形式，英国议会中的党派便积极建立和扩大自己的组织。在1832年，托利党改称保守党，并在各选区设立选区协会（又称宪政协会），登记拥护保守党的选民并组织竞选，逐步演变成为代表英国垄断资本家、大地主和贵族利益的资产阶级保守党。在1867年选举改革法通过后，保守党又立即把各选区的协会联合起来，建立“全国保守党与宪政协会联盟”，以统一全党的宣传和竞选工作。1870年设立保守党的行政机构“中央事务所”，管辖党务工作，1886年又决定建立保守党的区域组织，基本上形成了领袖、议会内组织、议会外组织和党的行政机关这样的组织结构。英国辉格党演变为自由党也经历了大致类似的过程。而且，它们的组织结构也非常相似。这两党的领袖实际上都是由其在下院的议员选定，通过议会内的党团，独揽全党大权。执政党的领袖也往往就是内阁首相，又独揽了国家行政大权。由此可见，在英国，政党的产生与内阁制的形成是同步的。美国、加拿大等国政党的产生，也与英国基本相似。

第二种情况是在议会之外建立起来的政党。这些政党一般是由社会运动或利益集团发展而来。起初，它们在议会中并没有一席之地，随着组织完善、成员增多、影响力扩大，它们才开始有力量赢得竞选，并加入议会。德国、意大利、西班牙的法西斯党，多数国家的基督教民主党，都是在议会外成立的。这种类型的政党同前一种类型的政党在组织形式上互不相同，议会内起源的政党多为干部党，而议会外起源的政党多为民众党员资格党。但是，由于这两种类型的党长期以来都在相似的环境下运行，所以这种起源和组织形式上的不同逐渐淡化，二者的区别变得模糊不清。

2. 资本主义国家政党制度的基本类型

在西方资本主义国家之中，普遍存在的政党制度类型为两党制、多党制和一党制。

（1）两党制。两党制是指两个同等规模的政党争夺职位，双方各有几乎相等的机会赢得足够的选民支持，以取得垄断性执政权的体制。英国和美国是典型的两党制的例子。在两党制中，并非只存在两个政党，而是指有两个居于垄断地位的政党，除了它们之外，其他政党的规模和影响力都比较小，只能参与并影响政权，却不能单独掌握政权。

资产阶级的两党制起源于英国，后来推行到英国的殖民地或受英国影响很深的国家，如美国、加拿大、澳大利亚、新西兰等国家。当前实行两党制的国家，除美国以外，相对立的已不再是两个政党，而是由两个以上政党所组成的比较稳定的联盟，实行早期典型的两党制的国家已经愈来愈少了。

对政党制度的传统分析一般比较强调两党制的好处，认为两党制有如下优点：第一，两党制是一个较负责任的体制，在这种体制当中，选民必须在两个可替换的政府中做出明确的选择，模棱两可、含混不清是不行的；第二，两党制比较公平，鼓励竞争，它鼓励政府更换，能够有效地防止任何一个政党或政党集团无限期地垄断行政权力，保障民主的持续和发展；第三，两党制被视为是鼓励温和政治活动的体制，为了赢得竞选，两大党都必须争取到为数甚众的中间阵营的支持。但是，实际上实行两党制的国家，政治稳定、政治风格稳健的原因，并不一定就是它们所实行的政党制度，还有其他一些历史、文化、宗教的因素需要考虑在内。

在现代社会，由于各国的环境不同，即使同为实行两党制的国家，它们的政党制度也各有特色。现以英、美两国为例论述。

英国的两党制，有两个基本特点：第一，由于英国实行的是君主立宪制，上院议员由世袭贵族和终身贵族组成，不由选举产生，所以上院与政党无关。下院由选举产生，两大党通过竞选来争夺下院议席，获得多数席位的政党为多数党，多数党组织内阁，掌握政府权力。第二，英国的两个政党，推举候选人的权力比较集中，政党内部权力也比较集中，党纪严明，领导人的意图在政党决策中起着决定性的作用。

美国两党制的基本特点是：第一，总统、国会议员、州长、州议员以及一些重要官吏，都是由选民分别选举产生的，国会中两院的多数党与少数党的关系，并不是执政党和反对党的关系。里根和布什任内，都出现过民主党占据议会多数的情况，这时候，总统就成了“跛足鸭”。第二，政党组织松散，没有严格的纪律，党员的标志就是他在总统选举中投了哪一边的票。政党只有在总统选举时才表现了某种程度的团结，对党员没有严格的纪律约束。结盟关系在每一次投票中都不断发生变化。因此，尽管美国实行的是两党制，但在国会之中两党谁也不可能占有稳定的多数。

（2）多党制。多党制指两个以上的政党相互竞争，通常通过联合阵线组成政府的体制。例如，在意大利，多党竞争的结果总是形成多党政府或联合政府。在一些多党制国家中，在互相竞争的诸多政党之中，有时也会由某个政党主动去赢得足够的支持以组成一个本党独揽的多数派，因此一党执政和多党联合执政可以交替进行。挪威、瑞典、爱尔兰共和国是第二次世界大战后这种模式的典型。

从传统的观点来看，多党制同两党制相比，有许多缺点。第一，选民不能直接决定由谁来组织政府，政府的组成并不是依据选票，而往往是由各党在选举之后进行的讨价还价的过程中决定的。第二，某些居支配地位的政党的支持，对组成各届政府来说是至关重要的，这样，这些居支配地位的政党通常能够获得远远超出它所得选票的影响力。第三，研究者认为，纯粹的多党制是在鼓励意识形态竞争，政党之间的斗争以观念为核心，而不是围绕着政府权力而进行。第四，多党制常常导致政治不稳定，因为个别政党或政党集团很难在立法机构中赢得多数支持，在这种情况下组成的联盟非常脆弱，容易产生党内纷争，或联盟内部分裂，继而导致政府的崩溃，这也是大多数人对多党制的看法。

这些批评并非对多党制的定见。简单地将两党制与稳定相联系，将多党制与不稳定相联系的做法受到了批评。一些学者举出瑞士和斯堪的纳维亚半岛民主国家为反例。在这些国家之中，尽管存在的是多党制，执政的政府也经常是联合政府，但是它们的政治体制本身既稳定，又有助于温和政治。

法国是多党制的发源地。在大革命时期，国民议会中有极右的保皇党、保护大地主大资产阶级的斐扬派，还有最左翼的代表劳苦大众的忿激派、埃贝尔派等，从而形成了法国政治舞台上多党政治的传统。在第三、第四和第五共和国时期，法国都实行多党制，政党数目最多时可达200多个。1958年戴高乐宪法实施后，政党数目变少。目前法国政党形成四大党两大派的格局，即属于右翼的保卫共和联盟、法国民主联盟以及属于左翼的社会党与法国共产党。

除法国之外，实行多党制的国家还有意大利、德国、比利时、丹麦和挪威等，它是目前多数资本主义国家普遍采用的一种政党制度。

(3) 一党制。一党制是指只存在一个合法政党，或者其他政党虽然存在，但在法律上不允许它们与执政党竞争政权的体制。

各个国家的一党制有着不同的形成过程：有的是争取独立的过程就是单一政党领导的；有的则是取得政权后将原有政党合并为一而形成的；有的则是宣布其他政党为非法或通过军管先取消一切政党，然后再确立某一政党的合法地位。

人们将这种一党制又做进一步的区分，将其划分为法西斯一党制与单党制或一党权威制两种形式。

法西斯一党制是以德、意两国为典型代表的，它的明显的特点是：法西斯党垄断政权，法律上禁止其他政党活动；抛弃了民主的统治形式，实行恐怖统治；党国合一，党的领袖即为国家元首；军政合一，政府首脑又是军队最高统帅，集一切大权于一身。

三、社会主义国家的政党制度

在社会主义国家，一般实行非竞争性的政党制度。在各国，无产阶级政党居于统治地位，代表工人和农民等劳动阶级的利益，掌握国家政权，实行统治。

由于各社会主义国家的国情不同，它们所实行的政党制度也有各自的特色。总的看来，社会主义国家的政党制度主要有两种类型：一种是一党制，即只存在一个合法政党，苏联是这种政党制度的代表；另一种是共产党领导的多党合作制，在这些国家，可以合法地存在许多政党，这些政党有参政的权力，但没有执政的权力，代表官方的执政党与其他党派之间不存在竞争关系，它们之间互相协商，其他党派也可以推举自己的代表人物加入政府，承担一定的政治职能。下面，分别就这两种制度做简要的介绍。

1. 一党制

这种政党制度起源于苏联，实行这种政党制度历史最悠久的也是苏联。十月革命刚胜利时，苏维埃俄国实行的是多党制，由俄共（布）与左派社会革命党联合执政。在当时，列宁有明确的指导思想：俄共是领导者。随后，在 1918 年夏天，左派社会革命党的一部分人参加了叛乱，该党的一些领导人公开宣传要推翻俄共（布）的领导，因此，左派社会革命党被宣布解散，形成了俄共（布）一党执政的局面。1977 年的苏联宪法明确规定了苏联共产党为苏联社会的领导力量，是苏联政治体系和政府的核心。

在苏联解体之前，苏共大约有 2 500 万名党员，约占苏联人口的 9%。苏联共产党是一个精英组织。一位苏联公民若要成为共产党员必须由 3 位有 3 年以上党龄的党员推荐，还要在 1 年的转正期内经受各种考验。苏共在定期的整肃活动中，党的领导会将他们认为不积极或犯有政治错误的党员开除出党（每年平均有 5 万名党员被开除）。这种方式保证了党员的质量。因此，虽然苏联共产党的成员数目并不在人口中占很大比重，但它能够发挥巨大的影响。

苏共的基层党组织建立在各个工作场所之中，如工厂、农场、军事单位等。基层组织之上有地区、省和共和国这几个层次的委员会与党的机构。全党的最高权力机关是全国党代表大会，有近5 000位党的代表参加大会，大会每4年召开一次。大会选出中央委员会，又分成许多委员会，其中，政治局是最高决策机关。政治局之上有党的总书记，这是整个党和政府组织中的关键人物。总书记是党的领袖，也是国家和政府的领袖。

在党以外，还有许多与苏共密切相关的群众组织，它们也带有苏共的特征，如“十月小革命家”等。

苏联共产党十分强调民主集中制原则，在党做出决策之前，党员有权进行积极的讨论，党组织也鼓励党员这样做，但一旦做出了决策，党员必须无条件地服从，他们不再有进行批评的权利。

在苏联，政府的立法、行政首长、行政人员和司法各机构都有平行的政党组织，它们由中央委员会中的一个委员会来加以监督，由它们来控制和运作整个政府机构。但是，苏共一党制与其他寡头统治形式之间又存在着巨大的差别。首先，由于苏联共产党代表了广大工人阶级和劳动人民的利益，又加上其成员素质较高，因此，它能够保证政治制度有效率地运作；其次，在党组织和群众之间有着各种中介组织和机构，把党和群众有机地结合起来，保证了精英与大众之间的沟通，使得这种一党制可以长期地存在。

战后，东欧许多国家仿效苏联模式，也建立了类似的政党制度。苏东剧变之后，各国共产党或其他工人阶级政党纷纷丧失了执政党地位，但是，由于它们组织上的优势以及纲领上的某种转变，这些左翼政党很快又呈现出上升的趋势。

2. 中国的政党制度

中国的政党制度是中国共产党领导的多党合作和政治协商制度。首先，关于中国共产党的基本组织，其中央组织有党的全国代表大会、中央委员会、中央纪律检查委员会，以及由中央委员会选举产生的政治局和政治局常务委员会、政治局的办事机构是书记处，中共中央军事委员会是中央委员会的机构。其次，中国共产党是通过归口管理来领导政府和社会事务的，即在政府和社会中设置党的对口领导部门。最后，在总体原则上，党的领导是通过政治、组织和思想上的领导来实现的，在实践中主要是通过党管干部的制度来保证的。

与一党制不同，中国共产党领导的多党合作和政治协商制度主要表现出以下几个特点：

第一，允许一个以上的合法政党存在，允许它们参政、议政。在中国，除了执政党中国共产党以外，还有八个民主党派，分别是中国国民党革命委员会、中国民主同盟、中国民主建国会、中国民主促进会、中国农工民主党、中国致公党、九三学社、台湾民主自治同盟。

第二，其他的合法政党以某种形式与中国共产党联合，即民主协商制度，这样就排除了政党之间的竞争。

中国共产党领导的多党合作和政治协商制度的核心是共产党拥有政治上的领导地位，

是执政党，其他党派是参政党。在中国共产党领导人民进行民主革命的过程中，统一战线是革命的三大法宝之一，是中国共产党的一贯政策。根据统一战线的政策，中国共产党先后与国民党有过两次不同形式和内容的共同合作。自抗日战争之后，中国共产党一直坚持争取与各民主党派合作，共同进行反帝反封建和反对官僚资本主义的革命斗争。在这一过程中，中国各民主党派虽然在一些问题上与中国共产党有不尽一致的地方，但是大多数都始终坚持了新民主主义革命的政治方向，在一些重大问题上采取和坚持了与共产党合作的立场，为中国新民主主义革命的胜利做出了自己应有的贡献。尤其以中国民主同盟为代表的八个民主党派，在中国新民主主义革命胜利的前夕就已经正式接受了共产党的领导，从而为中华人民共和国成立后的多党合作制奠定了牢固的政治基础。

新中国成立后，中国共产党庄严宣布与各民主党派永远共同前进，提出了“长期共存、互相监督”的政策，并在党的第八次全国代表大会上明确加以肯定。“文化大革命”结束后，党中央加强了有关民主党派的工作，进而提出了“长期共存、互相监督、肝胆相照、荣辱与共”的原则，作为中国共产党处理与民主党派关系的准绳。

所谓“长期共存、互相监督”，就是共产党同民主党派要长期合作共事，在合作中，共产党可以监督各民主党派，各民主党派也可以监督共产党。各党派互相提意见、做批评、互相监督、一视同仁。“肝胆相照、荣辱与共”，是共产党与民主党派关系的新发展，它的要求就是披肝沥胆、赤诚相见、分忧分劳、真诚合作、共受考验、共同前进。

实行中国共产党领导的多党合作制是发展社会主义民主、实行互相监督的重要形式，有利于使国家的重大方针、政策更为科学和正确，使共产党的领导作用更为有效，有利于发挥各民主党派的优势和特长，充分调动各种积极性，使他们的聪明才智发挥出来，为社会主义现代化建设服务，有利于了解和协调社会主义社会中的各种利益要求与利益关系，也有利于国家的统一与巩固。因此，正如邓小平所指出的，在中国共产党的领导下，实行多党合作制，是由我国具体历史条件和现实条件所决定的。

民主党派参政议政的途径有以民主协商会和座谈会为形式的会议制度，民主党派通过进入各级人民代表大会参政议政，在各级政府和司法机关中担任职务以及通过政治协商会议而发挥政治作用，其中政治协商会议制度是民主党派参政议政的主要形式。

中国人民政治协商会议（以下简称“政协”）在中国的政治生活中具有独特的政治地位。它不是国家机关，不能行使任何政府权力，在《宪法》的“国家机构”部分没有任何关于政协的规定；它的章程也不具备法律性，对社会成员没有普遍的约束力。但是在《宪法》“序言”部分规定了政协的法律地位和政治地位。按照惯例，政协和人大会议每年同时召开，并称“两会”，显示了政协在中国政治生活中的地位。

政协起源于新中国成立之前。抗日战争胜利以后，在全国人民要求和平、要求民主的呼声中，国民党被迫与共产党举行和谈，接受中国共产党提出的和平建国基本方针，同意召开政治协商会议。1946 年 1 月，有国民党、共产党、民主同盟和无党派人士参加的政治协商会议在重庆召开，史称“旧政协”。这次会议达成了按和平、民主、团结原则建国的协议，但该协议因国民党发动内战而未能实行。1948 年 4 月 30 日，在获得解放战争全面胜利的前夕，中共发出了“五一口号”，号召社会各界反蒋民主力量重新召开政治协商会议，共商国家大计。1949 年 9 月，中国人民政治协商会议第一届全体会议在北京举行，制定了具有临时宪法性质的《中国人民政治协商会议共同纲领》，通过了《中华人民共和国中央人民政府组织法》，选举产生了中央人民政府委员会，代表人民意志，完成了建立中华人民共和国的伟大历史使命。

1954 年 12 月，举行了政协第二届全国会议。此时由于已经有了全国人民代表大会，政协不再具有权力机关的作用，而以统一战线的组织形式参政议政。

政协的主要工作是通过各种形式，参与有关国家事务和地方事务重要问题的讨论，即参政议政；根据中国共产党或民主党派、人民团体的提议，举行由各民主党派、人民团体的负责人和各界爱国人士的代表参加的会议，进行协商。

参政议政的形式，包括召开政协的各种会议，并向有关的党和国家机构提出重要建议案和委员个人提案。协商的形式，包括由政协的各民主党派、全国工商联负责人、无党派人士与中共负责人参加的民主协商会、谈心会、座谈会等。政协的参政议政中，包含着各种形式的民主监督。

政协的组织制度包括政协全国委员会和地方委员会。政协全国委员会的委员，包括中共、各民主党派、无党派民主人士、人民团体、各少数民族和各界代表，台湾同胞、港澳同胞和归国侨胞的代表以及特别邀请的人士。政协地方委员会委员的构成，参照全国委员会的组成而设立。

从政协的组织制度可以看出，政协还是一种重要的政治稳定机制。在改革开放以后，全国各地迅速成长出新的社会力量。各国的发展经验表明，如果政治制度不能吸纳新生的社会力量，新的社会力量的利益不能得到有效的政治表达，就会造成新力量与旧制度之间的冲突，甚至诱发政治革命。因此，政治制度能否包容新的社会力量，是政治稳定的一个重要变量。在中国，人民代表大会制度和政治协商会议制度事实上就起到了政治纳新的功能，新生的社会力量通过参加人大与政协表达他们的利益要求。因此，政协本身就是一种特殊的政治稳定机制。

进一步阅读材料：

1. 列宁．怎么办//列宁．列宁选集：第 1 卷．3 版．北京：人民出版社，1995.

2. 亨廷顿．变革社会中的政治秩序．第七章　政党与政治稳定．北京：华夏出版社，1988.

3. 萨托利．政党与政党体制．第 1～2 章，6～7 章．北京：商务印书馆，2006.

4. 林尚立．政党政治与现代化．上海：上海人民出版社，1998.

5. 杨光斌．政治变迁中的国家与制度．第六章　制度变迁的路径及其理论意义：社会中心论·国家中心论·政党中心论．北京：中央编译出版社，2011.

6. 陈明明．革命党、统治党、执政党：关于政党及其革新的一项词汇梳理//中大政治学评论：第 5 辑．广州：中山大学出版社，2005.

第八章 政治社会

重点问题

- 什么是利益集团？利益集团与群体利益的关系是什么？
- 利益集团的基本类型有哪些？
- 如何认识利益集团在资本主义政治中的作用？
- 我国新兴社会组织产生的政治经济背景是什么？
- 我国新兴社会组织在政治过程中的作用是什么？
- 如何认识新闻媒体与政府的关系？
- 新闻媒体在政治过程中的作用是什么？

政治社会学是关于社会结构与政治制度之间，亦即关于社会与政治之间的相互关系的研究，而居于社会和政治之间的力量便是典型的“政治社会”。也就是说，联结政治与市场的利益集团、政府和民间的社会组织以及政治社会身份相对模糊的媒体，都是政治社会力量。当然，在不同的政治制度中，“政治社会”所指有所不同。但是，只要实行了市场经济制度，共相性政治社会的含义就更加明确，因为只有市场经济才可能真正分化出政治经济过程中的利益集团、多元化社会中的新兴社会组织以及必须依靠市场并尽可能扩大其政治影响的媒体。

第一节 利益集团

一、利益集团概念的界定

利益集团已经成为一个普适性概念。凡是存在分工的地方，就有利益上的差别。人们就可能去组织起来以维护自己的利益。在改革开放之初，邓小平号召一部分人先富起来，标志着中国开始正式承认利益差别。之后，随着改革的深入，中国先后几次修改宪法，规定了在社会主义初级阶段，坚持公有制为主体、多种所有制经济共同发展的基本经济制度，确认了中国经济成分的多元性即利益的多元性。中国共产党人提出的“三个代表”重要思想，进一步在政治社会学上确认了改革开放以来中国出现的新的多元化的社会力量。我国官方媒体也确认了“利益集团迅速产生和发展起来”的现状①。

利益集团属于社团范畴，有必要首先清楚社团的含义。

美国当代著名的社会学家布劳认为，社团组织的根本特征在于它的互益性，即为成员谋利益的组织，如职业组织、行业协会、工会、政党、兴趣团体和教会组织等②。

英国协会管理专家海曼认为给社团下定义是困难的，但社团应有的共同特征是民间性、非营利性和目的性。

涂尔干将集团分为两种：一种是建立在一致基础上的集团，即机械一致，某些集团就是建立在体格类似、语言类似、年龄类似、性别类似、习惯类似、定居地方类似、信仰类似等之上的；另一种集团是建立在劳动分工一致基础上的集团，即理性一致，这种一致建立在同一集团的人互相依赖的基础之上，他们的任务也是互补的。涂尔干称后者为有机一致，它高于机械一致③。

涂尔干的分类法是根据社会关系对各种社会集团进行分类，不是对社团的定义。但是，他关于相似一致或机械一致集团的分类，指出了社团组织的一个根本特征，即社团均是以同类相聚而成，并非劳动分工所致④。

中国是以界定范围的方式规定社团。1989 年 10 月民政部颁布的《社会团体登记管理条例》将社团组织的范围规定为各行各业的“各种协会、学会、联合会、研究会、基金会、商会等”。但该条例却没有把典型的社团组织，如工会、共青团、妇联、残疾人联合会等列入社团管理的范畴。同时，该文件规定社团是一种“不得从事营利性活动”的“群众团体”，强调社团组织的非营利性和民间性。

概括来说，社团就是具有某些共同特征的人相聚而成的组织化程度较高的互益组织，具有非营利性和民间性两种基本的组织特征。

由此可见，社团概念应该是多维的，即应从互益性、同类相聚性、民间性、非营利性和组织化程度等五个角度对社团加以界定。互益性和同类相聚性是从理论上对社团加以界定，而其他特征则是实践中的操作标准。

社团概念的多维性可以用来分析任何一种社团，当然也可以用来分析作为一种社团的利益集团。严格意义上的利益集团具有一定的政治性质，它代表一定社会群体的利益，参与国家政治活动。但它不同于政党，政党是通过获得政治权力而发挥政治影响力。

利益集团参与政治，作为社会力量，通过言论和行动，通过与政党和政府机关的互动关系施加影响，反映和维护本群体的利益。因此，利益集团也具有同类相聚性、互益性的理论特性，在实践中它是民间性的组织化程度较高的非营利性社会组织。

这些特征将其与政府组织区别开来。在中国，虽然一些层次高、规模大、功能强的团体如工会、妇联、共青团、文联、科协等都是典型的官方性质的社团，被列入党政机关编制，除工会外，在人员经费等方面的管理与政府组织没什么区别，因此仅以上述标准难以

① 江涌．中央政府机构中的部门利益问题日益突出当警惕．瞭望新闻周刊，2006-10-10.

② 王颖，等．社会中间层：改革与中国的社团组织．北京：中国发展出版社，1993：22.

③ 迪韦尔热．政治社会学：政治学要素．北京：华夏出版社，1987：38-39.

④ 同②24.

把它们与政府组织划清界限。但在事实上，这些组织的章程都将自己规定为社团，在政府编制上，它们是“群众团体”，而不属于“政府工作部门”。不仅如此，这些组织形成的纽带不是政府部门的职能分工，而是成员们的共同特征。政府的功能是公共服务，而这些组织的功能主要是维护成员的利益，具有互益性。这些组织的上层机构类似于政府，但其基层组织则更接近于群众组织，淡化了其人员、经费上对政府的依赖，具有明显的民间性。

在资本主义国家，利益集团普遍民间化，甚至政党也是一种民间性的政治组织。在资本主义国家的政治过程中，利益集团也就是通常说的压力集团和院外活动集团。

最早对利益集团进行研究的美国政治家麦迪逊写道：派别是为某种共同的感情或利益所驱使而联合起来的一定数量的公民，不论他们占全部公民的多数或少数，他们的利益是同其他公民的权利或社会的长远和集体利益相左的。后来的研究者认为，一个利益集团就是一个持有共同态度并对社会上其他集团提出某种要求的集团；任何一群为了争取或维护某种共同利益或目标而一起行动的人，就是利益集团。

很多其他的政治学者和社会学者都对利益集团下过类似的定义。因此，利益集团就是社会中的一些成员为了共同的集团利益而结合在一起，通过积极行动而达到共同目的的一种社会组织。

利益集团的成员既可能来自同一行业，也可能来自不同行业。利益集团所追求的利益可能是特殊的，也可能是具有广泛社会意义的；其活动范围因追求的利益不同而不同，活动方式也是多种多样的。因此，利益集团不是一个纯粹的政治性概念。但是，多数利益集团一般都关注政府的某项政策，如果一个利益集团一旦通过或者向任何政府机构提出自己的要求，它就成为一个政治利益集团。资本主义社会中名目繁多的利益集团，虽然大多数并非以政治利益为目的，且不力图掌握政权，但并不是与现实政治无关。资本主义国家中的各政党为种种目的都在设法控制或影响各种利益集团，各利益集团也都在设法借助或依靠某一政党或政治势力，以便获得支持。因此，离开现实政治斗争的纯利益集团是不多的，离开了现实政治斗争去研究利益集团的活动和实质也是不可能的。从这种意义上看，任何利益集团都是潜在的政治性社团，它们均主动或被动地对政府政策做出反应，推动符合集团利益的政策出台和实施。

压力集团和院外活动集团是经常与利益集团一同使用的两个术语。压力集团是指为实现某种特殊利益而对政府施加政治影响和压力的团体。当利益集团成为政治角色而企图影响公共决策和公共权力、使自己的特殊利益获得实现的时候，它就成为压力集团。可以说，在政治学上谈到的利益集团实际上就是压力集团。

院外活动集团也是就利益集团而言的。“院外活动”的本义一是指利益集团为了实现自己的特定要求，有意识地进行影响政府决策的活动；二是指这种活动是由利益集团自己或其聘请的代理人进行的。最初，院外活动只是指利益集团的代理人在议会走廊或门厅（lobby）里进行游说活动，院外活动集团就是指进行这种游说活动的利益集团。今天，院外活动这一术语已经在更广泛的意义上被使用，泛指对整个政府（包括立法、司法、行政等部门）施加影响或压力的活动。这样，院外活动集团就成了和压力集团、利益集团含义一致的术语。

凡是存在市场经济的地方，就必然是利益多元化的，因而就必然有利益集团的存在。

但是院外活动集团和压力集团这两个术语是地域性的，主要用来分析西方社会的政治过程。

二、利益集团的分类

利益集团是为了一定的目标或共同利益而组织起来的社会组织，因此，可以从组织角度和利益角度加以分类。

首先，从组织角度看，有的学者根据利益集团的组织规模将其划分为小型政治团体、中型政治社团和大型利益集团。有的学者根据利益集团的组织程度将其分为四种类型：(1) 非正规性的；(2) 非社团性的；(3) 机构性的；(4) 社团性的①。

非正规性利益集团是指在突发事件中形成的运动性或骚乱性群体，它总是以不满或抗议的形式自发地表现出来。这种群体通常出现得快，平息得也快。非正规性利益集团的突然形成是因为该社团的成员平时缺乏有力的组织，他们没有畅通的表达利益的渠道。一个突发事件就会引起具有潜在利益要求的人们迅速行动起来。世界上许多国家都出现过这样的政治性组织，如 20 世纪六七十年代美国大学生自发的政治行动，1968 年法国的“五月风暴”。

非社团性利益集团也没有专门的组织，但与非正规性利益集团不同的是，它是建立在共同意识的种族、语言、宗教、地区和职业利益的基础之上的，甚至可能是建立在家族关系和血统的基础之上的。由于它以文化或经济利益为联结点，因而比非正规性利益集团具有更多的利益连续性。

机构性利益集团存在于行政机构、立法部门、军队、政党、公司及教会组织之中。由于这些机构中的很多部分本身就属于权力机构，因而这些机构中的特殊利益要求就特别容易表达出来，并能够较少受阻碍而得到实现。政府官员通过发现新问题和实施新政策来扩展其组织的趋势，在全世界都是非常普遍的。在中国，很多职能部门都起着重要的利益表达作用，比如农业部门代表农民的利益，要求增加对农业的投资，教育部门会为了教师的利益要求增加对教师住房的投资。在中国加入世界贸易组织的谈判过程中，电信、金融、汽车、农业等政府主管部门对加入世界贸易组织持审慎的态度，而纺织、钢铁等政府主管部门则极为积极。

最后是专门从事利益表达的利益集团，它们是为了表达某些特定团体的目标而专门建立起来的，也就是社团性利益集团。这种利益集团的组织有专门的工作人员，有一定的工作程序。工会、妇联、种族性团体、为某些商业或工业服务的组织，都是这类利益集团的典型例子。在现代社会，这类组织十分普遍，它们具有公开表达目标和提出要求的合法性，因而越来越成为人们的研究对象。本书所指的利益集团也就是这类组织。

其次，从利益角度看，利益集团作为互益性组织，是由其成员因某一特定的集团利益或群体利益结合而成的。以群体利益为标志，可以把利益集团分为两大类型：一类是群体利益型利益集团；一类是公共利益型利益集团②。二者的区别在于它们赖以存在的利益的

① 阿尔蒙德，鲍威尔．比较政治学：体系、过程和政策．上海：上海译文出版社，1987：202－207.

② 沈仁道，杨明．利益集团的概念和分类．政治学研究，1987 (4).

性质。

大多数利益集团都属于群体利益型利益集团，这样的团体主要为某一性质的群体利益而斗争。这一类型又可以分为：第一，以政治利益为基础的群体利益型利益集团，它以发挥政治影响力为主要目的。以政治利益为目的的利益集团很多，如种族利益团体（如美国的华裔美国公民联盟和种族平等大会，它们主要是争取在美国政治生活中的地位、个人权利及种族的某些特殊利益）、妇女利益团体（如中国的妇联，致力于实现性别平等，提高妇女的政治、经济和社会地位）、纯政治利益团体。第二，以经济利益为基础的群体利益型利益集团。这类利益集团的目标就是通过影响政府或其他机关而获得经济上的实惠。国外大多数利益集团就属于这一类，如美国的工商业企业利益集团、劳动利益集团、农业利益集团以及各种专门技术职业利益集团。在中国，这样的政治性社团有个体劳动者协会、私营企业主协会等。此外，在西方国家还存在以各种特殊性群体利益为基础的群体利益型利益集团，如美国枪支拥有者利益团体、生命权利协会等。

与群体利益型利益集团相对的是公共利益型利益集团。在政治学上，公共利益是一个有争议的概念，但是，人们还是能够普遍地承认面临的某些共同问题，如环境问题、生态问题，因此，围绕这些问题而组建起来的团体就是公共利益型利益集团。比较而言，各国的公共利益型团体的影响力要比群体利益型团体小。

最后，从利益集团与政府或政党的关系上看，又可以把利益集团划分成美国的竞争性政治社团；法国和意大利的非自主性利益集团，即工会、农民组织、青年团体可能由天主教会或社会党所控制；斯堪的纳维亚各国的阶级合作性利益集团，即各主要的利益集团与政府行政机构保持密切联系；以及社会主义国家的桥梁性利益集团。共产党是无产阶级的先锋队，然而，没有一些把先锋队和先进阶级群众、把它和劳动群众联结起来的“传动装置”，它就不能运转。上述类型的划分反映了不同国家的政治特性：美国的利益集团以现代企业为基础；欧洲国家的利益集团是在阶级运动基础上发展起来的，与政党和工人运动有密切联系；社会主义国家的具有利益集团性质的政治社团则主要以政党助手的身份出现。

三、利益集团与资本主义政治

作为“第二圈的政策制定者”，利益集团对资本主义国家的内政外交都有着重大影响。无论是在福利政策、经济政策还是在军事工业方面，利益集团的活动余地都非常大。而在外交方面，利益集团的影响也处处可见。例如，里根上台之初，在宣布执行对苏联的强硬政策的同时，解除了卡特政府实行的对苏谷物禁运政策，这主要是中西部农场主作用的结果，因为禁运一年就会使农场主损失 300 亿美元。美国政府在 20 世纪 90 年代屡次延长对中国的最惠国待遇，跨国公司的作用也是不能忽视的。

如何看待利益集团影响政治决策呢？在西方，自由派认为利益集团为追逐特殊利益而常常忽视公共利益，这是违反民主原则的。激进左派认为，权力的主要来源是资本主义大企业，大公司董事会的决定常常最终成为国家的公共政策。而保守派则反对自由派和左派的指责，认为企业界并未垄断政府政策，倒是政府掌握着最重要的经济权力，政府的干预是企业方面产生垄断现象的最大原因，企业界摒弃了竞争原则而想依靠政府来保护自己。

极右派更是反对政府干预经济，反对福利国家，认为这实际上等于实行社会主义；政府机构和职能的膨胀是劳工集团以及其他种族集团、教会和公共利益集团施加压力的结果，这是有意或无意地为“左翼阴谋”服务。中间派把集团的存在及其在政治进程中的作用看作是自由与开放社会的基本保证①。

对于利益集团在资本主义政治过程中的作用，必须基于其社会和政治制度的现实来认识。

1. 集中各种利益

西方社会是一个利益多元化的社会，这就决定了利益集团的首要作用是代表和集中各种利益。利益集团是社会中的一些成员为了共同的集团利益而结合在一起的社会组织。共同的集团利益就会促使具有共同态度的人组织起来；而许多利益集团通过不同的手段在其成员中又起着统一观点的作用，由此形成共同的目标，确定哪些是主要目标，打算如何实现这些目标。不仅如此，集中各种利益还意味着利益冲突的不同利益集团之间讨价还价，相互妥协以达成一致的意见。例如，常见的企业和工会间的谈判。

2. 政府的助手

利益集团在接近议会和行政机构的过程中，事实上在起着重要的工作人员的作用。利益集团为了自身的利益，常常要对某一问题进行深入而细致的研究。它们搜集情报，并从社会、经济、政治和法律等各个方面提出论点来支持或否定议会或行政部门的观点。如果议员或行政官员要把这类工作做得像利益集团那样有价值，他们需要有一批更精通专业、数量上要比现在多好几倍的工作人员才行。

3. 制约政治权力

政治权力的制衡不仅来自政府内部，还需要政府外力量的制约，这就是以社会力量来制约政治权力。在对利益集团在政治过程中的作用进行研究之后，阿瑟·本特利认为，美国社会是一个“由集团组成的综合体”，政府的政策是不同的集团在政府内外互相影响和斗争的结果。在《政治过程》中，戴维·杜鲁门把利益集团看作“民主政治进程不可缺少的组成部分”，强调利益集团接触政治决策者是西方式民主政治的体现。其后的政治学家V. O. 基认为，政治的本质是两次选举之间的决策过程，因此，要给政治一个令人信服的概念，就必须考察各集团、各种利益和政府机构之间的相互关系②。这就意味着，在多元化的西方社会，利益因素驱使利益集团向政府施压，这种压力有时会改变政府或统治阶层的政治偏向，而使政治决策更理性。例如，在对待中国的最惠国待遇问题上，与人权问题挂钩是意识形态偏见的表现；而1994年克林顿政府使人权与最惠国待遇问题脱钩也正是利益集团施压的结果③。因此，罗伯特·达尔说，独立的社会组织（利益集团）不仅是民族-国家统治过程民主化的一个直接结果，也是为民主过程本身运作所必需的，其功能在于使政府的强制最小化，保障政治自由，改善人的生活④。

---

① 李寿祺．利益集团与美国政治．北京：中国社会科学出版社，1988：21－24.

② 希尔斯曼．美国是如何治理的．北京：商务印书馆，1988：324.

③ 兰普顿．经贸因素主宰美国对华政策：克林顿使人权与贸易脱钩．中国季刊，1994（9）.

④ 达尔．多元主义民主的困境．北京：求实出版社，1989：1.

4. 利益集团的弊病

一方面，利益集团是政治不平等的产物，也是推动政治不平等的因素。社会民众基于共同的利益要求结成利益集团，这种利益要求产生于特定的生活方式，包括经济基础、政治身份、社会地位、意识形态取向等，而最根本的是一定的经济地位。事实上，有组织的利益集团的成员明显地与其上层社会经济地位相联系，成员大部分来自专家和管理阶层，受过高等教育，中上层阶级形成利益集团的基本组织构架。资本主义国家的政治制度如此依赖有组织的利益集团，而人民中没有组织的部分的利益则不能被有效地表达，如黑人和其他少数族群、城市贫民、边远山区的农民等。

另一方面，利益集团的活跃降低了政府权威，造成政府内部的分裂。由于利益集团的影响日益加强，议员们受到利益集团的控制而成立各种地区的或专门问题的小组或集团为其服务，行政管理机构也在某种程度上受制于行业性利益集团，造成选民对政府权威失去信心。利益集团追求特殊利益使得集团间矛盾冲突加剧，利益集团越多，意见分歧也就越大，追求的利益也就越来越狭隘和专门化，出现了“巴尔干化”趋势，“现在美国社会似乎决心追求较小范围的忠诚，地区的、政治的、种族的，甚至是两性的，而不是较大范围的忠诚”，“美国已缺乏取得一致意见的能力和执行全面的或国家的政策的能力，政治上四分五裂，这表明美国经历中的一种根本性的倒退”①。此外，高度自治化的团体还会导致分裂和不稳定，从而使政府面临很多治理的难题。

第二节　新兴社会组织

一、新兴社会组织的产生与发展

在任何社会，必须有根本利益的一致性，如国家安全与社会稳定，否则这个社会就难以正常运转。但是，这并不否认利益追求上的差别。在社会主义社会，不同的社会群体仍有其特殊的利益要求和相互之间的矛盾，代表不同利益群体的人民政治团体的存在，就有其必然性和现实性。在我国，社团的形式很多，但因为都或多或少地影响政治过程，因此可以统称为社会组织。

在这里，“政治性社团”“利益团体”“社团”，以及“社会组织”等术语，都是意义相同、可以互换的概念。

在中国，作为中国共产党和政府机关联系群众、教育群众、团结群众的“杠杆”、“纽带”和“桥梁”，一些团体的发展具有久远的历史。中国共产党诞生后所进行的革命活动，与工人、农民、青年和妇女等组织有着紧密的联系，这些组织因在革命中的特殊作用，在社会主义社会建立后都确立了自己恰当的位置，并延续至今。

从1949年到1978年，政治性社团发展的选择性很强，只有工会、共青团和妇联等有较大的发展，其他则难以发育，根本原因在于新中国成立后建立的高度统一的政治与经济体制。政治上的一元化领导，造成党群不分、政群不分，群众性的政治团体被纳入了国家

---

① 奥恩斯坦，埃尔德．利益集团、院外活动和政策制定．北京：世界知识出版社，1981：252-254.

编制。中华人民共和国成立前一些政治倾向比较明显的政治团体被定义为“民主党派”，转化为政党组织。中国共产党领导的多党合作和政治协商制度，联络和团结了各种社会力量的政治组织，容纳了带有各种政治倾向的政治团体。因此，其他政治性社团失去了存在的基础。经济上实行高度集中的计划管理体制，使政府成了生产活动的管理者，产品生产者（企业）缺乏明确的责、权、利，缺乏应有的独立性。这样，没有独立经济利益的生产者也就失去了争取利益的动力，更没有社团在经济领域争取利益的空间。高度统一的政治与经济体制，再加上单位功能的无所不及，把每一个人的政治、经济和社会生活全部融入组织体系，使得代表不同群体的其他政治性社团产生的可能性微乎其微。

邓小平领导的改革实际上是一场新的革命，它给中国带来的变化并不亚于毛泽东领导的那场革命。中国经济、政治、社会生活以及文化观念发生的巨大变化，为政治性社团组织的发育提供了全新的土壤，带来了发展的春天。

除了隶属于党政部门的工会、共青团、妇联和科协、文联等组织有更大的发展外，各地还出现了大量非官办的社会组织，如个体劳动者协会、私营企业主协会。在社会主义中国的政治过程中，这些社团组织通过向政府推荐人选或通过政府而表达利益要求，因而其活动的内容主要是政治性的或政策性的。

经济改革使原来隶属于党政体系的企事业单位及个人逐渐趋于独立，利益主体的多元化和上述政治环境的宽松使得社会组织飞速发展。中华人民共和国民政部把数以万计的社团分成四类：一是学术性团体，指从事自然科学、社会科学及交叉学科研究的团体；二是行业性团体，指同行业的企业自愿组成的团体；三是专业性团体，指由专业人员组成的或以专门技术、专门资金从事某项事业而成立的社会团体；四是联合性团体，指人群的联合体或团体的联合体①。

这种分类法对于观察国家与社会的关系来说似乎显得不够，因为社团的分类要么以行业为标准，要么以利益性质为标准，当然，也可以以组织形态为标准。由于国家与社会的研究实际上就是界定权利的变化与转移，因此，在实践中，普遍的做法是根据团体的利益性质来划分社团的类型。为此，有学者将中国的社团主要划分为：兴趣活动组织（登山协会、作家协会等）、经济利益组织（工会、个体和私营企业协会、行业组织、农民利益群体等）、民间社会服务组织（教育和卫生领域的福利基金会）、民间自助组织（村民委员会、业主委员会等）、社会公益组织（妇联、共青团、红十字会等）、次级文化群体组织（少数民族团体、宗教团体等）和科学技术领域的社会组织。

20 世纪 80 年代，社团在中国崛起的根本原因在于市场发育所引起的社会分化过程。经济体制变革的影响已远远超出其经济意义，它辐射至社会生活的各个方面，并导致社会结构的重组。

首先，经济改革导致社会主体分化。企业开始享有一定程度的自主权，不再完全是政府的附属物。农村家庭也成了独立的经济单位。企业和农民的这种主体地位的形成，必然

---

① 吴忠泽．社团管理工作．北京：中国社会出版社，1996：7－8.

伴随着新的利益要求和新的权利的产生。为此，新的利益主体要寻求新的联结方式。过去，企业从政府那里获取经济信息；今天，作为独立的商品生产者和经营者，它们面对的是市场竞争和国外商品的压力。因此，它们就需要以新的方式沟通和联结起来，以保护自己的利益。社团组织形式就将分化出来的社会主体联结成新的群体，形成了新的社会沟通渠道和利益保护机制。

其次，改革促使社会结构分化。经济改革之前，社会主义是以消灭阶级差别为目标的。改革肯定了在社会主义初级阶段社会成分多样化的必要性和必然性。个体经济、私营经济以及外国资本和人员参与的合资与独资企业，都是全新的社会成分。这些新的社会成分在原来的组织体系中没有既定的位置，他们就形成了新的社会组织来保护自己的利益，如个体劳动者协会、私营企业主协会。

再次，经济改革引起了剧烈的利益分化。市场的发育打破了以往由政府决定人们利益的状况，拉大了收入差距。在个人之间，一部分人先富起来；在地区之间，一部分地区先富起来。利益分化在组织上的表现是形成和强化了人们的群体观念，出现了群体认同。观念的一致促使人们联合起来，为成员谋取利益。“社会分化的结果导致了组织的分化，党与政府、政府与企业之间责、权、利的重新调整、功能的重新配置成为20世纪80年代中国组织变迁的重要内容。与此同时，新型社会组织的发育，突破了旧有组织体系自我发展的不足，作为与改革后新的经济社会条件相吻合的组织形式，成为组织分化的一个重要内容。”①

最后，制度的变化。1978年经济体制改革以来，中国在政治上没有推行西方学者所期望的政治体制改革，没有实行多党制和代议制。但是，政治体制的变化是不容忽视的。中国在法制和法治建设、党政关系、行政体制、领导制度、选举制度、监督制度、中央与地方关系等方面，都发生了重要变化，这些变化直接或间接地促进了社会的发展。

政府日益重视法制和法治建设。公民的结社自由不再是纸上的规定，而具有了一定实践上的意义。公民结社自由的权利得到重视，公民申请成立非政治性社团很可能得到批准。

政府大幅放权。经济改革其实就是政府放松控制的过程，是政府向社会放权。一是政企分开，政府将经营权、人事权下放给企业，将大部分经济权力下放给社会。二是中央政府大幅地将权力下放给地方政府，无论是在干部管理权、行政管理权和社会管理权方面，还是在政治决策与经济决策方面，以及在税收、财政和金融等方面，改革开放以后各级政府的权力都大大增加。三是政府对公民的管理逐渐放松，公民自由活动的空间前所未有地扩大。党和国家将部分权力下放社会后，管理社会秩序的功能缺失部分由社会组织来填补。

政府职能的转变。改革开放前一个控制一切的全能主义政府，在1978年以后其职能发生了重大变化。一个总的趋势是，政府不断弱化其经济职能和社会职能，强化其行政管理职能。在大部分生产、经营、民事和文化、艺术和学术等领域，政府不再单纯地直接管

① 王颖，等．社会中间层：改革与中国的社团组织．北京：中国发展出版社，1993：38.

理，而将部分职能交给非政府的行业协会、同业组织等。

上述经济环境和政治环境的变化使得社会组织迅速兴起并成长起来，国家与社会的关系得以重组。

要把新组织发育的客观需求变成现实的组织发展，还需要人们有意识的自觉行动。在改革过程中，个人利益的增强激发了参与社团活动的积极性。个体劳动者组成了个体劳动者协会，起初这是一个纯民间性的团体，但当工作难以展开时，该组织便主动要求变成半官半民性质，并置于工商局的领导之下。这说明，具有重要的政治功能和经济管理功能的社团组织以独立的方式与政府互动是行不通的，于是迫于现实的压力发展出目前这种适合中国国情的有挂靠单位和主管部门的半官半民性质的组织形式，它们与政府及各类企事业单位组织之间形成多种互动形式。

新型社会组织的发展还有赖于自上而下的推动。党和政府始终把工、青、妇组织作为联系群众的桥梁，给予很大支持。党和政府对科技文化也十分重视，提倡并支持群众性学术团体的成立。在改革开放的过程中，党和政府更是重视行业组织的建立和发展。因为经济改革弱化了政府的职能，如何管理新的利益主体和社会成分，如何协调利益冲突，都是党和政府要面对的问题。因而党和政府为了加强政治管理，总是要支持一些行业性的社团组织，以协助政府管理。

自下而上的努力和自上而下的推动的合力，就形成了今天社会组织蓬勃发展的局面，它们在社会主义政治过程中起着十分重要的作用。

二、新兴社会组织的活动方式

社会主义国家的新兴社会组织是社会利益分化的结果，是不同利益群体实现其特殊利益要求的工具。但与资本主义国家的政治性社团相比，社会主义国家的新兴社会组织作用于政治的过程中有其自己的特点：首先是相互之间的非对抗性和合作，也就是说，各社会组织所代表的特殊利益要求及由此形成的矛盾，是根本利益一致基础上的非对抗性矛盾，它们在本质上能够相互合作；其次是在党和国家政府的领导下活动。中国共产党代表了工人阶级和各个社会团体的根本利益，各社会组织则代表局部的、特殊的群体利益，因而是在中国共产党领导之下实现其特殊的利益要求。那么，社会组织是如何发挥政治作用的呢?

1. 参政议政

西方国家的利益集团主要是以院外活动的方式影响政府决策，西方议员是职业政治家。而在社会主义国家，人民代表大会的代表不是职业性的，而是一定范围的社会成员的代表，人民代表大会特别注重不同社会群体的构成。这一区别决定了社会主义国家的社会组织的活动不同于西方国家，这些社会组织有可能以某一阶层代表的方式进入人民代表大会，直接参与政治决策。一般说来，各地的工会、共青团、妇联的负责人都是各级人民代表大会的代表。我国的政治协商制度则为各团体提供了独特的议政渠道。政协是共产党广泛联系社会各阶层的重要途径，在政协中，共产党是领导核心，吸收各民主党派和利益团体参加，并吸收一些非组织的社会知名人士参加。政协以制度化的形式为利益团体提供了一个组织参与途径。目前各级政协均吸收了很多的私营企业主参加。

社会组织代表不仅可以成为人大代表，进入政协，还可以直接加入政治领导机构。社团领导人进入党委、人民代表大会和政治协商会议，直接参加这些机构的日常活动，以便更好地反映自己所代表的群体利益，并就一般的社会问题发表意见。此外，由于社会主义社会的社会组织大多是官办或半官半民性质，一些社团还有其他渠道表达利益和要求，例如，文联（文学艺术联合会）通过宣传部门，个协（个体经济协会）通过工商局，科协通过科委（科学技术委员会）。

需要指出的是，新兴社会组织参与政治只能在党和政府规定的范围内活动。若它们的政治活动超出了党和政府的价值判断，超出了活动领域，社团的政治角色就不可能实现。事实上，大多数社团都能很好地理解党和政府的意图，把握自己的位置，使社团的工作与党和政府的要求相吻合。这是因为，大多数利益团体的负责人具有双重身份：社团负责人和国家干部，他们更看重国家干部的身份，因而都能自觉地服从上级，约束自己的政治行为①。只有在极少数情况下，社团活动才有意识或无意识地超出规范。民政部有关负责人1991年在社团管理会议上曾指出个别社团偏离正确方向，有可能被利用于进行与党和政府目标不相符的活动，因而必须加强对社团的管理②。

2. 政府助手

按照我国的《社团登记管理条例》，社团登记注册的条件是必须有一个业务主管单位。各级工、青、妇组织直接由各级党委负责，其他社团则由党政部门负责。例如，个协和私协（私营经济协会）的主管单位是工商行政管理局，行业协会的主管是经委（经济委员会），科协的主管部门是科委，文联的主管部门是党委宣传部。由于社团在法律上的从属性质，各社团在章程中都规定了“助手”条款。例如，共青团是“党的助手”，“个协”必须“协助税务和工商行政机关督促会员依法缴纳税金”，“私协”要“协助政府及有关部门做好私营企业的监督管理工作”，科协有义务“接受政府委托，提供科技咨询和服务”。可见，大多数社团都有相当程度的行政职能。正因如此，这些社团才是政治性的。

社会组织作为党和政府的助手，弥补了政治管理体制的不足。行政机构和企事业单位一直是政治管理的主渠道，但在经济改革之后，涌现了大量新的社会成分，个体户和私营企业成了“体制外”力量，而行政机构和单位渠道显然无力直接管理这些新生力量。社会组织的发展起到了第三行政渠道的作用。这三个渠道的互动，形成了空间的、单位的和类别的立体管理网络，增强了党和政府管理社会的能力。

在实践中，社会组织起到了管理新生社会成分的作用，并协助党政部门完成某项任务。社会组织的助手作用还表现在协助党和政府进行思想工作，对其成员进行理想教育、道德教育、法治教育和政策教育。

由上述可知，社会主义社会的社会组织首先具有表达群体利益的功能，像工会、妇

---

① 王颖，等．社会中间层：改革与中国的社团组织．北京：中国发展出版社，1993：104－105.

② 中国社会报，1991－12－23.

联、共青团、科协、文联、社科联、个协、私协等规模较大的组织，与党政组织有着经常的联系渠道，它们通过参加各种机构和会议，通过向领导反映情况而表达该群体的要求。在表达利益的过程中，事实上也影响了党和政府的权力机构。

三、新兴社会组织的政治作用

在中国，社会组织的兴起对治理结构和治理状况有着直接的影响。

1. 影响政府决策并推动政府决策的民主化

政府的改革既需要内部的动力，也需要外部的压力，有时外部的压力更能促使政府改革。20 世纪 80 年代以后成长起来的社会组织，特别是一些专业学术团体，依赖其丰富的专业知识，对政府决策过程产生了直接的影响。目前社会组织参与政府决策的途径主要有：

第一，代表所在的组织或行业向决策部门反映问题，提出要求，使权力机关制定相应的政策或措施。例如，以“自然之友”为代表的北京市民间环保组织近年来不断开展自愿性的环保活动，批评破坏环境的行为，提出种种环保建议。环保组织的建议因而成为一年一度的人民代表大会和政协会议的主要议题。

第二，应决策机关的请求，对某些专门政策的制定和实施发表意见。例如，第九届全国人民代表大会第一次会议在修改宪法之前，曾就修改条款广泛征求某些社会组织的意见，就涉及非公有制经济的定性问题，人大和党政权力部门特别重视各级商会的意见。

第三，当政府政策损害其成员的利益时，代表成员同有关部门交涉。例如，上海市一些社区业主委员会多次代表其成员就房屋拆迁所受到的损失向有关部门要求利益补偿。

2. 社会组织的活动改善了政府的形象，增强了公民的政治认同感

首先，在社会组织的公益行动上，诸如中华慈善总会、宋庆龄基金会、中国青少年基金会这些社会组织在帮助失学儿童、救济灾民和贫困地区人口的“希望工程”“扶贫工程”中发挥了极大的作用。这些社会组织的所作所为改善了社会的形象，增进了政府和民众的关系，增强了民众对国家的认同。

其次，社会组织与政府优势互补因而改善了政府的形象。例如，“义乌市保护名牌产品联合会”在保护义乌市市场经济中发挥了重要的作用。在单一的政府管制下，作为全国小商品交易中心的义乌市假冒伪劣产品屡禁不止，严重败坏了义乌市的形象。1995 年义乌市政府把治理假冒伪劣的责任交给基于“义乌市个体劳动者协会”之上的“义乌市保护名牌产品联合会”，最后假冒伪劣产品基本得到抑制①。义乌市的案例说明，政府管理在中国虽然居绝对的主导地位，但一些行业协会性的社会组织也有着坚实的社会合法性基础。政府和社会在治理本地市场经济的过程中，达成了一种前所未有的激励相容与互补性极强的合作。政府的法律强制力和权威、社会成员对协会组织自律功能的认可、广泛而有效的信息交流，在义乌市得到完美的结合，同时也大大地改善了政府的形象。

3. 社会组织的自治实现了社会利益最大化的社会管理目标

在农村，经选举产生的村民委员会是一种典型的自治组织，其社会效益前面已有所探

① 余晖，等．行业协会及其在中国的发展：理论与案例．北京：经济管理出版社，2002：39－42.

讨。在行业管理中，有效的行业自治组织同样使社会利益最大化，如“温州市烟具行业协会”的自治效益。由于质量低劣和竞相压价，著名的温州市烟具行业两度萧条。从1993年开始，温州市政府将烟具行业的管理权让位给烟具协会，政府授予该协会企业审批、产品质量检测、制定最低保护价以及新产品维权等权力。温州市的明智决策促使温州市烟具行业持续健康地高速发展，并且为温州地区其他行业的治理开创了新局面①。温州的案例说明，在经济转型时期，得到政府支持的社会组织完全能够有效地治理完全竞争型产业的市场秩序，政府的管理可以退居到最小范围和最后的防线，即对民间自治组织的法律认可。因此，在以私有产权为主体的市场结构中，自治性的社会组织完全有可能发挥其集体协调和提供信息的基本功能，并能够完全有效地达到行业自律的社会效益最大化的管理目标。

4. 非组织性的基于共同利益之上的潜在利益群体②的活动直接改变了政府的行为

比如“北京114户私房主状告房管局”而引起的关于拆迁私房的合理补偿问题的争论，导致北京市拆迁房补助新办法的出台。再如1998年南京市为扩建道路准备砍伐该市最具有代表性的法国梧桐行道树，南京市民日夜守卫坚决不让砍伐，由此引起一些城市政府对大树文化的重新认识，继而1998年以来上海、北京等市不再乱砍大树，而是在扩建道路时采取大树连根挖出再回移，新建道路时采取直接移植大树的办法，实施“大树引入城市”计划。

中国社会组织的一些特征说明，尽管社会组织的发展还存在一些问题，但社会组织的自主意识在加强，正在越来越多地以各种方式直接地影响政府的决策，或越来越多地在政府的支持下实行行业自治管理。这些发展表明了国家与社会之间合作管理趋势的发展。从文化、传统和体制结构分析，中国的国家与社会关系不会像某些西方国家那样处于对立的状态，而更大的可能是，社会组织的自治因素不断增加，但国家将会以更加新颖的形式将社会组织整合到自己的系统之中，从而使国家与社会的关系更加和谐。例如，“三个代表”重要思想为将新生的社会力量融入自己的组织系统，实现国家与社会的协同发展提供了理论指导。

另外，特别值得指出的是，虽然经济改革和政治改革给国家与社会的关系带来了根本性的变化，但是这种变化的制度前提并没有发生变化，更明确地说，中国实行的仍然是政治动员的政治体制。在政治动员的体制下，国家能够有效地动员和组织人民。与强大的国家能力相对照，至少在目前和未来一个时期内，中国不存在一个所谓的市民社会。由于这种欠缺，作为国家处理与社会关系的权力工具的公共行政部门，其能力的强弱就成为预测国家强制的主要指标。作为行政部门，自然要执行国家的意志，但是它们有自己的利益和活动方式。在法制健全的地方，行政能力对国家强制也可能是一种矫正。因此，行政能力是

---

① 余晖，等．行业协会及其在中国的发展：理论与案例．北京：经济管理出版社，2002：43－45．

② 这种划分借鉴了阿尔蒙德和鲍威尔对利益集团的划分方法。他们的非社团性利益集团概念是指建立在共同意识的种族、语言、宗教、地区和职业利益的基础之上的潜在性团体。由于它以文化或共同利益为联结点，所以具有更多的利益连续性（阿尔蒙德，鲍威尔．比较政治学：体系、过程和政策．上海：上海译文出版社，1987：202－207）。

影响中国的国家与社会关系的一个重要因素①。

总之，社会组织的政治活动促进了社会主义社会的民主化进程。各人民群众团体进行政治活动，参与政治决策，本身就是民主政治的基本内容。这种民主政治进而促进了政治决策的科学性和公正性。不仅如此，社会组织活动还促进了政治稳定。一方面，新生社会力量的代表进入人民代表大会和政治协商会议，在制度内表达利益诉求，这就减轻了不少发展中国家在发展过程中遇到的新生力量对制度的冲击压力。另一方面，社会组织积极协助党和政府对社团成员在各方面的管理，增强了党和政府管理社会的能力。因此，社会组织在社会主义政治过程中的作用是不可缺少的。

第三节　新闻媒体

在现代政治中，新闻媒体无疑是一种不可忽视的社会力量②。尽管不同国家有着不同的新闻制度，媒体在社会中的地位和影响力也千差万别，但随着大众读写能力的提高和印刷、通信技术的变革，媒体所扮演的角色越来越重要，甚至在西方文献中出现了“新闻统治”的说法。

一、作为一种权力的新闻媒体

新闻媒体，亦称大众传媒，是20世纪20年代以后出现的一个概念。一般来说，新闻媒体包括纸质媒体（报刊）和电子媒体（广播、电视）两种。随着互联网的兴起，作为“新电子媒体”的网络逐渐成为一种新的媒体类型。

在西方政治学中，新闻媒体主要作为一种政治沟通工具而出现，尽管事实上媒体的功能远远不止这些。政治权力的获得或者巩固都有赖于政治沟通，而所有的政治行为都是对沟通的这种或那种的反应。通常而言，沟通分为面对面的直接沟通和借助新闻媒体进行的间接沟通。面对面的直接交流是最基本的，同时也是改变或强化政治观点最有效的途径，因为它允许对话，而这是传统新闻媒体所欠缺的。在这种形式下，不管是演讲厅的观众还是选区的选民，都可以直接向演讲者或候选人提问，进行挑战，而后者也能够回答问题，加强观点。相对于面对面的直接沟通，新闻媒体的优势在于，它可以接触无限多的受众，其结果是能够创造出更多的选民或公众意见。然而，新闻媒体毕竟是单向的沟通渠道，受众很难将自己的意见及时反馈给传播主体。研究表明，新闻媒体可以有效强化既有的政治观点，但很难真正改变它们。

互联网（网络媒体）的迅猛发展，在某种程度上打破了传统的纸质媒体和电子媒体的限制，它具有以下主要特点：(1) 时效性。网络媒体的时效性是最强的，它的制作过程不及报刊、电视那样复杂，记者可以对刚刚发生的新闻事件做同步报道。如中美关于加入

---

① 关于行政能力同国家与社会关系的研究有很多，具体关于中国这一问题的研究，可参见：黄延中，杨大力．中国的官僚能力与国家-社会关系．中国社会科学评论（香港）：第1卷，2002 (2).

② 把“新闻媒体”归类为“社会力量”是一种韦伯式的“理想类型”做法。和利益集团一样，在有些国家，新闻媒体是相对独立于政府的，而在有些国家，新闻媒体与政府的关系则较为密切。尽管如此，在互联网时代，新闻媒体作为一种社会力量而传播政治信息和影响政治的功能越来越强大。

WTO谈判的报道，和讯网是全球最先发布谈判成功的媒体，并每隔10分钟或5分钟更新一次。(2) 互动性。网络媒体改变了传统媒体单向传播的特点，实现了真正的互动。许多新闻网站通过电子邮件、论坛、讨论组、聊天室、网友留言等方式，使读者和网站、读者与读者之间能够及时进行沟通和交流。(3) 选择性。受众可以根据自己的偏好，选择所需要的信息内容，而不再像报刊、电视那样只能被动地接收信息。正因为互联网的上述优势，网络媒体受众近些年来不断激增。美国eMarketer公司的报告显示，2017年有34.7亿人经常使用互联网，占全球人口的46.8%，手机成为互联网接入的主要设备，27.3亿人使用手机上网，占网民总数的78.9%。而据中国互联网络信息中心（CNNIC）第43次《中国互联网络发展状况统计报告》显示，截至2018年12月，我国网民规模为8.29亿，互联网普及率达59.6%。

随着社会和技术的变革，媒体在政治生活中的地位越来越重要，媒体成为一支举足轻重的社会力量。作为传播现实事件及其评论的社会组织，新闻媒体形成了复杂的社会意识机构。新闻媒体的崛起主要体现在：

第一，通常所谓的“初级”社会化机构（如家庭、社会阶层）趋于衰落。在西方国家，人们通常认为，人们在青少年时期所形成的政治态度和认知成年后只会出现适当变化，不会彻底改变。然而，这种看法却随着社会流动和人口流动的加速，以及个人主义、消费主义价值观的扩张而变得越来越站不住脚。实用主义政治态度逐渐取代了固定化的政治结社和惯行的选举投票，人们往往根据具体问题和政策走向而改变政治立场。这样反过来又加强了新闻媒体的影响力，因为后者是向公众传播各种政治信息的主要渠道。

第二，20世纪50年代以来电视观众的剧增以及近年来网络这种“新媒体”的兴起，使得新闻媒体渗透到了人们的日常生活之中。人们变得比以往更加依赖媒体，例如他们从电视和网络上了解时事新闻（而不再通过政治集会），观看体育赛事，在网上购买物品等。

第三，新闻媒体已经成为一支强大的经济力量。不仅那些传媒巨头在全球舞台上叱咤风云，而且一些传媒公司也相互并购，将原来各自独立的出版、电视、电影、音乐、计算机和电信业务加以合并，融合成一种全新的“娱乐化新闻”行业。像微软、美国在线-时代华纳、迪斯尼、默多克这些大型传媒公司，它们的市场份额和经济实力是任何政府都不敢小觑的。

正因为新闻媒体在政治生活中的影响如此之大，当今一些西方国家把它称为除立法、行政、司法之外的“第四种权力”，新闻记者也被人们誉为“无冕之王”。媒体不仅可以影响和制造舆论，进行社会动员，还能通过重新设置政策议程影响政府的决策；媒体不仅可以监督政府，防止其滥用权力，而且政府反过来可以利用媒体制造新闻，重塑自身形象。只要稍微联想一下美国罗斯福总统的“炉边谈话”，想想美国媒体在越南战争和“水门事件”中的角色，我们就能更加形象地感知媒体力量的强大。

当然，与立法、行政、司法等政府机构不同，媒体并不是作为一个统治机构存在和发挥作用的，它有自己的组织和运作方式。作为一种社会力量，新闻媒体从理论上讲应该独立地、真实地传播各种信息，成为各种意见和观念的竞争市场。然而，也正是因为它的强大，各种力量都在争相控制和利用媒体。从这种意义来讲，新闻媒体很少真正独立过，自它引起人们注意那天起，它就与金钱、权力、意识形态纠缠在一起。新闻真实的理想，也从来就是在其与物质利益和意识形态的不断博弈中得以点滴实现的。

二、媒体与政府的关系

媒体与政府的关系主要涉及新闻自由的限度和政府管制媒体的边界问题。新闻自由历来就是多元主义者顶礼膜拜的，而政府对媒体进行管制则是发生在许多国家（包括西方国家）的现实。如何平衡两者之间的关系，长期以来人们一直在探索，试图找到一条解决之道。

新闻自由作为言论自由的一个组成部分，是在近代国家的形成过程中确立起来的。这种追求言论自由的斗争，最早开始于英国。英国资产阶级革命摧毁了旧的生活方式，产生了弥尔顿的《论出版自由》等十几本捍卫新闻自由的小册子。1695 年，英国废除了出版许可证法，事前检查制度也随之成为历史，这标志着言论自由最早在制度上得到确立。到 18 世纪 60 年代，政府就不得以公开发表煽动性言论的罪名逮捕任何嫌疑人，或者搜查嫌疑人的住宅和办公室。1771 年，英国议会开始允许报纸采访和报道议会活动。在美国，1791 年的宪法第一修正案，从宪法高度确立了言论自由的地位。法国的《人权宣言》第 11 条也规定："思想及意见之自由交流，乃是人类最宝贵的权利之一，因此，民众有权自由议论、书写及著作出版。" 20 世纪，随着斗争的延续和技术的进步，西方新闻媒体的报道自由和批评当权者的自由进一步扩大。

新闻自由度，就是这样扩大的。按照有关国家的法律，"新闻自由"不仅包括言论不受事先限制，也包括发表批评政府及其官员的言论不受事后处罚。"不受事先限制"好理解，而且在许多国家早就实现了；"不受事后处罚"则是一个很复杂的问题，不能简单化。我们知道，自由的前提是不损害他人的利益。同样，新闻自由也不能危害国家秩序和利益，干涉司法公正，侵害公民私权。一旦新闻自由越过了这些底线，国家权力就会介入进来，对媒体进行管制和规范。虽然媒体无不标榜自己的公正客观，但它实际上会受到各种利益背景和价值取向的影响，从而造成对事实的扭曲。那些带有倾向性的新闻报道，不仅会侵害公民的名誉权和隐私权等权利，也会对司法审判造成影响，影响判决的公正性。1992 年美国的"罗德尼·金诉洛杉矶警察局"一案让我们见识了新闻自由对法院公正审判的干扰。因为在事件的前前后后都是媒体牵着舆论和司法走（除初审外），而媒体的新闻报道则与事实偏离甚远。为了防止新闻媒体干涉法院独立审判，美国法律规定媒体对庭审活动只能进行文字描述，禁止拍照和实况转播，并要求陪审团与媒体报道暂时隔绝。1994 年，40 多名来自世界各地的杰出法学家和媒体代表在西班牙马德里制定了《关于媒体与司法独立关系的马德里准则》，以系统规范新闻自由和司法独立的关系。同时，各国法律规定，对于那些诽谤性报道，媒体也要承担相应的责任。

然而，如果媒体因为害怕报道失实遭到惩罚而不敢批评政府的话，舆论监督也就无从谈起了。当政府公职人员因处理公务遭到批评和指责，使个人名誉可能受到损害时，能不能动辄以诽谤罪起诉媒体？政府或公众人物要提起名誉权或诽谤案诉讼时，必须向法院提供证据，证明该报道者是出于"真正的恶意"。

除侵害公民私权外，"不受处罚"也不适用于媒体报道危害国家秩序和利益的情形。许多国家都出台规定，对煽动以非法手段推翻政府或威胁公共秩序的言论予以事后追惩。

如美国在1917年制定的《防谍报法》，就包含对妨碍战争进行，诽谤美国政体、宪法和军队的言论出版者加以惩处的有关规定；法国的《出版自由法》及有关法律也规定，在司法警察证实报刊构成对国家安全的威胁时，省长有权查封。可见，新闻自由并不意味着媒体可以恣意妄为，相反它是有一定活动底线的。

除法律上的规范外，不少国家还试图通过加强对通讯社、电视和电台的控制，确保其服务于公共利益或国家统治。美国的联邦通讯委员会就是这方面的典型，它要求所有电台和电视台必须遵守“同等原则”“公平原则”“辩驳权利”等规定，认为只有这样才能实现“公共利益、方便和必要”目标。不仅如此，各国政府还通过发布、透露新闻来制造舆论，而媒体不得不屈从，因为政府历来就是新闻媒体（特别是中小媒体）的主要消息来源。

可见，新闻自由的限度止于不危害国家秩序和私人利益，而政府管制的目的主要是公共利益和国家统治。也就是说，在秩序这一目标上，新闻自由和政府管制达成了和解。

三、新闻媒体的政治功能

新闻媒体的作用是双向的：一方面，它可以被民众使用，形成对政府和政治过程的有效制约，保障公民的基本权利；另一方面，它可以为统治集团所利用，成为政府控制社会的利器。总的来说，新闻媒体的政治功能主要包括传播信息、影响舆论、设置议程、政治社会化和监督政府等五个方面。

1. 传播信息

报道新闻和传播信息是新闻媒体的首要任务。它以源源不断的报道反映社会各方面的变动，延伸了人类的耳目，扩展了人们的视野，加强了应对环境的能力。对于政府来说，媒体把信息传播给全社会，不仅有助于消除隔阂，建立共识，而且有助于公民获取关于当前政治事态的信息，成为“有所知的公民”，为其政治参与提供信息基础。

我们知道，媒体是进行政治沟通的有效工具，因为它比面对面的直接沟通更具优势。然而，政治沟通的成效在某种程度上取决于信息传播过程。根据拉扎菲尔德（Lazarsfeld）和卡茨（Katz）的研究，信息传播分为两个过程：每个群体的意见领袖（如教师、牧师和专业人士）谨慎地从新闻媒体获取政治暗示，然后他们在日常接触中把这些暗示和观点传递给那些不怎么关心政治的朋友，由此，政治信息就传播给了每个人。从这种意义上讲，媒体所传播的信息能否深入地影响公众往往依赖于这些意见领袖，他们是政府所必须触及、影响和说服的对象。当然，电视和网络在一定程度上侵蚀了意见领袖的作用，它们把政治消息直接带进千家万户。

2. 影响舆论

舆论是社会上相当数量的公众对他们共同关心的某个问题所表示的个人意见、态度的汇集，它反映了一个社会各个群体的需求，可以为执政者及其决策提供信息和支持。作为公共权力代理人的现代政府，必须及时对公众舆论做出回应，否则很可能削弱或丧失合法性。

新闻媒体不仅是舆论的表现渠道，而且可以通过对特定事件做广泛而深入的报道以及有倾向性的评论，引起公众对该事件的注意，并动员社会上尽可能多的人就当前话题发表意见，大多数人的意见自然就形成了舆论。媒体，特别是电视、网络等现代媒体，通过信息轰炸和影像刺激，很容易制造出即刻的公众情绪和公众压力。当美国公众看到科索沃阿族难民的图片、洛杉矶四名白人警察对黑人罗德尼·金拳脚相加的镜头、美军机组人员家属哭泣的画面时①，他们不需要任何文字翻译和理性解释，便会产生情绪的冲动。这种冲动带来的是美国政府应当采取相应政治行动的诉求。

在这种媒体制造的即刻公众舆论面前，决策者往往缺少思考的时间和空间，极易做出错误的决策。1992年，在加州地方法院宣判白人警察无罪后，当地发生严重种族骚乱，布什总统大发雷霆，要求联邦司法部严惩四名白人警察；事实上，当时有多少美国公众（包括总统本人）知道新闻媒体对罗德尼·金被殴事件的扭曲呢？2001年中美撞机事件发生后，美国媒体对美国政府和军方的正面报道，对机组人员家属的同情，使美国人的爱国主义情绪高昂；在这种维护美国国家利益的集体情绪的激发下，美国政府在中国释放其机组人员后，立即翻脸不认人，并且威胁要向中国派航空母舰，以保护美国飞机在中国境内的侦察活动。

新闻媒体这种影响舆论的功能往往被各国政府用来进行政治宣传，力图引导舆论，使其决策获得公众的支持，或者改变不利于其决策的舆论。正是因为此，“媒体现在已经不仅仅是观察者和信使了，它们更是政府里面的主要演员。它们制造、塑造并常常歪曲决策的信息基础”②。

3. 设置议程

议程设置理论（agenda-setting theory）认为，新闻媒体通过加大对某些问题的报道量或突出报道某些问题，能够影响受众对这些问题重要性的认知，由此可以设定社会的议事日程，从而形成一种舆论压力，迫使政府把这些问题纳入自己的议事日程。虽然政策问题不是媒体制造出来的，但媒体的新闻报道会使政府重新考虑问题的优先次序。就如美国前总统卡特的律师劳埃德·卡特勒在《外交》杂志上所说的：“一个问题无论多么紧要，只要没有什么电视报道涉入，在白宫的日程表上就可以随便安排在哪个早晨。人们常常把它搁在一旁，先考虑电视新闻中出现的意外事件，并要及时在下次节目中对此作出适当反应。”③ 许多研究也表明，媒体的宣传报道与公众的观念及政府的行为有着较强的相关性。

新闻媒体设置议程的作用在越南战争期间美国政府的政策转变过程中表现得十分明显。战争初期，媒体基本上保持了一种合作态度；随着战争的越陷越深，新闻界的态度逐渐发生变化。媒体对美军陆战队夷平越南村庄和美国大兵屠杀越南平民的报道，激发了美国人的反战情绪，使得公众对越战的支持率急剧下降。当哥伦比亚广播公司（CBS）著名的节目主持人沃尔特·克朗凯特宣布越战不能取胜时，约翰逊总统清楚地意识到已经无法赢得公众对战争的支持，应当重新考虑对越南的政策。美国前国务卿詹姆斯·贝克曾指出，很多时候电视已经成了何种事件构成危机的判官。“电视宣布前南斯拉夫的解体，宣布巴尔干半岛的战争是一场危机，因此电视要不停地报道，导致克林顿政府必须为此做点

① 在2001年中美撞机事件中，美国媒体做了带有强烈感情色彩的铺天盖地的报道。

② LIVINGSTON S. Clarifying the CNN effect：an examination of media effects according to type of military intervention//The Shorenstein Center for Press. Politics and public policy. Harvard University，1997.

③ 史密斯．权力游戏：华盛顿是如何工作的（下）．北京：中国人民大学出版社，1991：94.

什么。但是，（美国的）电视对卢旺达危机却没有报道，尽管那里的屠杀是惨绝人寰的。”①

新闻媒体的议程设置功能给西方国家政治生活带来的一个显著变化就是：在各种选举中，“问题”的比重增大了。这就是说，选民在投票时，不仅会考虑竞选者的政党背景，更会考虑他们对各类问题的具体态度；与此相适应，竞选者不再把重点放在党派之争上，而是紧紧抓住一些问题大做文章。1992年克林顿竞选的成功就是这方面一个范例。他在竞选中避开其对手布什得意的海湾战争等国际问题，紧紧抓住经济衰退、失业率上升等内政问题不放。结果，布什虽赢得了冷战，却丢掉了总统的宝座。

4. 政治社会化

几乎所有研究政治文化的学者都认为，新闻媒体也是一种重要的政治社会力量。在瞬息万变的现代社会，媒体是人们获取日常生活经验之外信息的主要来源。各种新闻媒体持续地向公众输送着某种经过选择的资料和观点，以及对这些资料和观点的分析与评价。这种对社会公众的“信息灌输”，常常起着潜移默化的作用，使人们自觉或不自觉地接受下来，从而形成某种特定的政治倾向与态度。在美国，即使是三岁的儿童也能够在电视上认出总统，知道他们是国家的“老板”。

当然，如果新闻媒体的报道与其他社会化机构（如家庭、教会）的教导相冲突，它们也可能不成功。在苏联，家庭对个人政治观点的形成比无所不在的媒体更有影响力。在1979年伊斯兰革命以前，伊朗的新闻媒体曾为国王所控制，试图培植对他的忠诚，但是虔诚的穆斯林从地方清真寺的“毛拉”那里得到指导，憎恶国王，媒体对此也无能为力。可见，媒体并不总是可靠的，尽管统治者一直利用它来传播社会主导价值和文化。

5. 监督政府

媒体作为一种批评者，它对民主政治良性运行的作用很早就为人们所公认。托马斯·杰弗逊在1787年就写道：“如果只剩下没有报纸的政府和无政府的报纸两种选择，那我毫不犹豫地选择后者。”之所以需要媒体来监督政府，是因为公职人员可能滥用职权，侵害公民权利。不仅如此，随着政府的工作日益复杂化，渎职和贪污的机会也会成倍地增加。相对于其他监督机构而言，新闻媒体有着独特的优势：传递信息迅速、覆盖面广，相对中立和清白，有批评政府的传统。

从实践来看，不少国家的新闻界历来就以批评政府、揭露官员政治丑闻为乐事。大到总统贪污渎职，小到议员的桃色事件，无不在媒体的注视之下。政府丑闻一旦被曝光，往往会激起全国的强烈反响，从而形成强大的舆论压力，使当事人轻则陷入困境，重则身败名裂。正因为如此，新闻媒体往往被称为立法、行政、司法之外的“第四种权力”或“民主的看门狗”。近年来，在中央政府的鼓励下，中国的新闻媒体也开始监督政府，曝光地方官员的腐败行为，批评司法领域的不公。

然而，新闻媒体毕竟是一种“软权力”，它不像立法权、行政权和司法权那样具有强制力，可以独立地发挥作用。新闻媒体对政府的监督并不产生直接的影响，它必须与民众

① LIVINGSTON S. Clarifying the CNN effect: an examination of media effects according to type of military intervention//The Shorenstein Center for Press. Politics and public policy. Harvard University, 1997.

及政治过程结合起来，才能真正发挥作用。即便在传媒界推崇备至的“水门事件”中，也是如此。在“水门事件”曝光后，尼克松仍能成功连任，甚至声言要吊销《华盛顿邮报》所属母公司的营业执照。尼克松后来被迫辞职，不只是因为报纸披露了他的丑闻，而主要是因为国会将要对他提出弹劾。在围绕“水门事件”所进行的总统与媒体的较量中，起决定作用的因素绝不仅仅是新闻媒体，这是新闻媒体难以克服的局限性。

进一步阅读材料：

1. 杜鲁门．政治过程．天津：天津人民出版社，2005.
2. 李强．中国社会变迁30年：1978—2008. 北京：社会科学文献出版社，2008.
3. 杨光斌．中国政治认识论．第六章第四节．北京：中国社会科学出版社，2018.
4. 杨光斌．中国政治发展的战略选择．第3章．北京：中国人民大学出版社，2011.

政治人

重点问题

- 判断"政治人"的标准是什么？
- 公民与人民、群众有什么区别？
- 如何培养好公民？
- 如何从职业角度看待不同类型的政治家？
- 如何看待发展中国家政治家的类型转变？
- 政治家的作用是什么？

政治研究不但要关注传统的国家、政体等重大主题，还应该重视既定制度结构下和政治过程中的具体的政治行动者。这种把宏观研究与微观研究相结合、政治结构研究和政治过程研究相结合的路径，应该是政治学最有生命力的方向。传统政治学所关注的行动者主要是大人物，而行为主义政治学则将重点转向作为普通行动者的公民。在选举政治中，作为选民的公民的政治态度与政治行为是政治学关注最多的对象。

第一节　政治人与公民

一、政治人的含义

一切政治理论都必然要讨论人类的生活。人是什么？自古以来一直是人们关心的话题。亚里士多德说人是天生的政治动物，是指人只有在社区里与他人一起才能过上美好的生活。对此，马克思也说过："人即使不像亚里士多德所说的那样，天生是政治动物，无论如何也天生是社会动物。"① 在《1857—1858 年经济学手稿》中，马克思也曾指出："人是最名副其实的政治动物，不仅是一种合群的动物，而且是只有在社会中才能独立的动

① 马克思，恩格斯．马克思恩格斯全集：第 23 卷．北京：人民出版社，1972：363.

物。"[①] 马克思说的"政治动物"概念，实质上是被当作"社会动物"的概念来使用的。历史唯物主义认为人生来就必然要组成一定的社会，必然要生活在一定的社会群体之中。

人总是要处于社会关系之中，但人并不必然要进入政治关系中。一方面，政治制度不发达会限定某些人作为政治人的功能的发挥；另一方面，即使是享有政治权利的人也并不必然去享用属于他们的政治权利。从这个意义上说，这些人属于非政治阶层。

非政治阶层在任何时代和任何社会都存在。即使在被视为直接民主典范的古希腊城邦国家，除妇女、外邦人和奴隶没资格参与政治生活外，大多数有资格参与政治生活的成年平民也不出席全体公民会议。"为了保证有足够的人出席沉闷的全体会议，警察用浸过油漆的长绳子把公民赶向普尼克斯山"，公民大会在那里举行。普尼克斯山有 18 000 个席位，当时的平民约三四万人。可见，在实行直接民主的古希腊，也存在一个人数众多的非政治阶层。

现代社会的多元性使人的需求和发展也呈多元化态势，这就意味着人们的兴趣也是多元的。在号称"民主完备"的美国和其他一些西方国家，非政治阶层中政治冷漠的群体是很大的。阿尔蒙德和维巴的"公民文化"调查证明了这一点。在美国、英国、德国、意大利和墨西哥，被调查者分别为 970 人、963 人、955 人、995 人和 1 007 人，其中"从不谈论政治"的比例分别为 24%、29%、39%、66%和 61%；"从不关注政治和政府事务的报道"的比例分别为 19%、32%、25%、62%和 44%[②]。

谈论政治和关注对政府事务的报道是政治参与的主动形式。"说"都懒得说，"做"这种形式的政治参与就更不用提了，因此，对政治冷漠的人数就更多了。自 1972 年以来，美国总统选举的投票率分别是：1972 年 63%，1976 年 59%，1980 年 59%，1984 年 60%，1988 年 57%，1992 年略高于 50%。美国国会选举的投票率更低，自 1974 年以来从未超过 50%。资料表明，其他西方国家的情况与美国也相差无几。

比较起来，社会主义国家公民的政治积极性远比资本主义国家高。中国人不谈政治的比例很低，而参加投票的比例又很高，一般都在 95%以上。但是，判断一次选举的质量，一是看公民的责任感，二是看公民是否因利益因素而关心选举。调查研究表明，有近 1/3 的选民在选举中持冷漠态度，投票是为了应付督促他们参加投票的本单位领导、居委会干部，以及出于其他原因的考虑[③]。因此，可以肯定地说，无论在什么样的国家，都存在一个政治冷漠群体或非政治阶层。

显然，非政治阶层是相对于政治阶层而言的。政治阶层就是指那些以这种或那种形式关心、参与政治生活的人。有的政治学家把人分为两大类：政治阶层与非政治阶层，其中政治阶层里面又按权力标准分为谋求权力者和有权者。应该说，非政治阶层与政治阶层的区分具有任意性，因为非政治阶层可能会不知不觉进入政治阶层，而政治阶层中的某些人又可能退向非政治阶层。这种界限的不固定性决定了，研究政治阶层，事实上是要研究作为政治基础的全体公民以及公民中那些对政治更有兴趣和更有权力的人。

---

① 马克思，恩格斯．马克思恩格斯全集：第 46 卷（上）．北京：人民出版社，1979：21.

② 阿尔蒙德，维巴．公民文化．北京：华夏出版社，1989.

③ 张明澍．中国"政治人"．北京：中国社会科学出版社，1994：52.

那么是什么因素影响人们进入或退出政治阶层呢？罗伯特·达尔总结了六个方面的原因：（1）是否重视因从事政治活动而得到的报酬；（2）是否认为自己的政治选择是重要的；（3）是否相信自己能够帮助改变结局；（4）是否相信如果自己不行动，结局将不会令人满意；（5）是否拥有关于当前问题的知识或技能；（6）是否愿意克服政治行动的障碍①。罗伯特·达尔认为，对上述六个因素或其他因素做肯定回答的人，对政治很有兴趣，会去关心并了解政治，并确实去参与政治生活。这些人就构成了政治阶层。在后面的“政治参与”部分，我们将详细讨论促使人们关心和参与政治的社会、政治和心理因素。

这里所讨论的政治人，就是指公民以及在政治公民中产生的行政管理人员和政治家。作为官僚制基本组成部分的行政管理人员的行为方式，在第六章“政府”部分已经得到讨论。把政治家作为政治个体加以研究，对其行为进行更加细致的分析，我们将会知道，政治家的行为固然代表国家与人民的利益，但有些时候还包藏着个人的动机和利益，否则，就根本无法理解为什么有些政治家会做出有违民族国家利益的事情来。比如，被秘鲁政府通缉的秘鲁前总统藤森，实际上是一个具有犯罪嫌疑的集团的头目，为了自己的利益，不惜动用国库而大肆收买相关议员。

政治离开活生生的个人，就无法运转。每天，当我们打开电视收看新闻节目时，所见到的都是政治家在国际舞台上穿梭往来，在国内政治中指点江山，以及大大小小的官僚和形形色色的人群评说政治、争取利益。如果说在一个阶级推翻另一个阶级的统治的政治斗争中，政治不是个人的事，那么在和平建设时期，当一个公民的合法权利受到侵害时，公民个人为保护自己合法权利的行为是个人的事，而这种行为同时也具有政治属性。政治所要保护的正是公民的合法权益。现代政治的运转首先要依赖绝大多数公民的利益实现，因为水可载舟、亦可覆舟，没有大多数民众的支持，政治秩序就难以正常维持。同时，政治的正常运转还有赖于政治家及大大小小的官僚的利益实现。政治家和官僚的利益在根本上或形式上应和人民一致，但政治家和官僚所从事的一种与众不同的职业是另一种分工，有分工就有利益区分。如何选拔官僚和政治家？如何保证官僚和政治家的权力不被滥用？这些都是政治中的重要问题。因此，政治学不仅要研究国家、政府、政党及社团，还要研究运作这些机构与团体的个人。

二、公民

我国宪法规定，凡具有中华人民共和国国籍的人都是中华人民共和国公民；我国的公民在法律面前人人平等。公民是一个法律概念，通常是指具有一个国家的国籍，并根据该国宪法和法律的规定，享有权利和承担义务的人。“公民”与“人民”不同。“人民”是一个集合性的政治范畴，指对社会发展起推动作用的大多数人。对一个人不能说他是人民，只能说他是人民的一员。公民则是一个个体性的法律术语，可以说某个人是公民。

“公民”（citizen）概念产生于古希腊城邦的奴隶民主制，是指一部分享有特权的自由民，他们通过财产的多寡确立自己在政治上的地位及权利，确立了社会成员之间的法律关

① 达尔．现代政治分析．上海：上海译文出版社，1987：138.

系。“公民”概念从一开始就与权利、平等相联系，当然，正如马克思所说：“如果认为希腊人和野蛮人、自由民和奴隶、公民和被保护民、罗马的公民和罗马的臣民（该词是在广义上使用的），都可以要求平等的政治地位，那么这在古代人看来必定是发了疯。”① 作为适用于国家全体成员的概念，公民在资产阶级革命以后才具有普遍意义。当时，资产阶级启蒙思想家提出了“自由、平等、博爱”的口号和“主权在民”的原则，强调国家归属全体公民，主张凡是具有该国国籍的人都是公民，在法律面前人人平等。从此，公民成为西方政治哲学中的一个基本概念，各国宪法也都体现了这一基本观念。

“公民”概念出现在中国，是在中华人民共和国成立之后。从奴隶制社会到封建制社会，中国一直实行专制主义的宗法政治，社会的基本单位是家族而不是个人，个人依附于国家和家庭，没有任何独立的法律地位，广大民众成了依附于统治者的“臣民”，即便是在晚清政府1908年公布的《钦定宪法大纲》中，虽然有“臣民权利和义务”，但“臣民”在文字上的权利被皇帝诏令和种种特别法所剥夺。在国民政府时期，出现了“人民”和“国民”的概念。“国民”在本质上是和“公民”一样的法律概念。

1949年以后，社会主义民主制度开始建立，宪法中规定了公民的权利。但是，由于长期忽视社会主义民主与法制的建设，再加上封建主义余毒的影响，在“文化大革命”中，公民权利很难得到保障。进入20世纪80年代，人们的公民意识开始提高，但是在事实上，当公民权利受到侵害时，很多公民并不知道运用法律或无力运用法律去保护他们的公民权利。因此，社会主义民主法制建设仍然是一项长期而又艰巨的工程。

在中国，常与“公民”相联系的概念有“群众”。按现代汉语的字面理解，“群众”有两层含义，一是指“人民大众”或“居民的大多数”，即与“人民”一词同义；二是指“未加入党团的人”，表示“党员”与“群众”的区别，“干部”与“群众”的区别。在现实政治生活中，群众观念甚至经常取代公民观念。这是因为，中国革命就是建立在群众基础之上的。中国共产党以其强大的组织力和动员力，发动群众参加革命运动。为了革命的胜利，个人利益只能服从集体利益或群体利益。

群体观念植根于中国的传统文化之中。“中国文化有一条重要的原则，就是重视群体，个体的价值只有在群体之中才能真正实现。皮之不存，毛将焉附？国将不国，何以为家？所以人们的价值观念不是仅仅考虑自己的利益，而是以群体的利益、国家的利益为出发点，爱群体、爱国家，想国家之所想，急国家之所急，形成一种自觉的心理，凝聚起全民族的力量，来成就国家和民族的大业。”②

群体观念是中华民族的一种重要的优良传统。但这并不应排斥公民观念或公民意识。因为，公民个人的法定权利得不到保障，群体观念就会被动摇，群体也就会缺乏内在的凝聚力。中国历史上多次的动荡就说明了这一点。新中国成立后，建立了社会主义制度，人们总以为，人民就自然而然地成为国家的主人了，人民的一切权利都有了，所以不重视法律制度建设，不重视人民参与政权的理论研究和实践活动，往往是用“群众运动”来解决政治问题，结果造成了一个个悲剧。为了避免悲剧重演，必须保障公民的基本权利。

---

① 马克思，恩格斯．马克思恩格斯选集：第3卷．2版．北京：人民出版社，1995：444－445.

② 张岱年．爱国传统与民族精神．人民日报，1996－09－05.

第二节　政治家

一、政治家的含义与政治家的产生

尽管我们每天都能目睹政治家的风采，耳闻政治家的讲话，但是要给政治家下一个十分精确的定义却是困难的。一般说来，政治家是指那些在长期的政治实践中涌现出来的具有一定政治远见和政治才干、掌握着政党或国家的领导权力并对社会历史发展起着重大影响作用的领导人物。

在现实生活中，我们常常说某某人是伟大的政治家，这首先是把政治家当作政治个体来看待。同时，如果避而不谈政治家的个人动机，那就把政治家神化了，甚至会形成个人崇拜。但是，政治家的行为绝不仅是个人的行为，而总是要与一定的阶级、政党和国家相联系，统治阶级的意志通过政治家个人而体现出来。因此，政治家的首要特征便是一定阶级或政治势力的代表。据此，我们可以对政治家进行阶级分类，将其划分为地主阶级的政治家、资产阶级的政治家、无产阶级的政治家。对于不同时代和代表不同利益的政治家，只能以历史唯物主义标准对之进行分析。为了总结人类进步的经验，更好地研究统治经验和艺术，对政治家的行为、思想又可以进行心理分析。

政治家的第二个特征是掌握重要的政治权力。任何权力系统都有中心与外围之分。如果以垂直角度来看待政治权力，则政治权力结构呈金字塔状，权力的基层是广大的民众和基层官员，中间层是官僚，而上层则是权力金字塔的核心。没有权力核心的有效运作，整个权力结构就会松散下去。政治家就是掌握核心权力的政治主体，他们是作为支配者而不是被支配者从事和参与社会政治活动的。这一点决定了政治家是政治活动的中心，他们的一举一动都会成为新闻，如国家元首的健康状况会引起世界的关注。政治家的这一特征还将使他们与一般的政治活动家区分开来，并且使他们不同于政治思想家。

第三个特征，政治家是事关全局的政治决策的制定者。既然政治家掌握着核心权力，那么，不管他们是政党领袖，还是行政首长或立法领袖，他们的决定都会对全国带来重大的影响。正是由于推行这些重大决策所造成的影响和所起的作用，遂使有些政治家成为政治领袖。政治领袖往往比一般意义上的政治家更有号召力，这也正是为什么一些不在其位的领袖人物仍然能一呼百应。这种领袖感召力对社会和历史的影响是复杂的。但是，反动的政治领袖人物却能把民族带向灾难的深渊，如希特勒、墨索里尼。因此，掌握重大政治权力的人物既可以利用权力去推动社会的发展，又可以利用权力去阻碍文明的进步。

第四个特征，政治家是政治系统的协调者和组织者。作为政治权力的核心，政治家必定要和方方面面的人物打交道，以实现自己的目标和政策。如前所述，在庞大的官僚机构中，政治家要深谋远虑设计国家的目标和政策，但关键的还是如何实现自己的目标和政策。很多伟大的设计并不都能实现。在美国，总统被看成最大的政治掮客，也有人把总统的工作看成规劝和说服的权力。在变革的社会里，对政治家的协调能力和组织能力要求更高，因为作为改革者的政治家面临着更多的难题。在国内政策方面，美国总统主要关心的是税收和社会福利，而中国领导人的任务是解决体制转型及随之而来的诸多社会问题。

政治家作为一个协调者，他们有自己的难言之隐。但作为政治活动的中心，作为社会发展的推动者，政治家的职业又是让人羡慕的。那么，录用政治家的渠道是什么样的呢？成为政治家又需要哪些条件？

在传统的政治体系中，录用政治家遵循世袭继承原则，这一制度专门用来减少在继承权问题上的争夺，尽量避免权力斗争。中国的嫡长子继承制在当代机构中相当于资历制度。但是，由于科举制度的运转，处于权力金字塔次级的高官的后代并不必然地子承父业。在20世纪70年代中期以前，美国国会的各委员会主席一直由那些任期年限最长的议员担任，资深的委员会主席的权力有时足以与总统抗衡。

在现代政治体系中，政治家一般都是通过竞选或选举方式产生。自资产阶级共和国建立以来，竞选已成为资本主义国家产生政治家的最基本的方式。竞选使资产阶级的统治权力更加合法化了，因为其披上了“民意”的外衣。但无论是过去，还是现在，竞选都是“金元政治”的表现，竞选出来的政治家在根本上都是代表在经济上居优势地位的资产阶级的利益。另一方面，也应该看到，竞选为资产阶级寻找有才干的代理人提供了理想的政治舞台，可以把那些有政治才能的人推上国家与政党的领导地位。因此，竞选也是能力上的优胜劣汰过程。

社会主义国家的政治家是通过选拔与选举方式产生的。选拔是自上而下的过程，选举是自下而上的过程。选举的具体形式是多样的，有直接选举和间接选举；有全国范围内的选举，也有政党内部的选举。采用什么样的选举方式，取决于一个国家的具体情况。中国的政府首脑由全国人民代表大会选举产生，党的领袖由共产党内部通过一定的程序选拔或选举产生。通过竞选或选举产生的政治家一般都有严格的任期限制。

政治家产生的第三种方式是通过革命。资本主义国家的第一代政治家和社会主义国家的第一代政治家，都是在革命中成长起来的。资本主义国家的早期政治家依据的治国方略是先行于资本主义革命的分权理论。社会主义国家的第一代政治家没有现成的模式可以遵循，只能在摸索中前进，因此走了一些弯路。而中国的第二代政治家在如何治理国家方面就胸有成竹了，邓小平理论则成为新中国第三代政治家的行动指南。

在一些发展中国家，政治家可能产生于政变。政变是指少数人经过秘密策划，采取军事上或政治上突然袭击的方式夺取政权的行动。政变具有阴谋色彩，但这并不是说所有参与政变的人都是阴谋家。在发展中国家，并不乏通过政变成功而把国家引向稳定和繁荣的例子，政变者因此而获得了人民的支持和认可，从而成为政治家。

在现代政治体系中，产生政治家的常规方式就是竞选或选举。这就决定了，一个人要成为政治家，首要条件是加入某个政党。因为现代政治就是政党政治，政治权力是通过政党分配的。无论是总统制国家还是议会制国家，政府首脑的选择机构都离不开政党。在议会制国家，政府首脑是由在议会中占多数席位的政党的领袖担任；在总统制国家，政府首脑是由政党在选民中竞争而产生。在社会主义国家，作为执政党的共产党主管着干部人才库，各个层次的官员都离不开组织部的工作。党的领袖是由中央委员会选举产生的。因此，加入政党是成为政治家的第一步。

从发达国家的政治家的经历看，政治家大多是以政绩为背景的，也就是说，要成为政治家，应首先在某个领域或地区有突出的成就。美国竞选总统职位的人主要有两类：州长和国会领袖。

在权力金字塔上，从最低层走上最高层只是少数几个人的事。因此，要成为政治家，就有主观条件的要求：

第一，必须有一定的从政经验。这是对现代政治家的最基本的要求。现代政治家的产生不同于王位继承制，没有从政经验的人是不可能成为政治家的。

第二，有一定的知名度。知名度一般与从政成就联系在一起，政绩既能提高知名度，也是衡量一个人的政治才干的标准。因此，高知名度是以"成就象征"和"政策象征"为基础的。

第三，良好的个人素质。政治家不一定从小就立志要成为政治家，但在政治过程中，逐渐确立了争取成为政治家的目标后，他就不能再随波逐流，轻易放弃自己的判断，而是要学会站在宏观的立场上考虑问题，提出自己的意见，独树一帜。在争取成为政治家的道路上，他必须有坚定的意志，百折不挠，他的每一个行动都事先经过认真分析和估量。那些有广博知识而不善于行动的人，只是学者、思想家，而不是政治家。在政治家的个人素质上，要有远见，有想象力、创造力；要有保持领导地位的能力，如宽宏大量，容忍反对自己的意见；在不妨碍总体目标的情况下，容忍同事的过失和缺点；有屈从他人的能力；在遭到反对时能沉着、不动摇；有应付事变的能力。

总之，要成为政治家，除了诸多客观因素外，政治家要有政治经验、组织能力、领导能力和指挥能力以及一些必不可少的优良品格。

二、政治家的类型

我们可以从阶级标准、职业类型、历史标准和人格类型等不同的角度对政治家进行分类：

1. 阶级标准

如前所述，政治家的首要特征是代表一定的阶级或政治势力。因此，政治家可以根据不同阶级形态进行分类。毫无疑问，不同阶级的政治家所代表的利益是不一样的，尤其是在资本主义社会和社会主义社会并存的时代。与此同时，我们也经常看到，代表不同国家利益的政治家又在互相交往着，在外交博弈中求同存异。在这一过程中，政治家都在企图影响对方。并且，不同国家的政治家都进行过相似的活动，如改革。历史上的政治家又为当代政治家提供了可以借鉴的宝贵材料。中国出版了相当数量的中国古代与国外政治家传记或相关书籍，《资治通鉴》便是毛泽东钟爱的书籍。这些事实说明了，在对政治家进行分类研究时，不但要认识到政治家所代表的根本利益，还需要对政治家进行职业和行为的分析。

2. 职业类型

从政治家从事的职业类型和活动方式上看，可以将政治家划分为交易型、改革型、革命型和道德型①。

现代政治体系的一个重要特征就是机构的专门化。一般说来，政党领袖、政府首脑和立法机构的负责人都是典型的政治家。由于政党制度、政府体制的不同，不同国家的政党领袖、政府首脑和立法领袖的工作方式也有所区别。在第六章“政府”部分，我们已涉及政府首脑和立法领袖的作用。在社会主义国家，党领导国家事务和军队，党的组织原则是民主集中制，这就决定了社会主义国家执政党领袖处于政治生活的核心。当然，在社会主义国家，政党领袖是集合性概念，因为无产阶级政党实行集体领导原则。在资本主义国家，不同的政府体制决定了政党领袖的不同地位。但是政党政治决定了政党领袖很容易转变为政府元首或议会领袖。在发展中国家，一般都实行一党政治，从而决定了执政党领袖就是国家元首或政府首脑。

根据西方政治的特点，美国著名政治学家伯恩斯把政党领袖、政府首脑和立法领袖称为交易型领袖。他认为大多数领袖和群众的关系是交易型的，即领袖接近群众是着眼于物物交换：以工作换选票，或以其他形式的补偿来报答竞选中的资助。在多元化政治中，政治的过程实际上是各团体相互作用及政府与团体之间相互作用的过程。因此，交易行为就构成了政治家与民众关系的主干，这在各团体、立法机构和政党组织中尤为突出。社会主义国家的政治体制以及中国革命中形成的“群众路线”政治传统，决定了我国的政治家应像毛泽东所说的，要联系群众，要按照群众的需要和自愿办事。这里有两条原则：一条是群众实际上的需要，而不是我们脑子里幻想出来的需要；一条是群众的自愿，由群众自己下决心，而不能我们代替群众下决心；必须密切关心群众的疾苦，从土地、劳力，到柴、米、油、盐等问题，必须从这些具体的事情中帮助他们了解我们所提出的最高任务，这就是领导艺术的基本方法。

在日常生活中，人们一方面关注那些被称为“交易型”的政治家，一方面对那些能引起社会发生重大变革的领袖人物更感兴趣。作为革命家和改革家的政治家，都属于变革型领袖。革命领袖必须完全献身于革命事业，敢冒生命危险。革命必须致力于满足民众的欲求、需要和愿望，这是革命的动因。因此，革命家必须有强烈的使命感，明确意识到革命的终极价值和最高目标。在革命过程中，革命领袖可能比其他类型的领袖更具有集体性，比其他政治家更依靠动员、政党和政治组织。在20世纪，列宁和毛泽东都是最伟大的革命家，他们是通过革命道路而成为政治家的。

革命是困难的，但领导改革更是一项艰巨的任务。革命型领袖需要坚定和勇气，务实的“交易型”政治家要求具有把握时机的敏锐眼光，以及擅长交易、劝说和回报的手段。这一切都是改革型政治家所需要的，甚至是更为需要的。因为改革需要有大量的盟友加入，而这些盟友又有自己各种各样的改革和不改革的目的，改革家还必须对付自己阵营中无止境的分歧。富兰克林·罗斯福和邓小平均属伟大的改革家。

变革型政治家不仅看到并利用潜在追随者的需要和要求，而且还进一步发掘追随者潜在的动机以满足其更高的需求。这样，变革型政治家和民众建立了一种相互激发和升华的关系，这种关系可以使群众变成领袖，也可能把领袖转化成充满道德感的人。在伯恩斯看

---

① 伯恩斯．领袖论．北京：中国社会科学出版社，1996.

来，“充满道德感的人”就是道德型政治家。道德型政治家意味着，首先，领导者与被领导者之间的关系并非仅仅是权力，还有相互需求、相互渴望和相互评价的关系。其次，追随者对所选择的领导人有足够的了解，对可选择的政策有充分的认识，并且拥有对这些选择对象进行选择的能力。另外，领导人有能力履行对社会进行美好变革的承诺。

3. 历史标准

从后发展国家的社会变迁看，政治家的类型一般经历了由革命家型政治家到技术专家型政治家再到管理型政治家的转变。第一代领导人大都是典型的革命家型政治家。因为革命是对理想和主义的追求，因此革命家型政治家的活动具有鲜明的意识形态特征。第二代领导人兼具革命家和技术专家的特点，既有明显的意识形态特征，又比较务实。第三代和第四代领导人是最为典型的技术专家型政治家，大多有工科背景。技术专家型政治家的最大特征是务实。管理型政治家的背景主要是以法律、经济管理和人文社会科学的背景为主，运用长期积累的知识和管理背景治理国家。

为什么会出现大多有工科背景的政治家？主要原因是，发展中国家在革命以后的主要任务是国家建设，而国家建设的主要内容是发展工业、农业以及在此基础上的各种工程项目的建设。这个过程就培养了大批的技术专家型政治家。

4. 人格类型

无论什么类型的政治家，他首先是一个活生生的人。这就决定了，即使是代表同一阶级的政治家或同属变革型政治家，其活动也都有鲜明的个性色彩。邓小平不同于毛泽东，里根不同于卡特。这样，政治家的性格及由此引出的行为方式就成了现代政治学的研究对象。

现代政治学中的人格理论认为，政治行为是由在幼年发展起来的根深蒂固的特质引起的，诸如敌对、顺从、强硬、友爱和自尊便是这种特质。政治活动是自我满足政治行为者人格需要的方式之一。人格理论是政治学家运用弗洛伊德理论的结果，对此做出卓越贡献的是拉斯韦尔。拉斯韦尔认为，政治行为是行为者将潜意识中的自身目标代换成公众目标，然后又根据公众利益将其活动合理化。拉斯韦尔的分析主要以个别行动者为对象，而詹姆士·巴伯的总统人格理论则使政治家的性格研究系统化①。巴伯从两个向度来建构他的总统人格理论。第一是主动性与被动性，即总统在执行公务时花费了多少精力；第二是积极性与消极性，即总统在多大程度上喜欢自己的职务。巴伯对从塔夫脱到卡特 13 位美国前总统进行分类，总结出两个向度的四个性格类型，而每个性格类型的形成都起源于孩提时期和成年时期的特殊体验。

第一类是主动-积极型。属于这一类型的有富兰克林·罗斯福、哈里·杜鲁门、约翰·肯尼迪、杰拉尔德·福特和吉米·卡特。他们在任职期间主动履行公务并且乐意行使自己的职权。他们之所以从事政治并从中得到满足，是因为政治提供了成功和达到目的的机会。这种性格的形成是由于他们在幼年时期得到温暖和纯真的爱，并受到成功的鼓励。在良好的成长环境中，他们形成了自尊和尊重别人的态度。

第二类是主动-消极型。属于这一类型的有伍德罗·威尔逊、赫尔伯特·胡佛、林

---

① 巴伯．总统的性格．成都：四川人民出版社，1992.

登·约翰逊和理查德·尼克松。他们是主动的，但其动机与前一类政治家不一样。约翰逊等感到政治和权力不可分割，政治提供了控制他人的机会，这是他们的潜意识所追求的机会。之所以如此，是因为他们在成长时期缺少爱和鼓励，结果便造成较低的自尊和相应的需要，这种情形日益强化，并在强化中寻找出路。

巴伯结合心理动机考察总统行为，结论是主动-积极型总统把政治当成获得成功的手段，面对危机能泰然处之，面对反对时能保持灵活，成功地走出困境。而主动-消极型总统的目标是获取和保持权力，战胜对手，他处于无法摆脱的终极危机中，因为他把自己遇到的问题人格化，危机变成他的危机，而这种危机最终会在政治上或心理上使他受到挫折。

第三类是被动-积极型。属于这类的总统有塔夫脱和哈定。由于他们在成长时期得到太多的爱而没有受到成功的鼓励，在政治上他们满足于来自人民的感情支持，但他们不能像主动-积极型总统那样以积极的态度处理总统事务。

第四类是被动-消极型。属于此类的总统有艾森豪威尔和柯立芝。他们都说过“我真的不想当总统”，但责任感迫使他们答应参加总统选举。

从心理学角度研究政治家是一种有益的尝试，成年人的行为肯定带有孩提时代与成长时期的特殊体验的烙印。这对政治研究是有意义的，因为政治研究不应停留在宏观上，还应深入微观层面。对处于政治生活核心的政治家，不仅要研究他们是代表何种利益，还要研究他们如何代表利益。这就需要研究政治家的心理活动、思维方式及由此而来的以决策为主要活动的行为方式。需要再次强调的是，在正常的政治程序中，政治家个人的活动绝不是为所欲为，他总是代表着集体；而人格理论研究政治家也只是说他在代表集体的活动中如何带上个人色彩。

另外，从心理学角度研究政治家还存在一些偏见，其中之一便是把政治家素质的形成差不多完全归于其幼年时期的生活经历，从而忽视了学校，尤其是社会活动对政治家成长的影响。

另一种偏见是，人格理论更热衷于病理行为，而未能抓住正常的或健康的动力。精神分析学是西方特有的一种发明和实践。它遵循一定的假想、概念和方法。它可能会忽视或错误地理解在其他一些文化中可能会成为领导权力的主要源泉的心理动机，或者文化态度。因此，从心理学上研究政治家一定要重视特殊的文化传统和社会环境。

三、政治家的责任与作用

列宁关于群众与政治家关系的著名论述是：群众是划分为阶级的……在多数情况下，至少在现代文明国家内，阶级通常是由政党来领导的；政党通常是由最有威信、最有影响、最有经验、被选出担任最重要职务而称为领袖的人们所组成的比较稳定的集团来主持的。

虽然政党领袖不必然就是政治家，但在政党政治时代，我们还是可以从政治家与群众的关系上来认识政治家的作用。

第一，他掌握着核心权力。掌握着核心权力就意味着政治家是政治管理主体的统帅。政治管理的主体是多层次的，从地方到中央，存在一系列的权力主体。作为一个政治管理系统，没有统帅的指导，整个系统就会陷于混乱或瘫痪。在政治管理系统运转过程中，会涉及利益冲突、机构变迁、人事变更和政治决策等一系列的问题与难题，这一切都要求政治家运用权力和权威，以高超的技巧去驾驭政治过程。因此，政治家首先起着统率与整合的作用。

由于掌握着核心权力，政治家必须具有强烈的民族国家责任感和正义感，首先需要正确对待国家利益和个人利益。尤其是在法制不健全的国家，政治家个人的利益多一点，国家就会倒退一大步；相反，个人的利益少一点，国家就可能前进一大步。袁世凯的例子就是生动的说明。因为逼退清帝而厥功至伟的袁世凯，在任终身大总统以后仍然欲壑难填，演出了复辟的闹剧，结果身败名裂。这说明，政治家要尊重政治常识，这个政治常识就是时代在进步，彼时可以接受的政治行为，此时就可能是一种政治倒退。

第二，思想的领导作用。政治家为了实现自己的理想，首先要有群众基础。而群众也愿意追随领袖或政治家，“大多数人都会感到自己不具备领导他们的团体赢得胜利的能力，因此总要找出一个似乎具有获取最高权力所需勇气和远见的首领”①。但是，由于利益的分野，各团体必然有自己的利益要求，出现思想上的混乱。在这个时候，政治家应该成为时代思想的领导者，善于把握好的时机并适应各种新的条件，不断地引导人们服从统一的意志。在大变革和危机时期，如果没有政治家的先见之明，人们就会面临困境和迷失方向。从这个意义上说，政治家应有道德目的和明确的目标取向。成功的领袖都有明确的方向，他们按照这一方向去实现自己的目标。目的可以是单一的，也可以是多样的，但关键是要创造出主导这些目的的价值观。当目的和价值观出现矛盾时，政治家和被领导者都将认识到必须以更高的标准来评价一切。因此，这就要求政治家应该有比群众更高的道德水平。

作为思想上的领导者，政治家不能随波逐流，不能简单地把民众当作操纵对象。应该知道，民众或追随者并不是单一的，他们都是各种动机和权力基础的混合体。政治家不可能代表这些混合体中的每一种动机，他们必须认清民众心中哪些动机可以代表和承认，哪些不可以。一些伟大的政治家之所以伟大，是因为他们不让追随者牵着鼻子走。战前英国首相鲍尔温和张伯伦的教训说明，“对于一位政治家的声誉来说，最危险的莫过于成功地讨好人民”②。鲍尔温没有及时地武装英国，这完全符合 1936 年大多数英国人的意愿；张伯伦去慕尼黑谈判解决捷克危机，因为 70%的英国人要他这样做。结果，人们却深恶痛绝地看待他们及其政策。

第三，政治家应起到创造作用。“对于领袖来说，最重要的一条是创立一个即使在创始者去世后很长时间内仍能继续实行其道德观的机构：国家、社会运动、政党、官僚政治。”③ 新型国家的创始者会给历史留下深深的烙印。一般说来，所有的政治家都会凭借国家权力来改造社会，并或多或少地产生进一步的影响。这种影响小到可以忽略不计，大到可以具有历史意义，其中最常见的还是细微的变化。

---

① 罗素．权力论．北京：东方出版社，1988：7.
② 汤姆森．英国历届首相小传．北京：新华出版社，1985：297.
③ 伯恩斯．领袖论．北京：中国社会科学出版社，1996：534.

但是，这些影响通过一点一点地渐变，最终会导致历史进程的改变。成功的政治家不只影响其时代，更重要的是创造新的政治传统，这种传统能够持续下去，并被发扬光大。华盛顿就奠定了美国民主制的传统，他和他的同代人所建立的政府也许是现代史上最有创造性和最持久的政治典范。被邓小平发扬光大的“实事求是”传统是中国共产党得以保持强大生命力的最为重要的政治传统。一个好的传统能够带给一个国家光明的政治前途。

政治家需要对民族国家负责。如果政治家过分注重个人的政治遗产和个人利益，就可能给民族国家带来灾难。

当我们强调政治家的作用时，并不否定人民在历史上的作用。作为政治主体，政治家和人民都在各自创造自己的历史，发挥各自的作用。不能笼统地说历史是由人民群众创造的，因为历史既有物质的，也有精神的；既有光辉的一面，也有丑恶的成分。历史中不同的主体在演绎着不同的历史成分。既不能鼓吹伟人决定论，也不能简单地把政治家看成人民群众意愿的代理人。没有民众的支持与追随，再伟大的政治理想也不可能实现。同样，没有思想上的领导者，民众就是一盘散沙。没有毛泽东的领导，中国共产党可能会在黑暗中摸索更长的时间；同样，没有邓小平的领导，中国人民可能会在贫困、愚昧、落后中停留更长的时间。这便是政治家的作用。

进一步阅读材料：

1. 特纳．公民身份与社会权利．长春：吉林出版集团，2007.
2. 达尔．现代政治分析．第八章　政治人．上海：上海译文出版社，1987.
3. 伯恩斯．领袖论．北京：中国社会科学出版社，1996.
4. 巴伯．总统的性格．成都：四川人民出版社，1992.

第四篇

政治行为

国家治理

重点问题

- 如何认识社会中心主义脉络下的治理理论？
- 如何认识国家中心主义脉络下的治理理论？
- 如何认识中国语境下的国家治理理论？
- 精英统治理论的基本脉络是什么？
- 如何认识多元主义的统治理论？
- 如何看待意识形态、经济增长与政治统治合法性的关系？
- 韦伯的政治统治类型是什么？
- 国家治理能力的构成要素有哪些？
- 国家治理能力理论的理论特征有哪些？

如果说国家和政府问题是政治学中的结构性问题，那么国家治理则兼具结构与过程问题。我们认为，国家治理过程既可以体现政治结构的性质，也可以发现不同政治结构下的相似性问题或相似的政治过程。在这个意义上，国家治理最能体现不同政治结构的共性。比如，所有的政治结构都有一个合法性问题，而国家治理过程研究则能发现实现合法性政治的过程相似性，即以强制力为后盾的观念化运动；所有的国家治理都要有政策制定，而通过政策制定中的不同团体之间的互动方式的异同就能看出不同政治结构的差异或相似性。也就是说，政治过程研究比单纯的政治结构研究更能发现真问题。如今，比较政治发展研究依然能证明亨廷顿的经典论断：国家之间的差异不在于政府形式，而取决于统治程度。虽然今天流行的是“治理”话语，但治理的前提还是政治统治问题。因此，在介绍完治理的基本理论之后，还是要回到政治统治的理论层面，弄清楚到底什么是政治统治能力或者说国家治理能力。

第一节　治理的理论脉络

中国人习惯上所讲的“国家治理”，也就是世界上都讲的“治理国家”，这是古今中外都面临的一个共同性大难题，即如何让一个国家还过得去、控制得住，或者实现良序发展，为此，古今中外都有丰富的治理国家或治国理政思想。西方一开始就有正宗的政体论，源自亚里士多德的《政治学》，而中国春秋战国时期的诸子百家思想几乎都是关于"致治"的思想。也正是在这个语境下，在讲到中国的国家治理时，美国著名的中国问题专家李侃如（K. Lieberthal）写了一本著名的《治理中国》（*Governing China*），讲的是中国共产党如何治理国家的问题。

改革开放以来，大概没有哪一个官方概念像"国家治理现代化"一样能引起学术界如此强烈的呼应。"国家治理现代化"一经中共十八届三中全会提出，就引发了中国思想界的强烈回应和认同，学术界和实业界为此而举办的研讨会数不胜数，媒体报道更是铺天盖地。

学术研究往往是政治思想的基础性资源，尤其是在近 20 年的时间里，成为官方意识形态或政策指南的政治思想首先离不开学术界的前瞻性研究、批评。也就是说，决策层越来越多地从学术研究中汲取思想养分，有的研究成果直接转化为治国理政的大政方针，甚至转化为时代性的思想，比如"三个代表"重要思想就是中国政治学的最直接的贡献。同样，国家治理现代化不是从天上掉下来的，也是基于大量前期的学术资源。当国家明确提出"国家治理现代化"的时候，中国已经储备了相当丰厚的学术资源。

在数量庞大的学术资源中，按照思想脉络的路径，大致可以分为以社会为中心的社会治理研究和以国家为中心的国家治理与政府治理研究。

一、社会中心主义的治理理论

中国虽然有极为丰富的治国之道，但近年来流行起来的治理理论则与中国传统的自上而下的治国理政思想具有完全不同的出发点，是以社会为中心的，是自下而上的治理国家的理论。

西方的治理理论是在一种特定的政治思潮下出现的，这就是新自由主义登峰造极之时，1990 年《华盛顿共识》就是新自由主义的大总结。苏联解体、冷战结束，出现了"历史终结论"思潮，全世界必然都要求政治民主化、经济市场化（自由化）。在这种思潮之下，社会应该扮演什么角色呢？我们称之为"治理社会化"，即由社会而不再是政府去承担治理的责任。治理理论和政治民主理论、新自由主义经济理论一道，构成了"三化运动"：政治民主化、经济自由化、治理社会化。治理理论就是在这种大背景下出现并流行开来的。

世界银行的经济学家们认为自己发明了"治理"理论。1989 年世界银行报告《撒哈拉以南非洲：从危机走向可持续增长》中首次出现了"治理危机"（crisis in governance）一词。报告选取了圭亚那、加纳、利比里亚、尼日利亚、圣多美和普林西比、津巴布韦等国家进行分析，作为晚近独立的后发国家，这些撒哈拉以南的非洲国家有着相似的特点和目标：国家兼任了经济建设中的计划、规则的制定者、实施者和监督者，但是撒哈拉以南非洲在 20 世纪 80 年代出现了 10 年的经济衰退，从中等收入国家倒退成低收入国家。报告认为，根本原因在于，政府质量恶化，忽视了扶持社会组织发展（grass root development）。这种自上而下的统治方法难以激发对发展大有裨益的社会能量，公共管理和制度框架建设方面的缺陷也无法为经济发展提供良好的环境支持。报告提出，过去10年非洲的经济社会危机根源在于公共机构（public institutions）的失败，私营企业、市场机制要想良好发展，就离不开有效的公共服务、可靠的司法制度以及对公众负责的行政机关，而这些共同构成了“良好的治理”，即“善治”（good governance)。“在非洲发展问题的冗长陈述之下是治理的危机”，“治理意味着运用政治权力管理国家事务”[①]，若要实现善治，就需要在政府和社会之间实现良好的平衡。

自此之后，“治理”一词便被社会科学界大量使用。1992年世界银行的年度报告标题就是“治理与发展”，进一步发展了这一观点：“善治”是健全的经济政策所不可或缺的部分。报告提供了“善治”的四个方面：公共管理（public sector management)、问责制(accountability)、有利于发展的法律框架（legal framework for development)、信息透明度（information and transparency)。而政府的作用只限于提供规则和对市场失灵进行适当的干预[②]。

除了世界银行的治理标准，联合国开发计划署（UNDP)、经合组织（OECD）等也都较早地建构了国家治理评估指标，一些大学、研究机构也先后建构了治理评估体系。据世界银行统计，目前经常使用的治理评估指标体系有140种左右。

就这样，“治理热”出现了。治理理论的主要创始人之一詹姆斯·罗西瑙(J. N. Rosenau）在其代表作《没有政府的治理》当中将治理定义为一系列活动里的管理机制，与统治不同，治理的主体未必是政府，也无须依靠强制力量克服挑战而使别人服从。与统治相比，治理是一种内涵更为丰富的现象，既包括政府机制，也包含非政府、非正式的机制。他认为治理反映了“政府并非完全垄断一切合法权利”的观念，指的是任何社会系统都应承担政府没有管起来的那些职能，因此，治理是有效政府管理的基础，是有效管理的补充[③]。

除了学者们对治理的界定之外，联合国成立的全球治理委员会对治理的定义也颇具代表性和权威性。该委员会于1995年发表了一份题为《我们的全球伙伴关系》的研究报告，将治理定义为各种公共的或私人的个人和机构管理其共同事务的诸多方式的总和。它是使相互冲突的或不同的利益得以调和并且采取联合行动的持续的过程[④]。

综合各方的论述，可以归纳出典型的治理具备以下特征：

首先，治理的主体未必是政府，治理虽然需要权威，但这一权威既可以是公共机构，也可以来自私人机构，或来自二者的合作。

其次，治理强调国家与社会的合作，私人领域和公共领域之间的界限趋于模糊，国家与社会并不是二元对立的关系，而是相互依存的。

再次，治理是一个上下互动的权力运作过程，与统治的自上而下方式不同。

最后，治理还意味着管理手段的多样化，而不仅仅依靠国家强制力。

在其自身的内涵及特征基础上，“治理”之前被冠以不同的形容词做界定，广泛应用

---

① Sub-Saharan Africa：from crisis tosustainable growth：a long-term perspective study. World Bank，1989：60.

② Governance and development. World Bank，1992：6.

③ 罗西瑙．没有政府的治理．南昌：江西人民出版社，2001：5.

④ Our global neighborhood：report of commission on global governance. Oxford：Oxford University Press，1995.

于各个领域，比如全球治理、公司治理、社区治理、社会治理、市场治理、国家治理、政府治理，等等。自 20 世纪 90 年代以来，世界上最流行的话语便是“民主”和“治理”，国际社会科学中的政治学、公共管理学基本上围绕这两个概念而展开学术研究。

世界政治事实上是新观念引领下的政治，联合国关于治理观念的倡导无疑值得肯定，毕竟这是一个人民主权的时代。但是，也不能忘记，世界文化毕竟是多元的，世界政治也是多样性的。以保护文化多样性为旗帜的联合国恰恰违反了其宗旨，在治理指标上搞一刀切，推广“最佳模式”（one best-way model），努力实现世界的标准化的国家治理模式（one-size-fits-all approach），结果同样的治理形式产生天壤之别的效果，有的在天堂，有的在地狱。正如哈佛大学政府管理学院教授安德鲁斯（Matt Andrews）的研究结论，“善治”意味着因国家而异的差异化实践，没有统一的标准①。

已经融入世界的中国学术界也适时地加入了国际社会科学的行列，大多数是在社会中心主义的话语体系中谈论治理，并将西方的治理标准、治理原则介绍到中国。在 1992 年世界银行报告出版之后的几年中，中国学者便捕捉到了“治理”这一新鲜概念，并结合中国语境和政治体制改革的需求对治理进行界定。除了极端个案，虽然中国的治理理论来自西方的社会中心主义脉络，中国语境下的公共治理研究者和新自由主义者的“三化运动”则有着根本性的区别。新自由主义“三化运动”的所有指向都是废掉政府的武功，结果不但西方国家自己陷于金融危机而难以自拔，更把国家力量本来就很弱的发展中国家推向深渊。发展中国家基本上经历了长期的殖民统治，这个过程中培育的是社会力量而阉割的是能与殖民统治者较量的国家力量，国家权力碎片化。也就是说，大多数发展中国家本来就能力不足，国家组织不起来，或者说想作为也难以作为，再对它们搞“三化运动”，必然是自废武功，雪上加霜。对此，西方社会科学已经有了大量的有影响力的研究成果。

以世界银行为代表的治理评价标准是以社会为中心而无视国家的，对中国的适用性自然有问题。纠偏的、带有国家中心主义的国家治理理论和国家治理指标必然适时诞生。

二、国家中心主义的治理理论

国家中心主义脉络下的治理国家理论就是中国人常说的自上而下的、带有传统思维方式即治国理政的“国家治理”。在思想脉络上，国家治理理论是对社会中心主义批判的产物，开先河者就是我们熟悉的战后最有影响力的社会科学家亨廷顿教授。第二次世界大战之后，社会科学的主导范式是行为主义，其实也就是以社会为中心的研究，把社会、个人纳入传统社会科学，尤其是政治学的研究范畴。在这一方法论的指导下，伴随着现代化研究的乐观主义方程式即以社会为中心的经济发展就会带来政治民主、政治稳定。但是，经济发展的结果却是多重性的，既有政治稳定，而更多的发展中国家则陷于政治动荡。看到这种普遍现象，年仅 40 岁的哈佛大学亨廷顿教授逆流而上，写下了动摇当时主流范式的《变革社会中的政治秩序》一书，书中的著名思想是：国家之间的差异重要的不是“统治

---

① ANDREWS M. 善治意涵：因国制宜的差异化实践//比较政治评论．北京：中国社会科学出版社，2014（1）.

形式”（forms of government，也可以翻译为“治理的形式”），而是统治程度（degree of government，也可以翻译为“治理的程度”），为此他给发展中国家开出的药方是“权威—秩序—发展”。亨廷顿因此被称为新保守主义者，也是战后“新国家主义者”的代表人物。该书在 20 世纪 80 年代翻译到中国之后，立刻在政界和学术界产生深刻影响，因此才有名噪一时的“新权威主义”大讨论。

沿着亨廷顿的思路，借鉴马克斯·韦伯的国家理论和当时刚刚兴起的新马克思主义理论资源，20 世纪 70 年代，在西方社会科学中形成了影响巨大的回归国家学派（the school of returning to the state），呼唤在一片以社会为一切的研究中“把国家带回来”（bring the state back in），形成了“相对的国家自主性”概念，即国家有能力超越各部门和利益集团而独立地代表全社会的意志。

回归国家学派将理论拓展到比较公共政策研究领域，形成了“国家能力”概念，即国家将自己的意志转化为现实的能力。一个重要发现是，有自主性的国家不一定有国家能力，因为国家能力的实现受到官僚执行能力即公务员队伍建设、党派利益、地方利益和利益集团的羁绊。比如，印度中央政府历来是有自主性的，但历来也能力不足，因此印度政治高度碎片化。

比较公共政策的发现是，以国家能力来衡量，从强到弱，依次为有发展型国家的东亚、南美和依然具有封建世袭制特征的非洲乃至南亚诸国。也就是说，国家能力决定了一个后发国家能否跻身发达国家的行列。面对比较公共政策的海量的令人信服的研究成果，国际经济学界也开始尝试将国家能力纳入比较经济学。事实上，以国家能力为重点而做的比较政治经济学研究，早有丰富的产出。

以“国家能力”为核心的国家治理理论，在中国流行起来也有 20 多年的时间，并对中国的公共政策产生过直接影响。其中影响最大的是王绍光和胡鞍钢 1993 年的《中国国家能力报告》，其中把国家能力界定为由财政汲取能力、宏观调控能力、合法化能力和强制能力的组合性力量，认为分权是有底线的，不能伤及国家基本能力，尤其是国家财政汲取能力。一般认为，国家能力研究与当年的分税制改革具有直接的相关性。

在过去 20 多年的时间里，和“社会治理”概念一样，在“国家治理现代化”这个概念提出来之前，“国家治理”已经是一个使用频率很高的词汇，很多政治学者都把国家治理作为其研究议题。比如很多学者在中国开拓了基层民主政治研究之后，转而回到自上而下的路径研究现代国家建构，认为不研究上层的国家治理而只研究基层民主，基层民主研究难以进一步深入下去。

原因很简单，全球化背景下的大多数国家，在社会经济发展进程中都面临着提升国家治理能力的巨大挑战，重新认识国家和国家治理自然成为社会科学，尤其是政治学研究关注的重要议题。一方面，全球化的负面效应导致了全球性问题的日益蔓延，并威胁到了人类的生存和发展。另一方面，各国在应对本国社会经济发展变化中深感国家治理能力的不足，推动国家基本制度的改革和完善步履艰难。在共同的时代变迁的巨大挑战下，各国的国家治理能力也存在着巨大的差异。因此，中国政治学研究的成就并没有止于国家能力和国家治理，还明确系统地提出了“国家治理能力”概念。

至此，我们可以说，“国家治理体系和治理能力现代化”的提出，不但有政治学的社会中心主义的治理理论基础，更有国家中心主义的以治理能力为视角的理论基础。而且，国家治理能力的视角，具有更大的包容性，其中包容了社会中心主义的很多诉求。

三、国家治理现代化：走向平衡主义的治理理论

近代以来，社会科学是以牛顿力学为基础的，思维模式简单化、绝对化、无时间因素，“简约论”是其总体特征。而在以批判牛顿力学为起点的系统论，尤其是新一代系统理论即复杂性理论看来，思维方式应该包括概念的多元化、质的多样性、视角多样性、层次多样性、时间的作用、信息的作用等方面。这样，在复杂性理论那里，过去的社会科学都是在盲人摸象，以为自己摸到的一块就是整个大象。在复杂性理论那里，看问题的角度变了、层次变了，再加上“时间性”（事物发生的先后顺序）视野，得出的结论就和简约论完全不一样。

社会中心主义的治理理论看到的是个人权利和社会权利的重要性，而国家中心主义者承认这些权利固然重要，但实现这些权利离不开国家能力和国家治理能力。阿马蒂亚·森就认为，作为人的能力的自由的实现离不开有治理能力的国家，靠社会自己是形成不了基本的平等和人的自由的能力的，他的祖国印度就是典型。我们认为，作为新一代自由主义经济学即福利经济学的代表，森事实上把社会中心主义和国家中心主义统一起来了。必须把二者统一起来，何况中国是“家-国-天下”体制和文化，和西方的二元对立化的国家-社会关系完全不同，因此应该一体化地看社会和国家的关系。

因为一盘散沙而来的超级强大的国家组织在窒息了社会活力的时候，国家就应该做减法，有组织、有计划地放权以培育社会权利，在这个政治过程中就必须汲取社会中心主义的有益知识性资源。

如果说社会中心主义的治理理论贡献的是“权利”以及由此而来的创新性制度，即围绕社会权利而形成的一种维度上的制度体系（相应地，还有其他维度的制度体系），那么国家中心主义的治理理论贡献的则是国家能力和国家治理能力，而后者正是制度体系形成和实施的前提和基础。在这个意义上，两大脉络的治理理论都功不可没。

“国家治理”成为官方术语，意味着国家中心主义吸纳了社会中心主义，而且国家治理与西方治理的区别也被明确下来。有学者敏锐地指出：“社会主义国家的国家治理，本质上既是政治统治之‘治’与政治管理之‘理’的有机结合，也是政治管理之‘治’与‘理’的有机结合。因此，在马克思主义国家理论话语体系中，‘治理’是社会主义国家政治统治与政治管理的有机结合。”同时提醒我们，对国家治理的认识需要注意避免两种认识偏差：一是不可简单运用西方“治理”概念来套我国全面深化改革的目标，二是不可简单认为“治理”概念只是西方当代政治理论和管理理论的专利①。

在中国的传统语境中，政治统治一直都是治理的前提。因此，国家治理体系的核心是处理好国家各项权力之间的关系，具体而言，就是要认识并在战略上把握经济权力、军事权力、意识形态权力和政治权力的关系。这实际上就是如何认识政治统治的根本问题。

---

① 王浦劬．全面准确深入把握全面深化改革的总目标．中国高校社会科学，2014（1）．

第二节　政治统治理论

一、政治统治的类型

关于政治统治类型的划分方法，影响最大的是卡尔·马克思的阶级分析和马克斯·韦伯的合法性分析。因为阶级分析划分的少数人统治-多数人统治，或资产阶级统治-无产阶级统治已经为读者所熟悉，这里简单介绍韦伯的政治统治理论。

克里斯马型统治。克里斯马型人物具有把人们吸引在周围而成为追随者、信徒的能力，并且追随者具有拥护这类领袖人物的赤诚态度。二者的结合便构成了克里斯马型统治的合法性根据。克里斯马型统治往往出现于社会危急时刻，克里斯马型人物改变人们的生活境况，从而使人们对原有的价值观念和信仰发生动摇，转而接受一种新的信仰，这就为某些有特殊能力的人取得权力提供了机会。另一方面，在危急时刻，渴望摆脱困境的群众也需要这种人的出现，大众以集体亢奋的心态对某种特殊品质做出反应，将自己交付给一位英雄般的人物。因此，从荡涤旧的思想观念和行为模式上看，克里斯马型人物的作用是革命性的，他"追根究底"地向根深蒂固的现实挑战①。

但是与传统型统治和法理型统治相比，克里斯马型权威从根本上说是一种最不稳固、"非常态的"统治形式，这是因为：第一，它缺少理性的稳定的组织机构；第二，它固有的反经济性，即喜欢施舍，拒绝一切财产和固定收入；第三，领袖个人的生命迟早会终结，要选择新的克里斯马型领袖来接替。这些因素促使克里斯马型统治向其他形式转化，或者把职位克里斯马化，造成新的克里斯马型领袖；或者把权力世袭化，转向传统型统治；或者由追随者荐贤选能，转变为法理型统治。

传统型统治。一个统治的合法性若来自自称的、同时也为他人相信的历代相传的神圣规则和权力，那么这就是传统型统治。统治者获得权力的方式是根据沿袭下来的惯例，比如家长制、世袭制。在这里，统治者对"你凭什么统治众人"的回答是："历来如此。"统治者的权位被认为是"奉天承运"，统治者因而把众人视为子民，要求臣民绝对效忠于他个人，实行的是人治。

在韦伯看来，传统型权威的主要形态是西欧的封建制和东方的家产制。在家产制下，国家就是家产的放大形态。这是因为：

第一，政府事务起源于统治者的家庭事务管理，政府行政官员最初只是统治者的个人仆役和私人代表，因而政府官员竭力维护因忠诚而换来的特权。

第二，在经济领域，贸易是统治者自己的特权，他通过征税、收取安全通行费、市场特许权、颁发垄断权等手段，去剥削别人的贸易收益，以此来供养他的扩大的家族和军事人员。韦伯认为，传统型统治对理性的经济行为起到了严重的阻碍作用，一方面，缺乏有效管理的行政机构必然要大力强化自身所依赖的传统合法性；另一方面，其经济需要主要以纳贡和徭役的方式用实物来满足，这是一种自给自足的庄园经济，市场的发展受到极大

① 本迪克斯．马克斯·韦伯思想肖像．上海：上海人民出版社，2002：321.

的限制。

第三，在统治方式上，统治者把一切政治上的行政管理都当作他的个人事务来处理，其方式犹如他把手中的政治权力当作个人财产的有用附属品一样。他依据各种不同的情况向官员们授予权力，依据他对官吏们的信任程度选拔他们，赋予特定的任务，而且在官吏之中不设立任何持久连贯的分工机构。这些官吏反过来又把他们自己的行政工作当作为统治者个人效劳。但是在他们与手下臣民的关系中，他们就可以肆意横行，就如同统治者对他们的行为一样。因此，在这种统治的组织机构中，最基本的特征是对个人忠诚的臣服，委任人员无视实际工作能力，行政人员没有明确的职权范围和制度化的晋升标准。

第四，政治统治的主要工具和基础，既有神圣的宗教和宗教式的主义，也有赤裸裸的军事力量。在传统型政治下，有可能出现“盛世”，例如“贞观之治”和“康乾盛世”。但是由于其与生俱来的病态结构和因官吏的权力得不到约束而事实上是一种鼓励人性恶的制度，传统型统治必然崩溃。

法理型统治。与克里斯马型和传统型的人治统治不同，在现代社会的法理型统治中，法律具有至高无上的地位，这是一种以法律为依据进行治理的社会。无论是领袖、官员，抑或普通民众，在法律面前人人平等，都要受到法律的制约和束缚。一方面，领袖和官员自身要服从这一非人格的法律秩序；另一方面，他们的任何决策和命令，都要受到这一秩序的辖制。服从统治的人服从的只是这一组织的法律，只是一种非人格的秩序，而不是服从统治者本人。

韦伯认为，这种统治是法律理性的表现。所谓法律理性就是法律的正当性，即法律程序的正当性，任何法律规范都由一种符合程序的立法制定或修改。这种程序上的正当性的基础，既可以是出于保护财产的实用价值，也可以是出于保护全社会的终极价值，也可以是二者的结合。程序上的正当性反对个人目的。

在法律理性的前提条件下，法理型统治的具体含义是以下几个相互关联的方面：

第一，任何规范都可以由立法制定为法律，并要求或期待所有的人和政治势力都服从它。

第二，法律作为一个整体的规则系统，是理性立法的结果。而执法的任务则是把这些规则应用于具体的案件，政府行政也同样受法律规则的限制。

第三，占据权力位置的人并不是统治者本人，而是暂时任职的官员，由于职务的关系他们才享受有限的权力。

第四，人们是作为公民而不是臣民来服从依法设立的权威，他们服从的是法律，而不是执法的官员①。

显然，法理型统治的合法性基础更为牢固，其合法性比前两类统治依赖的合法性具有更大的合理性。

二、“谁统治”的若干理论

自国家形成，就出现了政治统治的理论。政治统治说到底就是运作政权和巩固政权的

① 本迪克斯．马克斯·韦伯思想肖像．上海：上海人民出版社，2002：321.

过程。虽然几乎所有的政治理论家都认为政治统治是维持法律和秩序，但对政治秩序的解释却各不相同，政治秩序在不同的社会制度中也有不同的含义。在东西方的封建社会，有著名的君权神授说。当资产阶级革命来临前，又出现了后来的资产阶级国家存在基础的社会契约说。但是，社会契约说在很多方面是不可证实的，新的统治理论就出现了。目前，在西方的政治统治研究中，影响较大的是精英统治论、多元统治论和新马克思主义的统治理论。

1. 精英统治论

精英统治论起源于古代的能人治国思想。中国古代有“劳心者治人，劳力者治于人”之说，以知识为标准把人群分为统治阶级与被统治阶级。在西方，柏拉图提出了著名的“哲学王”思想。作为一种系统的思想，精英统治论是在 19 世纪末 20 世纪初由西方的一些思想家完成的。

精英统治论的创始人是意大利的政治社会学家帕累托（V. Pareto，1848—1923）和莫斯卡（G. Mosca，1858—1941）。莫斯卡在《统治阶级》（1896 年）一书中给精英统治理论做了最简要的说明：“在所有社会中都有两个阶级：一个是统治阶级；另一个是被统治阶级。”统治阶级垄断权力并享受由此而来的特权，它用合法的和专断的手段力图维持其统治地位①。帕累托认为所有社会都可以分为领导者（精英）和被领导者。精英分子又可以分成统治分子和非统治分子。统治精英通过强制和（被操纵的）公众的同意二者之结合来维持其统治②。

精英主义的创始人认为，无论是在君主制、贵族制还是在民主制中，其共同点都是由少数人或精英统治。精英之所以获得统治地位，是因为他们具备了社会所推崇的才能和品质。精英们的权力基础不一定是经济关系，军事力量、教士地位或管理专长同样可能成为政治统治的基础。在任何情况下，统治者总是企图运用已有的权力去延续其统治，从而使政治统治成为世袭特权。精英分子之所以失去权力，是因为没有制度化地吸纳新的社会力量。

“经典的精英主义”认为，人民主权论中的民治思想是不可能的，因为民众在任何情况下都不可能直接行使统治权，即使在西方国家，政党政治也决定了由政治领袖组成的小圈子进行实际统治。正是这个小圈子，操纵着代表制度。无论社会怎样变革，政治不平等都将存在。

精英统治论的核心是精英与社会阶级的关系，实际上是企图以“精英”概念取代“统治阶级”概念。我们知道，如果以生产资料的占有状况来划分阶级，阶级是一个比较固定的等级，而精英阶层则是一个开放性的概念，因为不但有财产者可以成为精英，无财产而拥有专门技能者，如教士和军人也可以跻身精英阶层。

帕累托和莫斯卡的理论对马克斯·韦伯和米歇尔斯产生了重要影响。韦伯以地位集团概念取代社会阶级，认为政治活动或政治统治的主体是地位近似的集团，而不是无所不包的阶级。米歇尔斯以“权力精英”概念来取代统治阶级的概念，权力精英包括企业公司的

① 邓正来．布莱克维尔政治学百科全书．北京：中国政法大学出版社，2002：487.

② 同①516.

头面人物、政治领袖和军事首脑。

自20世纪50年代以来，政治学家、社会学家和历史学家加强了对精英问题的研究，关注“革命精英”、企事业首脑、高级官僚、军事首领和知识分子在国家中的作用。随着这一领域研究的发展，出现了精英主义与多元主义的混合理论，即“民主的精英统治”理论，认为在西方多元政治中，虽然存在竞争性的政治集团，但政治集团之争应被看成是精英统治者之争，因为领袖们并不总是在征求其他成员的意见后做出决定。政治家制造政策产品，而选民则消费政策产品。“民主的精英统治”理论主要来自熊彼特的《资本主义、社会主义与民主》。

显然，从古典的精英主义到今天的民主的精英主义，都忽视了政治统治的阶级本质。

2. 多元统治论

现代多元民主主义者认为，精英统治论低估了存在于西方国家的政治自治和各社会团体相互制约的能力。罗伯特·达尔说：“与米歇尔斯的寡头政治铁律——‘说组织就意味着寡头统治’——平行的还有另一条法则：每一个组织都发展一种朝向自身独立的冲动。这两种普遍的趋势都融合起来了；在这种融合体中，寡头政治的法则比铁更容易弯曲。”① 达尔认为，在现实国家中，国家的统治权或为寡头所有，或为众多的利益团体所分享。作为一种政治制度，民主的实际意义就是权力为众多的自治团体所分享。社会集团之间通过不断竞争和妥协来获得对国家的控制权，但谁也不能垄断国家权力。国家被认为是独立于市民社会之外的政治组织，它代表全社会的利益，是实现社会利益和社会秩序的工具。国家的政治职能就是要在各种利益集团之间寻求平衡，而不是偏袒其中任何一方。国家应该保证社会各集团和阶级之间的竞争有序和公正地进行。而当竞争性的集团之间发生冲突时，若国家之外的机构解决不了，政府的官员则可凭借政府在什么条件下可以合法使用暴力的独有控制来运用其最高权力。虽然达尔不同意韦伯的国家必然地垄断暴力的使用权的观点，但他也认为，只有国家才有权对合法使用暴力的限度做出规定。

多元主义者把国家的政治统治看成是公正的仲裁，把国家视为“社会整体”的托管人、工具和代理人，其实质和精英主义者一样，否认政治统治的阶级性，否认国家实际上是阶级统治的工具。

在某种意义上，西方国家的政府不再垄断决策权，国家权力趋向多元化。但是，利益集团所代表的利益从根本上说是一定的阶级利益。各团体在国家生活中的作用是不同的，只有那些由资本家以及实际上由资本家在背后操纵的利益集团才对政治过程有重大影响，才能分享政府权力。在这个意义上，当代西方国家的权力仍由大企业垄断，垄断资产阶级对国家权力的独享状况并未从根本上改变。谁也不会否认，2001年开始的美国小布什政府，其对外政策如废除保护大气环境的《京都议定书》和发动对伊战争，明显地代表了石油业和军事工业复合体的利益。

3. 新马克思主义的统治论

新马克思主义开始于20世纪60年代，主张一种自由社会主义，并以此反对传统马克思主义的科学社会主义。新马克思主义又分为工具主义的马克思主义和结构主义的马克思

---

① 达尔．多元主义民主的困境．北京：求实出版社，1989：34.

主义。

(1) 工具主义的马克思主义。在国家理论方面，以密里本德①为代表的一些新马克思主义者面对多元主义民主理论的挑战，论证了在当代条件下国家的阶级工具的本质。

第一，密里本德认为，尽管多元主义民主理论很巧妙，但马克思主义的国家观并不过时，因为即使在当代资本主义社会，统治阶级仍然是一个拥有和控制生产资料的阶级，它凭借经济权力把国家作为统治社会的强制机器。“国家的任务一向是保证满足资本的需要（并非它的一切要求），但又不至于造成一种局势，使工人阶级对政府疏远到危险的爆炸程度。”② 但是在社会发生严重冲突时，即使在具有长期宪制传统的资本主义国家，国家的镇压职能也会立即施展出来。虽然国家在表面上和形式上具有公共性，但由于它维护和支持了资本主义的基本制度而具有强烈的阶级内容。因此，新马克思主义者坚持马克思关于国家作为统治工具的观点，反对多元主义的政治统治理论。

第二，在密里本德看来，国家虽然是阶级的国家，是统治阶级的国家，但是国家的行动却具有高度的自主性和独立性，任何国家都有一定的自主性，只不过程度不同而已。国家的自主性是相对于统治阶级而言的。作为阶级统治工具的国家并不是资产阶级的简单的工具，直接听命于资产阶级的各种指令。相反，国家有时会采取同资产阶级的直接要求相悖的行动，罗斯福新政就是典型。为什么会有这种现象呢？资本家看到的是眼前的经济利益，而国家则要着眼于统治阶级的长远利益，因而会出现国家行为与资本家要求之间的冲突。特别是在资本主义的民主国家，受选举政治的影响，官员为了拉选票，更有可能执行一种暂时损害资产阶级利益的事。但是，密里本德是一个坚定的工具论者，他认为国家的相对自主性并不意味着国家是超阶级的，相反，国家的自主性是为了维护资产阶级的根本利益，这是国家自主性的本质所在。

(2) 结构主义的马克思主义。如果说工具主义的马克思主义在坚持国家阶级论的基础上而承认国家自主性，那么以波朗查斯③为代表的结构主义的马克思主义则是在坚持国家自主性的基础上而承认国家的阶级性，二者的出发点（本体论）和侧重点是不一样的。

结构主义是把某一研究对象当作一种结构整体，是各种要素的关系组合，而研究的目的就是要弄清楚各要素之间的互动关系。由此，波朗查斯把国家看作由经济、意识形态和政治等各个部门结合起来的整体，其中经济部门具有根本性的决定作用，但是这种决定作用并不是直线性的因果关系，并非简单的经济决定论。作为整体的国家，各个部门或系统都具有相对自主性，各自都起决定性作用，是多元决定论。由此，产生了国家自主性的主要理论。

波朗查斯认为，社会阶级的不平衡性导致了社会形态的不平衡，国家就是要维护社会形态的平衡统一。在资本主义国家，事实上存在统治阶级和被统治阶级，而国家的任务则

---

① 密里本德（Ralpf Miliband，又译“密利本德”），英国政治学家，先后执教于英国和美国，西方马克思主义的国家学说的主要代表人物之一，它的国家理论在欧美被称为“工具主义”的国家理论，代表作有《资本主义社会的国家》和《英国资本主义民主制》。

② 密利本德．英国资本主义民主制．北京：商务印书馆，1988：111.

③ 波朗查斯，出生于希腊，后移居巴黎，西方马克思主义的主要理论家，主要成就在国家理论方面，代表作是《政治权力与阶级社会》等，他的理论引起了美国的马克思主义研究热潮。

是调和二者之间的关系，使得政治统治关系看上去并不存在，从而达到维护资本主义社会、维护资产阶级统治的目的。那么资本主义国家是如何做到这一点的呢？

第一，资本主义国家的法律、政治和意识形态的结构把阶级关系掩盖了，它以法律化的自由平等使大家都变成了个人主体，从而丧失其阶级成员的身份，每个人之间的关系不再表现为一种阶级之间的关系。同时，个人化和孤立化的被统治阶级又被国家在政治领域中重新组织起来，当然是以"公民"个体的身份，而不是以工人阶级的身份。这样，资本主义国家表现出瓦解被统治阶级的政治功能。在瓦解被统治阶级的同时，国家却把资本家阶级组织起来。在波朗查斯看来，在工人阶级被个体化的同时，资产阶级也被个体化了，他们甚至为了最狭隘最卑鄙的私人利益而牺牲自己那个阶级的利益；并不是资产阶级先形成一个统治阶级，把国家作为自己统治的工具，而是相反。因此，资本主义国家具有双重职能，在瓦解被统治阶级的同时组织起统治阶级，从而维护社会形态的平衡统一。

第二，国家之所以具有这种双重职能，是由于国家的相对自主性的属性。在波朗查斯看来，国家虽然是统治阶级的国家，但是对于统治阶级而言又具有相对的自主性，不是统治阶级的简单工具，因为马克思也认识到法国"波拿巴主义"国家的自主性（参见第五章中的"国家形态"部分关于马克思的国家自主性的描述）；但是这种自主性不是绝对的，否则国家就变成超脱于统治阶级之上的政治形态了，这是不符合国家的真实面目的。那么，作为统治阶级的国家如何能做到相对自主性呢？这与资本主义形态的结构有关，它的政治环节和经济环节是相对分离、相对独立的，因而资产阶级的政治利益和经济利益也是相对分离的。但是，资产阶级的经济利益说到底要靠其政治权力来维护。资产阶级的政治利益就在于掌握国家权力，维护社会形态的平衡。有了现存的社会关系，资产阶级就最终能够依赖资本主义的生产关系而获得经济利益。为了维护资产阶级的长远的经济利益，国家有时会依赖被统治阶级而反对统治阶级，有时甚至会牺牲、损害统治阶级的眼前的经济利益。但是，满足了被统治阶级的经济利益的同时也就瓦解了被统治阶级，从而也就巩固了现存的政治秩序，从根本上维护了资产阶级的长远的经济利益。"福利国家"就是国家相对自主性的一个典型表现。

通过上述考察我们知道，工具主义的马克思主义和结构主义的马克思主义对于国家的阶级性和自主性的认识是不同的，但是都是在既定的阶级关系下考察国家的性质。新马克思主义者在对国家的经济职能、政治统治职能和文化职能的综合考察的基础之上，认为资本主义国家一方面为了自己的阶级利益要大力促进资本积累，另一方面为了维护其统治的合法性又不得不提供大量的公共服务以寻求广泛的社会支持。新马克思主义的这种观点使传统马克思主义关于国家的公共性与阶级性并存的思想以一种新的方式展现出来，因而越来越多地引起人们的关注。

三、政治统治的一般过程

统治秩序是社会各阶级经过特殊斗争和较量之后形成的，是取得胜利的阶级强加于整个社会的统治行为。因此，从根本上说，统治行为是准暴力行为，以暴力为后盾，以社会认可的方式出现。在政治统治过程中，政治、经济和文化等因素交互作用。

（1）暴力后盾。在统治过程中，统治阶级首先依赖的是国家机器，即军队、警察、法庭和官僚机构等。列宁说，这些国家机器是“国家政权的主要强力工具”①。通过这些强有力的工具，国家管理权力不仅为社会建立起了一种“秩序”，而且也使统治阶级对社会的统治和压迫合法化、固定化，使阶级冲突得以缓和。国家机器的本质是阶级统治和压迫的工具，统治阶级利用这一套机器，在实现自身的稳固统治的同时，也极力维护和实现自身的经济利益。因此，建立政治秩序依赖的是强制性的国家权力。

在从传统的政治体发展为现代的政治体的过程中，统治的形式发生了很多的变化，国家越来越倾向于通过赢得大众支持的方式来维持自己的统治，传统的强制性暴力镇压逐渐转向经济文化上的控制和管理。另外，传统的暴力镇压概念由于现代技术的发展而大大扩展了，现代国家的社会控制能力更为巧妙和复杂。

但是，不管统治形式如何变化，国家的本质并没有从根本上改变。如前所述，无论是新马克思主义者，还是韦伯等精英主义者，以及以达尔为代表的现代多元主义者，都承认国家是以暴力为后盾而进行统治的。达尔认为，国家的功能是控制冲突促进一致，但是“当所需的强制程度超出了在国家的领土上活动的各种治理机构办到的或被允许的限度时，政府的官员则可凭借政府在什么条件下可以合法使用暴力的独有控制来运用其最高权力”②。

（2）制度建设。统治阶级依赖的暴力后盾是为了确立有利于自己的政治格局，这种政治格局就是制度。一方面，制度与法律密切相关，因为制度是由法律来规定的，是法律内容的具体表现；另一方面，制度又依靠政策来维持。无论是政治制度、经济制度、社会制度还是文化制度，其运转既靠法律，又靠表现为政策的国家管理权力。在任何社会，国家权力的作用除依赖法律外，还依赖这些具体的制度。在谈到国家权力的反作用时，恩格斯说，“国家就是通过保护关税、自由贸易、好的或者坏的财政制度发生作用的”③。

认识到制度的重要性，统治者首先应健全和完善各种制度或政治机构。政治制度越复杂，政治体系也就越稳定，因为不同的政府部门有解决不同问题的功能。立法、司法与行政系统的分工与专门化，正是政治现代化的制度表现。其次，政治制度或政府机构要适应社会与经济的发展。例如，中国国务院系统的机构自改革开放以来进行过若干次调整，目的是不束缚经济改革。但同时，机构调整也不宜太频繁。其一，政府机构属于上层建筑，需要有相对的稳定性。其二，具体的政府机构有具体的职能，即意味着有一整套运行程序、办事规划、权限划分、责任制度等，如果职能常变，则意味着其他的东西都要改变，这样就难以保证机构的正常运转和效率的维持。

（3）法律建构。制度的运转经常表现为法律规定。法律是掌握国家管理权力的统治阶级的意志的体现，是统治阶级把现存的统治关系固定化的形式，是统治阶级达到利益普遍化目的的最好手段。所谓利益普遍化，就是统治阶级把自己的利益和意志变成全社会的利

---

① 列宁．列宁选集：第3卷．3版．北京：人民出版社，1995：116.

② 达尔．现代政治分析．上海：上海译文出版社，1987：76.

③ 马克思，恩格斯．马克思恩格斯选集：第4卷．2版．北京：人民出版社，1995：732.

益和意志，使统治阶级的利益要求上升为社会公共利益的要求，并且获得普遍效力，从而直接制约和指示着社会经济生活的所有领域和整个过程。

利益以法律面貌出现，自然容易获得权威性认可。历史上很少有向法律挑战的现象，法律越完备、越健全，统治阶级的地位就越牢固。因此，成熟的统治阶级十分注重以法律手段去保护政治制度，国家力量或暴力也往往以法律行为为中介而表现出来。

法律是统治合法性的一个重要手段。这意味着，不但被统治者要遵守法律，统治阶级也要守法，依法办事。在政府权力受到制约方面，法律自古以来就被认为是有帮助的。亚里士多德论证说，法治政府优于人治政府。但是，统治者应该服从法律的制度，是从17世纪确立英国君主服从法律的规定开始的，从那以后，以法治取代人治的政治制度逐渐普及。

（4）实现法治。首先，法治意味着正常的法律具有绝对的至高无上的或压倒一切的地位，排斥专制、特权甚至政府的自由裁量权。其次，法治意味着所有政党、团体都必须平等地服从宪法与法律。显然，法治的核心就是主张有限政府。在经典作家那里，国家被看成是一种必要的恶，这决定了代表国家的政府既可能对增进人类的福祉、维护人的自由做出实质性贡献，同时又为专权和滥用权力提供了许多可乘之机。对此，必须借助宪法和法律来加以限制。

显然，制度要依靠法律来维持。同时，制度的运转也少不了政策的作用。在正常的秩序下，制度、法律与政策相互依存。但是，在一个制度中，如果法律与政策的地位不一样，那么这个制度的治理模式也是不一样的。一个国家若以法律为主，政策为辅，可以称这个国家为法律治国；相反，若以政策为主，法律为辅，或法律几乎不起作用，可以称这个国家为政策治国。

政策治国的优势是政府高效、灵活、果断，不仅可以不受以往政策的约束，也可以轻易地突破任何现行法律的羁绊；其缺点是法制薄弱，裁量权过大，任意性强，制度化程度低。由于没有法律的约束，上级的政策在执行中易受到下级的抵制。政策一旦使用过度，弹性太大，变化过多过快，就容易使人们对政策丧失信心。这样不仅会丧失政策治国的优势，还会导致政策与法律作为治国手段的双重缺乏。政策治国的另一缺陷是缺少制度上的纠错机制，一旦政策不对路，实施的效率越高，不良的后果就越严重。从中国的实践上看，政策治国主要存在于以计划经济为基础的高度中央集权的时代，因此，它不适合社会主义市场经济的需要。市场经济实际上是法治的经济。

在法治之下，法律高于政策，政策不得逾越法律为其划定的界限。在法律的约束下，不太容易出错，尤其是不出大错，即使出了错也比较容易得到纠正。况且，在法治之下，权力受到约束，政策变化的幅度也不会太大。这就保障了政治制度的稳定。

总之，在确立和巩固统治秩序的过程中，统治者不但要审慎地认识暴力的作用，还要处理好制度、法律与政策的关系。资产阶级统治已有几百年的历史，其制度已高度复杂化，统治技巧（也可称为“善治”）也十分娴熟，很值得人们研究。比较而言，由于无产阶级统治的历史还不长，在探索的过程中犯过不少损害自己统治基础的错误，如发动体制外力量冲击政治制度，“文化大革命”中“砸烂公、检、法”，这些做法造成了难以估量的损失。

四、政治统治的合法化过程

每一种政治秩序建立后，统治阶级都要力图使这种秩序获得合法性，以较少的精力和行政费用使自己的统治获得最大的社会效益。在现实政治中很少有仅仅依靠强制力量进行统治的政权，各种“非纯粹”的强制统治形式都要以合法性为基础，或者迟早要获得合法性。

合法性是如何获得的？在第二章“政治权力”部分，我们已经在理论上探讨了合法性权力与其他权力形态的关系。在现实的政治统治过程中，合法性的获得首先依赖于一定的基础，这种基础就是统治秩序。在统治秩序中，暴力提供了威慑力量，使反对势力不敢轻易地反对现政权；法律与制度规范了人们的行为并为人们提供了据以行动的程序。例如，选举制度就使得选举出来的领导人或代表获得最大的支持与认可。这里必须指出，法律是合法性的一种基础，但合法性不同于法律性。合法性主要是观念内化的结果，而法律性则是强制力的结果。因此，如果说暴力与法律、制度为合法性提供了基础，那么合法性的获得则主要通过意识形态教化。

马克思主义认为，支配意识形态的力量是国家①。这就意味着人的意识虽然是社会存在的反映，但这种反映不能不受到国家权力的影响，这种影响主要通过统治阶级的思想对社会的统治和支配作用实现。掌握国家权力的“统治阶级的思想在每一时代都是占统治地位的思想。这就是说，一个阶级是社会上占统治地位的**物质**力量，同时也是社会上占统治地位的**精神**力量。……因此，那些没有精神生产资料的人的思想，一般地是隶属于这个阶级的”②，这种思想的支配，将“决定着某一历史时代的整个面貌”③。事实表明，国家权力通过统治阶级思想意识这一中介，实现对整个社会意识形态的支配和控制，从而获得社会对国家权力的普遍性认可。通过意识形态，统治阶级把自己的利益说成是全社会的普遍的利益，从而使统治阶级的政权获得民众的支持和认可，即获得合法性。

在任何时期和地点，政治的本质都是一样的，任何形态的国家和政治的合法性都首先离不开意识形态。社会主义制度的建设者都极端重视意识形态的重要性。列宁告诫道，如果共产党不去占领民众的思想阵地，资产阶级就会赢得民众的心理。对共产党来说，宣传和组织是鸟之两翼、车之两轮。没有强大的宣传动员工作，就不可能有中国革命的胜利。所以，无论是在革命时期还是在建设时期，毛泽东总是亲自负责党的宣传工作。正是因为深刻体验到意识形态的重要性，在制度建设上，宣传系统都特别庞大。在中国，宣传部门至少包括党的宣传部、党报，政府系统的新闻出版署、文化部、教育部、电视台等。苏联解体的一个非常重要的原因是没有正确把握改革与宣传之间的关系，戈尔巴乔夫改革的程序首先是搞公开化和透明化，开放媒体，结果破坏和动摇了苏联共产党执政的合法性。因此，在社会主义政治改革中如何把握宣传和其他政治方面的关系，直接关系到共产党的前途和命运。

---

① 马克思，恩格斯．马克思恩格斯选集：第4卷．2版．北京：人民出版社，1995：251.

② 马克思，恩格斯．马克思恩格斯选集：第1卷．2版．北京：人民出版社，1995：98.

③ 同②98－99.

政治的本质决定了，意识形态对合法性的重要性不仅为马克思主义者所重视，也是其他流派研究的重要问题。在前意大利共产党领袖葛兰西看来，当代的资本主义国家的统治方式发生了很大变化，国家不仅以强制力量来对付无产阶级的反抗，还特别地强化了思想和意识形态方面的控制和操纵，使工人阶级心甘情愿地接受资本家的统治。因此，无产阶级要想实现自身的解放，就必须首先改变自己的思想观念，夺取文化上的领导权，通过在市民社会中进行长期的思想斗争来达到目的。

当代西方政治学者对意识形态在维护国家统治中的作用也给予很多的关注。阿尔蒙德等从政治文化角度来论证价值观念对统治的重要性。在阿尔蒙德看来，所有的政府，甚至是最野蛮、最专制的政府，都试图通过某种政治文化来说服人们相信政治统治的合法性。

罗伯特·达尔则直接论证了政治意识形态与政权的合法性的关系①。达尔指出，任何政治体系的领袖都要维护和弘扬一种政治意识形态，以便论证和说明国家统治的合法性。这是因为政治权力一旦披上了合法性外衣就会获得一种特殊影响力——政治权威。这种政治权威不仅比赤裸裸的强制可靠和持久，而且还能使统治者以最少的政治资源进行对社会的控制。当被统治者得到的命令和安排有道德上的约束力时，统治者只需要支出相对少的资源，就能获得令人满意的结果。因此，在不同的地方和时代，几乎每一种政治统治形式都获得了相当的合法性，人们心甘情愿甚至可以不惜生命去护卫它。

合法化行为一般由专门的政府宣传部门去完成，在美国有新闻总署及由白种人居绝对主导地位的各大电视台和主流报刊。这些机构通过宣传统治阶级的意识形态使人们认可统治秩序的合法性。统治阶级的意识形态往往用道德规范、宗教信仰、理想价值、事实及其他的假设，来证明这一体系的合理性。为完成这些复杂的任务，一个高度发达的意识形态系统不仅包括评估组织机构、政策和领导人的标准，还包括对制度如何运作的理想化描述，以及缩小现实与意识形态宣扬的目标差距的合理解释。

值得指出的是，统治阶级的意识形态并不总是一成不变的，新的形势需要人们对新目标做出新的解释。因此，意识形态需要一定的含糊性和灵活性，只有如此，意识形态才能被发展。期望政治体系中的每个成员都接受统治阶级的意识形态是不可能的。对很多普通人来说，政治意识形态太抽象、太复杂、太遥远；而对于一些具有强烈的政治意识的人来说，他们可能拒绝统治阶级的意识形态，甚至可能持对立的和冲突的意识形态。有时候，一个时期的革命意识形态会成为另一个时期的统治意识形态，如人民主权说与马克思列宁主义。

我们强调意识形态对合法性的特殊作用，但绝不意味着精神力量一直决定着物质力量。恰恰相反，在人民的物质利益得不到满足的情况下，强求思想意识的超前发展，希望因此营造一种高层次的和谐气氛，这种希望多半会落空。从本质上讲，任何理想都是超越现实的，或与现实保持一定的距离，但普通公众并不能够把道德的理想境界与社会现实区分开来，从而使人们的政治追求和欲望大大高于现实可能的政治利益。这样，公众必然以极端挑剔的目光盯着政府，当他们没有看到一个符合理想模式的政府时，就会产生不满情绪。历史与现实不断证明，理想与现实相差太远，是诱发社会不安定的一个重要原因。

---

① 达尔．现代政治分析．上海：上海译文出版社，1987：77-82.

因此，意识形态虽是合法性的重要手段，但统治阶级决不能完全依赖意识形态。如果说在前资本主义时代统治的合法性主要来自“君权神授说”等宗教信仰系统和传统，那么在现代政治中，文化意识形态虽然仍然是合法性的重要来源，但合法性越来越取决于统治阶级与政府的实际作为。也就是说，合法化已不只是韦伯所说的信仰和价值判断问题，它已经扩大到社会生活各个领域，尤其是经济领域。经济职能已成为国家为其政治统治赢得大众广泛支持的重要手段。

五、政治统治的经济基础

政治统治是在经济上居优势地位的阶级的统治，政治权力是实现经济权力的重要手段。统治阶级在实现自己的经济利益时，必须以公共利益的面目出现，这就意味着要考虑到全社会成员的经济利益。只有这样，统治阶级的经济利益才能得到更好地实现，政治秩序才能更加稳定。

但是，在自由资本主义时期的国家中，国家所承担的经济职能是微不足道的，它只提供那些私人无法提供的公共利益和服务，例如，军事司法保护和修路架桥。而对于人类的基本生活需求，市场是唯一可供选择的分配机制，即由“看不见的手”予以满足。然而在现代政治中，随着国家对社会经济生活干预的加强，国家已经成为与市场并驾齐驱的人类分配有限资源的另一种基本方式。林德布洛姆甚至认为，在现代社会，一个政府同另一个政府之间的最大区别就在于市场取代政府或政府取代市场的不同程度①。现代国家不仅要满足人类基本需求的共同品，还要通过各种规范性的经济政策直接调节和引导经济发展，通过各种规范性的社会福利政策对国民收入进行再分配，以保障人民的最低生活水平，满足社会各阶层所提出的各种各样的需求。

在资本主义国家，资产阶级的统治要顺利地进行下去，必须满足工人阶级的基本生活要求。为此，国家必须干预经济和社会领域。事实上，马克思主义和凯恩斯主义对这一进程的发展具有重大意义，它们促成了政府干预的合法化。自19世纪70年代德国实行一些社会保障措施以后，英国的费边社会主义也提出了一系列实行社会福利的改良主张，凯恩斯的学说为国家干预最终确立了经济理论基础。在当代，甚至一些新保守主义者也认同国家干预的必要性。丹尼尔·贝尔认为，国家应该保障每一个人维持基本生活的“社会最低限度”。罗尔斯认为国家应最大限度地改善处境最差者的地位，即使这些政策可能意味着损害某些人的经济利益和权利，意味着对国民收入进行政治性再分配。

国家干预经济的结果就是建成了今天的福利国家。福利国家由“消极国家”变为“积极国家”。在美国，各级政府举办的社会福利共100多项，主要是进行社会保险和公共救济。在西欧，20世纪60年代以后建成了全面的福利制度，福利项目繁多，包括对婴儿、儿童、学生、产妇、寡妇、残疾者、老年人和失业者的各种补贴和救济。有人说它几乎把一个人从摇篮到坟墓的一切都包下来了。

福利国家存在很多的矛盾和问题，但从政治统治角度看，福利国家是一种具有双重保护作用的制度，它建立了收入的初级分配和再分配相互区别的制度，从而以一种经济

---

① 林德布洛姆．政治与市场：世界的政治—经济制度．序言．上海：上海三联书店，1991.

方式既保护了工人也保护了资本家。尽管它带来了沉重的财政负担，资本家为此也多有抱怨，但其结果是相对有效地减少了社会冲突，因而从根本上更有利于统治阶级的统治和地位。

在传统的社会主义社会，政治与经济高度一体化。这就意味着，一方面，经济的发展在很大程度上受制于政治因素；另一方面，政治统治的巩固更直接依赖于经济发展。但是，在经济建设方面，几乎所有的社会主义国家都犯过严重错误，如苏联虽重视经济发展却不照顾人民的基本生活需求品的开发；而中国，在"文化大革命"时期，曾经"以阶级斗争为纲"，"抓革命，促生产"，结果搞得民不聊生。进入20世纪80年代，主要的社会主义国家都开始了全面的改革。但是，苏联的改革并没有给人民带来经济上的实惠，在改革中没有把握好政治与经济的关系，结果导致国家的分裂解体。而中国的社会主义政权能够在20世纪80年代末的国际风潮中不动摇，原因之一就是十年的经济改革极大地满足了人民的生存与发展要求。这种鲜明的对比再次证明了：现代统治的合法性不仅在于政府说些什么，更重要的是取决于政府实际上做些什么。

同时，必须牢记的是，在现代社会，人民主权理论的实现即作为权力主人的人民直接参与权力的分配，将是政治统治最为坚固的基础。

第三节 国家治理能力理论

一、国家治理能力的构成

早在20世纪60年代亨廷顿在其著名的《变革社会中的政治秩序》中一开篇就提及统治程度①，在70年代的《民主的危机》中提出西方国家的"统治能力危机"命题②。亨廷顿其实都是在说维持基本秩序的能力，当时西方国家和很多非西方国家的国家职能都面临安全与秩序的挑战。米格代尔的"国家能力"则是如何把国家组织起来的统治能力。在这个"新国家主义"的知识脉络上，形成了回归国家学派的"国家自主性"概念，但斯考切波等并不将国家自主性简单地等同于国家能力，而是把国家能力视为完整主权基础上的忠诚且有行政能力的官员以及丰富的财政资源的总和。可以说，回归国家学派的国家能力主要是指贯彻政策的行政能力，包括财政汲取能力③。蒂利在研究欧洲国家形成的历史中分析国家能力，认为是军事斗争的竞争而强化其官僚机器的结果，把国家能力看作国家执行其政治决策的能力④。在某种意义上这是韦伯式的官僚制功能问题。孔飞力（P. Khun）在研究中国现代国家形成时，所讲的国家能力是国家对社会的渗透和控制能力⑤。上述理论的一个共同特点是，国家能力的核心就是统治能力。

我们认为，所有关于治理或国家能力的研究，在解释"中国性"，即"国家治理体系

---

① 亨廷顿．变革社会中的政治秩序．北京：华夏出版社，1988：1.
② 克罗齐，亨廷顿，绵贯让治．民主的危机．北京：求实出版社，1989：3-8.
③ 埃文斯，鲁施迈耶，斯考克波．找回国家．北京：生活·读书·新知三联书店，2009：21.
④ 蒂利．强制、资本和欧洲国家．上海：上海人民出版社，2007.
⑤ 孔飞力．中国现代国家的起源．北京：生活·读书·新知三联书店，2013.

和治理能力现代化”上都有无力感，出现了理论与实践的巨大落差，因而需要建构一个系统性的国家治理能力研究框架。

国家权力（政治权力）原理是理解国家能力的前提性知识。政治权力与国家能力的关系，在理论上和实践上依然值得继续关注。中国决策者事实上发现国家权力和国家能力不是一回事，因此才提出“国家治理体系和治理能力现代化”。这里，国家治理体系相当于国家权力组织，国家治理能力相当于国家能力。基于自己的实践和既有的知识积累，中国的政治家事实上已经认识到，仅有现代化的国家权力即国家治理体系并不管用，还必须有强大的国家能力即治理能力的现代化。这也是为什么在2015年联合国发展峰会上，习近平主席主张“发展能力理论”，而非西方的“发展理论”，即今天所谓的治理理论。

国家治理体系（国家权力）是一种结构性关系，国家权力是一种“互动的制度化网络”。现代化的国家权力网络（体系）并不必然有好的治理能力，这是一个不难理解的经验性知识。现代性意味着同一性或形式上的一致性，越来越多的国家都自称自由民主政体了，有多党制、有议会、有公民组织、有竞争性选举、有“人人平等”，等等，“现代性”要素应有尽有。但是，为什么在国家权力体系上更像英国的印度，在治理能力上有天壤之别？这些经验性知识，让我们不得不探究国家权力与国家能力之间的关系。

我们一般把国家能力理解为决策者（政府）将自己意志变为现实的能力。亨廷顿等人在《民主的危机》中，检讨的是西方国家的民主统治能力，他们的定义就是“政府对于它们所统治的经济、社会和政治共同体提供指导的能力，也是有效地这样实施的能力”①。这里谈的统治能力，其实就是本文中的国家能力。好概念具有简洁性、穿透力，尽管简洁的概念难以解释一切——其实这是正常的知识论现象——哪个好概念能解释一切？如果说这样界定国家能力，即如何把制度体系上的国家权力落实到政治过程中而彰显权力主体所期望的结局，其中政治权力就是关键，而关键中的关键无疑又是中央权威即享有全国性决策权威的机关。这是我们完善国家能力的第一步，即从什么角度出发去理解国家能力。

第二步，作为抽象概念的国家能力，在实践中是由若干方面构成的。那么，实践中的国家能力是如何体现出来的呢？或者说体现在哪些方面？

谈国家能力虽然难以脱离我们所处的现实境况，但还是要寻求一种可能的一般性原理。基于中国历史和现实，我们认为，国家能力至少要考虑以下因素：在国家-社会关系的维度上，包容和吸纳社会的能力，这是处理政治权力与社会权力（包括经济权力）的关系的能力；在政体的维度上，如何把一个国家的不同权力网络有效组织起来的能力，这是处理中央-地方关系、行政-议会等政治权力关系的能力；在政策层面，如何将自己意志变成现实，并得以有效执行的能力，这些必然涉及政治权力与经济权力、政治权力与社会结构的关系。这样，国家能力就可以概括为体制吸纳力、制度整合力和政策执行力，这些能力事实上是“主权者”协调各种权力关系的能力。

1. 体制吸纳力

一种政治体制如果能够将社会力量和社会精英有效地纳入体制，让他们自觉地而非被强制地认同并效力这个体制，这样的政治体制就是强大的、有能力的。因此，体制吸纳力

---

① 克罗齐，亨廷顿，绵贯让治．民主的危机．北京：求实出版社，1989：161.

类似合法性概念，再次彰显了前述的意识形态权力的弥散性和牵引力价值。在古代中国，政治权力的两个支点分别是儒家思想和官僚制，儒家思想有效地规制着社会秩序，而科举制则有效地更新着官僚制的能量。古代中国的政治制度，不管我们后人称为什么，封建制或者专制主义，其体制吸纳力是很强大的，为此才有延续了两千多年的中华帝国，其中的核心就是儒家思想。这无疑是人类统治史上的奇迹，没有任何其他体制能够在一块领土上绵延两千多年。

体制吸纳力事实上要处理两对关系：一是政治权力与基层民众的关系，这里主要是满足民众需求的民生能力；二是政治权力与精英阶层的关系，这里既涉及经济权力，也涉及意识形态权力，即如何通过话语论述能力而包容精英，尤其是知识精英阶层。比较而言，政治权力与精英阶层的关系最为复杂。其实，精英层面，知识精英和财富精英的关系很复杂，既有冲突又有合作，从而直接影响着整体性精英阶层与政治权力的关系。

2. 制度整合力

现代国家与古希腊城邦式国家相比，不但在规模上有质的差别，比如中央-地方关系的出现；在国家的最主要要素，即人口方面也有质的差别，比如同质化民族变为异质化，民族关系成为政治权力的重大挑战；权力维度上更是古代社会所未曾有过的多元化和复杂化，比如从单纯的一个层次的政治演变为国家-社会关系、中央-地方关系、政治-经济关系，以及传统意义上的行政-立法-司法关系。这样，如何把多层次、多维度的专业化制度有效地组织起来，就是对国家能力或治理能力的严峻挑战，其中单靠强制力是达不到目的的。

我们反复强调的是，国家能力是一种语境性、政策实践性很强的概念，因此我们只能在经验层次谈问题。在经验层次上，制度整合力的核心无疑就是政治制度的核心即政体。政体是把一个国家组织起来的根本性制度或者说手段。如前，目前世界上典型的政体有两种，一种是代议制民主，一种是民主集中制。笼统地说，历史知识告诉我们，在历史上，代议制民主有成功的也有失败的，比如英国与20世纪30年代的德国；民主集中制也有得有失，比如中国与苏联。因此，很难一概而论，简单地讨论二者的优劣。

我们把视野切换到现实的世界政治。即使是现实的世界政治也并不都是共时维度的，也存在历时维度，即早发与后发国家之间的关系。这样，以政体来衡量国家能力，至少把国家分三类，即发达国家的代议制民主、发展中国家的代议制民主以及发展中国家的民主集中制。不同的政体具有直接的国家能力效果。

3. 政策执行力

这是观察国家治理能力的最直观的指标，即一个国家的中央政府是否有决策的权威、是否有将政策变得可执行的权威，以及政策执行者是否有能力去执行权威的意志。这样，权威的政策过程事实上包括两个部分：中央权威和有能力的公务员队伍。

由于现代性政治讲的是政治的人民性或民主性，由此便以二分法而淡化传统政治的关键即权威。没有权威，一个国家便不可能正常运转；相比较古代社会，复杂的现代社会更需要权威，有了权威，政府、国家才能正常存续。“民治”是农业社会的神话，如果“民治”都能管用，就不需要政府了，而政府的存在本身，就是代表了让人又恨又爱的权威的存在。因此，政治的人民性（民主性）首先不能排斥政治的权威性。权威性直接表现在领导人的决策力，是否敢于担当、敢于负责。

权威的决策都能得到执行吗？答案是不容乐观的，其中除了“互动的制度化网络”，即利益联盟而形成的政策执行中的“否决点”，更有公务员队伍本身的能力和训练以及专业化程度。抽象的国家能力在很多时候依赖于公务员队伍的素质和专业化程度这种技术性难题。

由“体制吸纳力-制度整合力-政策执行力”所构成的国家能力，分别对应不同领域的权力，比如体制吸纳力不但有政治体制的开放度，还有意识形态的吸引力（话语论述能力）、对企业的财产权保护能力（法治保障能力）以及满足民众需求的民生能力；制度整合力不但仰仗政治权力的强度，还有制度本身的意识形态性质，比如民本的人民性还是资本本位的利益集团性质，而这些是由诸多政治权力关系所决定的，比如政党政治关系、行政-立法-司法关系、中央-地方关系以及政治-经济关系；政策执行力在不同的政策领域可能具有不同的能力，不能笼统地说政策执行力强弱，这里区分的是常规政策、产业政策和中国的弱项即资本市场（见图 10－1）。

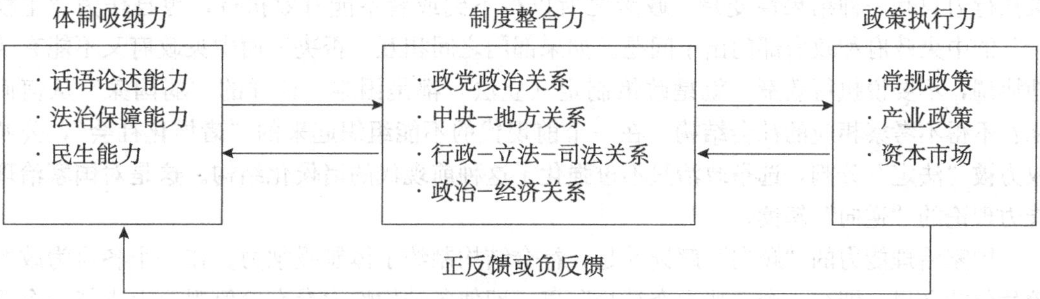

图 10－1　国家治理能力理论图示

如果说“体制吸纳力-制度整合力-政策执行力”贯穿了意识形态权力这个线条，现代社会各个环节另一个不可或缺的线条就是民主。体制靠什么吸纳社会？需要民主这个制度形式，在中国尤其需要的是协商民主、基层选举民主和作为社会民主的社会自治；制度整合力同样离不开民主，在中国就是民主集中制；权威的政策制定过程虽然很重要，但必须充满协商以换取最大多数人的支持。

二、国家治理能力理论的理论特性

由体制吸纳力、制度整合力和政策执行力所构成的国家治理能力理论，首先是为了解决治理难题，因而是一种去价值化的理论。在理论构成上，它首先是一种系统性理论，也必然是一种分层性理论。系统是由子系统、分系统构成的，而分层性带来能力的非对称性。系统性-分层性-非对称性，有助于我们把脉一个国家的治理能力的问题到底何在，而不至于笼统地停留在“提高国家治理能力”口号上，更有助于我们理解各种西方式的治理药方（治理清单），而不至于使我们在实践中完全南辕北辙。

1. 去价值化

冷战让人们生活在观念的世界里，意识形态话语无处不在。不得不说，从研究现代化的结构-功能主义范式到研究民主化的转型学范式，都是典型的意识形态学，都是让非西方国家如何变成西方社会。结果，在话语上占据了道德高地的理论，并没有让世界变得更安宁更美好，反而是一地鸡毛。据此，需要寻找能够解决问题的替代性的理论范式。比较而言，如果说结构-功能主义和转型学是“制造问题”的理论，那么，国家治理能力理论则是一种“解决问题”的理论。如前所言，任何国家都存在不同层次、不同领域的治理难题，很难笼统地说哪个国家的治理能力更强更好，都有值得改进和完善的地方。国家治理能力理论就是一种“因时因地”的实践性理论。这种实践性理论当然没有或自由主义或西方中心主义的那种明确的价值取向，但是走向“善治”本身就是国家治理能力理论所追求的共同体的最高的善。

2. 系统性

首先需要说明的是，这里的系统性无疑与戴维·伊斯顿的政治系统理论有一定的关联，比如“正-负反馈”概念，但是具体变量则与政治系统论有很大的区隔，对此无须详述。

一个社会治理出现问题，往往因无效政策或者政策得不到执行而体现出来。其实，政策执行力只是一种结果性变量。政策之所以得不到或者不能有效执行，源自作为“主权者”的中央政府和政府部门出了问题。如果部门之间相互“否决”而中央政府又不能有效地协调，不要说执行政策，就是政策制定（立法）都是困难。这样的“弱国家”从何而来？不得不考察相应的社会结构。在一个前现代的不能组织起来的“诸侯化社会”，公共权力被“法定”分割，选举政治只不过强化了这种前现代的诸侯化结构。这是对国家治理能力理论的“逆向”解读。

国家治理能力的“顺向”解读就是，社会结构制约了体制吸纳力。在一个各自为政的碎片化社会里，即在一个“普力夺社会”里，即使各结构性力量在价值观念上支持一个总体性的政治制度，比如代议制民主，但并不意味着这些“结构性变量”就是支持政治权力的，在很多未经革命改造的前现代社会中，社会结构和政治权力之间处于“断层”状态，代表社会底层的往往是“强社会”这样的“中介代表者”，而“中介代表者”和国家权力之间永远处于博弈状态。在孔飞力的《中国现代国家的起源》里，这个问题直到新中国的土改之后才得到解决，从晚清到民国，各种强大的家族势力或者“士绅”一直在农民和国家之间起着居间作用，从而蚕食国家税收，并有力量组织农民消极或者积极地对抗国家。

在一个体制吸纳力存在问题的社会里，制度整合力必然不那么强。因为国家权力由经济权力、军事权力和意识形态权力所构成，“强社会”主导的政治属于一种“新世袭主义”，各种社会力量甚至可以拥有自己的军事权力，更别说经济权力和意识形态权力了，这在非洲的远未完成的部落制“国家”（算不上一个现代国家）处处可见。比如，在南苏丹这样的部落制国家，总统和副总统分属不同的族群，而且有各自的武装部队。

即使在西方的国家-社会关系中，如果精英阶级的力量太过强大，也会直接影响着制度整合力。福山所说的“否决型政体”，关键之一就是强大的利益集团以及在此基础上的极化政党政治。

据此，我们可以理解，治理能力的根源在于体制吸纳力，它直接塑造了制度整合力并决定了政策执行力。因此，看一个国家的治理得如何或者治理能力的强弱，首先要从体制吸纳力着手。一个体制吸纳力强大的国家，基本上都是革命后社会结构（尤其是土地制度）改革的结果，美国那种未经革命而提前到来的现代性社会结构即平等化的社会，只能用“美国例外论”来解释，其他国家不可复制。这其实关乎如何看待革命问题。那些亚非拉国家，虽然经历了民族解放运动，但是并没有触动既有的社会结构，尤其是土地制度，依然是结构性不平等，这样的社会对于政治制度的支持度基本上是碎片化的。

3. 分层性

中国人常说的政府治理、经济治理、社会治理、文化治理等概念，并非分层性的，而是领域性的，而这些领域性的说法本身，并不会自动提升国家治理能力，或者说，即使在一个领域内的治理问题，也只能在分层性中找到答案。本文所说的分层性，包括体制吸纳力、制度整合力和政策执行力，其中每一项能力又包括若干层面的制度性能力问题。如果说国家治理能力是一个整体性概念，提升国家治理能力的办法只能在分层性特征中去寻找，这是理论分析的实践意义。

在体制吸纳力上，大概念是国家-社会关系，即如何处理国家与社会的融合性关系。但是，“社会”并非单一性概念，其中既包括社会弱势群体这样的典型的社会力量，也包括“强社会”诸如正常社会里的知识精英和企业精英，也就是说，当西方理论创造国家-社会关系这一范畴性概念的时候，理念的创造者诸如知识精英和财富精英把自己当作和国家对立的一极，等同于受国家压制的“弱者”，这显然掩盖了问题的真相。弱者和强者与国家-社会之间的关系，是完全不一样的，因而其对国家或者体制的认同度也是不一样的。对于社会弱势群体而言，最重要的是作为社会权利的社会保障即生活安全和基本尊严；而对于强者而言，尤其是财富精英而言，其对国家或者体制的诉求更多，有时甚至追求“公权力”或者发挥着“公权力”的作用，进而期望取而代之。这些既是历史又是现实。因此，仅就体制吸纳力而言，政治权力面对社会弱势群体和强社会时会有不同的态度乃至不同的行为取向。哈佛大学社会学和北京大学国情研究中心的数据是，在中国，最支持体制的是社会弱势群体，哪怕他们曾是“群体性事件”的受害者；不满体制者，则是既得利益阶层。在我看来，在既得利益阶层中，知识阶层和企业阶层对体制的态度有差异，而知识精英的态度又是分裂的。

体制吸纳力的分层性问题意味着，对于不同层次的问题需要拿出不同的治理方案，没有一个可以统一适用的治理方案。对于社会弱势群体而言，治理方案就是社会相对公正和生活安全的保障；对于企业精英的诉求而言，产权保护和法治是对策；而对于知识精英而言，如何建构一套让他们信服的话语体系则是当务之急，虽然他们中的绝大多数人并不能制造话语权但有能力传播话语权，因而客观上成为不同政治权力的认同者。

在制度整合力上，分层性更为复杂多元，其中既有传统的政治权力内在的关系比如行政-立法-司法关系，还有民族关系、宗教关系、中央-地方关系，更有完全不同类型的政党政治关系。因此，我们不能笼统地说政治制度的问题，而负责任的说法是政治权力中的什么部位出了问题。不管什么制度，如果民族关系、宗教关系和中央-地方关系纠结在一起，都是对政治权力的极大挑战。比如，实行了代议制民主的“大中东”和其他转型国家，因为其异质化的宗教关系或者民族关系，不要说谈不上有效治理，普遍的结果是国家动荡不安乃至国家解体。又如，同样是现代性的政党政治，不同时代的政党性质是完全不一样的，从最初的利益集团党比如美国的政党，到后来欧洲的阶级政党，再到后发国家的民族政党以及建国党（如中共），这种历史语境下的政党所起的作用自然完全不一样，不能说哪家政党政治就是“科学化”的，其他政党非得学习这家政党政治，那样必然是南橘北枳。因此，千万不要以一种制度类型去套所有国家。几乎对所有国家而言，最重要的就是如何提升制度整合力，而且没有一个政体类型能适用于所有国家的制度整合力提升。无论是过去的现代化理论还是当下的民主化理论，其企图都是以一种政体类型解决所有国家的问题，无效治理是必然的。

制度整合力上的分层观，有助于学者从组织现实主义路径和“实践知识”去看待、分析问题，而不是以为有了一点书本上的“技术知识”就可以包打天下，没有能够包打天下的“技术知识”。

在政策执行力上，分层性意味着，政策是分类的，说一个国家在政策执行力上出了问题，并不是说在所有政策上都有问题。比如，美国被福山称为“否决型政体”，但是其对外政策，尤其是发动战争的能力，在行政和国会之间总是那么默契。政策执行力不但由利益集团化的社会结构（包括断层性的中央-地方关系，比如印度）所影响和决定，更重要的是有历史时间性所造就的知识与能力的多少。人们普遍地认为中国政策执行力超级强大，以至于美国《纽约时报》的专栏作者弗里德曼呼吁美国做一天中国，哪怕仅仅一天。但是，在不少领域，比如产业结构的转型升级、资本市场的有效规制，都不是靠强政治权力和经济权力所能达成的。以资本市场为例，西方已经有 200 年的历史，而中国从 1992 年开始仅仅 20 多年，“时间性”决定了中国在资本市场的人才、文化和规则等方面都存在结构性缺陷，不是政治权力的主观意愿所能提升的。

4. 非对称性

人口规模在 5 000 万以上的中大型国家，都存在国家治理能力的挑战，从目前的北美、欧洲地区国家到中国再到亚非拉地区国家，都有发展能力不足的危机，都亟须提升国家治理能力。因此，说谁强谁弱，都是相对的。这是在比较政治的意义上而言。就一个国家而言，国家治理能力在不同层面表现出不同的能力；不同国家的非对称性是完全不一样的，一个国家之强则可能是另一个国家之弱，但并不能因此而移植，不能以一个国家之强去克服一个国家之弱，社会结构和文明基因决定了“飞来峰”不管用。因此，非对称性特征只能体现在各国治理之中，需要各国经验去支撑这一理论特征。

就美国而言，虽然体制吸纳力问题似乎在 1964 年《民权法案》出台后得到解决，但随之而来的则是制度整合力问题。亨廷顿等人在 20 世纪 70 年代出版的《民主的危机》中所提出的“民主国家的统治能力危机”就是针对越战后出现的几何级数增长的利益集团扭曲公共政策问题提出的。制度整合力的结构性问题，引起其公共政策“否决者联盟”所导致的“否决型政体”。好在美国社会活力无限，自治性的社会能够带来活力和发展。但是，如果这套只有体制吸纳力而无制度整合力的制度推广到后发国家，必然导致灾难性结局。

就印度、孟加拉国、巴基斯坦等国家而言，国家治理能力的上、中、下游似乎都存在问题。在体制吸纳力上，社会虽然是支持代议制民主的，但是族群化政党或者公民社会都是以自己为中心的，从而制约着制度整合力。印度的中央-地方关系被称为“三节棍”，政策联结不起来。

就中国而言，强项是制度整合力，依靠的是民主集中制，但体制吸纳力中的话语论述能力以及政策执行力中资本市场规制能力，都是结构性难题。

5. 理论价值与实践意义

由体制吸纳力-制度整合力-政策执行力所构成的国家治理能力理论，以及这个理论特征中的系统性-分层性-非对称性，使得国家治理能力理论可以作为一个分析性概念或者分析工具，去比较研究世界政治，作为一种替代性的比较政治学研究范式。这样的研究范式更去意识形态化，是为了找到治理中的真问题。各个国家的问题或者说治理难点是不一样的，没有一个包治百病的药方。在这个意义上，比较政治研究回到了亚里士多德式的学术传统——对 158 个城邦国家的解剖式研究，而不再是现代化理论和民主化理论指导下的观念化导向。历经意识形态化"范式"之苦的比较政治学，迫切需要回到其本来的位置，那就是为解决自己的问题而研究，而不是像过去半个多世纪那样，研究是为了给别人制造麻烦。

由此而产生的政策意义在于，只有从分层性和非对称性角度看国家治理能力，才能找到国家治理的症结所在，而不是笼统地呼吁"提升国家治理能力"，更不能因为有治理上的麻烦问题而打包处理，企图寻求一劳永逸的解决方案。历史已经告诉我们，在国家治理上，不存在这样包治百病的政治方案。这就是为什么作为总体性方案的"现代化理论"和"民主化理论"会在实践中遇到困境，因此，必须寻求替代性的研究范式。

进一步阅读材料：

1. 韦伯．经济与社会．第 3、9 章．北京：商务印书馆，1997.

2. 达尔．现代政治分析．第 5～7 章．上海：上海译文出版社，1987.

3. 林德布洛姆．政治与市场：世界的政治—经济制度．第 1～4 章，第 9～11 章．上海：上海三联书店，1991.

4. 罗西瑙．没有政府的治理．南昌：江西人民出版社，1998.

5. 克罗齐，亨廷顿，绵贯让治．民主的危机．北京：求实出版社，1989.

6. 杨光斌．习近平的国家治理现代化思想：中华文明基体论的延续．北京：中国社会科学出版社，2014.

7. 杨光斌．关于国家治理能力的一般理论：探索世界政治（比较政治）研究的新范式．教学与研究，2017（1）.

政治参与

重点问题

- 如何认识政治参与的含义？
- 如何认识政治参与的民主价值？
- 我国公民参与政治的基本渠道有哪些？
- 如何认识经济发展对政治参与的影响？
- 政治制度和政治参与是什么样的关系？
- 如何认识发展中国家的政治发展中的政治参与？
- 结合东亚国家政治发展的过程，如何认识政治参与对经济发展的影响？

伴随着公共治理取代政治管理，公民参与、公共参与等概念相继产生并处处可见。但是，我们依然坚持用政治参与这个更具政治学身份的概念。虽然公民参与和公共参与包括了政治参与，但它们的社会学身份似乎更明显一些，主要是讲公民对社区生活以及“政治性”色彩没那么强烈的公共生活的参与。行为主义政治学讲的政治参与主要是公民个体的行动，我们认为社会-经济团体的政治活动都是政治参与。

第一节　政治参与的含义

一、政治参与的定义

政治参与是现代政治的概念，是政治文明进程中的一个重要变量。政治参与（political participation），亦称参与政治，顾名思义，就是一定的政治主体从事政治的活动。但对政治参与的定义，存在着不同的看法，其中有代表性的观点有：

（1）政治参与是合法的行为。认为只有依照法定程序参与政治的行为，才属于政治参与。尼和伏巴认为：“就政治参与这个术语来说，我们指的是平民或多或少以影响政府人员的选择及（或）他们采取的行动为直接目的而进行的合法活动。”① 显然，这种定义限定了政治参与的范围，将“不合法的”政治行为排除在政治参与之外，这就无法理解街头政治的参与行为；况且，在某些情况下，政治参与的合法与非法的性质是模糊的，有时合法的政治行为又可能转化为非法的行为，这要视具体的环境而定。

(2) 政治参与是自愿的行为。认为一些被动员起来的政治行为不属于政治参与的范畴。迈伦·维纳强调参与的自愿性质，他认为，“奉政府之命而参加组织或参加群众集会”，或者公民对候选人没有选择余地的选举投票，“应该排除在外”。有些学者则通过陈述研究兴趣范围的方式来确定政治参与的范围，不讨论被称为“礼仪性”或“支持性”参与的参与，这类参与是通过参加游行，在发展项目中努力工作，参加政府组织的青年团体，或参加礼仪性选举的投票来表示对政府的支持。这些学者的定义把自愿性参与同动员性参与区分开来，并把后者排除在政治参与之外。

但是，这种区分也带来了很多疑问和麻烦。第一，动员参与与自动参与的理论界限在实践中是难以分辨的，况且这种区分本身就有很大的随意性。如果说由政府发动的支持性活动是动员参与，那么由反政府力量或其他组织组织起来的行动就是自动参与吗？其实，即使在多元政治中，大量的参与都包含某些压力和操纵的成分。第二，所有政治系统的政治参与都是动员参与和自动参与的混合，只不过程度不同。只把注意力局限于自动参与，这实际上是一种政治偏见，即认为政治参与是西方社会特有的现象，这显然不符合大多数现代政治体的实情。第三，自动参与和动员参与是相对的动态关系，即在一定情况下二者可以互相转化②。因此，在谈到政治参与时，就不能排除那些动员参与。

(3) 政治参与包括政治态度。认为政治参与不仅包括行为，而且还包括与政治相关的观念形态。美国学者巴恩斯就将公民阅读政治文章、了解政治知识视为政治参与。美国政治心理学家斯通也将“追踪报纸和电视报道”列为间接的政治参与。阿尔蒙德和维巴在《公民文化》中也这样看待政治参与。

有关政治的知识、政治兴趣、政治能力和效能感以及对政治对象的认识，与政治行为有着密切的关系，但它们并不必然与政治行为发生联系。在现实政治中，一些公民对政治问题很有兴趣，对政治的相关理论也有很高的造诣，但他们并不一定要试图影响政治，政治参与的行为更无从谈起。

综上所述，对于政治参与的认识，有些概念要狭窄些，仅把政治参与看成合法的或自动的行为；有些概念要宽泛些，把人的政治态度也包括在政治参与之内。

我们认为，政治参与就是普通公民通过一定的方式去直接或间接地影响政府的决定或与政府活动相关的公共政治生活的政治行为。这一定义包括以下几个方面的内容：

第一，政治参与的主体是一般公民，政治参与是公民自下而上影响政治的过程。这样就把政治参与者与职业政治人士区分开来。职业政治人士是专门从事政治或政府职业工作的人，如政府官员、政党干部以及国外的院外活动分子。需要说明的是，并不是职业政治人士的所有政治活动都被排除在政治参与之外，如他们的投票行动就属于政治参与，而他

① 尼，伏巴．政治参与//格林斯坦，波尔斯比．政治学手册精选：下卷．北京：商务印书馆，1996：290.

② 亨廷顿，纳尔逊．难以抉择：发展中国家的政治参与．北京：华夏出版社，1989：9-10.

们制定政策的活动则属于政治管理。因此，“参与者的政治活动是间断性、业余性的，相对于其他社会角色来说，通常是附带的或第二位的。有许多政治活动，包括政治上最活跃的那部分人的大部分活动，就不能算是政治参与”①。但是，职业政治人士的活动常常会对非职业政治活动的广度和深度产生重大影响。

第二，政治参与是一种活动而不包括态度。客观的政治活动和主观的政治态度是两个分离的变量，需要用不同的方法研究它们。

第三，政治参与是旨在影响政府决定的活动。如前所述，政治参与还指包括与政府决策相关的公共政治生活，但宗旨是为了影响政府的决策。这里的“政府”，不但指中央政府，还包括各级地方政府。因此，政治参与的活动是多层次的。我们说政治是分配权威性资源的过程，这意味着政府必然卷入其中。根据政治的含义，工人要求私人企业主改善工厂环境的要求，不能看作政治参与；而要求地方政府改善社区环境的要求则属于政治参与。这样，政治参与的活动范围在很大程度上取决于政府活动的范围。

为了影响政府的决定，政治参与的方式是多样的，既可以以支持的方式，也可以以施加压力的方式，有的时候甚至会以非法的暴力方式出现。例如，在利益表达渠道不畅通而公民的权利意识又不强的农村地区，农民常以暴力的方式抗议地方政府强加给他们不堪重负的“集资”“摊派”，从而导致群体性事件。这种非常规的方式显然属于政治参与的范畴，其结果是引起上级政府的关注，改变有关不合理的决定。与此相对照，职业革命者的暴力活动就不属于政治参与。因为革命的目的不是改变现行政府的政策，而是推翻现行政府。

第四，如前所述，政治参与不仅包括行动者本人自动影响政府决策的活动，而且包括行动者受他人动员而发生的影响政府决策的活动。

二、政治参与的价值争论

政治参与的扩大和政治生活的民主化是政治发展的重要目标之一，因此，很多政治学家都给予政治参与极高的评价，但也不是没有主张限制政治参与的。有的学者将民主的各种理论划分为两大类，即“强调公民参与的民主理论和限制公民参与的民主理论”②。以卢梭、密尔、杰弗逊为代表的古典民主主义者实际上主张的是参与民主理论，认为政治参与是社会活力和创造力的源泉，是抵制暴政强有力的工具，是集中集体智慧的重要途径。由于扩大的参与权使众多的公民忙于国事，所以政治参与活动又具有保持国家稳定和加强社会秩序的作用；由于政治参与活动给予每个人发表自己意见的机会，使得最大多数人能从中获得最大的好处；由于大批的志士仁人在参与中将自己的政治才能表现出来，政府就会从中挑选大批活动家为其所用；由于政治参与活动增强了公民对自身尊严和价值的认识，这实际上提高了他们的社会地位。政治参与活动还可以经常提醒统治者和被统治者，不要忘记各自对社会承担的责任和义务。

尽管政治参与和民主在历史上有着密切联系，但并不是所有类型的参与都是民主政治

① 亨廷顿，纳尔逊．难以抉择：发展中国家的政治参与．北京：华夏出版社，1989：5.

② 邓正来．布莱克维尔政治学百科全书．北京：中国政法大学出版社，2002：563.

的内容。在法西斯德国，当时民众的参与只不过是法西斯政权所设计的程序表，这种参与只能使专制制度得到加强。这种以人民的政治参与来完成国家主义的计划，与其说是将政权置于人民监督之下，不如说是用人民的参与来加强专制统治。

因此，政治参与应当向全社会开放还是局限于那些知道怎样明智地使用参政权的人呢？政治学家和政治家对此一直有争论。鉴于历史上曾出现过的盲目性参与导致的可怕后果，一些学者和政治家认为，广泛的参政不仅不可能，而且也不足取，不必担心政治冷漠对政治制度有什么危险；相反，一定程度的政治冷漠更有利于政治制度的运作。这是因为：

（1）鼓励那些对政治不熟悉、没有兴趣的人去参与政治，对社会并没有什么好处。这些人可能会对自己及社会的最高利益有错误的判断，他们也可能对民主的含义（如宽容）不甚理解，容易受错误导向的影响，为哗众取宠但不适合当领导者的人所吸引。因而，鼓励这些人参与政治在实际上会对民主造成破坏。例如，在一场骤然兴起的运动中，真正有多少人能正确地判断清楚运动的性质？运动说到底是情绪的迅速传染过程，在运动中持理性态度的人是不多的，一个非理性的集合足以破坏任何得之不易的成就。

（2）坚持认为每个公民都要参与政治的观点，只是以对民主的忠诚情感代替了对民主的理性判断。只增加投票的数量说明不了什么问题，政治活动的目的是取得希望得到的和不希望得到的结果，一张选票可以用来选一个希特勒式的人物，也可以用来选林肯式的人物。所以，不关心政治要比盲目地参与政治好。我们知道，政治不可能是纯功利主义的，情感取向和功利主义的结合才能实现政治系统的平衡。如果对政治系统的忠诚完全建立在实用主义基础上，那么这种基础是不稳定的。同样，对政治系统的情感承诺过于强烈，也会对民主造成不利的影响。首先，感情强烈的政治参与容易助长难以控制的政治运动，造成政治动荡。其次，若一个政治系统中的很多团体获得情感过于强烈的承诺，可能会导致系统的分裂。所以，公民要保证控制所属团体的主动权，他们的忠诚就不能是盲目的。最后，政治系统的平衡有赖于主动性和被动性的平衡状态，而具有强烈情感色彩的政治参与就可能打破这种平衡状态。

（3）即使在最理想的政治条件下，一些选民也不会具有进行复杂的政治判断所需要的实际政治知识。这是精英民主主义者的一种代表性观点。熊彼特批判了卢梭等古典民主主义者理论的不可能性。他认为，公民之间不可能就应当实现的公共利益达成一致意见；从每个人意志出发的政治决定，并不一定能代表所有公民的意志；由于公民对政治问题往往容易产生超理性的乃至非理性的偏见和冲动，因此在危急时刻这些因素对于他的国家也许是致命的。在熊彼特那里，“民主主义”意味着给予人民承认或否认自己统治者的机会。他把民主主义比拟为市场机制，职业政治家被喻为政策的生产者，公民是选择政策的消费者。公民不是自己制造政策，而是通过定期选举，用选票买取自己最中意的专家（候选人）①。

罗伯特·达尔和熊彼特一样认为，政治事务最好是交给那些积极参政的少数人，这些人靠他们的兴趣、知识、判断力，显示他们有能力管理一个现代国家。为了制衡少数人的

① 熊彼特．资本主义、社会主义与民主．北京：商务印书馆，1979：395.

统治，必须从社会各个部分选取统治者，他们必须为得到某一职位而公开地相互竞争，向选民解释他们的所作所为。

（4）广泛的政治活动，从某些方面判断是可取的，但也有不利的因素。太活跃的团体会妨碍统治者去做他们最有能力去做的事情，公共议事日程被扭曲了。假定政府官员采取x政策，而不是y或z政策，如果y政策和z政策是在议事日程上，得到了官员们的认真研究，并且他们更喜欢y或z政策中的一项而不是x政策，但官员最终却采取了x政策，那么我们就可以肯定地说，公共议事日程受到了扭曲。

不仅如此，高度自治化的团体还会导致过多的争论、分裂和不稳定。政治兴趣和政治积极性的骤然上升，可能预示着政治制度中的动乱或危机的到来，或新的严重分裂的出现。20世纪60年代对于西方社会而言不是一个平静的时代，反越战、黑人运动及社团主义的活跃，在美国掀起了新的民主浪潮。随之而来的则是政治活动的膨胀和政府权威的下降。美国政府预算上的赤字从1960年的3 360亿美元增长到1974年的5 570亿美元，而到小布什总统执政的第三年即2003年，财政赤字已经达到26 000亿美元，这正是由于政府系统中的社团组织尤其是军工集团争取开支增加的结果，是“赤字中的民主”。政府权威的下降使很多国内问题难以被驾驭。因此，正如亨廷顿所说，在美国有关统治的一些问题正是因为民主过剩引起的，民主需要节制①。民主原则是建立权威的办法，但它不能是普遍适用的办法。军官若由士兵集体否决撤换，这支军队在战场上肯定吃败仗；靠学生的同意来任命教师的大学是一所民主的大学，但不可能是一所较好的大学。民主制度的正常运作通常需要某些个体和群体在某种程度上的冷漠和回避。不积极参与政治的边缘人口的存在是不民主的，但这也正是民主有效地发挥作用的原因之一。正如经济增长过热需要限制一样，政治民主的无限扩大也潜藏着一些合乎需要的限制。

上述观点基本上代表了精英民主主义或政治保守主义的民主观，而多元民主主义者对政治冷漠深感不安。沃科尔和莱恩系统地批判了精英民主主义者的政治冷漠需要论，呼吁人们不要忘记给人以启蒙的古典民主主义②。

（1）那些没有参与政治的人没有被合适地代表，政府就不是建立在最广泛的民意基础之上。如果一些人主动地不享用参政的权力，政府就可能无视他们的兴趣和需要；这样，他们也就愈加没有勇气和信心去获取政治信息和表达自己的利益。结果是他们对政治更加无知，公民的政治能力和警惕性进一步下降。在实际政治生活中，典型的是那些社会下层最有可能不被代表，而事实上他们正是最需要被代表的部分。

（2）广泛的政治冷漠给那些为所欲为的人提供了更多的控制政府的机会。政治参与的功能之一就是提醒统治者必须专心他们的本职工作，为选举他们的大众服务。若政治冷漠占上风，组织和维持对政府的监督就更加困难，权力的滥用就得不到制止。

（3）参与政治是提高公民的判断水平的最好的工具。在参政过程中，参与者被迫去获取为进行正确判断所需要的知识，认识他们的根本利益所在，了解政治制度的运作方式以

① 克罗齐，亨廷顿，绵贯让治．民主的危机．北京：求实出版社，1989：100.

② 沃科尔．精英民主主义理论批判．美国政治科学评论，1966（60）；莱恩．政治生活：人们为什么会卷入政治．纽约：自由出版社，1959.

及政治制度赖以生存的原则和信仰。这样，参政活动不仅刺激政治学习，而且提高公民的社会责任感，增强参与者的政治效能感。

(4) 广泛的不关心政治，既是政治制度软弱的表现，又是政治制度软弱的根源。这意味着统治者没有将其统治下的社会公民组织到政治活动中去，没有能力激起公民对政治的兴趣和对自己的忠诚。这种现象有一定的危险性，因为如果公民中的大部分游离于正常的政治渠道之外，不能共同参与决定他们生活的决策，那么这一国家的政治空气就会变得具有潜在的爆发性。

上述两方面的争论告诫人们，决不能简单地理解政治参与同民主的关系。认为更广泛的政治参与是好的，等于无视在一定情况下参与膨胀对政治系统的危害；同样，强调参政活动的增加会降低政治生活的质量，又等于否认公民的社会权利。当西方学者讨论政治参与中的政治冷漠现象时，总是以西方社会为背景。而他们提出的分析政治冷漠的一些变量，则可以看作工具性的概念。将这些概念放进发展中国家进行系统的探讨，或许会增强它们的解释力。

三、政治参与的方式与机制

根据各国的政治实践，政治参与的主要方式有投票、选举、主动接触、政治结社等。

1. 投票

投票作为政治参与的方式，其目的有两个：一是选举政治官员，二是进行全民公决以决定重大国事。在西方国家，投票是一种最为频繁的公民活动。由于选票决定政治官员的前途，他们可能会为得到选票而修正自己的纲领、注重自己的言行。当然，投票只是很间接地传达了选民对候选人的喜好，因此，投票是控制政府的迟钝而又有力的工具。这种参与方式不需要多少主动性，投票的时间和地点总是按部就班地呈现在公民面前。

中国自1980年以来开始在县级以下人大代表选举中实行直接的差额选举，这标志着直接的民主政治正式启动。

以投票的方式决定政治官员的前途在目前仍然是最好的办法，尽管在投票活动中可能存在操纵、贿赂等不良行为。但是，全民公决的结果却未必一定能获得积极的结果，在特殊情况下，它会被少数人所利用，希特勒曾利用这种参与方式攫取权力。这就意味着，在特殊情况下，多数人的意见并不是绝对正确的。如第二次世界大战前70%的英国公民期望张伯伦赴慕尼黑同希特勒会谈。今天，在对待欧盟的问题上，不少欧洲国家也纷纷以全民公决的方式决定。应该说，全民公决是一种受舆论影响极大的政治活动。

2. 选举

选举是由一系列政治活动组成的，诸如组织协调、宣传动员，投票只是选举活动的最后阶段。与投票活动相比，投入选举的前期活动需要更多的主动性，也是更为困难的活动。美国的总统选举往往要持续大约一年的时间，在这期间，有专门的竞选班子进行政治宣传、政治募捐。显然，这些活动需要投入大量的人力、物力和财力，没有政治主动性是很难投入这种政治活动的。

选举是诸多政治参与方式中规模和影响较大的政治活动。一方面，其作用与投票相同，即评判政府和政治官员；另一方面，选举过程训练了政治积极分子的政治才能，提高了他们的组织能力和动员能力。一般说来，只有在竞选中，选举才是一种重要的参与活动。

3. 主动接触

投票和选举活动是模式化的参与行为，其内容和时间都为公民规定好了，况且选举过程中的一些问题在某种程度上为候选人和组织者所控制，因而公民的这些参与行为程序化了。与此相反，公民个人因为自己的特殊利益而主动与政治官员接触，陈述自己所关心的问题，这种参与被称为公民的主动接触。因为公民单独行动，决定参与的目标和内容，因而是一种主动参与。在我国，人民群众“来信来访”是一种重要的主动接触参与活动。中国自改革开放以来，“来信来访”的数量呈不断增加趋势，这表明我国普通公民的公民权利意识不断增强。

在政治参与制度尚不健全的国家，需要认真对待公民的主动接触。在与政治官员的直接接触中，公民可能会陈述两个方面的问题，即公共利益问题与私人利益问题。在我国，“来信来访”反映的大多是公民自己的切身利益问题，若得不到认真对待和妥善处理，公民就会产生不满情绪，甚至以极端方式表达自己的要求。因此，一定要完善协商对话制度，疏导民情。过去，我们的协商对话制度不完善，在很大程度上是由于没有建立起政治官员与公民的有机联系机制，政治官员的升迁不受民众臧否的制约，这势必会使他们漠视民众的呼声，因而压制了民众的主动参与精神。

4. 政治结社

现代宪法一般都赋予公民结社活动的自由。在政治参与意义上，结社活动有两方面的内容，一是参加政党和政治社团，二是以团体或组织的方式去解决社会或政治问题。只要公民加入了政党，不管他是否参加了团体的影响政府决策的活动，他都已参与了政治。参加政党和政治社团，也是我国公民的一种主要参与方式。目前中国共产党党员人数超过了8 900万，还有不少人加入民主党派。我国的政治性社团主要有共青团、妇联和工会，其成员更是不可胜数。不过，加入了政治性社团并不意味着就进行了政治参与；如果把加入这些目的广泛的政治性社团看成政治参与，那就无限扩大了政治参与的含义。只有加入政治性社团并积极从事团体的政治性活动的行为才属于政治参与。这就是我们所说的集团参与。

在西方，集团参与的作用很大，它能把公民的利益与压力结合在一起，促使政府制定有利于该团体的政策，因而集团参与所带来的冲击比选举、投票更加明显。

集团活动分为社团性利益集团的活动和非正规利益集团的活动。前者是从事利益表达的专门机构，是为了表达某些特定集团的目标而专门建立起来的。

我们经常看到的另一种集团参与方式就是非正规利益集团的活动。在“利益集团”部分，已经讨论了非正规利益集团的含义。这类活动常见的方式有抗议示威、罢工以及实施其他非暴力的但剧烈而直接的活动，这是介于合法与非法之间的参与活动；这种活动最后的性质如何，取决于具体的政治环境和示威者的行动。在西方国家，抗议示威活动可能主要是为了集团的目的而动员公众给予支持，如20世纪60年代发生在美国的民权运动和反越战示威。而在政治沟通不甚畅通的情况下，这种示威作为一种参与渠道可能是危险的，因此这些活动受到严格控制。那些本身不具有影响决策者的途径或资源的集团，更容易以非常规性的方式参与，典型的例子就是1968年的法国学生运动。在戴高乐的统治下，由于工人被排除在权力系统之外达10年之久，心头积愤，再加上对经济状况的不满，因而工人和城市居民面对学生与警察的对抗，都做出了支持学潮的反应，进行了全国规模的大罢工，迫使政府向学生和工人做出某些让步。

社会主义国家中也出现过不少非常规性的政治活动，如东欧国家的工人运动。这些参与方式说到底是不正常的，尽管原因各异。一些社会主义国家发生的某些非常规性政治现象，除了是国际范围内的阶级斗争的表现外，也不能回避制度中存在的问题。在改革传统的僵化的社会主义模式时，新的行之有效的模式尚在探索之中。在这种体制转轨的过程中，人们各方面的需求又空前增多，加上西方“示范效应”的冲击，人们往往形成急于求成的心理，期望自己的国家把发达国家走过的专制时代、民主时代和福利时代缩为一个短期过程，在短时间内走完西方几个世纪所走的路。这样往往导致频繁的政治参与。频繁的群体性参与又超出了正在改革中的制度的承受能力，因而这种参与具有超前性。参与超前不利于政治和社会稳定，政治和社会只能在稳定中求发展。

不同的时代和国家存在不同的参与机制。在清朝以前的中国，官僚制主导的帝国体制基本上没有正式的参与机构。总体上看，代议制民主似乎是与生俱来的制度，因为在古希腊政治中就存在较为普遍的选举。到了中世纪的欧洲，古希腊的政治传统在很大程度上得以保留，政治参与受到限制，但是存在由贵族、教士及其随从组成的议事会或议院，在某些地方，甚至可能有为某些社会阶级、城镇和其他法人团体建立的代表制度。所以，在欧洲封建社会，由于存在这样的议事机构和等级会议，君主的专权受到一定的限制。但是，应该说，发展得较为完善的参与机构，通常是在资产阶级力量强大以后形成了以地理选区代表制为基础的立法机构之后才出现的。这样，政治参与扩大化了，不同势力的竞争日益加剧了，从而出现了代表不同力量的专门机构——政党。随着参与的扩大，政党出来组织参与；随着政党的发展，它又促进了参与的扩大。现代和传统政治体系之间的最基本的差别是政治参与的范围，因而政党是现代政治的独特机构。目前世界上许多国家都有高度发达的政党制度，无论其政党性质如何。有关政党制度对于政治参与的作用，已在本书第七章“政党”部分探讨过。另外，在一些国家如美国，利益集团作为参与机制，起着与政党同样重要的作用。

第二节 政治参与的制约因素

一、社会经济发展

人们普遍相信，传统社会和现代社会的主要政治差别，在于政治参与的规模和程度。这也就意味着，伴随着社会经济的现代化，政治参与也扩大了，一个社会的政治经济发展水平越高，其政治参与的水平也越高，自主性参与的比例也越大。大量跨国的和纵向的研究结果证实了这一点①。

第一，在一个社会中，政治参与水平随着社会经济地位的变化而变化。教育程度、收

① 亨廷顿，纳尔逊．难以抉择：发展中国家的政治参与．北京：华夏出版社，1989：5；亨廷顿，多明格斯．政治发展//格林斯坦，波尔斯比．政治学手册精选：下卷．北京：商务印书馆，1996.

入及职业地位越高的人，他们参与政治的积极性就越大；而随着社会经济的发展，这些人在社会人口中的比例越来越大，因而更多的人变成了政治上的参与者。我们将在后面详细讨论这一问题。

第二，社会经济发展导致各种组织和协会成倍地增加以及大量的人参加这些团体。中国自改革开放以来，各种组织和协会大量涌现，诸如企业家协会、农民协会、个体劳动者协会以及各种学术团体等。这是社会发达的一种象征。属于并积极参加这些组织的人，参与政治的可能性比不属于这些组织的人要大得多。阿尔蒙德和维巴对美国、英国、德国、意大利和墨西哥的“公民文化”研究表明，参与的差异大约有10%的社会经济地位因素，而有大约25%的组织原因。研究再次表明，受过较高程度的教育、收入较高和职业地位较高的人更倾向于参加组织。但是，这种基于西方国家事实的经验研究，并不一定能解释发展中国家特别是东方发展中国家的有关政治参与状况。

第三，经济和社会的发展在社会群体之间造成了某种紧张关系。新的团体的出现，威胁着现存团体的利益，结果，群体之间的利益冲突增加了，这种冲突又强化着群体意识，而这种群体意识又促使该群体采取集体行动来保护自己的利益和要求。以广东省为例，发达的经济引来了无数的外来务工者，这可能带来当地的治安秩序问题，为此，广东人就可能组织各种团体维持秩序，其中不当的行为就可能带来群体之间的冲突。

第四，经济发展需要和促使政府扩大其职能。政府职能的范围一方面受制于基本的价值观和意识形态，另一方面受制于经济发展。美国在第二次世界大战后形成了“参与革命”，这在很大程度上是由于政府职能的扩大，从住房、就业到社会保障，都有政府的作用。在社会主义国家，政府的作用更是无处不在，大到就业，小到吃什么菜，都离不开政府的调控。政府的行动范围越大，受影响的个人和团体就越多，这能使他们感到政府与自己的密切关系，因而促使他们更加积极地去影响政府的决策。

第五，对于欧洲国家而言，社会经济的发展通常是通过民族-国家的建构来实现的，例如德国的统一大大地推动了德国经济的发展，因此，个人与国家的关系日趋重要，个人逐渐形成对国家的认同和忠诚，促使公民积极卷入政治活动，以支持国家存在的合法性。

但是，现代化进程表明，社会经济的发展与政治参与水平并不必然存在一一对应的关系。在一些经济水平较低的国家里，动员性政治参与的水平却很高；而在一些经济发展迅速的国家里，政治参与的水平却很低，或者有些形式的政治参与水平高于其他形式的政治参与。原因何在？

首先，社会经济发展不是决定政治参与的唯一因素，社会结构和政治文化传统也起着重要作用。总体上看，民族性影响着政治参与，它显然独立于经济发展而出现。

其次，社会经济现代化使决策中心由传统社会的基层转移到更高一级甚至全国一级，减少了传统社会中面对面接触的机会；同时，经济发展意味着增加了个人的社会流动，流动中的个人不会或没有机会参与政治。例如，在北京，外来务工者很难组织起来保护自己的权益。

因此，应该全面地看待社会经济发展与政治参与的关系。在某些时候，参与水平超前于发展程度，而在另一些时候，参与水平又落后于发展程度。但从政治参与的发展方向看，它最终要随着社会经济的发展而逐步提高。但是，“参与水平在短期内的突然波动，却通常是精英行为的直接产物……参与的形式、基础和总体模式方面的这些差异，除了受到总的社会和经济趋势的影响之外，主要是政治精英抉择的结果”①。也就是说，参与行为需要有人组织和动员，而有明确和强烈的政治动机的政治精英的组织和动员，无疑会迅速推动民众参与水平的提高。

二、社会环境与社会地位

在构成社会环境的诸要素中，教育、职业、收入、年龄、种族、宗教信仰、性别和居住地等要素，都与政治参与有联系。一般说来，受过高等教育的人、高职位和高收入阶层的成员、占统治地位的民族和宗教团体、男性公民等，较多地参与政治活动。

在社会地位的所有变量中，教育与政治参与的关系最为密切。这首先是因为教育有助于增强公民的义务观念，培养公民的政治竞争意识、兴趣和责任感；同时，教育也有助于培养公民的自信、自制和表达思想的能力。而且，学校本身就是一个获得参政技能的场所，一个人可以在学校里学习如何参加社团活动、完成任务、参加会议和讨论广泛的社会问题、组织和实现集体的目标。最后，受教育者能更好地把他们的政治兴趣和知识传授给下一代。所以，教育与参政活动的关系将是永恒的。阿尔蒙德和维巴对美国、英国、德国、意大利和墨西哥五国的研究表明，教育程度与参政比例成正比②。这种正比例关系至少说明了教育对参政活动的如下影响：表达思想的能力、对利益的敏感性及政治社会化的有效性。

在社会地位的变量中，收入与政治参与也有着直接的关系。一般而言，收入越多，参与政治的兴趣就越高。我们知道，参与政治需要以一定的资源为基础，譬如时间、能力及财富，其中财富尤为重要。研究表明，收入与参与成正比关系。

这种研究结论似乎并不完全适用于20世纪90年代以来的中国。在中国，恰恰是没有受过多少教育甚至是文盲的农民，把基层选举、村民自治搞得有声有色；而在很多社区，受过高等教育和收入远远高于农民的人，有很多却并不热心于业主委员会的选举和维护自己的权益，结果物业管理公司经常严重地侵害业主的利益。但是，这种不关心身边政治的现实并不意味着受教育多和收入更高的阶层真的不关心政治，他们更愿意关心国家甚至是世界大趋势，他们总是以议论的方式关心比如中国的政治改革前景、中美关系、台湾问题、国际热点等大政治问题。

三、政治制度

下面的政治变量直接或间接地影响着公民的参政热情与态度：

1. 政治平等与自由

在第十三章“政治民主”部分，我们将看到，法治条件下的平等与自由是政治民主的基础，当然也就是公民参政的基础。但是，在某些社会，自由是有的，却不一定存在政治平等和政治民主，其中最典型的就是香港社会，在香港回归祖国以前，香港人无权选举最

① 亨廷顿，纳尔逊．难以抉择：发展中国家的政治参与．北京：华夏出版社，1989：185.

② 阿尔蒙德，维巴．公民文化．北京：华夏出版社，1989.

高行政长官，就连立法局也不过是港督的咨询机关。

2. 政党制度

在对政治参与有影响的所有的政治变量中，政党的影响是最大的。在西方政党政治中，政党的主要作用是进行政治宣传和动员，以便使该党的候选人在各类选举中获得比其他党派更多的选票，因而选举活动最能调动人们参政议政的积极性，各党派努力使选民加入党派之争。在选举活动中，党派的对峙也造成了选民的分化和对峙。可以想象，即使那些组织得最无条理的选举活动，也会成功地唤起对政治没有兴趣的选民的关注，促使其聆听政治演讲，或打着选举旗帜去进行政治宣传；而在选举运动结束时，大量卷入选举活动的人又恢复了相对消极的政治角色。

比较研究表明，在同样性质的选举中，人们参与政治的热情与比例是不一样的，这在很大程度上与政党制度有关。一党制、两党制和多党制下的公民参政的心态是不一样的。即使在两党制下，若两党的差异很小，也会降低选民投票的比例。第二次世界大战以后英国选民投票率的下降，是因为保守党和工党都推行了“共识政治”，缩小了两党的差异；而撒切尔夫人领导的保守党打破了“共识政治”，骤然提高了选民的投票率。同样，在1997年的英国大选中，工党与保守党的竞选纲领不存在多少意识形态上的分歧，选民的投票率又下降了。许多人相信，如果美国的党派之间的竞争更激烈些，美国的参政率会比目前要高。

政党认同是政党影响行为的一个不可忽视的要素。当一个人认为某政党的主张符合他的利益和观念时，他就会加入该政党，并在选举中支持该党候选人。政党认同不是决定投票倾向的唯一因素，但是，有一点是肯定的，有政党认同者去参加投票的比率较无政党认同者参加投票的比率要高；强烈政党认同者参加选举者较淡弱政党认同者参加选举者要多。所以，在西方国家中，各政党在大选时尽量对自己的宣言或政纲进行鼓吹，以招揽更多的拥护者。中国共产党之所以能战胜国民党，就是因为其主张和宗旨代表了被剥削被压迫人民的利益，在中国人民中形成了强烈的认同感。今天，中国共产党的密切联系群众的政策仍是政党认同所不可缺少的。只有有了强大的政党认同感，人民才能同心同德地与共产党同舟共济，完成改革开放的大业。

四、政治心理

人们参与政治是希望得到某些报酬。有史以来，政治观察家都认为人们从事政治活动都是某种需要的驱使，这些需要包括：权力、竞争、成就、加入组织、财富、名声、地位、被承认、被称赞、操纵欲、同情心、责任感等。当然，很难得到这些动机所起作用的系统资料。

罗伯特·达尔总结了心理变量对政治参与的影响：

（1）对报酬的估量。如果一个公民认为介入政治得到的报酬低于从事其他活动之所得时，他就不可能介入政治。在一个封闭的传统型社会，由于人们晋升的渠道狭窄而又单一，众多的秀才、举人们只能“学而优则仕”，以官为本，很多人到头来只不过当个“七品芝麻官”。而在一个开放的现代社会，人们发展的渠道大大地拓宽。人的价值的实现或期望中的报酬就不一定要通过某种单一的渠道来实现。改革开放以来，中国青年人在这方面的价值选择就已发生了巨大的变化。

（2）对选择对象的判断。如果一个公民认为自己所面临的各项选择对象之间没有什么重大差异，他就认为自己的行为无足轻重，也就不愿介入政治了。因此，那些认为哪个政党执政和选谁都一样的选民，一般不会参加投票。即使在最低一级、最方便的议员选举中，如果候选人的观点没什么差别，这种选举也不会吸引选民。

（3）对自己能力的判断。认为自己的行动不能有效地影响政治结果，即对自己信心不足的人，一般不会介入政治。政治自信心取决于个人的社会地位、收入、经验、所受教育的程度等。

（4）对结局的满意感。一个高度相信政治体系的合法性、稳定性和决策能力的人，认为无论自己介入与否，都会有一个满意的结局，持这种观念的人不大会参与政治。

可见，政治心理取向还来自社会现实，是社会经济发展、社会地位、政治制度的综合反映。

第三节 政治参与的作用

一、政治参与与政治民主

上一节我们探讨了其他因素对政治参与的影响，现在我们讨论政治参与对其他方面的影响。

首先看看政治参与如何影响政治民主。考察现代国家的民主化进程，至少可以得出这样两点结论，即政治民主的发展有赖于政治参与，政治民主的正常运转也同样有赖于政治参与。

现代民主政治肇始于资产阶级革命。但是，资产阶级民主也有一个相当长的成长过程，其中人民的政治参与对资产阶级民主建设的作用至关重要。以选举权为例，在资产阶级民主政治初期，公民仅获得了一种选举的参政权，而且选举权的行使，要受到严格的资格限制。这就是所谓的限制选举（limited suffrage）。在限制选举下，选举人必须具备一定的资格，即必须具有一定的财产数额及一定的教育程度，而且还必须是男性公民。

用财产限制选举人之资格者，甚为普通。1830 年法国规定，每年纳税达 300 法郎以上者才有选举权。1832 年以前，英国规定每年收入在 40 先令以上的自由地主，才有选举权。在 19 世纪以前，美国、德国、荷兰、意大利等国都有此类的财产限制。

关于教育限制，有人认为选举乃是一种政治的选择或判断，若无一定的教育程度和知识，就没有正确的识别能力。时至今日，仍有少数国家如巴西、美国的个别州有要求选举人能读书或诵读宪法条文的规定。

至于性别限制，在第一次世界大战之前，只有瑞典、挪威、丹麦、芬兰等少数国家的女子有参政权，其他国家均规定女子无选举权。在第一次世界大战期间，女子也有良好的表现和贡献，因此在第一次世界大战后，英国、美国等国给予女子参政权。第二次世界大战以后，德国、法国、意大利、葡萄牙等国亦使女子享有选举权。

以上限制的取消，是人民不断的政治参与的结果，从而形成了普通的或普遍的选举权

(universal or general suffrage)，即凡具有一国国籍的法定成年男女，未经刑事处罚被剥夺公民权，且有行为能力者均可享有参政权。

对于政治参与推动选举权的演进，英国的史实是一个很好的说明。1420 年的英国法律规定，男性居民每年收入地租价值在 40 先令以上者，方有选举权。到 1831 年，有这样收入的居民尚不足 35 万人，占人口总数的 2.6%。“光荣革命”之后，选民的比例反而下降了，这是由于衰败的选邑制度①。1830—1832 年，英国人民为增加选民数、取消衰败的选邑而组织起来，工人阶级也有与中产阶级结成联盟并暂时放弃普选权的要求。结果，中产阶级获得胜利，其中的大部分获得选举权。1832 年的改革使英国获得了空前的政治稳定，帮助它在全欧洲都发生革命的时刻平静地度过了 1848 年。1832 年之后，工人阶级掀起大规模的宪章运动，其提出的政治要求虽然未能实现，但到 19 世纪 60 年代，由产业工人掀起的运动终于形成了 1867 年的选举权改革，使城市工人阶级中的大部分获得了选举权。1884—1885 年的选举权改革，使农业工人和矿业工人也列入选民队伍，从而基本上实现了成年男子的普选权。因此，资产阶级民主在很大程度上是资产阶级和工人阶级共同奋斗的结果。

社会主义制度的建立，本身就意味着政治参与的扩大，因为社会主义制度基本上是以革命手段建立的，革命过程就是动员与组织广大民众的运动，革命的成功就标志着权力主体的更新。与革命前的政权比较，新政权的统治基础极大地扩展了。但是，如何进行理性政治参与以促进社会主义民主，却是亟待解决的问题。“文化大革命”那种政治参与只能破坏社会主义民主。因此，我们需要理解政治参与是如何维护着政治民主的。

民主作为一种现代政治制度，一旦被建立起来，就有一个如何维护和正常运作的问题。“人民的权力”作为一种政治制度，实际上是一种程序或机制，民众通过选举政治官员来实行统治。在健全的政治参与形式下，希望连任的政治官员进行政治决策时，会受选民对他的决定的反应的制约。也就是说，如果当选官员的政策符合选民的利益，选民就会在下一次选举中继续选择他；否则，选民就会抛弃他。另外，人民还利用其他的政治参与方式制约政府的行为，如请愿、游行、示威、媒体曝光等。

可见，政治参与对于政治民主而言，是一种极有价值的工具。不仅如此，参与对公民有着更直接的好处，参与本身就是满意的首要源泉——对政府的满意、对自己角色的满意。另外，参与还是一种教育手段，人们通过参与学习“公民道德”，学到社会责任。在这种意义上，参与本身就是一种目的。事实上，在民主政治中，如果你不参与影响你自己生活的决策，自尊就会受到伤害，因为缺乏参与的能力可能意味着缺乏在体系内成为一位完整成员的资格。因此，政治参与不只具有工具价值，它本身就是一种目的。

二、政治参与与政治稳定

从长远来看，政治参与最终推动了政治民主和政治发展的其他方面。但是，20 世纪发展中国家的很多事实表明，政治参与并不必然导致政治发展，有时反而会引起“政治衰

① 在 1832 年改革之前，一些衰落的小镇，即所谓的“选邑”控制着下院一半的席位，而新兴的大工业中心却无权向议会派出代表，很多工厂主连选举权也没有。这种中世纪遗留下来的选举权制度在英国叫作“旧制度”。

退”，造成政治动荡。自20世纪80年代以来，苏联、东欧国家的政权因为存在难以克服的障碍而纷纷垮台，非洲大陆的一些国家仍然处于政变和种族仇杀状态。正如亨廷顿所说，政治秩序混乱，政府权威、效能及合法性遭受破坏等现象遍及亚非拉国家①。

政治参与为何导致政治不稳定？关键在于社会动员产生的过高期求与政治制度化水平低之间的矛盾。

发展中国家的政治现代化首先意味着社会动员和经济发展。多伊奇把社会动员描述为“人们腐蚀和摧毁旧的社会、经济和心理上的主要信仰，开始接受新的社会化和行为模式”的过程②。这意味着人们与传统社会有关的态度、价值观念和期望转变为现代社会所共有的态度、价值观念和期望。

这种变化是都市化、识字率和教育水平的提高，传媒为大众所用的结果。因此，社会动员提高了人们的追求和期望，如果他们在经济上得不到满足，那么这些追求和期望就会刺激个人和群体去利用政治手段满足自己的要求。

在社会动员的同时，经济得以发展。这也许会提高一个社会满足这些期望的能力，因此，经济发展应该有助于减少社会的挫折感以及由此而产生的政治不安定。这就意味着，经济发展的同时就增加了社会流动，让一些人在社会流动中找到自己合适的位置。若社会流动机会少，一些人还会诉诸政治手段来满足自己的要求。再者，经济发展的速度总是赶不上人们对利益期求增长的速度。因此，在经济发展过程中，如果人们的过高期求得不到正确引导，再加上一些不平等的两极分化、政治腐败，很容易引起不利于政治安定的突发事件。过去200年的大量事实表明，很多不满和动乱是在经济繁荣之际发生的③。

更为重要的是，被动员起来的社会期求面对的是制度化水平低的制度。新兴的民族国家，一方面获得了政治上的独立，另一方面却陷入政治管理上的混乱，盲目移入的政治体制又不适合经济和文化水平落后、民族矛盾重重的社会。同样，在中国也存在理想与现实之间的矛盾，根据理想所设计和建设的制度在实践中遇到巨大的问题，甚至发生了“文化大革命”这样的悲剧。如何让理论上的国家的主人真正成为现实中的主人，确实存在制度建设问题。一般而言，发展中国家的制度化水平较低，当这样的制度化水平处于社会转型过程中，而面对过高的公民期盼时，政府就无力容纳这些要求。在这种情况下，剧烈的政治参与不仅造成政治不稳定，一些社会主义政权还因此而垮台。所以，在发展经济以努力满足人民的经济要求的同时，还要注重政治制度化建设，其中最为重要的是完善选举制度，健全人事制度，使人民以选举的方式来实现作为民主的本义的“人民的权力”。

在发达的资本主义国家，资本主义民主政治虽然比较成熟，但剧烈的政治参与仍然会带来一些政治问题。在20世纪60年代和70年代初期，由于越南战争、种族关系、“水门事件”的影响，美国的政治参与空前高涨，仿佛回到杰弗逊民主时代。“大众对已建立的政治、社会、经济机构的权威进行挑战，越来越多的人参与到这些机构中并且控制了这些机构；反对联邦政府职能部门权力集中，支持国会、州和地方政府的权力；知识分子和其

---

① 亨廷顿．变革社会中的政治秩序．北京：华夏出版社，1988：3-5.

② 同①34.

③ 同①51-53.

他社会精英重新信奉起平等的观念；为‘公共利益’而奔波的院外集团出现，大众对少数民族和妇女在参与政治和经济方面的权力和在这方面的机会更为关注，并且对那些拥有或被认为拥有过多权力和财富的人进行了广泛批评。抗议的精神、平等的精神、揭露和制止不平等的激情，充满了整个大地。”① 这一参与高潮一方面造成政治活动的膨胀，另一方面造成政府权威的下降。在20世纪70年代，政府权威的下降为利益集团使政府行为服从他们的特殊目的提供了许多新的机会。亨廷顿等人认为，在每一个民主社会，都有一个使民主有效发挥功用的不积极参与政治的边缘人群的存在，如果社会边缘群体也成为政治系统中彻底的参与者，政治系统就会因过多的要求而引发危险，这些要求一方面扩大了政治系统的职能，另一方面破坏了其权威。因此，当参与的价值观增大到最大值时，就需要对之进行合理的限制②。

三、政治参与与经济发展

政治参与对经济发展的影响也是政治学家们关注的一个重要问题。由于各国的现代化道路不同，发展水平有差异，政治参与对经济发展的影响也就呈现复杂的趋势。

19世纪和20世纪初的西方社会的政治史表明，资本主义民主政治首先成长起来，政治参与扩大到下层阶级；然后，国家作为经济和社会福利的推动者的作用扩大。获得了政治权力的资产阶级有了发展经济的政治保护，因而资本主义经济以前所未有的速度迅猛发展，其在短短的时间里创造的社会财富超过了以前几个世纪财富的总和。不仅如此，选举权的扩大也使工人阶级有机会表达自己的利益要求，从而获得了更多的经济上的保护。因此，在西方社会的现代化过程中，政治参与与经济发展成正比。

但是，事情并不那么简单。在西方社会普遍建立起福利制度后，形成了“福利政治”的格局。也就是说，任何一个政党都不能过多地损害公众的福利，否则，它就别指望执掌政府。这样，政府就背上了沉重的福利包袱，由此，制约了经济发展。因此，在这种意义上讲，是公民的政治参与制约着经济发展。“福利政治”在西欧，尤其是北欧国家尤为明显。

自20世纪六七十年代以来，政治参与对经济发展的影响更能引起一些政治学家和政治家的兴趣。在新近发展起来的一些新型工业化国家，如韩国，在现代化过程中，首先是以较少的政治参与来换取经济的快速发展，虽然其间社会经济平等程度较低，政治稳定性较差，但经济的现代化最终换来了更高水平的政治制度化。问题的关键是，何时以及如何进行这种转换。如果一味地认为经济发展就是一切，而不适时地进行民主政治的建设，必然会带来社会矛盾的大爆发。韩国等的经验值得研究。

而在苏联的改革中，首先追求更多的政治参与以及由此而来的更多的政治形式上的平等，结果是社会经济发展水平差，政治不稳定，最终导致“参与内爆”（社会总崩溃）。其中，最关键的教训是戈尔巴乔夫在政治改革中首先搞“公开化”和“透明化”，开放媒体，结果使苏共彻底丧失了政权的合法性。

---

① 克罗齐，亨廷顿，绵贯让治．民主的危机．北京：求实出版社，1989：54.

② 同①102.

因此，如何处理政治参与与经济发展的关系，的确是“不易的抉择”；究竟如何抉择，政治家起着最为关键的作用。政治家既不能像戈尔巴乔夫那样急于求成而导致制度的崩盘，也不能像法国国王路易十四那样认为“我死之后哪怕洪水滔天”，为了自己的利益而不进行实质性的制度建设，结果可能因为问题太多而导致政治的不稳定甚至是制度的崩溃。

进一步阅读材料：

1. 亨廷顿．变革社会中的政治秩序．第1章．北京：华夏出版社，1988.

2. 亨廷顿，纳尔逊．难以抉择：发展中国家的政治参与．北京：华夏出版社，1989.

3. 王巍，牛美丽．公民参与．北京：中国人民大学出版社，2009.

4. 中央编译局比较政治与经济研究中心．公共参与手册：参与改变命运．北京：社会科学文献出版社，2009.

5. 沈明明，等．中国公民意识调查数据报告（2008）．北京：社会科学文献出版社，2009.

6. 杨光斌．中国政治发展的战略选择．第四章．北京：中国人民大学出版社，2011.

第五篇

政治发展

第十二章

政治现代化

重点问题

- 什么是政治现代化？
- 英国式现代化道路的基本特征是什么？
- 德国式现代化道路的基本特征是什么？
- 什么是政治革命？政治革命产生的条件是什么？
- 如何认识革命与政治现代化的关系？
- 如何认识革命与改革的关系？
- 为什么说改革是一项比革命更加艰巨的工程？

对很多国家而言，其现代化还没有完成就被卷入了全球化，现代化历程因而变得更加艰难。至于如何实现现代化，比如经济发展与民主到底是什么样的关系，人们的认识经历了起起伏伏。更重要的是，人们在追求现代化的过程中，遭遇了很多难题，诸如腐败、民粹主义以及现代性，都需要我们慎思，并不是越现代越好，传统与现代也不是简单的对立关系。

第一节　政治现代化理论

一、政治现代化的概念

政治现代化是现代化的一个组成部分，因此，要弄清政治现代化的概念，必须首先了解现代化的含义。

一般认为，现代化开始于16世纪。现代化作为一个世界历史进程，反映了人类社会从传统农业社会向现代工业社会转变所经历的巨变。这一过程开始于西欧，扩展于北美和欧洲其他地区，蔓延到亚非拉美地区。

现代化研究在20世纪60年代之后形成高潮。第二次世界大战以后，苏联的强大和中华人民共和国的成立，对美国和西方产生了强烈冲击，同时亚非拉地区又掀起了民族解放和独立运动。这些变化使得作为西方世界领袖的美国不得不修正传统的以欧洲为中心的世界政策的基点，而新的全球政策的形成又仰仗对社会主义国家和发展中国家的研究，1960年前后，冷战达到高潮，而美国对非西方国家的研究也达到了高潮。这种背景决定了现代化研究一开始便具有意识形态色彩。例如，西方现代化理论家最初给现代化的定义是西欧和北美产生的制度和价值观念从17世纪以后向欧洲其他地区的传播过程，18世纪至20世纪向世界其他地区的传播过程。他们把现代化进程看作西方文明向全世界传播的过程，实质上是把现代化简单地等同于西方化。这是“西方中心论”的翻版。

这种理论框架在当时遇到了困难，再加上第三世界的一些国家“西方化”的失败，迫使西方的现代化研究从20世纪70年代开始转变方向。那种认为西方的制度和价值观念应当是全世界各个民族和地区仿效的榜样，因而只有照搬西方的全部制度和观念才能实现现代化的观点遭到了批判。但是，冷战的结束和美国对苏联的胜利使“西方中心论”又有了市场，代表性研究是美国学者福山的《历史的终结及最后之人》。其实，对于任何一个社会来说，它的现代化过程必然要受到外界刺激的影响，这种影响有时甚至是非常大的；但是，其现代化过程必然要与传统文化互动，因此，现代化研究的重点应该是对发展中国家本身的现代性与传统性互动关系的研究。

现代化研究的兴起还得益于20世纪50年代以来社会科学研究方法的革命性变化，它使现代化研究成了跨学科的领域，政治学、经济学、社会学和历史学都展开了现代化研究。这也就决定了现代化具有多重含义。

从经济学的角度来看，现代社会是指工业和服务业占绝对优势并起着主导作用的社会，它可以用人均国民收入来衡量，也可以用三个产业在国民总收入中所占比重来衡量。被认为有天才资质的美国学者沃尔特·罗斯托主张，现代社会就是具备经济上自我持续增长能力的社会。罗斯托认为，任何社会迟早会经历经济增长，而经济增长一般可以分为五个阶段，即传统社会阶段、起飞前的聚集阶段、起飞阶段、趋向成熟的阶段和高频消费阶段。其中的起飞阶段有三个特征：第一，生产投资率，即当年的工业投资占国民总收入的比例，从5%左右上升到10%以上；第二，有某个或某些生产部门呈现高速度的增长，成为先导部门；第三，存在或很快出现有利于促进现代化成分的社会观念和政治制度。显然，罗斯托的经济成长阶段是以欧美资本主义社会的发展为原型的。他为经济起飞所规定的特征，成了现代化过程的一个定量标准，他的起飞理论被称为“现代化的阶段理论”，罗斯托本人因此成为经济现代化理论的代表。

从社会学的角度看，现代化是指社会发展过程中社会结构的进步性分化和功能的专门化。埃森斯塔特认为，现代化是高度的结构分化、社会流动以及规模更大的、统一的、集中化的制度建立的过程。

研究现代化的心理学家认为，社会系统现代化过程中的关键因素是培养社会成员的企业家精神和成就动力（achievement motivation）。

可见，现代化是一个全方位的变化进程。那么，究竟什么是政治现代化呢？在现代化研究中，被引证较多的是沃德和拉斯托所提出的现代政治体的几项特征①：

---

① 沃德，拉斯托．日本和土耳其的政治现代化．普林斯顿大学出版社，1964：6-7.

（1）一个有高度差异和功能专门化的政府组织体制，即一个部门不能履行所有的政治职能；

（2）这种政府结构内部的高度一体化，即政治职能专门化不得妨害政治上的统一；

（3）理性的和世俗化的政治决策程序，即决策程序和决策机构规范，信息渠道畅通；

（4）政治决策和行政决策数量多，范围广，效率高；

（5）人民对本国的历史、领土和民族性有广泛的和有效的认同；

（6）人民怀有广泛的兴趣积极参与政治，虽然他们未必参与决策；

（7）政治职务的分配是依据个人的成就而不是依据裙带关系；

（8）独立的司法制度。

沃德和拉斯托认为，这些特征是传统政治体所不具备的。这些特征偏重政府功能、公众服务、社会服务等技术方面，而没有把流行的民主化列为考察变项，认为政治现代化不一定要以民主为必要条件。然而，政府功能只是手段，人民享有更广泛的权利才是目的。

在《政治发展面面观》中，派伊把政治现代化当作一个民族国家政治发展的一个方面，认为政治发展过程中成功地处理了五种危机之后，才可能成为一个现代化国家。这五种危机是：认同性危机、合法性危机、渗透性危机、参与性危机、整合性危机。那么政治现代化的标准是什么呢？

在政治现代化研究中，中国人了解最多的可能是亨廷顿的观点。亨廷顿认为政治现代化包括三个基本方面：

第一，权威的理性化，即由单一的、世俗化的、全国性的政治权威，取代各种传统的、宗教的、家族的或种族的政治权威。理性化的权威对外坚持民族国家的主权以抵制外国的影响；对内坚持中央政府的主权以控制地方性和区域性权力。因此，政治现代化意味着国家的整合，把权力集中于公认的公共机构手中。

第二，政治功能专门化。各种专门职能部门，如立法、军事、行政和科学，都应由专门化的机关去执行，应从政治王国中分离出来。科层组织变得更精密、更复杂、更有纪律性。职位和权力的分配越来越以个人成就为标准。

第三，全社会各阶层广泛地参与政治。在现代国家中，不管是动员性参与还是自主性参与，公民都直接置身于各种政府事务中，并直接受其影响。整个社会的各个阶层或团体在超乎村镇层次上参与政治，以及创立能够组织这种参与的新的政治制度（如政党、政治社团），是政治现代化的最基本要素①。

亨廷顿认为，要达到政治现代化的三个标准，必须首先满足两个前提：一是国家适应能力增强，不断地推动社会的经济改革；二是国家有能力将新生的社会力量纳入制度之内。

综合以上各家之言，如果进行简单的归纳，我们认为，衡量政治现代化的总的原则就是合法性政治、有限政府和民众的广泛参与。三者相辅相成，合法性政治依赖民众的广泛参与，只有合法性的政治，才能保障有限政府的正常运行，而有了有限政府，民众的参与权才能得到保证。

---

① 亨廷顿．变革社会中的政治秩序．北京：华夏出版社，1988：35－37．

在现代化研究经历半个世纪以后，人们对现代化有了一些修正性的认识①。第一，现代化不是线性的，它不一定朝一个方向运动。早在20世纪60年代，亨廷顿就提出过政治发展中的“政治衰朽”概念，这是对发展主义的乐观方程式（发展带来民主）的致命一击。到了20世纪90年代，冷战结束后当自由主义欢呼“历史的终结”时，俄罗斯的民主实践以失败告终，回归到传统的国家主义政治。在全球化时代，如果经济危机威胁到一些人的利益，传统的极右的种族主义也可能回潮。所有这些，都意味着现代化方向的复杂性。

第二，社会-文化变迁中的路径依赖。虽然经济发展可能会改变人们的价值观，使人们具有更加个性化的性格和更强烈的表达愿望，但是传统文化、传统价值体系都会对一个社会产生深远的影响，宗教性价值观更不会轻易改变。因此，虽然世界各国的物质状况趋同，甚至在教育内容上具有了更多的交集，但是现代化依然不能创造一个统一的全球文化，价值观的冲突依然难以避免。由此，不能简单地把现代与传统进行对立。也正因为如此，也不能把现代化等同于西方化。

第三，现代化不会自动带来民主。政治现代化的一个重要指标就是民主政治。在现代化的起步阶段，即工业化的初步阶段，经济发展甚至可能导致威权政治。这是因为，一方面，后发展中国家的发展本身就需要国家的驱动，威权政治已经是很多发展中国家的必经阶段；另一方面，发展导致不均衡，加剧社会矛盾和社会冲突，而民主政治也不一定是调节社会冲突的最好办法。但是，当经济发展到一个临界点时，尤其是随着知识社会的出现，个人自主性大大提高，个人表达利益的愿望也难以被压制，这就大大提高了民主政治兴起的可能性，回避民主化将会变得越来越困难。这时到来的民主不再似传统的“选举式民主”那么简单，而是一种回应性民主，即民主越来越积极回应大众的偏好，而不再局限于选举之后精英之间的游戏。

二、政治现代化的道路

在现代化研究中，对于政治现代化的道路或类型有很多不同的区分。巴林顿·摩尔在《民主和专制的社会起源》中，详尽地考察了英国、美国、法国、中国、日本和印度等国的历史发展，提出了走向现代化国家的三条道路。第一是通过成功的资产阶级革命开辟的道路，这些国家有英国、法国和美国。第二是资本主义的反动形式，即法西斯主义，这些国家有德国、日本和意大利。第三是以俄国和中国为代表的共产主义革命的道路。此外，学者们还总结出了形形色色的现代化的道路。我们认为，可以把众多的具有各自民族国家特色的现代化道路归为两类：一类是英国式的自下而上的社会力量推动下的现代化，一类是德国式的自上而下的国家力量推动下的现代化②。

1. 英国式道路

英国式道路是对很多欧美国家政治现代化的概括，其总的特点是：它是历史自然发展的进程。资本主义生产方式早已在封建母体中孕育成熟，资产阶级通过资产阶级革命，推

---

① 英格尔哈特．现代化与民主//伊诺泽姆采夫．民主与现代化．北京：中央编译出版社，2011.

② 杨光斌．制度的形式与国家的兴衰：比较政治发展的理论与经验研究．北京：北京大学出版社，2005.

翻了封建制度及其政治统治体系，确立了资产阶级政治制度，形成了代议制政治，奠定了政治现代化的基础。资产阶级政治制度的蓝图，在资产阶级革命前已由这一革命的思想家勾画出来。资产阶级政治统治进一步为资本主义生产发展扫除了障碍，短时间内，工业革命所创造的财富超过以往所有世纪的总和。在此基础上，资本主义政治民主制也不断臻于完善。当然，资本主义社会经济的发展和人民的斗争不停地给资本主义政治带来新的挑战，迫使资本主义民主政治体制对此做出反应并进行改革。

英国式道路以英国道路为代表。英国自“光荣革命”奠定代议制度的基石后，总是通过改革完善资产阶级民主政治。1832 年的议会改革，增加了选民的范围，中等阶级取得了胜利。这是英国政治走向民主化的第一个转折点。1867 年的议会改革，使工人阶级在议会中也有了政治发言权。1884—1885 年的第三次议会改革，使农村获得和城市一样的选举权，从而基本上满足了宪章派的男子选举权的要求。英国走了一条渐进的改革之路。人民的长期斗争迫使统治者适时地让步，这样不仅完成了由专制王权向寡头政治的转化，也完成了从寡头政治向民主制度的过渡。在转化中，旧的政治制度的外观被保留，但制度被注入了新的内容。

在历史上，走英国式道路的资本主义国家有北欧国家，低地国家（卢森堡、比利时、荷兰），美国和其他原英国殖民地。渐进式道路有两个基本要素：一是人民坚决的、长期的、有组织的斗争，二是旧统治者适时的让步。旧制度一点一点死亡，新社会一步一步诞生。这样，走英国式道路的国家在政治上相对稳定，英国式道路是一条民族共进的道路。

在一定程度上，法国的现代化道路也可以归类为英国式道路，尽管英国人激烈地批评法国大革命。法国自 1789 年大革命后的 100 年时间里，又经历了数次革命，造成激烈的社会动荡。从第三共和国起，虽然骚乱和动乱依然存在，但法国人不再以革命手段解决问题了，各派政治力量都运用合法手段，仿效他们的英国同僚，规规矩矩地在议会大厅中以谈判来改变政局。

类似法国道路的有西班牙、葡萄牙、希腊、墨西哥等。与典型的英国道路不同的是，法国人似乎更喜欢革命，因为当社会需要前进时，一方面人民坚决而不懈地斗争，另一方面旧统治者腐败无能却又顽固抵抗，从而造成动荡不安的现代化进程。

一方面，无论是被称为“自发秩序”的英国现代化还是依靠“大革命”推动而走上现代化道路的法国现代化，都是社会发展到一定程度从而推动国家前进的典范，因而都具有自发性。另一方面，即使在典型的自发性现代化的英国，也离不开革命力量的推动，只不过和法国大革命的革命程度不一样而已。因此，自发性演变少不了革命性变革的推动。更重要的是，这些所谓的自发性现代化国家，在现代化过程的关键时刻，是人为的设计而非“自发秩序”改变或挽救了这些国家的命运，“凯恩斯主义”和“罗斯福新政”根本性地改变了自由放任的资本主义，在此基础上所形成的福利国家拯救了资本主义。我们认为，当一些国家走上了英国式道路以后，社会力量和国家力量交替主导着现代化进程；而第二次世界大战以后，国家自主性在现代化过程中越加彰显，人为设计的特征更加引人注目。

那么英国式现代化的总的特征是什么呢？一句话，就是保护私有产权的代议制政府。在政治上，英国资产阶级革命实现了启蒙思想家所主张的“人民主权”原则，实现人民主权的基本途径就是普选，通过选举而建立有限政府并保障人民的基本权利。无论是英国的内阁制还是美国的总统制，说到底都是通过普选而建立的代议制政府。马克思虽然批判普选制中有关教育程度和财产状况等方面的限制，但是却高度赞扬普选制的进步性和对于工人阶级权利的重要性，认为"普选权就等于英国工人阶级的政治统治"①。因此，在英国式的资本主义国家，"人民主权"不但是指"有产阶级"的权利，还包括工人阶级的权利，何况工人阶级中的很多人早已拥有房产、股票这样的财产。能够实现"人民主权"的选举制和代议制在法律上也就保护了公民个体的基本权益和安全，是一种有限政府。如波朗查斯所说，在资本主义国家，法律所规定的政治平等被统治阶级"个体化"了，从而使"个体化"的被统治阶级认同资本主义代议制政治。由于获得了被统治阶级的心理认同，英国式现代化的道路是人类社会的重要道路和重要经验。

2. 德国式道路

在19世纪60年代，东西方世界似乎同时开启了现代化的第二波浪潮，那就是俾斯麦主导下的德国现代化、俄国的废除农奴制改革、日本的"明治维新"和中国的"同治中兴"以及随后的"洋务运动"。比较而言，在同一批次的现代化进程中，德国和日本最为成功，俄国毁誉参半，而中国则是最大的输家。第二波现代化的共同特点是国家主导着现代化进程，是一种典型的国家设计。为什么不同国家有着不同命运？个中原因极为复杂，不是三言两语能够说明白的。但是，简单地总结一些德国经验还是可能的。

作为一个真正意义上的民族国家，德意志要比英国和法国晚200年到300年。虽然作为民族国家的德意志的出现是工业文明和经济发展的结果，但是使德意志成为欧洲大陆最为强大的国家的决定性因素却是政治因素。首先，1834年的关税同盟使德国经济具有国家范围的统一性，而不再是地区性的，因而极大地推动了德意志经济的发展，并由此推动着国家的统一。其次，1871年德意志帝国的成立使德国经济以更加迅猛的速度发展，很快成为欧洲大陆强国。最后，德国在经济上推行的是国家资本主义，今天的西门子公司就是在那时成长起来的。可以说，是国家主义的政治集权将德国推向现代化之路，同时又是国家主义的自上而下的政治设计指引着德国的现代化，因而使德国在短短20年（1870—1890年）的时间内成为欧洲大陆第一强国、世界第二强国。但是，同样是政治上的问题，为德意志帝国以后的灾难埋下祸根。第一，帝国的政治体制决定了由决策失误引发大灾难的可能性。在帝国开国之初，俾斯麦的雄才大略保证了德国的稳定性。但是依靠个人才能的体制是最为危险的，没有了俾斯麦，帝国的灾难随之出现。第二，帝国的政治体制根植于冲突性的社会结构，即容克地主阶级与民族资产阶级之间的矛盾。这样，灾难一次又一次地降临在这个新兴的民族国家身上。德意志帝国的教训是，集权主义政治可以推动经济增长，却不能保有经济增长的成果。经历了第一次世界大战和第二次世界大战的德国，最终彻底地改变了把民族国家引向灾难的旧体制，成为一个代议制国家。

日本的现代化之路几乎完全是德意志帝国的翻版。德川幕府统治下的日本经济呈现地区性的分裂状态，无统一性，无竞争力。19世纪60年代的"明治维新"使日本成为一个全新的国家，在20多年的时间里便成为亚洲最强大的国家，并敢与欧洲强国一较高下。"明治维新"事实上是一场自上而下的国家自主性现代化运动。不仅如此，日本的宪法、

① 马克思，恩格斯．马克思恩格斯全集：第8卷．北京：人民出版社，1961：390.

商法和有关法律则直接由德国教授起草。因此，作为一个新兴的民族国家，和德国以及其他后发达国家一样，政治规则/国家制度起着决定性的作用。截至 20 世纪上半叶，日本是唯一一个摆脱西方殖民统治并跻身世界强国“俱乐部”的亚洲国家。但是，日本的“明治维新”是建立在结构性的利益冲突之上的，在本质上是一种新型的旧制度，因而为其自我毁灭埋下了祸根。和德国一样，第二次世界大战以后日本的政治体制被改造。

此后的其他国家的现代化都具有德国式道路的特征。第三波现代化应该是苏维埃革命后而形成的苏联模式或斯大林模式，这种模式是政治-经济-文化一体化的高度集权。苏联模式的历史功绩是利用无所不在的国家力量把国家迅速推向现代化，但是丧失了个人能动性的体制是难以长久而有效地运转的，因此 20 世纪 80 年代社会主义国家纷纷改革苏联模式，结果有的成功如中国，有的失败如苏联。第四波现代化应该是第二次世界大战以后新兴的民族国家的现代化，其中有的成功有的失败，而成功者几乎都是沿用德国式道路的威权主义政治，如韩国和南美一些国家，即使是印度这样的所谓的代议制民主国家其实也是除社会主义国家以外的最为集权的国家①。威权主义政治把这些国家成功地推向现代化，但是政治体制本身的问题决定着它们都面临转型问题，它们在 20 世纪 80 年代纷纷转型。第五波现代化浪潮应该是 20 世纪 80 年代以后中国因改革而形成的“中国特色社会主义”和苏联-俄罗斯转型而形成的国家主义道路，其共同特点都是政治上的国家主导作用和经济上的市场经济原则，这种政治和经济的二重性给这些国家带来了稳定、发展甚至繁荣。

为什么现代化的后来者都具有德国式道路的特征？这是很复杂的大历史。简单地说，第一，现代化其实是民族国家的建构过程，国家权力自然要起主导性作用。第二，要与早发达国家竞争，必然要以国家的力量来推动国内经济发展和国际贸易竞争。但是，历史告诉我们，德国式道路的问题是不能回避的。

与英国式的自下而上的道路相比，德国式道路更具有人为设计的特征。成功的经验是将人为设计很好地嵌入本国的历史文化，如韩国的威权主义模式、目前的中国特色社会主义道路以及俄罗斯的国家主义模式；失败的教训是人为设计脱离了本国的历史文化和国情，如中国的“大跃进”和人民公社化运动。对于后来者而言，人为设计既要认识到历史和文化的重要性，又要不断地汲取人类文明的优秀成果，在学习中创新。

第二节　现代化进程中的革命与改革

在政治现代化的历史进程中，经常发生的政治行为是政治革命和改革，它们塑造着不同的政治制度和政治模式。

一、政治革命

1. 革命的含义与革命类型

革命概念在日常政治生活中经常出现，这说明革命具有多层含义。凡是引起社会生活某一领域的事物发生质的变化的都叫革命，如技术革命、工业革命、文化革命等。这些都

① 杨光斌．观念、制度与经济绩效：中国与印度经济改革的政治学理论价值．中国人民大学学报，2006（3）.

是在广义上使用革命的概念，是革命的转义。

革命的本义是指政治革命和社会革命。中国古代就有所谓“汤武革命，顺乎天而应乎人”之说，这里的革命显然是指改朝换代的活动。

关于政治革命，列宁有过明确的解释。他说，从马克思主义观点来看，革命就是用暴力打碎陈旧的政治上层建筑，即打碎由于和新的生产关系发生矛盾而到一定时机就要瓦解的上层建筑。显然，革命包含以下几点：

（1）革命是一种暴力行为。暴力是残酷的，但不能因此否定暴力的价值。暴力可以用来建立完全不同的政府形式，是实现传统社会现代化的一种手段。无论是英国、美国还是法国，在其现代化过程中都使用过暴力。

（2）革命的根本问题是政权问题。

（3）政治革命仅是社会革命的开端。这一点是社会主义革命特有的特征，因为无论是资产阶级的生产方式还是意识形态，在革命之前都已经产生，政治革命就是终点。社会主义革命的这种特征意味着社会主义革命或无产阶级革命是最为彻底的。但是，若对理论产生误解和丧失理性，就可能自己革自己的命。

从概念上说，革命是指一个社会的政治制度、社会结构、领导权、政府政策及社会的主要价值观，发生了迅速的、根本的、暴力的全国性变革。因此，起义、暴动和政变都不是马克思主义意义上的革命。奴隶起义和农民起义动摇了旧制度和旧统治者的领导权，但由于奴隶和农民都不是先进生产力的代表，他们所建立的新政权并没有带来政治制度、生产关系结构和价值观的根本改变。政变只是改变领导权和政府的政策。马克思主义所讨论的革命是指资产阶级革命和无产阶级革命。

资产阶级革命在人类历史上起过非常进步的作用。它是一种崭新的生产方式——资本主义生产方式发展的结果。由于资本主义生产关系在封建社会中就已开始初步形成，所以资产阶级革命面前只有一个任务，就是扫除、摒弃并破坏旧社会的一切桎梏。任何资产阶级革命完成了这个任务，也就完成了它所应做的一切：加速资本主义的发展。

英国革命、法国大革命都经历了暴力斗争阶段，又经历了复辟与反复辟的斗争，最后才确立了资产阶级的统治地位。资产阶级革命创立了一套与其生产方式相适应的政治制度，这不仅表明现代化在政治上正式形成，同时也极大地促进了资本主义的经济现代化。但是，资产阶级革命所建立起来的制度仍然是一种剥削制度。因此，在资本主义社会，始终存在劳动者阶级与资产阶级之间的斗争。

无产阶级革命是人类历史上最彻底的革命，因为无产阶级一无所有，在革命中失去的是锁链，得到的是自由，所以，无产阶级革命最彻底、最无畏。在政治革命以后，继续进行社会革命，建立新的生产关系和文化结构。因而，资产阶级革命和无产阶级革命的进程存在根本的区别。

就是同样性质的革命，由于各国的环境不同，革命的进程也会有很大差异。如前所述，一场全面的革命，包括用暴力摧毁旧制度，动员新兴社会力量参与政治活动以及建立新的政治制度和经济制度。这三方面的次序以及它们之间的关系，在不同国家的革命中有着不同的表现，大体可以分为两种模式：一种模式是“西方型”，旧制度崩溃后，紧接而来的是动员新兴集团参与政治，然后建立新型的政治制度。法国大革命、俄国革命、墨西哥革命及中国的辛亥革命，基本属于这一模式。另一种模式是“东方型”，革命以动员新兴集团参与政治及建立新型政治制度为开端，最终以暴力推翻传统的政治制度为结局。中国的社会主义革命、越南革命以及其他反对殖民主义统治的斗争，大体上属于这种模式①。

西方型革命通常直接针对以绝对君主为最高统治者或由土地贵族支配的高度传统的政权。第一步是旧政体的瓦解，几乎并不需要以革命集团的公开行动去推翻旧政体。革命并不是以一种强有力的新兴社会力量向现存国家发起进攻为开端。革命的开端仅表现为，几乎所有消极和积极的社会成员忽然间都认为这个国家已无法存在下去了。旧政体崩溃后出现了权力真空。在这种状态下，能否出现革命，取决于力量对比。如果一种新的社会势力或几种社会势力的组合能迅速有效地控制国家权力，革命就不易发生；参与到权力真空的新兴集团越多，革命就越容易发生。

东方型革命的对象是具有现代性质的政权，但政权的合法性基础比较狭窄。它不会自行崩溃，不会留下权力真空，必须经动员去推翻。在革命过程中，革命者进行着政治动员，逐步扩大其影响范围，同时旧政府在不同的时空中继续进行着自己的统治。东方型革命一般以边远的山区为根据地，最终占领大都市，革命的过程很漫长。而西方型革命是从首都开始的，从革命开始到革命胜利很迅速。1917 年初，布尔什维克党的大多数领导人都还在国外或在西伯利亚被流放，然而，在十月革命中，布尔什维克党夺取了领导权。列宁曾对托洛茨基说：你知道，从被迫害、地下活动发展到突然夺取政权……真是令人目不暇接。

2. 政治革命的条件

政治革命根源于政治矛盾和社会矛盾。当生产力发展到一定水平后，会产生大量的新生社会阶层，他们参与政治的热情空前高涨。而当僵硬的政治制度不能为新生的社会阶层进入权力层提供渠道时，就产生了政治危机，从而导致革命。这是革命的一般的制度背景。如果比较一下资产阶级革命与无产阶级革命的背景，还会发现若干不同的与相似的革命条件②。

第一，经济条件。无产阶级革命的经济条件是被压迫阶级的贫困和灾难超乎寻常的加强，使他们无法再继续生活下去了。俄国的十月革命和中国的社会主义革命均是如此。但是，对于资产阶级革命来说，资产阶级追求的是政治权力并以此来扩大财富。所以，当资产阶级革命发生时，经济条件都在改善，而不是恶化。英国革命、法国大革命、美国的独立战争以及 1910 年的墨西哥革命，都是如此。托克维尔在《旧制度和法国革命》中指出：稳固增长的繁荣并没有使人民安静下来。相反，无论在哪里，它都促进了不安精神的发展。这是一个奇怪的现象。一般公众越来越敌视一切旧制度，越来越不满意旧制度。其实，日益明显的事实是，正是国家推动了革命的出现。除此之外，在法国，正是生活水平得到极明显提高的人，成了革命运动的中心。布林顿经过详细考察发现，18 世纪末美国革命前，经济近于繁荣时，参加革命的人都是些相当富裕的人，他们想进一步增加他们的

① 亨廷顿．变革社会中的政治秩序．北京：华夏出版社，1988：260.

② 布林顿．革命剖析：英文版．1958；奥勒姆．政治社会学导论．杭州：浙江人民出版社，1989：439－449.

财富①。亨廷顿在考察墨西哥革命时发现，1910年革命前的20年，经济迅速发展，但不平等却更加严重②。

第二，社会阶级之间的严重冲突。在革命前，在封建社会里资产阶级和封建贵族之间存在着对抗，在资本主义社会中无产阶级和资产阶级之间存在着对抗，革命成为必然。毛泽东说："在人类历史中，存在着阶级的对抗……互相矛盾着的两阶级，长期地并存于一个社会中，它们互相斗争着，但要待两阶级的矛盾发展到了一定的阶段的时候，双方才取外部对抗的形式，发展为革命。"③ 这里所说的"一定的阶段"，实际上就是因政治危机而出现的全面的阶级对抗。

第三，在严重冲突时期，国家统治机器软弱无力，统治阶级衰败。列宁认为，统治阶级不可能照旧不变地维持自己的统治；上层的某种危机，即统治阶级的政治危机，给被压迫阶级的愤怒和不满造成一个爆破的缺口。光是"下层不愿"照旧生活下去，对革命的到来通常是不够的；要革命到来还须"上层不能"照旧生活下去。俄国革命前，批评政府、沙皇和皇室成了贵族的习惯，对主导的政治制度的忠诚和信任，变成了冷嘲热讽。许多贵族不再支持统治阶级，转而同情农民和下层阶级。在中国革命的漫长过程中，国民党政权失败的一个重要原因是统治阶级的腐败及统治层内部派别林立，尔虞我诈，从而为人民革命创造了有利时机。在英、法资产阶级革命前，两国政府出现了财政危机，因而求助于增税，这样进一步激怒了公众。在财政危机面前，统治者面对强大的反对派左右摇摆，不知道妥协是最好的政策，企图去镇压经济力量强大的资产阶级，结果导致革命。

第四，大批知识分子疏远了革命前的政权。在美国殖民地居民中，有一些最杰出的思想家脱离了支持英国统治的行列，转而为建立一种全新的统治体系提供了一系列论证，创立了一套组织机构。这些思想家包括杰弗逊、麦迪逊和富兰克林等。革命化了的知识分子对十月革命和中国革命的作用更是显著。在俄国，脱离了旧政权体系的列宁等人创立了政党，为革命提供专门的理论。革命需要有群众的自觉的革命意识，但是革命的觉悟不是工人阶级能够自发形成的，必须进行灌输。列宁指出，没有革命的理论，就不可能有被压迫阶级即历史上最革命的阶级的世界上最伟大的解放运动。不仅如此，以革命的理论武装起来的政党更是革命的灵魂。无产阶级政党能最大限度地团结革命力量，使无产阶级作为一个阶级采取行动，使革命成为有组织的政治行动；并能根据形势的特点，提出革命的策略和任务。中国革命的进程与俄国革命不一样，但从中国共产党的诞生到革命的胜利，都是革命化了的知识分子进行组织和指导的结果。

3. 政治革命的作用

马克思主义认为，历史上的任何一次真正的革命，都将使社会发生急剧的变化和飞跃发展，因为它宣告了旧制度的灭亡和新制度的诞生。这是历史发展中的质变。或者说，革命是政治现代化的重要手段。亨廷顿说："一场全方位的革命，包括摧毁旧的政治制度和

---

① 奥勒姆．政治社会学导论．杭州：浙江人民出版社，1989：439.

② 亨廷顿．变革社会中的政治秩序．北京：华夏出版社，1988：308.

③ 毛泽东．毛泽东选集：第1卷．2版．北京：人民出版社，1991：334.

合法性模式，动员新社会集团参与政治，重新界定政治共同体，接近新的政治价值标准与合法性的新概念，由新的、更有活力的政治精英掌握政权，以及建立新的、更强有力的政治制度。就政治参与的扩张而言，一切革命都包含着现代化；就新的政治秩序模式的建立而言，某些革命还包含着政治发展。”① 这不仅是对某些资产阶级革命成果的总结，更是对社会主义革命作用的评价。

革命可能是现代化的新起点，但革命不是万能的，一个国家不能永远处于革命性的政治运动状态；否则，这个国家就没有机会进行现代化建设。十年的“文化大革命”就使中国人尝尽了苦头。革命的成果也不是一劳永逸的，革命不可能使新的政治体制绝对完善。完善的手段只能是改革，而不是革命。

二、政治改革

1. 改革的含义

革命大大地推动了政治现代化。但是，通过革命手段建立起来的政治秩序要稳定发展，就不能轻率地使用革命方法。列宁说：“对于一个真正的革命者来说，最大的危险，甚至也许是唯一的危险，就是夸大革命作用，忘记了恰当地和有效地运用革命方法的限度和条件。”②

如前所述，一场真正的革命意味着社会和政治体系的各个方面都发生重大的变化。而那些在范围和速度上受到限制的变化，则称为改革。同时，改革还意味着方向性的变化，是朝着社会、经济或政治上的更平等，社会和政治参与日益扩大的方向发展的变化。一场真正的革命和一场全面的改革都会给社会带来深刻的变化，但改革是对革命后社会有条件的扬弃，体现着社会变化的连续性与非连续性的统一。

那么，政治改革与政治改良是什么关系呢？在英文中，改革和改良是一个词，即 reform。就其本义而言，政治改革和政治改良并无实质性区别。但在分析具体事物时，由于时代背景不同、行为主体不同，政治改革和政治改良在性质上和内容上有很大的区别。在当代国际社会，无论是资本主义国家还是社会主义国家，都在进行着一系列的改革。例如，在 20 世纪 80 年代，中国的经济改革是以地方分权为主要模式，而英国却大幅削减地方政府的权力。同样是中央与地方关系的改革，改革的走向却截然不同。

政治改革和政治改良同改良主义不同。改良主义是 19 世纪下半叶特定历史时代的产物，主要是指西方资本主义国家统治阶级所采取的一种政策，以及在当时工人运动内部滋生的一种机会主义思潮。列宁说，改良主义用改良来反对革命，用局部修缮行将灭亡的制度来反对用革命推翻资产阶级政权，以分化和削弱工人阶级，保持资产阶级的政权。由于第一次世界大战爆发，改良主义陷入破产。因此，不能将改良与改良主义相提并论。

政治改革是指统治阶级上层自觉地健全和完善政治统治体系的过程。这是狭义上的政治改革。其实，任何方面的改革都是政治性的，因为任何改革都要涉及领导阶层的政治决

① 亨廷顿．变革社会中的政治秩序．北京：华夏出版社，1988：301.

② 列宁．列宁选集：第 4 卷．3 版．北京：人民出版社，1995：612.

策；同时，各个方面的改革说到底是为了维护有利于统治阶级的政治秩序。因此，从广义上说，政治改革与改革具有同等的含义。当然，在特定条件下，改革的侧重面可能是经济的、社会的，但最终的结果都会对政治体制产生影响。

政治改革的根本原因在于经济的发展、民众的要求以及外部环境的压力。当某种生产方式阻碍生产力的发展时，这种生产方式就应该被变革。生产关系的变革必然引起上层建筑的变革；而作为上层建筑的核心的政治体制，对生产关系的变化自然也就最为敏感。因此，政治改革说到底是生产力发展的要求。而当生产方式阻碍了经济发展时，民众的积极性和创造性也同样会受到压制，民众会自然地要求变革。为了有利于自己的阶级统治，统治阶级会疏导民众的要求，容纳民众的要求，对民众的要求进行一定程度的让步。因此，改革是一场自上而下的自觉行为。

同时，改革又是外部压力的结果。后发达国家要真正走向现代化，不能不与其他国家进行交流与合作。在这个过程中，发达国家的发展程度及各种现代化标准势必会刺激后发达国家，形成“示范效应”的冲击。后发达国家进行政治改革的深刻和复杂的原因，使得政治改革的进程更为艰难。

当今发达资本主义国家的政治统治秩序，是通过不停的改革而达到的。在政治现代化过程中，无论是法国式的人民革命之路，还是德国式的民族失败之路，最终都走上了英国式的渐进改革之路。在它们的改革过程中，资本主义的民主政治日臻完善。当然，改革是一个无止境的运动过程，发达资本主义国家的政治改革仍然以各种方式进行着。

社会主义国家的政治制度也有一个完善的过程。但是，中国和苏联改革的不同命运，说明了政治制度本身的重要性以及改革战略选择的重要性。

2. 改革的战略

近代以来，世界上出现了不少为实现现代化之梦的改革。有的改革成功了，使国家走上了现代化的辉煌；有的改革失败了，使国家出现了“现代化中断”。20 世纪 80 年代，世界上出现了两场最为引人注目的改革：一是邓小平领导的中国改革，一是戈尔巴乔夫领导的苏联改革。结果是，在 1990 年前后，中国的改革保住、巩固了共产党政权，而戈尔巴乔夫的改革却使苏联走向解体。

在某种意义上，改革是一场比革命更加困难的进程。首先，改革者既要反对保守者，又要反对激进者。保守者会阻挠改革的进程，而激进者则有可能因过于急躁而把改革引向失败。改革者应当采取弹性政策，尽量使其政策具有最大的适应性。革命者的目标很明确，竭力使政治两极化，政治问题简单化，以分清敌我阵线。革命者是在分裂社会力量，而改革者要驾驭各种社会力量。因此，改革者应该具有比革命者更高超的政治才干。

其次，改革是一场渐进的社会变革，这种变革有利于统治阶级政治秩序的发展。这就要求改革者要精心设计和控制社会变革的速度、方式和时机。而革命是一场暴烈的社会运动，任何破坏现存的统治秩序的行为对革命者都是有利的。从这个意义上说，革命者的任务就是破坏秩序，而改革者的任务则是要控制秩序。

最后，改革无论是以变革社会经济结构为开端，还是以变革政治体系为开端，最终都是为了实现社会经济结构与政治体系均衡发展，而不是互相牵制。但是，革命者首先必须进行政治动员，然后利用动员起来的社会势力促成社会和经济结构的变革①。

因此，改革者选择什么样的改革战略，是改革成败的关键。从历史上的改革后果看，全面的闪电式改革是一条失败之路，而分项的渐进式改革则有成功的可能。

第三节　现代化的问题

各国都在追求现代化，但现代化又给人们带来无穷的烦恼和困惑，比如政治上的腐败和民粹主义，而总体性的问题则是现代化让全球处于风险社会之中。

一、腐败

腐败从一开始就伴随着人类社会，它是一个世界性难题，而在发展中国家尤为引人注目，它甚至直接影响着发展中国家的国家建设，因此腐败是发展中国家面临的最大挑战之一。

腐败一般指政治腐败。政治腐败的概念有广义和狭义之分。广义的政治腐败是指掌握政治权力的整个统治阶层特别是最高统治者只顾追求自身的利益而导致的政治制度或政治治理的败坏（前者指政体腐败或腐败政体，后者指政权腐败或腐败政权）。狭义的政治腐败是指公职人员个人或小团体为了私人目的而滥用公共权力的行为。在现代社会中，人们主要是在狭义上运用这一概念。简单地说，腐败是滥用公共权力谋取私人利益的行为，这一定义通俗地说就是以权谋私。根据这一定义，腐败行为的构成要素有五个：一是腐败行为的主体，通常是公职人员；二是腐败行为的动机或目的，通常是追逐私人利益；三是腐败行为的手段，通常是凭借机构或职务上的便利；四是腐败行为的方式，通常是非规范地运用或滥用公共权力；五是腐败行为的后果，通常是公共利益或公民权利受到侵害②。

腐败产生的原因是复杂的。有人从文化上找原因，比如南欧的恩主庇护文化容易滋生腐败。但是，文化说是危险的，有些行为在一种文化下并非腐败，但却可能被其他文化下的观察者视为腐败行为。再者，同一种文化却可能存在清廉政治与腐败政治之分。经济学家往往从经济上找原因，即随着国家干预经济的规模越来越大，国家掌控的资源越来越多，政府官员寻租的可能性就越大，从而产生浪费性的资源分配。但问题是，为什么不同国家、不同政府的寻租规模完全不同？说到底，腐败产生于制度问题。同一种文化、同一种类型的政府在不同的制度规范下的行为范式是不一样的，比如代议制的英国和美国在19世纪存在公开的腐败，但是20世纪以来腐败的规模和程度大大降低。对于转型中的国家或发展中国家，由于道德规范的失序、制度规范的不完整以及长期以来规则意识的淡漠，都可能引发大规模的政治腐败。

腐败的形式无法一言以蔽之。吏治和司法中的权钱交易以及经济资源分配中的官商勾结，都是日常生活中最常见的腐败形式。其实，在本书第五章“国家”部分介绍的勾结型

---

① 亨廷顿．变革社会中的政治秩序．北京：华夏出版社，1988：337-338.

② 何增科．中国转型期腐败和反腐败问题研究．经济社会体制比较，2003（1）.

国家和俘获型国家都是政治腐败的制度性象征。这样的制度再加上世袭政治，国家建设更是雪上加霜。比如，在非洲的扎伊尔，掠夺型国家权力又具有典型的世袭性，国家权力被控制在一小撮人格化的个人关系网中，权力的核心是“总统集团”（presidential clique），由总统最信任的50来人组成，他们控制着最敏感和利益最大的部门，比如司法部、安全警察、内务部、总统办公室等等。接下来的是“总统兄弟帮”（presidential brotherhood），他们可能不是总统的亲属，但其职位有赖于与总统本人和总统帮的个人关系①。在扎伊尔这样的掠夺型国家，一个最突出的现象是处处可见行政干预，并且权力被公然地用于交易。2011年春天发生在中东、北非的民主化运动，暴露了这些国家的世袭性质和腐败程度。

腐败的影响与危害。亨廷顿曾说一定程度的腐败是发展的“润滑剂”。确实，在从传统社会向现代社会转型的过程中，要破除传统社会的有形无形的规则，除了靠改革家的破旧立新，很多时候离不开“腐败”的手段来撕开传统规则。但是，发展中国家的问题不是缺少“润滑剂”，而是腐败已经成为“腐蚀剂”，成为侵蚀国家大厦的白蚁。腐败的猖獗加上一个国家的经济不景气，足以颠覆一个国家政权。很多国家现代化“中断”的一个重要原因就是腐败。从长远看，猖獗的结构性腐败会败坏一个民族的道德和文化，形成一种腐朽的道德和文化。

在惩治腐败上，很多国家不遗余力。比较而言，制度建设和道德教育应该齐头并进，而根本上还取决于制度建设。这里的“制度”主要指行政体制和法治体制意义上的制度。比如，美国19世纪末20世纪初治理腐败主要依靠文官制度建设和实施阳光法案。在不同的国家，民主政治对于治理腐败有着不同的效果。韩国民主化以后大大改变了不给钱不办事的腐败文化，而印度和菲律宾的腐败并没有因为民主而改观。

二、现代化进程中的民粹主义

在某种意义上，政治现代化也就是政治平民化的过程，而平民主义的极端形式就是民粹主义（populism）。从历史上看，民粹主义具有双重属性，一方面它是现代化的必然产物，另一方面它又可能扭曲现代化进程。

民粹主义最初出现于19世纪下半叶。19世纪末，美国西南部农民发动群众运动要求“把共和国政府的权力还给普通人民”，谴责不道德的金融商。而在俄国，知识分子将农民理想化，强烈要求平均地权，试图建立以农民为主体的新型社会主义社会。这些是第一代民粹主义。20世纪六七十年代，民粹主义的旋风席卷世界五大洲，成了一个游荡在世界上的幽灵，从西欧到南美，从西亚到北非。而拉丁美洲庇隆和阿连德等人领导的民族复兴运动则被视为第二代民粹主义复兴的象征。20世纪90年代以来，民粹主义再度在东西两半球，尤其在东欧和北美，成为人们关注的热点，从而形成民粹主义的第三次高潮。

在英文中，民粹主义和平民主义是一个词，要给民粹主义一个准确的定义并不容易，因为它往往表现为社会思潮、政治运动和政治策略的混合体。在这个意义上，我们讲的民

---

① EVANS P B. Predatory，developmental，and other apparatuses：a comparative political economy perspective on the Third World States. Sociological forum，1989，4（4）：570.

粹主义主要是政治平民主义。

政治平民主义极端强调平民群众的价值和理想，把平民化和大众化作为所有政治运动和政治制度合法性的最终来源，以此来评判社会历史的发展。它反对精英主义，忽视或者极端否定政治精英在社会历史发展中的重要作用。平民化便成为民粹主义政治运动的本质特征，从这个意义上说，所有群众性的社会政治运动都带有民粹主义的性质。

作为一种政治策略，民粹主义就是为了迎合“人民”，反对精英分子和外国人，其形式多种多样。对人民的信任直接导致平民主义的民主制，它反对代表制，力求把权力尽可能多地掌控在普通公民手里。它最有特点的制度设计是对代表大会通过的立法进行全民表决，其次是公众创议，即选民可以不通过代表而提出议案，进行公民表决①。

在民粹主义政治中，“人民”的重要性往往表现为人民被操纵。因此，民粹主义又成为政治家操纵群众的一种特殊的具体方式，是表达其利益的一种手段。反过来，被操纵的民众也可能威胁操纵者，因而操纵者不可能真正满足民众被动员起来的刚性需求或者乌托邦似的愿景，从而导致民众的失望甚至怨恨。

民粹主义产生的社会根源是社会结构的转型。在社会结构转型中，产生了传统势力与现代势力的冲突，保守势力与变革势力的对立。所不同的是，有的民粹主义政治是为了寻求变革，比如民主化转型中的民粹主义，而有的是为了保守传统，比如19世纪俄国的民粹主义。

在社会结构转型中，会出现腐败、不公正等政治现象，这直接刺激了社会转型中的草根阶层，也使得政治家有机会去不适当地动员民众的支持，以赢得政治选票。另外，在政治哲学上一直存在精英主义与平民主义的冲突。在社会转型时期，受西方国家影响，一些转型国家往往采用发达国家推销的自由主义或新自由主义的经济政策，即自由化和市场化，结果导致众多的民众苦不堪言，这就为民粹主义的产生提供了温床。南美和20世纪的俄罗斯的民粹主义都是因为实施新自由主义政策所致，或者说新自由主义与民粹主义有着政治上的因果关系。

科技革命改变政治生态。今天，网民的互联网参与其实是一种直接民主形式，弥补了代表制的间接民主的不足。但是，不容回避的是，有的时候，互联网已经成为民粹主义政治的一个平台。

民粹主义是现代化进程中的一种普遍现象，民主化转型、互联网技术都使得民粹主义更为常见。因此，理性政治家和理性公民的培养，尤其是转型国家面临的难题。

三、现代性与风险社会②

如果说现代化是一个动态的、没有休止的过程，现代性则是关于现代化后果的概念。简单地说，现代性是当代社会的代名词。在吉登斯看来，“（现代性）首先意指在后封建的欧洲所建立而且在20世纪日益成为具有世界历史性影响的行为制度与模式”③。现代性不

① 邓正来．布莱克维尔政治思想百科全书．北京：中国政法大学出版社，2011：443-445.

② 本部分涉及的贝克的风险社会理论主要来自杨雪冬研究员的综述性研究，见：杨雪冬．风险社会理论述评．国家行政学院学报，2005（1）.

③ 吉登斯．现代性与自我认同．北京：生活·读书·新知三联书店，1998.

单指资本主义或现代化理论家所说的工业主义，它包括四种维度：(1) 工业主义，即社会关系中广泛体现的由物质力和机械构成的生产过程；(2) 资本主义，指的是包含竞争性的产品市场和劳动力商品化过程中的商品生产体系；(3) 监控系统，指的是对信息的控制以及对社会成员的社会性监控制度；(4) 军事力量，指的是在现代战争条件下通过高度工业化技术而对暴力工具的垄断。

现代性起源于西方，但在全球化过程中成为世界性的制度现象。与此同时，现代性的全球化也是不断创造新风险、不断改变人们既有的生活方式和认知体系的过程。这些新风险的影响范围更大，带有更强烈的不确定性，直接威胁到人类整体的存在。这些严重的风险包括：极权主义的兴起、全球经济的崩溃、核战争的威胁以及生态的恶化。

另一位风险社会理论家贝克说，人类历史上各个时期的各种社会形态从一定意义上说都是一种风险社会，因为所有有主体意识的生命都能够意识到死亡的危险。但是，作为美好目标的现代化在带来美好的同时，附带的风险直到最近才被系统地认识到。

究竟什么是风险社会呢？作为制度主义者的贝克认为制度最重要的东西是责任。在贝克的分析中，有一个概念特别值得重视，即有组织地不负责任（organised irresponsibility）。他指出，公司、政策制定者和专家结成的联盟制造了当代社会中的危险，然后又建立一套话语来推卸责任。这样一来，他们把自己制造的危险转化为某种风险。“有组织地不负责任”实际上反映了现代治理形态在风险社会中面临的困境。

在贝克和吉登斯看来，早期现代性（或简单现代性）解决的是传统社会的风险，但也产生了新的风险，并且这些风险的累积构成晚期现代性（或高级现代性、反思的现代性、激进的现代性等）的特征。由于风险是一个时代的特征和社会的特征，所以才说出现了风险社会。

贝克认为，风险社会的概念指现代性的一个阶段。在这个阶段，工业化社会道路上所产生的威胁开始占主导地位。风险社会的概念在三个参照领域内带来了划时代的系统性转变。首先是现代工业社会与自然资源和文化资源之间的关系。在现代化完全确立后自然资源和文化资源逐渐减少。其次是社会与其自身所产生的、超越了社会对安全的理解范围的威胁与问题之间的关系。人们一旦意识到这些威胁和问题的存在，就很可能动摇旧社会秩序的根本假设。再次是工业社会文化中的集体的或具体团体的意义之源（比如阶级意识或进步信念）正在枯竭、失去魅力。

贝克的风险社会理论更多的是生态主义关怀。工业化造成的环境破坏、核武器竞争不断升级、1986 年苏联切尔诺贝利核电站核泄漏事故，都说明技术进步带来的风险变成了现实，也成了风险研究者最关注的问题。贝克提出风险社会理论，根本目的是要以此为依据来批判和改造简单现代性，或者说改造资本主义社会，提出新的未来图景，因此他对于风险社会的出现并不悲观，而是认为这些新的风险具有政治反思性，能对制度变革产生推动作用。

贝克在后来的著作中，针对全球化的不断推进，提出了全球风险社会的概念，也开始强调制度性风险。他认为，全球风险社会的新含义依赖于这样一个事实，那就是运用我们的文明的决策，我们可以导致全球性后果，而这种全球性后果可以触发一系列问题和一连串的风险，这些问题和这些风险又与权威机构针对全球范围内的巨大灾难事例而构筑的那一成不变的语言及其做出的各种各样的承诺形成了强烈的反差。有三个层面的危机是可以确认的，即生态危机、全球性经济危机以及跨国恐怖主义网络所带来的危险。这些全球风险有两个特征：一是世界上每一个人在原则上都可能受到它们的影响或冲击；二是要应对和解决它们需要在全球范围内共同努力。

在吉登斯看来，生活在高度现代性世界里，便是生活在一种机遇与风险并存的世界中。这个世界的风险与现代制度发展的早期阶段的风险不同，它是人为不确定性带来的问题。这种不同主要体现在：这种人为不确定性是启蒙运动引发的发展所导致的，是现代制度长期成熟的结果，是人类对社会条件和自然干预的结果。吉登斯说，虽然在某些领域和生活方式中，现代性降低了总的风险性，但是同时也导入了一些以前所知甚少或全然无知的新的风险参量。这些参量包括后果严重的风险，它们来源于现代性社会体系的全球化特征。

对于吉登斯来说，这些新风险的出现并不意味着现在的社会生活比以前的更为危险了，而是人们的自我保护意识增强了。风险意识是吉登斯等人所说的反思的现代性的核心。随着个人、制度以及社会的反思性的提高，简单现代性也在向反思的现代性转变。这种转变反映在政治上就是从解放政治向生活政治的转变。解放政治的目的是把个人和群体从其生活机遇的束缚中解放出来，解放政治是以阶级为基础的，关心的是减少或消灭剥削、不平等和压迫，只关注正式的政治制度和体制，没有把与生活有关的各种决策包括进去；另外，它只关注自主，忽视了相互依存和团结。生活政治是以个人为基础的，关注的是个人的选择和决策。如果解放政治是一种生活机遇的政治，那么生活政治便是生活方式的政治，是认同的政治、选择的政治、自我实现的政治。它不仅包括个人生活，还包括社会生活的各个方面。它要解决的是集体人面临的挑战。

综上所述，风险社会作为一个概念并不是历史分期意义上的，也不是某个具体社会和国家发展的历史阶段，而是对目前人类所处时代特征的形象描绘。因此，我们可以说，人类处于风险社会时代，但不能讲某个国家是风险社会，尽管那个国家的国内情况比其他国家更不安全。但是，风险社会不仅仅是一个认知概念，还是一种正在出现的秩序和公共空间。在后一种意义上，它更具有现实性和实践性。如吉登斯、贝克等人所说，风险社会的秩序并不是等级式的、垂直的，而是网络型的、平面扩展的，因为风险社会中的风险是平等主义者，不放过任何人。风险社会的结构不是由阶级、阶层等要素组成的，而是由个人作为主体组成的，有明确地理边界的民族国家不再是这种秩序的唯一治理主体，风险的跨边界特征要求更多的治理主体出现并达成合作关系。

进一步阅读材料：

1. 亨廷顿．变革社会中的政治秩序．第1～2章，第5～6章．北京：华夏出版社，1988.

2. 布莱克．比较现代化．第1～4章．上海：上海译文出版社，1992.

3. 摩尔．民主和专制的社会起源．北京：华夏出版社，1987.

4. 派伊．政治发展面面观．天津：天津人民出版社，2009.

5. 英格尔哈特．现代化与民主//伊诺泽姆采夫．民主与现代化．北京：中央编译出版社，2011.

6. 贝克．从工业社会到风险社会．马克思主义与现实，2003（3～4）.

7. 吉登斯．现代性的后果．北京：生活·读书·新知三联书店，2000.

8. 林红．民粹主义：概念、理论与实证．北京：中央编译出版社，2007.

政治民主

重点问题

- 什么是古典民主主义、精英民主主义和多元民主主义？
- 什么是协商民主？协商民主与其他形式的民主是什么样的关系？
- 马克思主义民主理论的基本特征是什么？
- 如何认识民主政治的经济基础？
- 法制与民主是什么样的关系？
- 资本主义民主政治的基本特征是什么？
- 社会主义民主政治的基本特征是什么？
- 如何认识目前一些发展中国家的民主转型与巩固问题？

民主表现为多方面，有政治民主、经济民主和社会民主。尽管政治、经济和社会紧密联系，但是这三种民主形态并不是有机统一的。政治民主是政体意义上的，经济民主涉及财产权，社会民主是关于社会自治的。主张政治民主和社会民主的人很可能反对经济民主，因为经济民主直接危害着以个人占有为主要形式的财产权。就政治民主而言，虽然流派繁多，但从当今世界上的三大意识形态（自由主义、保守主义和社会主义）来看，民主的脉络又相对清晰了。我们认为，近代以来的大众民主是大众平等运动的产物。明白了这一点，就可以说自由主义的民主观是对现状的妥协，保守主义的民主观是对现状的恐惧，社会主义的民主观是对现状的不满。理解了这一基本线索，形形色色的关于民主的概念和名词就相对好理解了。本章不但介绍民主的基本理论和流派，还会介绍当今两大基本制度下的民主问题，以及过去几十年发生在一些国家的民主转型问题。

第一节 政治民主理论

一、民主的含义

考察民主理论就会发现，“民主”是一个很富争议的概念。但是，梳理民主理论不难发现，代表性的民主理论主要有：古典民主主义、精英民主主义、多元民主主义、马克思主义的民主理论以及新近流行的协商民主理论。

1. 古典民主主义

“民主”（democracy）概念来源于希腊文 demokratiao，它是由 demos（人民）和 kratia（统治权或权力）两词组成。因此，民主一词的字面意思就是“人民的统治或权力”。显然，民主的概念来源于某种实践。首先，在原始社会中，“人民的统治”式的“天下为公”普遍存在，尽管各人类文明圈还处于相互隔绝的状态①。其次，进入阶级社会以后，古希腊出现了人民统治形式的“公民大会”，雅典的所有其他国家机关，如五百人会议、陪审法庭、贵族会议、十将军委员会以及执政官和其他国家公职人员都隶属于公民大会。对此，亚里士多德写道，民主政体“以自由为宗旨”，“人人轮番当统治者和被统治者”，“政事裁决于大多数人的意志，大多数人的意志就是正义”②。可以认为，古希腊的政治文化中先天性地包含着民主的元素。

古希腊城邦国家和罗马共和国灭亡之后，西欧进入了皇权或教权凌驾于一切法律和一切机构之上的时代，但是，选举和自治等制度在中世纪的欧洲依然存在。在古希腊的直接民主中断了千余年后，启蒙思想家们重新光大了古希腊的民主含义，认为民主就是人民的统治。洛克试图利用社会契约论证明，政府是根据多数人的意志组成的，政府根据人民的同意来实现人民的统治。到了 18 世纪，卢梭把洛克的思想推向极端，认为人民的同意是在共同意志基础上形成的，从而提出了“人民主权”思想。他说：“主权在本质上是由公意构成的，而意志又是决不可以代表的；它只能是同一个意志，或者是另一个意志，而绝不能有什么中间的东西。因此，人民的议员不是、也不可能是人民的代表，他们只不过是人民的办事员罢了；他们并不能作出任何肯定的决定。凡是不曾为人民所亲自批准的法律，都是无效的；那根本就不是法律。”③ 卢梭的民主观就是直接民主，一种一致同意的民主，一种程序极为简单、最好是不需要程序的民主。为此，卢梭主张强迫个人服从公意，排除党派政府，反对代议制，尊重多数的绝对权威。在卢梭那里，人民的统治变成了绝对多数原则。

洛克、卢梭等人的“古典民主理论”为密尔、麦迪逊等人继承和发扬。密尔系统地论证了实现人民统治的最好形式是“代议制政府”。

但是，到 19 世纪末 20 世纪初，代议制政府的弊端在实践中暴露无遗，例如政府为富人所操纵，由此人们对代议制予以批判，并重新审视“人民的统治”或“人民的权力”这一民主概念。首先，“人民”是谁？是指每一个人还是不确定的大部分人？是较低的阶层还是一个团结一致的有机整体？绝对多数原则所指的大多数人是什么人？有限多数原则所指的大多数人又是什么人？

其次，什么是统治和权力？如果说统治和权力就是控制他人的力量和能力，那么，人民如何成为实际的权力行使者呢？只是在名义上掌权显然不能解决人民主权的问题。因

---

① 胡绩伟，常大林．民主论．北京：中外文化出版公司，1988：31.

② 亚里士多德．政治学．北京：商务印书馆，2008：312.

③ 卢梭．社会契约论．北京：商务印书馆，1996：29.

此，建立在词源基础上的古典民主观，很难回答很多至关重要的问题，因而也招致批判。

批判理性主义大师波普（Karl Popper）从哲学出发，反对讨论国家和民主的本质，提出了“民主悖论”。他认为，西方传统的民主理论只注重谁应该统治，把民主看作大多数人的统治和执行权力，这势必导致“民主悖论”。因为如果大多数人选举了一个专制的统治者，根据多数原则，要求我们服从这个专制者，因为他是由大多数人选举产生的，符合大多数人统治的原则；但是大多数人统治的原则，又要求我们不服从这个专制者，因为他是专制者，否定了大多数人统治的原则。波普认为“大多数人的统治”之说不能成立，它不仅会导致“民主悖论”，而且还不符合现实，因为统治总是少数人的统治，从来没有过人民自己统治自己；即使多数人的统治是可能的，多数人的权力也并非必然就是合理的。因此，民主的核心不在于由谁来统治，也不是所谓的多数人统治的制度，而是政治的科学方式的体现和合理化，是被统治者能够批判并推动统治者的一种方式，是人民能够有效地控制统治者的权力的一种制度。“我们需要的与其说是好的人，还不如说是好的制度……我们渴望得到好的统治者，但历史的经验向我们表明，我们不可能找到这样的人。正因为这样，设计使甚至坏的统治者也不会造成太大损害的制度是十分重要的。”①

古典民主理论是资产阶级革命的理论依据。但是，当资产阶级确立了自己的统治后，就不愿再提及“谁统治”的问题，他们需要的是维护和完善资本主义的政治统治制度，于是，民主是制度和程序的民主理论应运而生并流行起来。萨托利说得明白：“真实的情况是，仅仅包含着人民权力观念的民主理论只够用来同独裁权力作战，一旦打败这个敌人，自然而然地移交给人民的不过是名义上的权力，权力的行使完全是另一回事。”② 萨托利主张，要实现人民“拥有权力”，其必要条件是人民阻止任何无限制的权力。而在代议制政治中，谁也没有行使绝对（无限）权力的地位；同时，在代议制政治中，人民通过监视和更换掌权者而实际行使权力（政治权力）。为解决如何统治和解释政治现实，产生了民主理论的其他流派。

2. 精英民主主义

意大利式的精英理论家认为，无论如何定义“人民”这个美丽的辞藻，人民在历史中都是没有什么地位的；历史的舞台不过是走马灯般的精英在演出。在每一个社会中，都会出现一个统治阶级，广泛的人民控制是不可能的，寡头统治是铁的规律。在现代民主制条件下，由少数统治精英组成的统治阶级结党营私，无止境地攫取个人利益。如果说现代的民主制与其他国家制度有什么不同的话，那就是它与资本家的经济利益结合在一起，从而形成一种“财阀政治”（plutocracy）。帕累托举例说，在作为代议制典范的美国，政府维护投机商的利益，贿赂选民、当选代表、政府官员、新闻记者和名人等现象比比皆是。因此，代议制民主政治不过是专制政治的现代翻版，有史以来的所有政府都是寡头政府，“人民表达其意愿的政治体制仅仅是理论家的幻想，在古往今来的东方和西方现实世界中从未出现过”③。帕累托对民主持取消主义的态度。但米歇尔斯则不然，他认为民主在实

① 波普．猜想与反驳．上海：上海译文出版社，1986：491.

② 萨托利．民主新论．北京：东方出版社，1993：34.

③ PARETO V. Sociological writings. New York，1976：270.

质上虽然也是一种寡头统治，但它是邪恶中最轻的一种，因此应保留这种制度。

意大利式的精英主义理论被马克斯·韦伯和熊彼特发展成“精英民主理论”。在《经济与社会》中，韦伯强调现代社会的大规模、复杂性及明显的社会差异使直接民主变得不可能。他认为，管理国家是一项宏伟的事业，是那些对政治和其他公共事务感兴趣并具有一定才能的精英的职业。一般人缺乏选择政策的能力，他们只不过有能力选择领导人。因此，民主就像市场一样，是一种淘汰最弱者的制度机制，同时使那些最具有竞争能力的人去争取选票和权力。

和韦伯一样，熊彼特把民主看成是一种竞争政治领导权的政治方法，是“某些人通过获取人民选票而得到作出决定的权力”①。在熊彼特看来，古典民主理论的问题在于把决定政治问题的权力授予选民，并把它作为民主制度的首要目的；而人民选择代表反而成为第二位的事情。这种颠倒是不符合任何政治现实的。他坚持从经验上认为：“民主并不是指，也不可能是指，按照‘人民’和‘统治’这两个词的明显意义说的人民是确实在那里统治的意思。”民主不同于独裁的地方在于“民主不过是指人民有机会接受要来统治他们的人的意思”，是“自称的领导们之间为争取选民投票而进行的自由竞争”②。

韦伯和熊彼特的精英民主理论，概括了现代西方民主制度的一些重要特征，例如代议制、选举制和政党制之下公民对代表的选择，政府过程的复杂化，以及一个庞大的无政治阶层的存在③。但是，精英民主理论忽略了现代西方政治过程中的另一个特别重要的现象，那就是利益集团的作用。这也为人们进一步研究民主理论和民主现实留下了空间。

3. 多元民主主义

政治多元主义的创始人拉斯基曾认为，一元论国家观或国家主权观是一种想象，因为国家并不代表全体人民的利益，它只代表少数经济统治者的利益；政府的行为并不总是正确的，个人或团体的反政府行为有时可能是正当的。因此，他提出了多元国家观，认为权力不再需要集中在社会结构的某一点上，主权将分配给各种职能团体及社会中的自治区域。这种多元国家将由一系列目的可能极其不同的合作团体组成④。拉斯基的国家观后来虽然有很大的变化，但其传统的多元主义却为现代多元主义奠定了基础。

与拉斯基的多元主义相呼应，英国另一位社会主义者柯尔（George D. H. Cole, 1889—1959）指出，民主制应该是“职能民主政治”。他说：“真正的民主政治不应当在单独的无所不能的议会中寻求，而应当在各种有调节的职能的代表团体这种制度中去寻找。”⑤ 作为代议制基础的“代表”理论，与国家作为职能团体的性质是不相符合的。柯尔设想的“职能民主政治”实际上是“基尔特国家”，即在一个国家内，存在两个职能团体系统，一个是国家的政府系统，代表消费者的利益，处理纯粹的政治问题；另一个是代表生产者的职业的基尔特系统。二者各自独立，互不干预；而当二者处于冲突状态时，由

---

① 熊彼特．资本主义、社会主义与民主．北京：商务印书馆，1979：337.

② 同①302.

③ 达尔．现代政治分析．上海：上海译文出版社，1987：130.

④ 邹永贤，俞可平．现代西方国家学说．第三章　第一次世界大战结束至第二次世界大战结束时的国家学说．福州：福建人民出版社，1993.

⑤ 柯尔．社会学说．北京：商务印书馆，1960：70.

"代表各行业的公民的机关来作最后的裁定"①。显然，柯尔的"职能民主政治"实际上就是主张社会团体的自治。

评判英国多元主义观的是非不是我们这里的任务，我们也很难说现代多元主义直接继承了英国社会主义者的思想。但是，在以罗伯特·达尔为代表的多元主义者的理论中，英国社会主义者的影子却处处显现。

当然，达尔直接继承的是托克维尔的思想。托克维尔也强调一种特定类型的社会对于民主的重要性，在这样的社会里，权力与各种社会功能以一种分散化的方式由众多相对独立的社团、组织和群体来行使。托克维尔是第一个认识到民主的体制同一种多元的社会与政体具有亲和力的人之一。达尔等多元主义者高度重视利益集团在民主中的作用。在达尔看来，社会中权力的安排是竞争性的，权力安排是众多利益集团之间"无休止的讨价还价过程"，政治决策则是政府部门试图调和这些集团冲突的结果。达尔指出，人民在民主中不可能直接参与决策，而是通过成为这些集团的一员来参与。在这些集团中，往往是少数活跃分子成为领袖，成为政治舞台上的精英。

为此，达尔认为，民主可以被定义为"多元政体"，即多元的社会自治团体主导着政治过程。民主的价值不在于多数人的统治，主权在民从根本上说是不现实的，在现代国家中，人民的直接统治是无法想象的。"主权在民"或"人民的统治"只是"理想的民主"，而民主的实际意义不在于是多数人统治还是少数人统治，而在于群众的广泛参政②。为了避免麻烦，达尔主张以"多元政体"（polyarchy）代替"民主政治"一词。"多元政体"是"现实的民主"③。

达尔客观地认识到，西方的多元主义民主也存在着重大缺陷：（1）使政治不平等稳定化；（2）扭曲公民意识；（3）使公共议事日程不正常；（4）使人民失去对议事日程的最终控制④。但是，达尔并不因此而否定它的价值，他仍然把它当作最好的国家制度；而克服这些缺陷的根本途径还在于更加完善多元主义民主，尤其是增进经济民主。

传统的多元主义理论主要产生并流行于英国，其现实基础是英国工会运动的发展和壮大。现代多元主义的产生和流行，主要是由于企业公司等利益集团而非工会在西方国家的作用。现代的多元主义转过来又影响了民主社会主义，并极大地影响了西方传统的自由主义思想和实践，成为西方世界意识形态的核心。

4. 马克思主义的民主理论

无论是精英民主理论、多元主义民主理论还是当代资产阶级政治哲学批判理论，都企图否定民主的本来意义和人民主权说，掩盖已建立起来的资产阶级政治统治制度的阶级实质。在批判资本主义制度基础上形成的马克思主义的民主理论，在很大程度上继承了古典民主主义，尤其是卢梭的人民主权思想。回答应该由谁来统治的理论，必然是一种革命的理论。

---

① 比尔．英国社会主义史：下卷．北京：商务印书馆，1959：325.

② 达尔．现代政治分析．上海：上海译文出版社，1987：21.

③ 有关达尔多元主义民主思想的系统表述，参见：达尔．民主理论的前言．北京：生活·读书·新知三联书店，1999.

④ 达尔．多元主义民主的困境．北京：求实出版社，1989：41.

列宁指出，民主是一种国家形式，一种国家形态，这是一方面；但另一方面，民主意味着在形式上承认公民一律平等，承认大家都有决定国家制度和管理国家的平等权利。这是马克思主义关于民主的经典定义，其中包括三层含义：

第一，民主就是“人民主权”，是一种阶级统治。“民主”的基本含义是“人民的权力”。但是，在阶级社会中，“人民”自然就是统治阶级，所以，民主实际上就是一种阶级统治形式。马克思、恩格斯指出：“工人革命的第一步就是使无产阶级上升为统治阶级，争得民主。”① 因此，马克思主义认为，不存在“纯粹民主”或“绝对民主”或“全体人的民主”。在阶级社会里，“民主”的形式是随着统治阶级的变换而变化的。“在古代希腊各共和国中，在中世纪各城市中，在各先进的资本主义国家中，民主的形式都不同，民主的运用程度也不同。”②

既然民主是一种阶级统治，那么在实现阶级统治的过程中，就必然要以“专政”来保障“民主”，亦即民主的实行要以暴力为后盾，这在任何国家都是一样的。但是，统治阶级为了更好地实现自己的统治，应该显耀的是民主而不是暴力，尽管民主与暴力是一个问题的两个方面。否则，被统治者和局外人就会惧怕被渲染了的充满暴力色彩的政治制度。例如，“文化大革命”时期的“全面专政”实际上并不利于无产阶级统治。

第二，民主是一种国家形式或国家形态。这里的“民主”，实际上是指作为政体的“民主制”。关于民主制与其他政体的差异，列宁指出：“君主制是一人掌握权力，共和制是不存在任何非选举产生的权力机关；贵族制是很少一部分人掌握权力，民主制是人民掌握权力（民主制一词按希腊文直译过来，意思是人民掌握权力）。”③ 因此，当国家消亡时，民主也就消亡了。指出民主与国家的联系，是为了说明无产阶级民主取代资产阶级民主，无产阶级国家取代资产阶级国家。

第三，民主意味着公民的平等和参政的权利。列宁说，工人在夺取政权后，必须立刻转到使所有的人都来执行监督和监察的职能，使所有的人暂时都变成“官僚”，因而使任何人都不能成为“官僚”。民主的权利主要表现为公民的选举权、监督权和罢免权。由此可见，在马克思主义思想体系中，“民主”概念的基本含义依然是“人民的权力”和“人民的统治”。

但是，在无产阶级民主建立之后，我们绝不能只满足于“人民的权力”，因建立了人民的政权而裹足不前；更重要的是应注重如何保障“人民的权力”“人民的统治”。在社会主义社会，“人民”是指以无产阶级为主的社会上的大多数人，如何使这些大多数人实现权力？“文化大革命”中，大多数人实现权力不受限制，少数人的权利得不到尊重和保护，结果导致了民主的歧变。因此，作为“人民的权力”的民主，首先是有限的多数原则，即多数人的权力应受到限制。

如何限制与制约绝对的权力？这就需要健全民主制度和政治程序，诸如选举制度、代表制度。这意味着，人民的统治和权力是通过代表他们意志的代表来实现的。在健全的代

① 马克思，恩格斯．马克思恩格斯选集：第1卷．2版．北京：人民出版社，1995：293.

② 列宁．列宁选集：第3卷．3版．北京：人民出版社，1995：699.

③ 列宁．列宁选集：第4卷．3版．北京：人民出版社，1995：32.

表制里，多数原则主要是“决定谁当决策者”，而不是多数人如何决策。管理总是少数人的事，这在任何情况下都是真理。考虑到选举的多级性及多次性，多数原则既实现了多数人的权力，又保护了少数人的权利。在“人民”这个集合概念中，多数人加少数人，才构成完整的“人民”；若在人民中多数人的权力绝对化，就排除了人民中少数人的权力，少数人也就成了“非民”了。

5. 协商民主理论

协商民主理论是20世纪80年代以来西方政治思想研究和政治实践的一个重要成果，代表人物有美国政治哲学家罗尔斯、英国政治社会学家吉登斯和德国知识分子领袖哈贝马斯等人。协商民主是指政治共同体的自由、平等的公民和团体，通过协商或公共协商而参与立法和决策等政治过程，以对话、讨论、辩论、审议等具体形式而达成政治共识，赋予立法和决策以合法性的治理形式。

无论是精英民主主义还是多元民主主义，都属于代议民主和多数民主的范畴，但其民主形式则是由国家规模决定的以选举为基础的远程民主。协商民主是对远程民主或选举民主的重要补充，因为简单的多数原则、代议制、远程通信都无法充分体现全体民众的真实意愿，无法形成有利于公共利益的决策。因此，协商民主理论认为，无论是代议民主还是远程民主，都与现代公民的要求和社会的发展有不相适应的地方。公民与官员之间就共同相关的政治问题进行直接的面对面的对话与讨论，是民主政治最基本的要素之一，也是任何其他方式所不能取代的。政府与公民的协商，是实现民主决策的必要环节，同时这种协商本身就是民主的实践。它既是公民政治参与的现实形式，也是培养公民民主精神的重要渠道，因而有利于增加政治合法性的基础。

协商民主的理论基础是自由主义和批判理论。自由主义的核心原则是个人行为受自我利益而非公共利益的驱使，自由主义希望设计一套制度安排消除超越于宪法的力量而保护个人利益；批判理论主要关注个人和社会如何摆脱压制性力量而获得进步性解放，强调民主参与对公民精神培养的意义。协商民主理论超越了自由主义与批判理论，既肯定公民积极参与政治，又尊重国家与社会的界限，力图通过完善民主程序、扩大参与范围、自由平等的对话来消除冲突，保证公共理性和普遍利益的实现。

需要指出的是，协商民主在我国有着悠久的历史和丰富的政治实践，如政党之间的政治协商制度、政府与社会之间的听证会制度、基层政治中的恳谈会、社区内部的议事会等。当然，作为与我国选举民主并行的一种重要民主形式，协商民主在我国需要进一步建设和完善。

概括来说，首先，民主意味着“人民的权力”。其次，“人民的权力”在实践中体现为有限的多数原则，即多数人的权力不是绝对的、无限的。最后，有限的多数原则是靠制度和程序来保障的。因此，在无产阶级统治确立以后，重要的是民主制度和民主程序的建设，否则，“人民的权力”就是一句空话；即便实现了，也可能是变形了的民主。

二、政治民主的社会条件

如前所述，现代国家一般都把民主视为公民参与政治的程序与制度。规则有了，作为实现民主手段的代表制也建立起来了。但是，在实践中，民主有时可以完全成功，有时却可能完全失败。能取得何种程度的成功，恐怕与实现民主必须具备的各种基础有密切关系。作为政治的民主不是单独的存在，它与经济、文化和社会都有这样或那样的关系。

1. 经济发展与民主

不能简单地说社会经济发展状况决定民主的实现程度，否则我们既不能理解古希腊政治中的直接民主，也没有办法解释英国中世纪所确立的“王在法下”的传统，还不能解释为何经济并不发达的美国一开始就建立了三权分立制度，更不能解释今天在经济上远比200多年前的美国发达的一些国家仍然不能实现民众的基本权利。其实，中外历史已经告诉我们，经济的发展状况与政治制度的协调程度并不总是成正比例关系。

但是，对民主的产生和发展而言，经济因素确实重要。历史同时告诉我们，民主形式的变化和民主程度的提高，是由社会经济条件的发展变化促成的，例如前述的英国选举权的扩大的过程。抽象地说，经济基础对民主的影响表现在以下方面：

首先，商品经济的发展程度决定民主实现的程度。近代以来，民主程度的不断提高，民主推广到全社会，这是因社会生产的发展而实现的。在历史上，商品经济的发展极大地推动了民主程度的提高。商品经济以平等、自由和契约为原则，它完成了从身份社会向契约社会的转变，或者说由特权社会向法治社会的转变。例如，商品经济中的自由平等原则表现为参与者权利平等和自由原则；契约原则表现为法治原则。因此，高度的民主政治有赖于商品经济的高度发展、市场经济体制的完善。

其次，市场经济决定了利益的多元化，利益主体互动的过程既体现了社会自治，又体现了国家与社会之间的互相尊重。在市场经济中，国家权力不可能垄断一切，社会组织的活动空间增大，自主性增强。因而，可以说，市场经济本身就是一种自由，而自由是民主的绝对前提。

解决发展与民主的关系问题，一直是政治学的重大议程。美国著名社会学家李普塞特在1959年说的一句“经济发展带来民主”引发了经久不息的争论。20世纪60年代，亨廷顿提出了反命题，即经济发展导致政治衰败的现实。第三波民主化又使得经济发展与民主的正相关关系受到追捧。1992年出版的《资本主义发展与民主》指出，经济发展削弱了民主的最大障碍阶级即地主阶级，培养了有利于民主的城市工人阶级，从而最终有利于民主的产生①。在这一重大议程上，普泽沃斯基的《民主与发展》一书具有里程碑意义，并进一步激发了大论战。

在普泽沃斯基看来，经济发展和民主制度之间的确存在显然的正相关关系，但这种正相关关系可以有两种诠释方式：第一，经济发展“引发”民主化。这种诠释，普泽沃斯基称为“内生性解释”。第二，民主化可能由其他因素引发，而经济发展仅仅是有利于支撑已形成的民主制度。这种诠释，普泽沃斯基称为“外生性解释”。普泽沃斯基系统驳斥了关于经济发展与民主制度关系的“内生性解释”。他指出，民主制度的发生可以与经济发展没有多大关联，引发民主化的可以是战争、某个独裁者的死亡或者经济危机。总之，民主化可以随机发生在任何经济发展水平上。那么，如何解释在富有国家民主制度比穷国更

① RUESCHEMEYER D，STEPHENS E H，STEPHENS J D. Capitalist development and democracy. Polity Press，1992.

普遍呢？普泽沃斯基转向“外生性解释”，即，经济发展不一定引发民主化，但是一旦民主化，经济发展更有利于民主制度的存活。由此，历史慢慢积累出了越来越多的富有民主国家①。

社会经济条件对民主的程度与民主制的形式有着重大影响。即使在今天的资本主义民主比较发达的西方社会，如果参与者的物质要求得不到满足，民主也难以保证。此外，当经济不平等的情况严重时，也不适于民主。经济不平等不仅会阻碍参与，而且会使许多人的参与失真。民主理论家科恩虽然反对经济决定论，但他认识到，少数人拥有巨量财富而多数人陷于相对贫困之中，就会为少数人操纵甚至控制政治参与提供机会。

总之，“民主的经济条件不仅涉及公民自己的绝对情况，也涉及他们的相对情况。经济平等不是民主严格的条件，但如果民主要取得最大成效，就必须消灭经济上严重的不平等”②。科恩又说：“马克思主义者坚认拥有几个政党、有言论自由以及他们称之为民主的‘装饰’的政府都是骗局，都是只有民主的形式，而不具备民主的内容。这一批评常常是正确的。”③ 科恩还说，发达国家的民主理论家常常由于享有经济繁荣，错误地忽视了物质条件对民主的必要性。对于经济因素对民主的重要性，发展中国家的认识最为深刻。一些发展中国家民主政治的失败和一些发展中国家权威主义模式的成功证明了这样一个道理：完善的市场体系和发达的商品经济是民主政治的基础；而在那些尚不具备这种基础的国家，形式上完美的民主却使国家的现代化举步维艰。因此，政治与经济应均衡发展。

2. 政治文化与民主

我们绝对不能简单地说某种文化有利于民主或某种文化不适合民主，因为民主已经成为世界性政治，它不但在基督教世界运行，也发生在儒教文化国家和伊斯兰国家。政治文化（或曰公民文化）与民主的关系问题一直是民主化的研究重点，最早做系统研究的当然是阿尔蒙德和维巴的《公民文化》一书，后来亨廷顿在《第三波——20 世纪后期民主化浪潮》中强调政治文化对于民主转型和巩固的作用。应该说，目前影响最大的是英格尔哈特的《现代化、文化变化和民主化》④ 一书，英格尔哈特在“经济发展”和“民主化”之间加入了一个中间变量“政治文化”，即如果经济发展引发民主转型，它首先要通过改变一个国家的政治文化：

第一，“经济发展”分为“工业化阶段”和“后工业化阶段”。在他看来，工业化阶段的经济发展未必会促进民主文化，而后工业化阶段则显著地促进民主文化，这是因为工业社会标准化、机械化的生产方式仍然是在鼓励一种等级化、纪律化的文化心理。相比之下，后工业社会的生产方式往往灵活多变，个体创造性和自主思考成为重要的生产要素。

---

① PRZEWORSKI A, ALVAREZ M E, CHEIBUB J A, LIMONGI F. Democracy and development. Cambridge: Cambridge University Press, 2000.

② 科恩. 论民主. 北京：商务印书馆，1988：119.

③ 同②118.

④ 本部分关于英格尔哈特的研究取自：刘瑜. 经济发展会带来民主化吗?：现代化理论的兴起、困境与复兴. 中国人民大学学报，2011 (4)；英格尔哈特. 现代化与民主//伊诺泽姆采夫. 民主与现代化. 北京：中央编译出版社，2011.

第二，政治文化是一个很大的“箩筐”，不同的学者关注的要素可以很不同，有的关注“社会资本”，有的关注“规则意识”，有的关注“政治信任”。英格尔哈特将他所关注的核心要素称为“自我表达的价值”（self-expression values）。所谓“自我表达的价值”，是与个体自主性联系在一起的，“对个体选择的强调是自我表达价值的核心”。它是一种以个人主义为表现形式的人文主义。他的研究表明，“自我表达的价值”比其他政治文化要素都更能解释一个国家的民主程度。其他要素，比如民众有多信任政府，民众口头上有多认同民主，或社会中是否有密集的自发组织，对这个国家是否民主没有显著影响。在他看来，在后工业社会之前，占主导地位的价值观念是“生存价值”，但随着后工业社会出现，人们“自我表达的价值”不断增强，而“自我表达的价值”是民主转型与民主稳固的基本动力。

第三，区分了“形式民主”和“有效民主”。形式民主即选举式民主，这种民主很容易实现；有效民主不仅意味着在形式上有多大程度的公民权利和政治权利，而且意味着官员在多大程度上尊重这些权利。过去几十年左右“不自由的民主”“选举式威权体制”“竞争式专制”等“肤浅民主政体”的涌现使区分形式民主和有效民主变得必要。

在重新梳理上述概念之后，英格尔哈特对经济发展、政治文化和民主制度之间的关系做了量化分析：

首先，在经济发展和政治文化这两个变量之间，经济发展高度影响一个社会的基本价值取向。经济发达的国家，“自我表达的价值”明显偏高，经济中等的国家，“自我表达的价值”居中，而贫穷国家则偏低。当然，其数据也显示，虽然经济发展往同一方向促进文化变化，但各地文化遗产的影响也清晰可见。

其次，在政治文化和民主制度这两个变量之间，英格尔哈特也发现，“自我表达的价值”显著地影响民主的出现以及质量。“自我表达的价值”越强，形式民主和有效民主的程度都越深。“当超过 30%的人口强调自我表达的价值时，形式民主倾向于出现；当 45%的人口强调自我表达的价值时，真正的有效民主倾向于出现”。这当然不是说，文化与制度具有决定论的关系，毕竟制度除受文化影响以外，还受精英选择的影响。

3. 社会自治与民主

无论是资本主义民主，还是社会主义民主，其实现程度均有赖于社会自治。作为多元化的资本主义民主，更是直接受限于社会自治。达尔说：“独立的社会组织在一个民主制中是非常值得需要的东西，至少在大型的民主制中是如此。一旦民主的过程在诸如民族-国家这样大的范围内被运用，那么自主的社会组织就必定会出现。而且，这种社会组织的出现，不仅仅是民族-国家统治过程民主化的一个直接结果，也是为民主过程本身运作所必需的，其功能在于使政府的强制最小化，保障政治自由，改善人的生活。”① 达尔认为，多重独立的社会组织的存在，提供了一种相互控制的机制，从而能有效地抑制权力的扩张性和支配性。

社会主义民主不同于资本主义民主，它比资本主义民主更民主，其本质就是要完成社会向完全自治的转变，实现马克思提出的“人民自己实现的人民管理制”。我国宪法规定：

① 达尔．多元主义民主的困境．北京：求实出版社，1989：1.

人民依照法律规定，通过各种途径和形式管理国家事务，管理经济和文化事业，管理社会事务。

一般说来，国家事务要由国家权力机关来管理；而社会管理经济、文化和其他一切社会事务，则可以通过社会自治的方式去实现。邓小平曾指出，官僚主义的体制原因就在于政府管理一些不该由政府管理的事务。事实上，社会并不是在所有的领域内都丧失了管理自己的能力，相反，在众多的社会领域中，完全具备社会自治的可能性和条件。如经济领域中企业的自主经营，文化领域中艺术生产和精神生产的独立性，以及社会办教育、体育、福利、环境卫生等事业，都属于社会自治的范围。社会自治可以形式多样，如企业中的职工代表大会、行业中的协会组织、文化事业单位中的学会以及各种福利组织、基金会等。其实，社会自治不仅适用于社会自行管理的社会事务，而且一些国家事务在中国已自治化了，如农村中的村民委员会，城市里的街道居民委员会，都是自治性组织。

社会自治是一种直接民主；但作为社会民主，它又为政治民主提供了基础和制约机制，实际上是以社会权力制约国家权力。

第二节 政治民主的制度化类型

一、自由主义民主政治

作为一种政权组织形式的民主，最早出现于古希腊雅典共和国，恩格斯称雅典国家是“具有很高发展形态的国家，民主共和国”①。这种小国寡民状态下的直接民主消失后，欧洲经历了长时间的中世纪黑暗统治。

以“自由、平等”的民主口号为旗帜，新兴的资产阶级和广大无产阶级经过艰苦奋斗，建立了资本主义民主制度，从而促进了政治现代化、经济发展和思想的创新。迄今为止，资本主义民主不断自我修复，制度化达到较高程度，其形式也日趋完备。在概念表述上，第二次世界大战后，资本主义民主也被置换为自由主义民主，从而更具有理论的迷惑性。

资本主义民主制度主要包括议会制、普选制、政党制和三权分立原则。简单地说，是一种经多党竞争而产生政权的民主制度，因此又可以称为“党争民主”。

议会制是资本主义民主的标志，由于其成员均为直接或间接选举产生，因而被视为“人民主权”的物质形态，也被宪法授予最终控制权。这种地位在内阁制国家尤为明显。议会的地位随历史的变化而变化。最初，议会至上，司法权、行政权相对薄弱。随着行政权日益膨胀，司法权逐渐独立，议会的至尊地位有所削弱。

普选制是指所有成年公民除依照法律被强制剥夺选举权之外，不受任何资格限制，普遍地享有参与选举的权利。它依据普遍原则、平等原则、直接原则、秘密投票原则进行选举。选举程序包括组成选举机构、划分选区、选民登记、候选人提名及竞选、投票和唱票等环节。

政党制是西方资本主义民主的重要支柱，是资产阶级内部各种政治势力的一种平衡

---

① 马克思，恩格斯．马克思恩格斯选集：第4卷．2版．北京：人民出版社，1995：118.

机制。

三权分立原则体现了权力制衡思想，是资本主义国家政治机器的组织原则。三权分立主要指国家立法权、行政权、司法权之间的独立与制衡关系。美国是最典型的三权分立国家，既有横向的制衡，也有纵向的制衡。

资本主义民主是人类发展过程中的一个巨大的进步。在人类历史上，在新兴资产阶级和劳动人民反对封建专制制度的斗争中，形成了民主和自由、平等、博爱的观念，这是人类精神的一次大解放。资本主义民主彻底否定了封建专制，使人们得以从独裁、神权中解放出来，用理性的眼光看待世界。

资本主义民主首次从法律上确认了公民的自由、平等权利，并不断扩大和发展个人权利。因此，资本主义民主不但在资产阶级内部实现了民主，并在不同程度上把民主扩展到全社会。资本主义民主第一次肯定了个人的价值，并从社会权利、经济权利、精神自由和人身自由权利、政治权利上规定了公民的具体权利。尽管这些民主权利在很大程度上还是一种形式民主，但形式民主相比形式不民主的优越之处无须多言。形式上的民主也为以后无产阶级争取更大民主准备了法律依据和政治途径。因此，公民素质的提高和民主形式上的完备都将最终促进政治民主化，使形式民主最大程度上接近事实民主。

资本主义民主确立了法治原则。在封建国家中，或者没有专门的法律，“朕即法律”；或者有法律，但法律的执行完全凭个人的标准。因此，人治往往意味着专制、腐败。资本主义民主通过完善的法律体系，保障公民权利，捍卫其民主制度，管理国家与社会，追求制度化和法律化的统一。

再者，资本主义民主促进了经济的迅猛发展。资产阶级在民主制度的保护下，自由地发展资本主义经济，“资产阶级在它的不到一百年的阶级统治中所创造的生产力，比过去一切世代创造的全部生产力还要多，还要大”①。

最后，资本主义民主促进了无产阶级革命的发展。从历史的观点看，推翻封建专制，是资产阶级和无产阶级共同的任务。资本主义民主的建立，既是对封建独裁的否定，亦为社会主义民主作了制度准备。由于资本主义民主扩大了公民的自由权利，无产阶级才得以学习和传播马克思主义，通过学术自由、言论自由、出版自由，宣传社会主义思想。在资本主义的政党制度下，无产阶级建立了自己的政党，并以此来团结广大群众，增强与资产阶级较量的实力，并成为推翻资产阶级统治、建立社会主义民主的领导力量。正如列宁所说：“只有资本主义，凭借城市的文化，才使被压迫的无产者阶级有可能认清自己的地位，创立世界工人运动，造就出在全世界组织成政党的千百万工人，建立起自觉地领导群众斗争的社会主义政党。没有议会制度，没有选举制度，工人阶级就不会有这样的发展。”②但是，从本质上讲，资本主义民主是统治者的统治工具，其核心是维护资产阶级的利益。“金元政治”使得民主的各种制度极易为资产阶级操纵和利用。

二、社会主义民主政治

社会主义民主是以资本主义民主为基础产生和发展而来的。社会主义民主与资本主义

① 马克思，恩格斯．马克思恩格斯选集：第1卷．2版．北京：人民出版社，1995：277.

② 列宁．列宁选集：第4卷．3版．北京：人民出版社，1995：38.

民主之间既有某些形式上的一致性，也有原则性的区别。相对于资本主义民主，社会主义民主是一次质的飞跃。从马克思主义的历史逻辑看，社会主义民主是人类历史上最高阶段的民主。

从内容上看，中国的社会主义民主政治包括：人民代表大会制度、选举制、中国共产党领导的多党合作和政治协商制度，以及民主集中制原则。

人民代表大会制度是指我国的一切权力属于人民，人民在民主普选的基础上选派代表，组成全国人民代表大会和地方各级人民代表大会，作为行使国家权力的机关；其他国家机关由人民代表大会产生，受人民代表大会监督，对人民代表大会负责，人大常委会向本级人民代表大会负责，人民代表大会向人民负责。

选举制是我国人民代表大会制度的基础，它保证公民享有真实的选举权和被选举权。根据国情，我国基本上采用地域代表制，只有少部分代表产生于功能团体。1979 年修改的选举法将直接选举的范围扩大到县级，等额选举改为差额选举，这无疑是我国民主建设的进步。

我国的政党制度是中国共产党领导的多党合作和政治协商制度。民主党派在政治协商会议中参政议政，并进行民主监督。

民主集中制是我国的组织原则。民主集中制下的民主和集中都不是原来意义上的独立的民主和集中，而是民主协商后的集中和以集中保证效率的民主。在政党政治上，民主集中制是少数服从多数和下级服从上级；在国家与政府层次上，首先表现为党的领导原则，在党的绝对领导下产生人民代表大会，并由人民代表大会产生政府。

社会主义民主的本质是人民民主专政。我们也应该看到，社会主义民主尚待完善。推翻了封建统治，赶走帝国主义势力，建立了一个全新的国家，仅仅是为民主提供了前提。只有建立民主机构，完善民主制度程序，改善国家民主生活，才能一步步实现民主。而这些机构、制度、行为只有通过国家立法，才能得到切实保障。没有法律制约的民主，很可能走向个人专制。单纯的制度化不能建立民主，只有制度化与法律化相结合，民主形式才能逐步完备。因此，民主建设最直接的途径，就是进行政治体制改革。

从公民个人角度而言，中国的民主观念和民主实践都还停留在较低的水平。中国与西方国家有不同的传统，民主思想是近代以来从西方传播过来的。民主思想在中国的发展，则更为迟缓和漫长。因此，尽管我国法律规定了公民享有广泛的民主权利，但由于缺乏民主观念，大多数公民还不习惯于享受权利，履行义务，积极主动地推动民主进程。因此，民主意识的启蒙，民主实践的训练，都是民主建设中值得关注的问题。

从民主的条件和现实情况来看，我国的民主建设应从以下几个方面着手：

其一，大力发展市场经济。如前所述，市场经济是现代民主政治的必要基础。

其二，发展教育，培养民主观念。民主观念的强弱与教育程度有密切关系，民主观念的培养有赖于全方位的教育。这里的教育，除了正规学校的教育之外，还包括舆论引导、家庭传播、社团影响等信息沟通的途径。其中，新闻媒体在民主建设中起着重要作用。我国的新闻媒体主要发挥着反映民意、传播信息、进行监督三项职能，这些职能发挥得越充分，则民主程度越高。它既能促进人民表达自己的意愿，又能帮助国家获得信息，在国家与人民的互动过程中，推动民主进程。

其三，加强法治建设。民主的实行和保障，不能仅仅依靠习惯、道德或传统，而更要依靠法律约束。在立法、司法和执法三个环节中，我国在立法工作上已取得突出成绩。问题主要表现在司法和执法上。司法队伍素质急需提高。执法中，人治仍然起着很大作用，执法不严、违法不究的现象也都在一定程度上存在着。法治的程度，影响着民主的程度。法治既是对于公民享受民主权利的保护，也是对于侵害民主的行为的限制。

其四，政治改革是建设民主政治的现实的途径。

三、民主转型问题

从20世纪70年代中期到20世纪80年代末，国际政治和很多国家（地区）的政治发生了急剧变化，即从南欧的西班牙和葡萄牙，到东亚的韩国和中国台湾，再到苏联、东欧和拉丁美洲，发生了世界范围内的政治转型，出现了亨廷顿所说的第三波民主化，即从威权主义或斯大林模式转向资本主义民主即自由民主。

不同国家的转型有着不同的原因。就以韩国为代表的威权主义国家而言，首要原因是市场经济发展所提供的坚实经济基础。在朴正熙独裁的20世纪六七十年代，韩国政府贯彻“经济发展第一”的方针，执行政府主导型的市场经济政策，依靠集权主义的官僚体制通过权力高度集中，摧毁一切不利于经济发展的障碍，大力扶持大型企业，整个国家就像一个大公司，总统就是总经理，政府是企业管理机构，各个企业只是生产车间或销售机构。朴正熙时期的韩国政治体制被学者们冠以发展型国家（developmental state）、发展型政府（developmental regime）、开发独裁（developmental dictatorship）等名称。韩国经济就在这样的高度威权主义之下高速发展着，从1962年到1979年国民生产总值由23.2亿美元增加到636.1亿美元，年平均增长率为9.5%，人均国民生产总值由1962年的87美元增加到1979年的1 640美元，年平均增长率为18.9%。这一发展速度被誉为“汉江奇迹”。进入20世纪80年代，韩国经济继续高速发展，一跃成为先进的工业国，实现了经济的现代化①。经济现代化改变了社会结构，中产阶级成为社会的主体力量。随着工业化的推进，韩国的白领阶层数量有了显著增加。1970年，中产阶级占劳动人口的30%，到1980年，就增加到40%。80年代后期，79%以上的人认为他们属于“中产阶级”②。这种中产阶级意识的形成对他们的政治态度和政治参与及政治行为具有重要影响。这样，市场化带动了工业化，工业化带来了城市化，而城市化则带来了中产阶级。经济结构和社会结构的变化为政治变革提供了前提。还应该看到，对于韩国这样规模小而国际化程度高、对外依赖性强的国家而言，国际环境对于国内政治的变革是不可忽视的重要变量。

对于苏联这样的大国而言，政治转型的原因似乎具有戏剧性。一般而言，制度化僵硬使国家失去了创新能力，制度难以有效运转，人民的需求不能得到有效满足，因此有了经济改革。经济改革的失败把国家推向政治改革，而政治改革的战略失败则直接导致国家失败，因此在经济结构和社会结构都没有得到改造的条件下，国家在一夜之间由“集权主义”转向“自由主义”。因此，苏联式转轨的根本原因是制度失效，而直接原因则是，在

① 尹益洙．韩国由权威主义向政治民主化转型的回顾与思考．江苏社会科学，2001（3）．

② 杨鲁慧．中产阶级的崛起与东亚政治转型．当代亚太，2006（1）．

国家权力高度集中的体制下，一个人的失败即戈尔巴乔夫的错误选择就能导致国家的失败。

一个集权的体制转向分权的体制，这是对国家命运的重大挑战。有的国家在转型中依然能有效治理，如韩国和波兰等；而有的国家因转轨出现政治衰败和经济衰退，如叶利钦时期的俄罗斯和拉丁美洲的一些国家。很自然地，"民主巩固"问题就成为有关国家的政治家和政治学的重要课题。

民主巩固是一个有争议的概念，争论点首先是关于后威权主义民主体制发展到什么程度才算是巩固的，这个巩固需要多长时间。研究转型的学者一般都认为，在一个民主体制及其政治、社会和经济制度足以应对可能爆发的危机之前，它不能算是巩固的。普热沃尔斯基认为，当一个制度"成为城市中唯一的游戏规则"时，这就是民主的巩固①。这意味着在那里，所有相关的行为者的行为都是按照民主的规则运行，这还意味着那些失去了政治权力的人如果想要重新获得权力，也只能按照合法的民主规则来运作。按照这一观点，人们的行为，尤其是政治精英的行为，成为民主巩固的决定性因素。从政治转型和民主巩固的实践出发，林兹和斯蒂芬提出，"巩固的民主"本质上是民主已经成为"城镇的唯一游戏规则"。具体而言，"巩固的民主"概念是指：

（1）在精英行为上，当国家、社会、经济、政治或制度的重要行动者不再动用重要的资源，通过建立非民主政体或外部干涉以分裂国家来达到自己的目标时，民主政体得到了巩固。

（2）在公众态度上，当绝大多数民众深信民主的程序和制度是管理集体生活的最合适方法时，当反体制方案得不到支持或者被亲民主力量所孤立时，民主制度得到了巩固。

（3）在民主政治上，只有在权威政治遗产不再对民主制度构成威胁时，即像军队、教会、大地主、金融和商业寡头这样的传统的权势阶层和集团以及政治决策者的行为不再能超出民主的规则所限定的范围的时候，民主制度才能说是巩固的②。

民主的巩固过程其实就是民主规则的习惯化和稳定化的过程。为什么有的国家的民主制度能在较短的时间内得到巩固而有的国家要经历很长的时间？有的甚至因实行民主制度而导致政治衰败？经济发展水平、政治文化、社会结构和宗教信仰无疑都是重要的因素。此外，一些经验研究认为总统制比内阁制更不利于民主。因为总统的选举是"零和博弈"，胜者全得而输者全失，容易引发政治动荡。林兹认为总统制会带来代表性不足、行政与议会冲突、不利于政党政治、容易产生政治强人等不利于民主的因素，因而提出了"总统制的危害"（perils of presidentialism）这一概念③。普热沃尔斯基甚至认为政治转轨中总统制容易导致政变④。尽管如此，制度选择是由一系列因素决定的，制度是因变量。而制度

① PRZEWORSKI A. Democracy and the market，political and economic reforms in Eastern Europe and Latin America. Cambridge：Cambridge University Press，1991：131.

② LINZ J J，STEPAN A. Problems of democratic transition and consolidation Southern Europe，South American，and PostCommunist Europe. The John Hopkins University Press，1996：6.

③ LINZ J J . The perils of presidentialism //Dizmond L，Plattner M F，eds. . The global resurgence of democracy baltimore. Johns Hopkins University Press，1993.

④ PRZEWORSKI A. Democracy and the market，political and economic reforms in Eastern Europe and Latin America. Cambridge：Cambridge University Press，1991.

一旦被选定，就会变成自变量，对社会各方面产生重大影响。

四、党争民主的同质化条件

在民主转型之后出现了大规模的民主回潮和无效民主，为什么呢？不仅如此，作为自由民主样板的欧美也出现了民主的危机，这又是为什么呢？我们研究的结论是，民主的条件比民主形式本身更重要，这个条件就是同质化问题。

这是因为，政党竞争其实是政治组织之间的竞争，而政治组织的基础要么是传统的阶级，要么是种族，要么是教派。这样，在存在严重的阶级对立、种族冲突和教派（文明）冲突的地方，党争民主必然导致社会撕裂和无效治理。非洲、南美、大中东、乌克兰、泰国等地区和国家，曾因为缺少同质化条件而招致国家分裂、内战、动荡和无效治理，特朗普当选和法国极右势力坐大，都表明现在欧美国家正面临同样的政治困境。因此，福山说美国已经是“政治衰败”。福山之所以这样说，是因为他看到政党极化政治、利益集团之争和政治司法主义，其实这些不过是表面的政治现象，而这些政治现象的后面则是西方社会结构的深刻变化，美国异质化的社会结构导致其“政治衰败”。

民主说到底是一种政体形式，相比较君主制、贵族制，实现民主政体的条件更为苛刻，因为作为人民主权之“人民”，是最有歧义的政治概念。在一群普通人中，被政治动员起来的普通人可能变成“非我族类”，反目为仇，变成敌我关系，而党争则将这种对立性关系制度化，加剧这种社会对立。因此，人民主权是历史必然，但如何实现人民主权则需要比较政治发展的经验与教训，寻找实现人民主权恰切的社会条件。

从世界史到今天的世界政治现实，选举民主作为实现人民主权的方式至少需要满足以下要素所构成的同质化条件：

国家认同。现代国家，尤其是具有一定规模的国家，大多都是由多民族构成，如果多民族之间存在民族对立，乃至要求一族一国的民族自决权，则直接威胁一个国家的统一。众多现代国家就是这么来的，民族主义和民主主义是一对孪生兄弟，相互借势，相互拔高，结果国家越来越多。联合国成立时其成员有 54 个，今天则有 200 个左右，仅苏联解体和南斯拉夫分裂就新生出 20 多个国家。因此，国家认同是民主的前提性条件，如果因人民主权的理想而搞丢了国家，可谓“皮之不存，毛将焉附”，国家是实现人民主权的基本结构。

共享信念。观念历来是政治的关键性要素，世界是观念的矛盾体。也就是说，世界是由不同的、充满矛盾性乃至冲突性的观念所构成，西方历史上的很多战争不是为了争夺领土、财富等资源，而是因争夺思想领导权而发生的宗教战争。所以，“文明的冲突”不但是现实存在的，也是历史性的。而且，“文明的冲突”不再只是国家与国家之间的断层线上的冲突，一国之内既可能存在教派冲突，也可能存在新型的意识形态冲突。断层线之间的冲突是国家间或地区间的战争，而一国之内的“文明的冲突”必然导致难以收拾的内乱。重大教训是，当初美国推动“大中东民主计划”的时候，根本不考虑中东地区固有的教派冲突，盲目把自己的民主模式即党争民主引入伊拉克，结果党争民主促使教派冲突制度化，成为教派冲突的制度化平台。值得注意的是，固有的社会分裂会因党争民主这个制度化平台而加剧，党争民主还会因政客的需要而制造出社会分裂，比如中国台湾地区的族群撕裂。也就是说，党争民主必然有制造观念冲突、社会分裂的内在功能。

基本平等的社会结构。西式民主的信条是“没有中产阶级，就没有民主”。确实，西方资本主义革命若干年之后，社会结构演变为椭圆形，因此选举民主逐渐扩大并形成普选制度。这样的社会结构有助于形成政治共识，政党之间的政纲差别不会太大。但是，为了其“民主革命”，西方国家忘却了自己的历史，不顾社会条件地向发展中国家推行选举民主；由于社会科学知识的滞后，发展中国家的知识精英也简单地将西方发达的原因当作民主政治的结果，其实普选政治是西方国家形成中产阶级主导、国家基本定型之后的产物。结果，在城乡二元化社会结构中搞党争民主的国家，诸如在南亚、东南亚和非洲很多部落制国家，以及南美的城乡对立的国家，民主政治的结果总是事与愿违。

过去我们常说民主是分配权力，而法治是约束权力的制度安排，法治是民主的前提。但是，法治无力解决国家认同危机、政治信念分裂和社会严重不平等，或者说法治无法自动实现民主的同质化条件，民主的社会条件大于法治。案例就在眼前，即使那些一直享有法治传统的欧美国家，当党争民主面临异质化社会条件而带来的无效治理时，法治并不能助其一臂之力。

西式民主在欧美一些国家已经陷于困境之中，因为以党争民主为核心的西式民主的社会条件已经发生了重大变化，同质化条件演变为异质化文化，目前美国、法国因此而发生的政治危机最为典型。其实，历史上的美国因国家认同危机而引发过残酷的南北内战，法国资产阶级革命后更因为异质化文化而内乱长达一个半世纪之久。

国家认同危机。美国一直是一个移民国家，但20世纪60年代之前的移民主要来自欧洲，美国和欧洲大致属于同文同种。也就是说，党争民主一直在盎格鲁-撒克逊族群中进行，而且不仅把土著人即印第安人排除在外，还对其进行今天所说的“种族清洗”。但是，20世纪70年代之后，移民主要来自非西方国家，尤其是南美。根据美国人口普查局的资料，2010年新出生的婴儿中，非白人已经超过白人；2014年，新注册小学生的非白人第一次超过了白人。到2035年左右，美国的非白人人口将超过白人。南美的移民已经不是个体化的而是群体性移民，因而能很好地融入美国文化，享有自己独立的社区、语言和生活方式。这意味着什么呢？人口结构的变化已经产生了一个有色人种的总统奥巴马，因此才会有白人的最后一搏而拼出一个主张白人至上的特朗普总统，那么人口结构发生根本变化之后的选举会是什么结果呢，不难预测。

其实，颇有先见之明的亨廷顿在其最后一本书《谁是美国人?》中就指出，新型移民群体难以同化，美国国民性危机已经形成。比如，几千万移民美国的墨西哥人，并不认同美国，使得美国足球队与墨西哥队在加州比赛都感觉不像在自己的主场。在美国历史上，从未有过移民群体共说一种非英语的语言的现象，而在美国的墨西哥人都说西班牙语。美国南部的“拉丁化”让美国白人忧心忡忡。

法国的情况更严重。“用子宫打败欧洲”是难民潮中出现的一个口号，因此才有欧洲极右势力比如勒庞的坐大。这只是眼前的危机，更大的危机还在后面。在一代人的时间内，法国穆斯林人口将超过白人，届时党争民主的结果不言而喻，所以法国白人的危机感极强。

国内的“文明冲突”。欧美历史上的党争民主一直在自由主义居主导地位的意识形态下进行，左右政党其实都是在自由主义的谱系上。但是，今天的欧美不但存在所谓的左右政治，即传统的社会主义和资本主义之争，还存在民族主义政治即黑人-白人之间的矛盾、本土和移民之间的矛盾。特朗普当选反映了美国的上-下矛盾（阶级矛盾）、左-右矛盾（意识形态）和黑-白矛盾（民族关系），综合性地表现为白人至上的“美国信条”与文化多元主义之间的“文明的冲突”。

被称为美国立国价值的“美国信条”，讲的是以基督教清教伦理为核心、以盎格鲁-撒克逊文化为内涵的一套价值体系，是欧洲白人的信仰。但是，20 世纪 60 年代美国黑人民权运动有力地推动了美国少数族裔的文化权力的发展，到了 20 世纪 80 年代最终形成了作为“政治正确”的文化多元主义：价值观多元化、道德标准多元化、生活方式多元化、授课语言多元化、婚姻形式多元化、家庭模式多元化、性行为多元化，等等。从政府机构和公共舆论，到社区和家庭学校，言必称“多元”，而且成为一种不能触碰的“政治正确”。

政治正确的文化多元主义是对以基督教文明为核心的“美国信条”的大颠覆，而特朗普所以能当选，在很大程度上就是代表了美国文化右翼的声音，以捍卫基督教文明而反击那些代表多元宗教的文化多元主义。因此，特朗普当选必然导致美国国内的“文明的冲突”，即基督教文明与文化多元主义之间的冲突。

社会不平等加剧。第二次世界大战之后的凯恩斯主义使得西方社会不平等控制在一定范围内，但是 20 世纪 80 年代开始大行其道的新自由主义极大地加剧了社会不平等。原因有二：一是社会形态的变化，即资本主义从农业资本主义、工业资本主义演变为当今的金融资本主义，从事金融行业所产生的收益不是传统的工业所能比拟的；二则是新自由主义说到底是一种主张“自发秩序”的学说，结果必然是扶强抑弱。1980 年，一个企业内部最高与最低收入之差不会超过 50 倍，而到了今天，最高与最低收入之差高达 550 倍。根据权威的《不平等的民主》，象征着不平等重要指标的最低工资，2006 年与 1968 年相比，实际价值下降了 45%。这就是“新镀金时代”的不平等的民主，结果便是 1%的美国人的民治民有民享。因此，揭示了金融资本加大不平等的历史的皮凯蒂的《21 世纪资本论》，才如此风靡全球。

社会不平等所导致的社会心理失衡，进一步加剧了“文明的冲突”和国民性危机。不平等的受害者，比如美国传统工业地区的白人工人，把失业和福利的削减都归结为外来移民，由此产生怀旧感；金融资本主义社会中的农民更有被剥夺感，保守的农民对“政治正确”的文化多元主义更是难以忍受。因此，特朗普当选可以说是美国异质化文化的一种反弹。

冷战时期，为了对抗社会主义阵营，西方建构了以自由主义民主为基础的思想体系，其中包括我们熟悉的“选举授权的政府才有合法性”。其实，当初理论建构者就提醒说，异质化文化的选举是很危险的，后来的理论家们包括达尔和萨托利，都强调没有政治共识的条件下选举政治的危险性。也就是说，自由主义民主理论所论证的西方政治都是同质化条件下选举式民主的合理性合法性问题。

但是，意识形态家们诸如福山，不顾条件地宣称“历史的终结”，认为代议制民主是人类最后的、也是最好的政体形式。代议制民主在非西方社会的后果已经有目共睹，即使在西方国家，当社会条件发生了根本性变化后，从同质化条件演变为异质化文化之后，以党争民主为主要形式的代议制民主也遭遇到巨大挑战，其实这种制度在历史上并不乏灾难，德国和意大利的法西斯政权都是代议制民主的结果，而第一次靠选举产生的独裁政权则是拿破仑的侄子路易·波拿巴。从历史到当下的现实，已经不能说选举式民主产生希特勒式独裁者是少数案例了。

目前世界上主要有两种政体形式：代议制民主和民主集中制。以党争民主为主要形式的代议制民主在非西方转型国家的灾难、在当今西方国家的困境，以及民主集中制在中国的成就，都说明历史并没有终结，历史在自己的演化进程中。

进一步阅读材料：

1. 毛泽东．论人民民主专政//毛泽东．毛泽东选集：第 4 卷．2 版．北京：人民出版社，1991.

2. 熊彼特．资本主义、社会主义与民主．第四篇　社会主义与民主．北京：商务印书馆，2000.

3. 坎安宁．民主理论导论．长春：吉林出版集团，2010.

4. 邓恩．让人民自由：民主的历史．北京：新星出版集团，2010.

5. 王绍光．民主四讲．北京：生活·读书·新知三联书店，2008.

6. 林尚立．协商政治：中国特色民主政治的基本形态．毛泽东邓小平理论研究，2007(9).

7. 杨光斌．观念的民主与实践的民主：比较历史视野下的民主与国家治理．北京：中国社会科学出版社，2014.

8. 杨光斌．让民主归位．北京：中国人民大学出版社，2015.

教学支持说明

（教学课件）

中国人民大学出版社政治与公共管理出版分社秉承“出教材学术精品，育人文社科英才”的出版宗旨，多年来，出版了大批高质量的公共管理、教育学、政治学、政治理论公共课教材和学术著作。

我们为本教材制作了相应的 PPT 教学课件，任何一位采用本书作为授课教材的教师均可免费获得该课件。为了确保该课件仅为授课教师获得，烦请您填写如下材料，并将相关信息通过 E-mail 发送给我们，我们将在收到相关信息后通过 E-mail 给您发送该课件。欢迎您加入我们的 QQ 群（全国政管教师交流群，群号为 236159213），或登录我社官方网站（www. crup. com. cn），注册并认证成为教师会员，以获得更好的服务。

我们的联系方式：

地址：（100872）北京市中关村大街甲 59 号文化大厦 1202 室

中国人民大学出版社政治与公共管理出版分社

电话：（010） 82502724　62514775（传真）

E-mail：ggglcbfs@vip. 163. com

QQ 群：236159213

兹证明____________大学/学院____________院/系____________专业____________学年第____________学期开设的____________课程，采用中国人民大学出版社出版的____________（书名、作者）作为本课程教材。授课教师为____________，授课班级共________个、学生________人。授课教师需要与本书配套的教学课件。

联 系 人：________________________

通信地址：________________________

邮　　编：________________________

电　　话：________________________

E-mail：________________________

系/院主任：____________（签字）

（系/院办公室章）

________年______月______日